Klassenkampf oder Nation?
Deutsche Sozialdemokratie in Polen 1918 - 1939

SCHRIFTEN DES BUNDESARCHIVS

49

Petra Blachetta-Madajczyk

Klassenkampf oder Nation?

Deutsche Sozialdemokratie in Polen 1918 - 1939

Droste Verlag Düsseldorf

Die Deutsche Bibliothek – CIP-Einheitsaufnahme

Blachetta-Madajczyk, Petra:
Klassenkampf oder Nation? Deutsche Sozialdemokratie
in Polen 1918 - 1939 / Petra Blachetta-Madajczyk.
– Düsseldorf : Droste, 1997
(Schriften des Bundesarchivs ; 49)
ISBN 3-7700-1602-5
NE: Bundesarchiv <Koblenz>: Schriften des Bundesarchivs

Die vorliegende Veröffentlichung stellt die geringfügig gekürzte und überarbeitete Fassung der an der Technischen Hochschule Darmstadt eingereichten Dissertation dar (Hochschulkennziffer D 17).

ISBN: 3-7700-1602-5

Schutzumschlaggestaltung unter Verwendung eines Photos von Karol Zerbe
(Parteiversammlung der Lodzer DSAP 1927)

Printed in Germany · Herstellung: MVR Druck GmbH, Brühl

Geleitwort

„Die gemeinsame Geschichte von Polen und Deutschen ist eine schwierige Geschichte. Wir müssen möglichst schnell jene Zeit aufholen, die durch Mißtrauen, Verachtung, Feindschaft und Krieg verlorengegangen ist." Diese Worte sprach Wladyslaw Bartoszewski in seiner Rede zum Gedenken an den 8. Mai 1945 bei der Sondersitzung von Bundestag und Bundesrat am 28. April 1995 in Bonn und erwähnte dabei: „Als Leistung von besonderem Gewicht in unseren gegenseitigen Beziehungen erachte ich die weitgehende Regelung der Minderheitenprobleme."

Die Minderheitenfrage ist historisch auf das engste verknüpft mit der Pariser Friedenskonferenz nach Beendigung des Ersten Weltkrieges. Die in den Jahren 1919 und 1920 zwischen den alliierten bzw. assoziierten Siegermächten und den mittel- und südosteuropäischen Staaten abgeschlossenen Minderheitenschutzverträge sollten im Geiste des von Wilson geforderten Selbstbestimmungsrechtes den nationalen Minderheiten die allgemeinen Freiheitsrechte, das Recht zur Option bzw. zum Erwerb der Staatsbürgerschaft sowie zur Errichtung von kulturellen, religiösen und sozialen Einrichtungen garantieren. Polen stand 1918 mit der Wiederherstellung der Unabhängigkeit und der Begründung als Nationalstaat vor der gewaltigen Aufgabe, die drei Teilungsgebiete, die in ihrer jeweiligen Zugehörigkeit zu Österreich-Ungarn, Preußen und Rußland ganz unterschiedliche Entwicklungen erlebt hatten, zu einer staatlichen, wirtschaftlichen, sozialen und kulturellen Einheit zusammenzuführen. Hinzu kam als besondere Schwierigkeit, daß ein Drittel der Bevölkerung nicht polnisch war. Anders als Weißrussen und Ukrainer waren Juden und Deutsche in allen drei Teilungsgebieten ansässig. Auch der Integrationsprozeß der deutschen Minderheit konnte sich im Laufe der Jahre nur allmählich entwickeln. Marian Wojciechowski hat in der jüngst erschienenen, von ihm gemeinsam mit Rudolf Jaworski herausgegebenen Edition („Deutsche und Polen zwischen den Kriegen. Minderheitenstatus und 'Volkstumskampf' im Grenzgebiet. Amtliche Berichterstattung aus beiden Ländern 1920-1939", München 1997) festgestellt, daß seiner Meinung nach dieser Entwicklungsprozeß, in dem die „drei Minderheiten" zu einer deutschen Minderheit zusammenwuchsen, bis zum Kriegsbeginn weit fortgeschritten gewesen sei. Die Verschiedenartigkeit des politischen und sozialen Lebens der Deutschen habe sich vor allem infolge der einheitlichen polnischen Minderheitenpolitik abgeschwächt, aber auch auf Grund der Bemühungen der deutschen Reichsregierung, die deutschen Volksangehörigen in einem einheitlichen Organisationsschema zusammenzufassen.

Voraussetzung der Beschreibung allgemeiner Entwicklungslinien ist stets die quellennahe Analyse des faktischen Geschehens. Lange Zeit waren Studien zur Geschichte der jeweiligen Minderheiten in den Grenzgebieten zwischen Polen und Deutschland von Rechtfertigungsversuchen aus nationalen oder politischen Motiven beeinflußt. Der differenzierenden und unvoreingenommenen Analyse verpflichtet ist die Studie von Petra Blachetta-Madajczyk über die deutsche Sozialdemokratie in Polen in der Zwischenkriegszeit. Auch wenn in ihr die Deutsche Sozialistische Arbeitspartei Polens (DSAP) im Mittelpunkt steht, so geht es in dieser Arbeit nicht um Parteien- bzw. Organisationsgeschichte im vordergründigen Sinne, sondern vor allem um die bemerkenswerte und kaum bekannte Vergangenheit eines wichtigen Teiles der deutschen Minderheit in Polen in den Jahren 1918 bis 1939.

Die DSAP - vor 75 Jahren in Lodz als Deutsche Arbeitspartei Polens begründet - war die einzige Partei der deutschen Minderheit in Polen, die sich dem früh um sich greifenden Nationalsozialismus widersetzte. Obwohl sie bei Kriegsausbruch nur noch als Rumpfpartei in den regionalen Führungsriegen tätig war, bestätigt sie mit ihrem Schicksal, daß trotz aller Repressalien ein Festhalten am Demokratieverständnis möglich war. Die deutsche Minderheit war nicht der monolithische Block, der lange Zeit in sie hinein interpretiert worden ist. Die Partei nahm in ihrer dreifachen Bindung an den polnischen Staat, die deutsche Nation und die sozialistische Ideologie eine Sonderstellung ein: Einerseits wurde sie nach der Machtübernahme der Nationalsozialisten vom deutschen Staat bekämpft, andererseits versuchte der polnische Staat ihre Agitation gegen das „Dritte Reich" nach Abschluß des deutsch-polnischen Nichtangriffspakts 1934 zu unterdrücken.

„Ich bin ein Deutscher, ein echter Johann Müller. Verstehen Sie das?" läßt Andrzej Szczypiorski in „Die schöne Frau Seidenman" den deutschen Sozialisten aus Lodz seine Titelheldin fragen." 'Ich verstehe', antwortete sie ruhig. 'Es gibt unterschiedliche Deutsche. Das weiß jeder, ich bitte Sie...'. 'Heute weiß das jeder, doch wenn der Krieg weitergeht, wenn diese ganze Schweinerei weitergeht, werden die Polen vergessen, daß es unterschiedliche Deutsche gibt. Und wer bin ich dann? Was wird dann aus mir? [...] Ich denke an meine Zugehörigkeit, wenn ich das so nennen darf. Wo gehöre ich hin? Hier oder dort? Es geht nicht um mich, denn ich weiß, ich gehöre hierher. Aber werden es die Leute nach dem Kriege, im unabhängigen Polen auch für selbstverständlich halten, daß ich hierher gehöre?'"

Die Autorin hat für ihre von der Technischen Hochschule Darmstadt angenommene Dissertation archivalische Quellen in zahlreichen deutschen und polnischen Archiven auswerten können. Daß sie sich darüberhinaus intensiv auch um noch erreichbare mündliche Überlieferungen bemühte, bezeugt die lange Reihe der Namen in ihrer Danksagung. Das Vertrautsein sowohl mit der deutschen als auch mit der polnischen Tradition hat der Verfasserin den Zugang zu einem schwierigen Thema der polnisch-deutschen Nachbarschaft erleichtert.

Koblenz, April 1997

Friedrich P. Kahlenberg
Präsident des Bundesarchivs

Inhaltsverzeichnis

Einleitung

Die Parteiengeschichte der deutschen Minderheit in Osteuropa gehört zu den viel zu sehr vernachlässigten geschichtswissenschaftlichen Forschungsgegenständen, stellt ein wissenschaftliches Desiderat dar. Die Arbeit über die Geschichte der deutschen Sozialisten Polens in der Zwischenkriegszeit, deren Stellung zwischen Klassenkampf und Nation, liefert einen Beitrag zur Parteiengeschichte der deutschen Minderheit und zur Historie der gesamten deutschen Sozialdemokratie.

Die „Deutsche Sozialistische Arbeitspartei Polens", die DSAP, war, neben vielen deutschen bürgerlichen Minderheitenparteien in Polen, die einzige deutsche Partei mit proletarischer Komponente. Bisher wurde diese Ausrichtung des politischen und sozialen Profils innerhalb der Geschichte der deutschen Volksgruppe in Polen eher stiefmütterlich behandelt und kaum bearbeitet. Umfassende Untersuchungen mit ähnlicher Fragestellung wie in meiner Arbeit existieren bis heute nur zur sudetendeutschen Sozialdemokratie in der Tschechoslowakei.

In vorliegender Publikation soll das Spannungsverhältnis einer auslandsdeutschen, einer volksdeutschen Partei zum polnischen Staat, zum deutschen Staat, zum deutschen Volkstum und zum Sozialismus erforscht werden. Die DSAP befand sich in einem mehrfachen Loyalitätskonflikt: der polnische Staat verlangte „Staatstreue", Deutschland und die bürgerlichen deutschen Minderheitenparteien Polens „Volkstreue" und ihre Ideologie „klassenkämpferischen Sozialismus".[1]

In der Phase der Konstituierung der Partei, im Ringen um den politischen und ideologischen Standpunkt, zeigen sich alle drei Elemente. Die Partei bemühte sich in diesem Stadium um ein ausgewogenes Verhältnis zwischen „Staat", „Volkstum" und „Sozialismus".

Unter Zugrundelegung dieser drei Elemente soll versucht werden, die Fragestellung mit Hilfe der Analyse von zwei die Partei existentiell beschäftigenden Problemkreisen zu vertiefen:

- Erstens, am Beispiel der Einstellung der DSAP zu den polnischen Sozialisten und den Sozialisten der anderen Minderheiten in Polen, wobei sich gleichfalls alle drei Elemente zeigen, das Verhältnis zum „Staat" gegenüber dem zu „Volkstum" und „Sozialismus" aber zu-

[1] Zu dieser Problematik: von Riekhoff 1971: 210.

rücktritt und die DSAP bestrebt ist, zwischen den Elementen „Volkstum" und „Sozialismus" einen Mittelweg zu finden.

- Zweitens, am Beispiel der Einstellung der DSAP zum Nationalsozialismus, wobei, wie in der ersten Analyse, die Elemente „Volkstum" und „Sozialismus" im Vordergrund stehen, die Partei hier jedoch ihre Entscheidung für „Sozialismus" treffen wird.

Die Partei setzte sich von Anfang an zum Ziel, ihr Deutschtum – beschränkt auf die national-kulturelle Autonomie – zu erhalten und sich gleichzeitig den anderen sozialistischen Parteien zu nähern, um dem sozialistischen Endziel nahe zu kommen: der einheitlichen sozialistischen Partei in Polen. Die deutschen Sozialisten Polens waren überzeugt, ihr Deutschtum mit Hilfe der polnischen Sozialisten pflegen zu können. Sie wollten ihre Volkstumsverbundenheit mit einer gesamtsozialistischen Zielsetzung kombinieren.

Es soll untersucht werden, inwieweit die unterschiedlichen Intentionen – zum einen die völkisch-nationale und zum anderen die sozialistisch-internationale – in der Praxis miteinander vereinbar waren und welches der drei Elemente – „Sozialismus", „Volkstum" oder „Staat" – jeweils Dominanz hatte. Standen sich die beiden Ziele, Erhaltung des Deutschtums und Annäherung an die sozialistischen Parteien Polens, nicht zu sehr im Wege?

Um dies nachprüfen zu können, muß vor allem das Verhältnis der DSAP zur sozialistischen Partei des Staatsvolkes, zur „Polnischen Sozialistischen Partei" (PPS), erforscht werden. Wie sah die gemeinsame Basis der sozialistischen Parteien in Polen aus, konnten sie über die sozialistische klassenkämpferische Ideologie zu einem Konsens finden oder überwog ihr nationales Eingebundensein in die eigene Volksgruppe?

Darüber hinaus soll auch die Einstellung der DSAP zum Nationalsozialismus untersucht werden. Die bürgerlichen deutschen Parteien stabilisierten ihr Eigenwertgefühl durch den übergreifenden Ethnozentrismus, gewannen Sympathien auf seiten der gesamten deutschen Minderheit und verschärften ihre Revisionspolitik. Die starke Affinität dieser Parteien zum Nationalsozialismus – potenziert infolge des Nichtangriffspaktes zwischen Hitler und Pi³sudski 1934 – trieb die DSAP in die Isolation[2] und zum Einsatz konspirativer Techniken. Spezifisch ist, daß sich die DSAP mit ihrer politisch-ideologisch fundierten Ablehnung des Nationalsozialismus in dieser Situation unwillkürlich vom durch Pi³sudski geprägten polnischen Staat, für den die Nationalsozialisten „gesellschaftsfähig" waren, entfernte. Da jede politische Konsensbildung mit anderen deutschen Kreisen in Polen ausgeschlossen war, wandte sich die Partei einem verstärkten Internationalismus zu. Die Elemente „Staat" und „Volkstum" traten gegenüber dem vorrangigen Element „Sozialismus" zurück. Die DSAP arbeitete mit der

2 Vgl. dazu Breyer 1955: 225.

Exil-SPD (Sopade) zusammen, unterstützte den sozialdemokratischen Widerstand vom Ausland aus und kämpfte mit den polnischen wie jüdischen Sozialisten im Untergrund gegen die deutsche Besatzungsmacht.

Besonders nach Hitlers Machtübernahme befand sich die DSAP im oben beschriebenen Spannungsfeld. Es geht darum, an konkreten Beispielen zu zeigen, welche politische Entscheidung eine sozialistische Partei in von Nationalitätenkonflikten geprägten Gebieten trifft: ob sie die sozialistische klassenkämpferische Linie hält oder die nationale Orientierung vorzieht und inwieweit sie ihre Staatszugehörigkeit dabei berücksichtigt, wie sie ihre Entscheidung trifft, welche Faktoren beachtet werden mußten und warum sie gerade so entschied.

Die komplizierte und insbesondere unter minderheitspolitischen Gesichtspunkten nicht unumstrittene innere Geschichte dieser aus heterogenen Teilen zusammengesetzten Partei mit den latent stets vorhandenen Konflikten zwischen nationaler und internationaler Ausrichtung, ihren Abspaltungen zur Linken und zur Rechten soll dargestellt und ihre soziale Bedeutung aufgezeigt werden.

Monographien zur DSAP existieren in der deutschen Historiographie nicht. Dieser Bereich wird in wenigen parteigeschichtlichen Darstellungen lediglich am Rande und nur regional behandelt.[3]

Auch in Polen liegen Monographien zur DSAP unter den Fragestellungen meiner Untersuchung bisher nicht vor. Bei der 1986 erschienenen Habilitationsschrift Szczerbiñskis handelt es sich um eine Organisationsgeschichte der DSAP, um ein Auflisten von zwar beachtlich vielen Fakten, denen jedoch die tiefergehende Analyse fehlt. Ein 1980 von Walczak herausgegebenes Werk beschränkt sich regional auf Oberschlesien und Teschener-Schlesien, zeitlich auf die Phase vom Pi³sudskiputsch 1926 bis 1939. Walczak spart die problematische Konstituierung – das Ringen der verschiedenen Gruppen um die Hegemonie – der deutschen Sozialisten zur DSAP aus und berührt nicht einmal im Ansatz die Widerstandsarbeit der schlesischen Gruppe. Meissner behandelt die deutschen antifaschistischen Organisationen in Polen; er geht nur oberflächlich auf die Zusammenarbeit der schlesischen DSAP mit der Sopade ein. Szefer treibt in seinem Buch Studien über alle deutschen Minderheitenparteien, sowohl in Polen als auch in der Tschechoslowakei von 1933–1938. Ähnlich verfährt Cygañski und gibt einen Überblick über alle deutschen Minderheitenparteien Polens in der Zwischenkriegszeit. Sieradzka untersucht in einem Aufsatz die Zusammenarbeit der schlesischen DSAP mit der Sopade, ohne die deutschen Quellen heranzuziehen.[4]

---

3 Heike 1955, 1969, 1985; Wurbs 1983; Keitsch 1982; Bierschenk 1954; Breyer 1955.

4 Szczerbiñski 1986; Walczak 1980; Meissner 1973; Szefer 1967; Cygañski 1966; Sieradzka 1988: 93–104.

Meine Arbeit stützt sich in der Hauptsache auf archivalische Quellen. Nötig waren längere Arbeitsaufenthalte im Bundesarchiv in Koblenz (BArch), im Politischen Archiv des AA, im Archiv der sozialen Demokratie der Friedrich-Ebert-Stiftung, im Archiv des Johann-Gottfried-Herder-Instituts, im Archiv der Historischen Kommission zu Berlin, im ehemaligen Zentralen Parteiarchiv des Instituts für Marxismus-Leninismus beim Zentralkomitee der SED (jetzt SAPMO), im ehemaligen Zentralen Staatsarchiv der DDR in Potsdam (jetzt BArch), im Archiv der Arbeiterbewegung in Wien, im Archiv des Instituts für Parteigeschichte beim Zentralkomitee der PVAP in Warschau (ZK PVAP), im Archiv der Neuen Akten in Warschau (AAN), in den Staatlichen Wojewodschaftsarchiven Kattowitz, Bielitz-Biala und Oppeln. Einige Materialien aus dem Archiv des polnischen Innenministeriums, zu dem ich keinen Zugang hatte, überließen mir die Herren Dr. R. Breyer und Prof. Dr. P. Korzec.

Bei den benutzten Quellen handelt es sich in erster Linie um originäres Parteischriftgut (z. B. Schriftwechsel), um Flugblätter, Versammlungs- und Parteitagsberichte, Resolutionen und publizistische Veröffentlichungen einzelner Funktionäre sowie um Polizeiakten.

Zusätzliche Quellen sind die Presseorgane der DSAP, die bis auf zwei Jahrgänge des Kattowitzer „Volkswillen" fast vollständig erhalten sind. Größtenteils befinden sich die Zeitungen im Institut für Auslandsbeziehungen, Stuttgart: Die „Lodzer Volkszeitung" von 1923–1939, die Bielitzer „Volksstimme" von 1925–1931, der Kattowitzer „Volkswille" von 1919–1922 und von 1925–1935 und die Bromberger „Volkszeitung" von 1922–1937. Einige fehlende Jahrgänge konnten in der schlesischen Bibliothek in Kattowitz eingesehen werden.

Gegen Schluß meiner Monographie konnte die Zeit der Besetzung Polens und die Zusammenarbeit eines Teils der DSAP mit dem polnischen Widerstand eigentlich nur noch angedeutet werden. Unangreifbarere Fakten, die diese wichtige und interessante Tätigkeit einzelner aus den Reihen der deutschen sozialistischen Kreise beleuchten könnten, gibt es nicht. Schuld daran ist nicht nur fehlendes Quellenmaterial der Zeitspanne von 1939 bis 1945, sondern zusätzlich dürfte die Vertreibungsproblematik im Wege gestanden haben, Überlieferungen der deutsch-polnischen sozialistischen Zusammenarbeit dieser Jahre zu erhalten. Ergänzt wurde diese Bearbeitung durch Zeitzeugenberichte, Informationen ehemaliger DSAP-Mitglieder und deren Nachkommen oder dieser Partei nahestehender Personen in Form mündlicher Überlieferungen, aufgezeichneter Interviews oder Briefen.

A. Historische Voraussetzungen und Bedingungen bei der Wiedererrichtung Polens

Historische Voraussetzungen

Mit dem fast gleichzeitigen Untergang der drei Kaiserreiche Rußland, Deutschland und Österreich-Ungarn in den Jahren 1917/18 – Polens Teilungsmächte – gewann die polnische Frage an Stellenwert. Die Schwäche und der Niedergang dieser drei Staaten, unter denen Polen aufgeteilt war, verbunden mit dem Drang der Polen nach Freiheit und Unabhängigkeit, schuf die Gelegenheit, sich mit dem denkbar geringsten Widerstand gegen die Teilungsmächte zu erheben und sich neu zu konstituieren.

Gerechnet hatten mit dieser Möglichkeit wenige. Der „Erste Marschall von Polen", Józef Piłsudski, glaubte an die „Auferstehung Polens aus eigener Kraft". Diese Möglichkeit erschien Rosa Luxemburg derart absurd, daß Piłsudski sie damit an einen „Kaffeehauspolitiker" erinnerte. Piłsudski setzte früh auf die für Polen günstige Konstellation der untereinander verfeindeten Teilungsmächte, rechnete mit einem großen Umbruch. Schon vor Beginn des Ersten Weltkrieges soll er das Ende vorausgesehen haben, die Folgen für Polen. Seine von allen als abwegig klassifizierte Prognose sollte sich als erfolgreiche Strategie erweisen – Polen zum Phönix aus der Asche werden.[1] Piłsudskis Weitsichtigkeit in bezug auf den Kriegsausgang ist umstritten, seine große Rolle nicht.

Fast sechs Jahre – auch über den Frieden von Riga im März 1921, das Ende des polnisch-russischen Krieges, hinaus – zog sich das Tauziehen um die endgültige Festlegung der Grenzen.

Bis zum Piłsudskiputsch im Mai 1926 sollte das polnische politische Leben durch innere Parteikämpfe geprägt sein. Die Maiaktion des Marschalls von Polen leitete den Beginn seiner autoritären Staatsumbildung ein, die er bis zu seinem Tod im Mai 1935 zielstrebig fortsetzte. Piłsudski hinterließ einen autoritären Staat ohne die dazu passende Autorität, was sich in den Jahren bis zum Ausbruch des Zweiten Weltkrieges negativer auswirken sollte als die außenpolitischen Konflikte.[2]

Auch mußte in die Überlegungen einbezogen werden, daß die im Prozeß der zweiten industriellen Revolution vonstatten gegangene Industria-

---

1 Rhode 1965: 455.
2 Ibidem: 456.

lisierung nicht in einem Staatswesen erfolgte, sondern in dreien. Die junge Republik Polen mußte sich bei Gründung ihres Nationalstaates auf Schwierigkeiten einstellen, die mit der in Preußen, Rußland und Österreich unterschiedlich abgelaufenen industriellen Entwicklung, sozialen und politischen Struktur wie Tradition zusammenhingen. Das lange Eingebundensein in diese drei Staaten prägte den wirtschaftlichen, sozialen und politischen Aufbau maßgeblich im Sinne der jeweiligen Teilungsmacht. Gefordert war eine dies alles berücksichtigende Koordination, um in kürzester Zeit eine Einheit herzustellen.

Formell gab sich das polnische Parlament im Jahr 1921 eine Verfassung mit hohem politischem Anspruch: ein parlamentarisches Regierungssystem und die Garantie demokratischer Rechte für alle Bürger nach französischem Vorbild. Realisiert wurde davon nicht viel. Zu spüren bekamen das vor allem die linken Parteien und die Minderheiten.[3]

In Polen standen bei der Neugründung 19 Millionen Polen insgesamt 4 Millionen Ukrainern, je 1,1 Millionen Deutschen und Weißruthenen sowie 2,1 Millionen Juden gegenüber.[4] Die Minderheiten waren verschieden; die Ukrainer und Weißruthenen waren Bauernvölker, weniger gebildet und hatten in der Geschichte keinen eigenen Staat. Ein Versuch der Ukrainer Ende des Ersten Weltkrieges, einen eigenen Staat zu gründen, scheiterte. Die Ukrainer waren die stärkte nationale Minderheit in Polen und hatten irredentistische Gruppierungen. Ein Teil war polonophil, die anderen wollten einen eigenen Staat.[5] Die Deutschen gehörten früher zum Herrschervolk und wurden deswegen als Feinde verachtet und gehaßt, jedoch nicht in dem Ausmaß, wie das die Juden traf. Ukrainer und Weißruthenen – zum Teil die Deutschen – bewohnten geschlossene Gebiete. Anders sah es bei den Juden aus, die auf dem ganzen polnischen Staatsgebiet territorial zerstreut lebten. Die Beziehungen der nationalen Minderheiten zum polnischen Staatsvolk erwiesen sich aus verschiedenen Gründen als konfliktgeladen.

Weißruthener und Ukrainer lebten in Ostpolen; Deutsche vor allem in den ehemals deutschen Gebieten, in Westpreußen, in der Provinz Posen, in Oberschlesien, dem früher zu Österreich gehörenden Teschener-Schlesien und dem vorher zu Rußland gehörenden Mittelpolen, aber auch zerstreut in Ostpolen, dem früher zu Rußland gehörenden Wolhynien und in dem ehemals österreichischen Galizien; Juden vor allem in den Städten verteilt auf ganz Polen.[6]

---

3 Droz 1978: 110.

4 Rhode 1965: 475.

5 Ibidem: 466.

6 Die Herkunft der Deutschen dieser Gebiete geht auf die letzte deutsche Siedlungswelle zurück, die sich vom 16. bis zur zweiten Hälfte des 19. Jahrhunderts hinzog. Heike 1985: S. 15–32.

Das polnische Volk hatte zuvor unter deutscher, österreichischer oder russischer Herrschaft gelebt, assimilierte sich teilweise und vermischte sich mit anderen Völkern. Eine gerechte Lösung auf ethnischer Basis war nicht möglich. Jeder dritte Bürger Polens war nicht polnischer Nationalität; dennoch wählte Polen, um dem zu begegnen, nicht die entsprechende Staatsform, sondern sah den neuen Staat als „alleiniges Eigentum".[7] Das neue Staatsgebilde konnte als „Kompromiß eines Nationalitätenstaats mit nationalstaatlichen Ansprüchen"[8] bezeichnet werden. Die in Polen angewandte Form des Nationalstaats antwortete auf die Entwicklung der Nationalismen, die dem Vielvölkerstaat keinen Raum ließ. Als Reaktion, lange dem Nationalismus anderer Staaten ausgesetzt gewesen zu sein, sollte in Polen dem nationalen Moment in der Zwischenkriegszeit ein ganz besonders hoher Stellenwert beigemessen werden. Die vom polnischen Staat forcierte Politik der „Integration" rief verstärkt Nationalismus bei den Minderheiten hervor, aber auch innerhalb der polnischen Bevölkerung. Diese Politik erreichte gerade das Gegenteil, trieb die Minderheiten in großen Teilen zu Desintegration und trug zur Destabilisierung des jungen Staates bei. In diesem Kontext müssen die Nationalitätenkonflikte in Polen betrachtet werden.

Die nichtpolnische Bevölkerung Polens machte nach letzten Schätzungen etwa 35 bis 37 Prozent aus.[9] Den neuen Staat belasteten die Probleme eines Vielvölkerstaates in aller Schärfe. Die Polen betrieben eine nationale Politik und ließen in ihrem im Rausch des neu entstandenen Polen konzipierten Staatsmodell die anderen Nationalitäten weitgehend unberücksichtigt. Sie wollten sie lieber früher als später polonisiert sehen und arbeiteten kräftig auf dieses Ziel hin, was einen Großteil der Spannungen der Zwischenkriegszeit zur Folge hatte.

Die Wahl zum verfassunggebenden Sejm (Konstituante) am 26. Januar 1919 konnte die Rechte für sich als durchschlagenden Erfolg verbuchen. Die Politik der Konstituante war auf die systematische Unterdrückung und Ausschaltung der Minderheiten ausgerichtet. Bei acht Vertretern der deutschen Minderheit und elf der jüdischen von insgesamt 394 vergebenen Mandaten ist das nicht schwer gefallen. Die Minderheiten genossen wegen des zusätzlich zum Versailler Vertrag unterzeichneten Minderheitenschutzvertrages offiziellen Schutz. Dies hinderte den Staat nicht, restriktive Minderheitenpolitik zu betreiben. Die Angriffe der polnischen Nationalisten richteten sich in stärkerem Maß gegen Juden als gegen Deutsche. Der nationale Druck auf die Deutschen veranlaßte diese zu Passivität und

---

7 Rhode 1965: 453.

8 Roos in Markert (Hrsg.) 1959: 18.

9 Zieliński 1982: 125. Die Zahlen der Minderheiten in Polen kann man nicht genau bestimmen. Sicher ist, daß die Zahlen der Volkszählungen der Jahre 1921 und 1931 verfälscht wurden.

sogar zu „Tendenzen der Loyalität". Die Minderheitenvertretung blieb zeitweise ausschließlich den Juden überlassen; und die polnische Rechte nutzte dies, um in der Judenfrage schlechthin die Minderheitenfrage zu sehen. Den Minderheitenvertretern wurde „nahegelegt", bei wichtigen Fragen nicht mit abzustimmen. Manchmal lud man sie nicht ein oder umging ihre Teilnahme. Vorgeworfen wurde den Minderheitenvertretern, daß sie sich neben Nationalitätenfragen für allgemeinstaatliche Fragen interessierten. Die Konstituante war gleichermaßen durch Nationalismus und Antisemitismus geprägt. Hierbei war der Chauvinismus der Vertreter der katholischen Kirche kaum zu übertreffen.[10]

Bevor Preußen, Rußland und Österreich Polen in den drei Teilungen und dem Wiener Kongreß untereinander aufteilten – bevor Polen von der Landkarte verschwand –, bestand das Problem nationaler Minderheiten im modernen Sinne noch nicht. Im neuen Polen sollte es zum Problem werden.

Hinzu kam das Wiedererstarken der beiden früheren Teilungsmächte Deutschland und Rußland, die mit ihren wachsenden revisionistischen Ansprüchen die Geschichte Polens weitestgehend bestimmen sollten.[11]

Ein weiteres Problem des neu entstandenen Staates stellte die Agrarfrage dar und, damit verbunden, die Umstellung von einer „überwiegend agrarisch bestimmten Gesellschaft" zur „gemischt agrarisch-industriellen"[12].

Um die vielen und mehrschichtigen Probleme zu lösen, blieb Polen nur knapp zwei Jahrzehnte Zeit.

Mit Ende des Ersten Weltkrieges und der Wiedererstehung Polens wurden die in vorliegender Monographie interessierenden Gebietsteile Westpreußen, Kongreßpolen, Ostoberschlesien und Teschener-Schlesien (durch das Eingebundensein in ihre Staaten mehr oder minder stark gezeichnet) zum polnischen Staatsgebiet erklärt. Die Lage der Bevölkerung – für diese Arbeit interessiert vor allem die der in diesem Gebiet ansässigen Deutschen – hatte sich politisch, sozial und wirtschaftlich verändert.

---

10 Korzec 1975: 197–200. Der erste Minderheitenschutzvertrag wurde am 28. 06. 1919 unterzeichnet (Korzec 1974: 523).

11 Ibidem.

12 Rhode 1965: 454.

Die deutsche Bevölkerung verteilte sich in Polen wie folgt:

	Volkszählung 1921	Nach F. Heidelck 1928	Volkszählung 1931	Nach V. Kauder 1938/39
Posen-Pommerellen	503.617	370.000	298.036	325.000
Oberschlesien	892.752+	300.000	91.207	180.000
Bielitz-Teschen	29.010	40.000		50.000
Mittelpolen	170.397	320.000	261.494	350.000
Wolhynien und Ostpolen	26.107	48.000	49.682	65.000
Galizien	39.810	50.000	40.676	60.000
	1.661.693	1.128.000	741.095	1.030.000

Tabelle nach Heike 1955: 30, 33.
+ Zahl nach Heike von 1910

Im zum Deutschen Reich gehörenden Oberschlesien sollte laut Versailler Vertrag eine Volksabstimmung über das weitere Schicksal entscheiden. Obwohl im März 1921 59,6 Prozent der Bevölkerung Oberschlesiens für den Verbleib beim Deutschen Reich stimmte und sich nur 40,3 Prozent für Polen entschied, wurde die Teilung durch die Botschafterkonferenz am 20. Oktober 1921 beschlossen und am 15. Juni 1922 formell vollzogen.[13]

In Teschener-Schlesien, das früher zu Österreich gehörte, entbrannte ein heftiger Grenzstreit zwischen Polen und Tschechen. Die Tschechen schufen vollendete Tatsachen und besetzten den westlichen Teil Teschens am 23. Januar 1919. Daraufhin beschlossen Eduard Beneš und Roman Dmowski in Paris am 1. Februar 1919, daß eine Volksabstimmung die Entscheidung bringen sollte. Eine ein Jahr später eingesetzte interalliierte Kommission hielt eine Volksabstimmung jedoch für undurchführbar. Direkte polnisch-tschechische Verhandlungen scheiterten. Die interalliierte Botschafterkonferenz entschied nach den Richtlinien von Spa am 28. Juli 1920, daß das Gebiet entlang der Olsa geteilt werden sollte. Die weiterhin von den Polen geforderten Gebietsansprüche verzögerten die endgültige Grenzziehung bis zum 16. September 1924 und schufen eine instabile Lage.[14]

Das vom Teschener-Schlesien an Polen gefallene Gebiet wurde mit dem Ostoberschlesiens zur Wojewodschaft Schlesien vereinigt und bekam ein Autonomiestatut mit eigenem Landtag, dem Schlesischen Sejm.

---

13 Roos in Markert 1959: 27 f. Roos 1961: 91 f. Rhode 1965: 436, 478.
14 Roos in Markert 1959: 26. Roos 1961: 89 f. Rhode 1965: 464, 474.

Nach dem Versailler Vertrag vom 28. Juni 1919 fiel fast das ganze zum Deutschen Reich gehörende Westpreußen ohne Abstimmung an Polen.

Offiziell konnte es erst nach Inkrafttreten dieses Vertrages am 10. Januar 1920 in Besitz genommen werden, befand sich aber bereits vorher widerrechtlich in polnischer Gewalt.

Das seit dem Wiener Kongreß 1815 zu Rußland gehörende „für ewig mit dem russischen Zarenreich verbundene Königreich Polen" – Kongreßpolen, seit 1915 unter deutscher und österreichischer Verwaltung – befand sich ab November 1918 in polnischem Besitz.[15]

Für die Deutschen Kongreßpolens änderte sich somit nichts Grundlegendes: Sie blieben Angehörige der deutschen Nation in einem fremden Staat. Die Deutschen in Bromberg, Bielitz und Kattowitz allerdings sahen sich mit der völlig neuen Situation konfrontiert, deutsche nationale Minderheit in einem fremden Staatsgefüge zu sein.

Die polnische sozialistische Bewegung vor 1918

Die deutschen Sozialisten in Polen setzten kein Vertrauen in den polnischen Sozialismus. Sie urteilten, daß dieser „bei seiner Zerrissenheit keine Gewähr für eine kampffähige Arbeiterfront"[16] biete.

Um die Formulierung „proletarische Zerrissenheit" zu verstehen, muß ein Blick auf die polnische sozialistische Parteienlandschaft vor dem Jahre 1918 geworfen werden. Sie ergab sich aus den geschichtlichen Gegebenheiten. Die Entwicklung der polnischen Arbeiterbewegung gestaltete sich im preußischen, russischen und österreichischen Teilungsgebiet unterschiedlich. Die polnischen Sozialisten konnten keine Erfahrungen sammeln, ihre Partei unter „normalen" Bedingungen in einem eigenen Staate funktionieren zu lassen. Im Vergleich dazu entstand die SPD 1875 als einheitliche, unabhängige und in der Legalität arbeitende Partei in ihrem Staat und brachte von daher ganz andere Voraussetzungen mit. Sie etablierte sich und arbeitete 1918 immerhin 43 Jahre fast ohne Einbrüche.

Die polnische Arbeiterbewegung, zu konspirativ politischer Agitation getrieben, betätigte sich meist in der Illegalität innerhalb fremder Staaten und wurde oft von der Emigration gelenkt. Ständigen Verfolgungen und Repressalien ausgesetzt, zeigte sie viele Gesichter. Sie entwickelte Flexibilität, suchte permanent nach neuen Mitteln und Wegen, lernte sich häufig neu zu formieren. Sie stand nicht vor der Wahl „Kontinuum" oder „proletarische Zerrissenheit".

---

15 Roos in Markert 1959: 18.

16 Kattowitzer Volkswille v. 01. 05. 1922. In Zukunft zitiert als: VW.

In der 1879 in Genf von polnischen sozialistischen Emigranten ins Leben gerufenen Gruppe „Równość" („Die Gleichheit") führte die Frage „Nation oder Klassenkampf" zu ersten Abspaltungen. Sichtbar geworden war dieser Konflikt schon in den diese Problematik berührenden unterschiedlich abgefaßten Versionen ihres Programmes.

Die internationale Richtung setzte sich bei „Równość" durch. Die Neugründung eines polnischen Staates wurde abgelehnt, ebenso nationale Forderungen. Sie trat für die Gleichheit aller Nationalitäten und die Föderation aller Sozialisten der Welt ein. In ihren Augen bedeutete „die nationale Frage ein Hindernis für die Entwicklung des sozialistischen Bewußtseins"[17].

Führer dieser Gruppe, die in allen drei Teilungsgebieten wirken sollte, waren u. a. Ludwik Waryński und Stanisław Mendelson.[18] Sie erwogen, die polnischen Sozialisten in Gruppen zu organisieren, angeschlossen an die sozialistischen Parteien der drei Teilungsmächte.

Mit diesem internationalen Anspruch überhaupt nicht einverstanden, löste sich Bolesław Limanowski 1881 von „Równość", um die dieser im Anspruch völlig konträr angelegte, weil national ausgerichtete Vereinigung „**Lud Polski**" („Polnisches Volk") zu gründen.[19]

Die sozialrevolutionär bestimmte Partei „Proletariat", auch „Proletariat I" genannt, entstand im Oktober 1882 in Warschau durch Initiative Waryńskis, der ein Jahr zuvor mit dem Plan nach Warschau gekommen war, die politische Arbeit in Kongreßpolen zu aktivieren. Diese Partei trat wie die Równość-Gruppe nicht für die Neuentstehung Polens ein, weil sie dadurch den Klassenkampfgedanken gefährdet sah, und forderte die soziale Befreiung.[20]

Die Partei „Proletariat" hatte Anhänger unter den deutschen Sozialisten und bemühte sich zusehends, diese für ihre Ideen zu begeistern. Dafür sprechen Aufrufe und Flugblätter in deutscher Sprache. In Lodz seien die Deutschen die Hauptakteure beim Aufbau des Proletariat-Parteiapparates gewesen, hätten „eine bedeutende, wenn nicht sogar eine führende Rolle"[21] eingenommen.

---

17 Strobel 1968: 14. Vgl. zu den ersten Parteigründungen Heike 1969: 30-57. Haustein 1969.

18 Waryński (1856–1889), Initiator der organisierten polnischen sozialistischen Bewegung, rief 1881 die Partei „Proletariat" ins Leben. Mendelson (1857–1913) – jüdischer Abstammung – verfügte über großen Einfluß innerhalb der polnischen sozialistischen Emigration. Wie Waryński auch in der Partei „Proletariat" engagiert, war er später der eigentliche Führer von „Proletariat II" und, nach einem ideologischen Wandel hin zum nationalgeprägten Sozialismus, wurde er Mitgründer der PPS. Strobel 1968: 115, 124.

19 Ibidem: 13. Bolesław Limanowski (1835–1935) studierte in Moskau Medizin, Begründer der polnischen Soziologie, wurde in der Verbannung (1861–1867) zum Sozialisten. Er vertrat die polnische nationale sozialistische Richtung. 1918 wurde er Senator der PPS, nach 1926 Gegner Piłsudskis. Haustein 1969: 28.

20 Strobel 1968: 16. Vgl. Wehler 1962 (b): 117.

21 Strobel 1968: 19.

Nur ein Jahr bestand die im Jahre 1883 von einem im scharfen Gegensatz zu dem dem Terrorismus nicht abgeneigten Waryński stehenden Funktionär aus den Reihen der „Proletariat"-Partei gegründete Arbeiterpartei „Solidarność" („Die Solidarität"). Sie stellte den ökonomischen Kampf vor den politischen, lehnte die nationale Frage strikt ab. Programm und Organisation erinnern an Konzeptionen Lassalles, der ohnehin einen starken Einfluß auf die sozialistische Bewegung Polens ausübte.[22]

Zwischen den Jahren 1888 und 1892 verschlechterte sich die wirtschaftliche und soziale Lage der kongreßpolnischen Arbeiter. Die Unzufriedenheit unter dem Proletariat begünstigte die Voraussetzungen für die Entstehung sozialistischer Gruppierungen. Streiks standen auf der Tagesordnung, ebenso als staatliche Gegenmaßnahme deren konsequente Niederhaltung. Die zaristische Regierung setzte bei ihren Unterdrückungsmaßnahmen „antipolnischen Charakter"[23] frei. Dies gab den Ausschlag zu einer drastischen Neuorientierung innerhalb der Arbeiterbewegung: Es vollzog sich ein Wandel zum Nationalen. Massiv wurde der Wille, Polen als Nationalstaat erstehen zu lassen.

Im Jahre 1888 wurde in Warschau eine sozialistische Partei gegründet, die bereits in ihrer Namensgebung auf die Betonung des nationalen Moments hinweist: „Polnische Sozialrevolutionäre Partei Proletariat", kurz „Proletariat II" genannt. Diese Partei geht auf eine Organisation des aus der Posener Gegend stammenden Marcin Kasprzak zurück. Kasprzak, in der deutschen Sozialdemokratie beheimatet und von ihrem Gedankengut beeinflußt, wollte nach dem Niedergang von „Proletariat I" die polnische sozialistische Bewegung organisieren.[24] „Proletariat II" trat nicht nur für die soziale Befreiung ein, sondern gleichzeitig für die nationale. Letzterer wurde das Hauptgewicht beigemessen.

Von „Proletariat II" spaltete sich eine Gruppe mit dem Ziel ab, eine legal funktionierende Partei zu schaffen. Davon versprach sie sich mehr Zulauf. Im Jahr 1889 zählte Julian Marchlewski zu den Gründern des „Verbandes der Polnischen Arbeiter" (ZRP – Związek Robotników Polskich). Dieser sollte bedeutender werden als „Proletariat II". Wie Kasprzak war Marchlewski von der deutschen Sozialdemokratie geprägt. Später gewann Marchlewski viele Deutsche für die Bewegung des ZRP, in Lodz agierte dieser Verband sogar „vor allem unter deutschen Arbeitern"[25]. Im ZRP überflügelte der Internationalismus die national orientierten Ziele.

Wie im Falle aller vorgenannten Organisationen fielen die Mitglieder des ZRP trotz dessen Legalität Verhaftungen zum Opfer.[26] Die rigorosen

22 Vgl. dazu ibidem: 19–22. Strobel in Jeismann u. a. 1983: 166.
23 Strobel 1968: 22.
24 Ibidem: 108.
25 Ibidem: 113.
26 Ibidem: 27 f.

Maßnahmen der polnischen Regierung zwangen die polnischen Sozialisten zu anderen Mitteln.

Bei den zu den ersten polnischen sozialistischen Gruppen gehörenden Organisationen „Proletariat I", „Solidarność", „Proletariat II" und der ZRP, den direkten Vorläufern beider großer polnischer Parteien SDKPiL und PPS, fällt eine enge Verbindung zur deutschen Sozialdemokratie auf. Entweder waren deren Parteiführer oder -gründer vorher in der SPD organisiert, zumindest waren Deutsche am Aufbau der Organisation beteiligt; oder man lehnte sich bei der Konstituierung an Konzeptionen großer deutscher Sozialisten an.

Als führende Partei der Zweiten Internationale, als Massenpartei übte die SPD große Anziehungskraft auf die meisten sozialistischen Parteien aus.[27] Die Beziehungen zur deutschen Sozialdemokratie kamen in vielen Ländern auf ganz „normalem" Weg zustande: durch deutsche, früher organisierte Arbeiter, die in fremden Ländern arbeiteten und wohnten; durch ausländische Arbeiter, die vorübergehend in Deutschland arbeiteten und in ihre Länder zurückkehrten; durch Handwerksgesellen und Studenten, die Erfahrungen in Deutschland sammelten. Auch kamen Parteifunktionäre gezielt nach Deutschland, um vom deutschen Sozialismus zu lernen.[28]

Die Deutschen spielten beim Aufbau polnischer sozialistischer Parteien eine große Rolle. Sie nutzten ihre Erfahrungen aus der deutschen Sozialdemokratie. Von den deutschen Sozialisten verehrte man in Kongreßpolen besonders Ferdinand Lassalle. Das wirkte sich auf die neuen Organisationen aus[29], am deutlichsten auf die 1883 gegründete „Solidarność".

Obwohl bei allen polnischen sozialistischen Parteien die SPD eine Art Vorbildfunktion übernahm, setzten sie konträre politische Schwerpunkte in ihren sozialistischen Programmen. Die einen entschieden sich für den Internationalismus, die anderen für die Nation.

Die SPD zeigte in ihrer theoretischen Konzeption keine nationalen Züge. Sie wurde – so Rosa Luxemburg – „als die authentischste Verkörperung des marxistischen Sozialismus anerkannt"[30], galt als streng interna-

---

27 Dimitar Blagoev hielt die SPD unbestritten für „die Anführerin und die Erzieherin des internationalen Proletariats. Ihre Meinungen, ihre Auffassungen vom Sozialismus, ihre Kongreßresolutionen und ihr unerschütterliches Klassenbewußtsein waren für ... die internationale Sozialdemokratie immer Grundlage und Richtungsweiser." Zitiert bei Haupt in Skrzypczak 1979: 2.

28 Vgl. ibidem: 13. Tych 1979: 37. Nach Strobel (in Jeismann u. a. 1983: 156) „[seien] die ersten Organisationsimpulse der Arbeiterschaft im Lodzer Raum aus der deutschen Sozialdemokratie [gekommen], der viele der eingewanderten deutschen Arbeiter bereits in der alten Heimat [angehörten]".

29 Strobel in Jeismann u. a. 1983: 166.

30 Haupt 1979: 10.

tionale Partei. Das sei sie immerhin bis 1912 „zumindest verbal, doch wohl nicht nur verbal"[31] gewesen.

Am Beispiel, wie die SPD die Frage eines unabhängigen Polens sah, soll gezeigt werden, daß ihr Standpunkt gar nicht eindeutig zu bestimmen ist. Unter den Führern der SPD traten in erster Linie Liebknecht, Bebel und Ledebour für ein unabhängiges Polen ein. Wilhelm Liebknecht soll die PPS ermuntert haben, die Unabhängigkeit Polens in ihrem Programm zu fordern.[32] Ledebour riet, daran festzuhalten.[33] Diese Bestrebung der Polen wurde jedoch ernsthaft nur für das kongreßpolnische Gebiet erwogen.[34] Bebel verkündete, daß die SPD die PPS nicht überstürzt hätte, wenn sie bereits 1893 gewußt hätte, daß sich die PPS nur „als Teil einer gesamtpolnischen Partei" verstehe. Ignaz Auer hielt einen souveränen polnischen Staat für „Unfug"[35]. Die SPD unterstützte Rosa Luxemburg ab Ende der neunziger Jahre in ihrem Auftreten gegen ein unabhängiges Polen. Man warf ihr deshalb „gedankenlose Ignorierung der Rechte der unterdrückten Nationen"[36] vor.

Daß die polnischen sozialistischen Parteien, nach dem Vorbild der SPD gegründet oder stark durch sie beeinflußt, so unterschiedlich waren, liegt auch daran, daß die SPD selbst das Spannungsverhältnis zwischen Internationalismus und Nation nicht zu lösen vermochte. Ihren Anspruch, eine internationale Partei zu sein, verwirklichte sie in der Praxis nicht konsequent.

Im Februar/März 1893 vereinigten sich die Reste von „Proletariat II" und ZRP zur „Polnischen Sozialistischen Partei" (PPS), auch „Alte PPS" genannt. Der nationale Charakter dominierte in der Einleitung des Programmentwurfes; und doch soll sich die Partei als direkte Nachfolgerin des ZRP gesehen haben – damit als Vertreterin der internationalen Linie.

Eine Gruppe der „Alten PPS" konstituierte sich neu zur „Sozialdemokratie des Königreiches Polen" (SDKP), die später in der „Kommunistischen Partei Polens" (KPP) aufgehen sollte. Die SDKP vertrat uneingeschränkt die internationale Linie. Sie trat für die Autonomie Kongreßpolens ein, das weiterhin zu Rußland gehören sollte. Die neue PPS dagegen strebte danach, den Rußland zugeschlagenen Teil Polens als Zentrum eines wiedererstehenden polnischen Staates zu errichten.

---

31 Tych 1979: 38.

32 Ibidem: 42.

33 Ibidem: 45.

34 Vgl. ibidem: 45, 42 ff. Selbst die PPS bezog dieses Ansinnen anfangs nur auf den russisch besetzten Teil Polens.

35 Rojahn 1979: 53.

36 Ibidem: 54.

Als umstritten gilt, wieviel Mitglieder der „Alten PPS“ in der neu konstituierten PPS aufgingen. Unumstritten war der in der neuen Organisation fortgesetzte innere Widerspruch.[37]

Die neue PPS strebte nach der Unabhängigkeit eines sozialistischen Polens, womit sie die Lösung der sozialen Frage verband. Mit dieser Überzeugung vertritt sie Mendelsons Standpunkt der „Alten PPS“, daß nämlich „erst der Verlust der staatlichen Unabhängigkeit die soziale Entwicklung in Polen gehemmt habe. Ein unabhängiges sozialistisches Polen werde auch die soziale Frage lösen.“[38]

Die kongreßpolnische PPS-Führung meinte, daß die Lösung der sozialen Frage nur im eigenen Staat möglich sei. Sie fühlte sich in der Entwicklung der sozialen Strukturen in Kongreßpolen und in ihrem Kampf um den Sozialismus durch Rußland gehemmt. Die Sozialstruktur Kongreßpolens befand sich zwar auf einem höheren Niveau als die Rußlands, wurde jedoch von der PPS überschätzt.[39]

Neben der nationalen gewann eine „revolutionär-sozialistische“[40] Komponente starke Anhängerschaft innerhalb der PPS. Diese sollte die Parteispaltung auslösen.

Ende 1906 distanzierte sich die Parteiorganisation der PPS von ihrer Kampforganisation. Sie beurteilte das Parteiprogramm von 1892 als nicht mehr relevant und bezog in der nationalen Frage eine andere Stellung. So vollzog sich eine Spaltung in die „PPS-Frakcja Rewolucyjna“ (Revolutionäre Fraktion), die die bisherige Meinung vertretende PPS-Gruppe, und in die „PPS-Lewica“ (PPS-Linke).[41] Letztere vertrat eine internationale Haltung, trat in ihrem Programm für Rechte der deutschen und der jüdischen Minderheit ein. Sie sprach diese in Polen lebenden Gruppen an.

Vom Anspruch her hätte ein organisatorischer Zusammenschluß „PPS-Lewica“–SDKPiL – letztere aus der SDKP hervorgegangen – nahe gelegen. Verhandlungen scheiterten jedoch. Unter dem Druck, den Ansprüchen der polnischen Arbeiter gerecht zu werden und die Idee eines unabhängigen Polens zu befürworten, veränderte die PPS-Lewica im Jahre 1916 ihre Grundhaltung. Sie trat nunmehr wie die PPS-Frakcja Rewolucyjna für Polens Unabhängigkeit ein.[42] Im Jahre 1892 dokumentierte die PPS in ihrem Programm „den absoluten Vorrang der nationalen Befreiung vor allen anderen Zielen“[43]. Dies besaß somit wieder Gültigkeit für die gesamte PPS.

---

37 Strobel 1968: 31.

38 Ibidem: 29.

39 Kancewicz 1984: 373 f.

40 Rojahn 1979: 51. Vgl. dazu auch Tych 1979: 38.

41 Strobel 1968: 85 f.

42 Ibidem: 94.

43 Rojahn 1979: 52.

Die PPS war nur theoretisch um die Unabhängigkeit aller polnischer Gebiete bemüht, praktisch lediglich um die des kongreßpolnischen Teiles.[44] Im deutschen besetzten Gebiet sei die Idee der Unabhängigkeit in den Reihen der PPS nur „ein Glaubensbekenntnis und kein Aktionsprogramm"[45] gewesen. Ähnlich verhielt es sich im Galizischen, wo die polnischen Sozialisten verbal für die Selbständigkeit Polens plädierten, dies aber nicht forcierten und „innerhalb der Donaumonarchie mit den österreichischen Sozialdemokraten loyal zusammenarbeiteten"[46]. Die polnischen Sozialisten konnten im österreichischen Parlament politische Erfahrung sammeln.

Die PPS war im österreichischen und im deutschen Teilungsgebiet präsent: Seit 1893 als autonome Gruppe innerhalb der SPD (PPS-zaboru pruskiego) und seit 1890 als „Galizische Arbeiterpartei", später Polnische Sozialistisch-Demokratische Partei innerhalb der SPÖ (PPS-D). Im deutschen Teil trennte sie sich 1913 von der SPD, im österreichischen erst im November 1918. In diesen beiden Gebieten, in denen die Bewegung schwach war – im deutschen minimal –, arbeitete die PPS legal. In Kongreßpolen, wo die polnische sozialistische Bewegung am stärksten war, zwangen sie die Verhältnisse zur Illegalität.[47]

Die schwach entwickelte polnische Arbeiterbewegung im preußischen Gebiet erklärt neben der landwirtschaftlichen Struktur die Isolierung der Polen durch ihre Konfession und Nationalität infolge der Germanisierungspolitik. Das habe die „sozialistische Agitation erschwert". Erfolgreicher arbeitete die PPSD im Galizischen. Dafür waren bessere politische Voraussetzungen ausschlaggebend. Diese ergaben sich allein daraus, daß die Polen früher dort zum „traditionellen Herrschaftsvolk" gehörten.[48]

Die international geprägte SDKP zog Deutsche an. Die PPS konnte jedoch von den Deutschen wegen ihres nationalbestimmten Anspruches keinen Zuspruch erwarten.[49]

Auf Initiative eines SDKP-Begründers zusammen mit Feliks Dzierżyński basierte die im Jahre 1900 ins Leben gerufene Partei „Sozialdemokratie des Königreiches Polen und Litauens" (SDKPiL).[50] Richtungs-

44 Tych 1979: 43.
45 Ibidem: 44.
46 von Aretin 1987.
47 Tych 1979: 37. Vgl. dazu Wehler 1962 (b): 120 f.
48 Wehler 1962 (b): 145.
49 Strobel 1968: 35 f.; 1983: 155.
50 Strobel 1968: 38 f. Dzierżyński (1877–1926), aus Wilna stammend, war bereits ab 1895 in der Sozialdemokratie Litauens, der LSD (Litewska Socjal-Demokratyczna Partia), unter den Arbeitern in Wilna in der Agitation tätig. In der LSD war er auf der internationalen Linie. Sehr häufig wurde er wegen seiner politischen Anschauungen inhaftiert, für kurze Zeit auch nach Sibirien geschickt. Er war mit der ebenfalls in der SDKPiL tätigen Zofia Muszkat verheiratet. Słownik biograficzny 1985: 671–675.

weisend war für die SDKPiL eine Mischung aus dem Programm der SDKP von 1894 und dem der Litauischen Sozialdemokratie (LSD) von 1896.

Über die SDKPiL wird detaillierter berichtet, weil viele ihrer Mitglieder in der DSAP aufgingen. Demnach fand sozialistisches Gedankengut dieser Partei in der DSAP seine Fortsetzung.[51]

Ursprünglich sollten nationale Ideen in der SDKPiL nicht zum Zuge kommen. Anfangs setzte sich jedoch eine Gegenspielerin Rosa Luxemburgs, Cezaryna Wojnarowska, durch und damit „nicht ohne Einschränkungen" das Streben nach einem unabhängigen Polen.[52] Wenig später, ab dem Jahr 1902, sollte unter geistiger Führung Rosa Luxemburgs bedingungslos der Internationalismus zum Durchbruch kommen und der Errichtung eines unabhängigen Polens die Absage erteilt werden.[53] Ganz uneingeschränkt kann das nicht gesagt werden, war Julian Marchlewski-Karski doch „zweifellos" in Polen verliebt, „vom Polentum hingerissen"[54]. Marchlewskis tiefverwurzelter Patriotismus habe sich „in der Stellungnahme zur nationalen Frage"[55] offenbart.

Die SDKPiL arbeitete intern mit einer im Jahre 1900 von der PPS abgespaltenen Gruppe zusammen, der „PPS 'Proletariat'", auch „Proletariat III" genannt. Beider Ziel war, die PPS zu liquidieren. Proletariat III bestand nur bis 1909, verfügte nie über Einfluß und erklärte sich für den Terror als politisches Mittel.

Im Jahr 1902 traten viele PPS-Mitglieder der SDKPiL bei. Zulauf erhielt sie auch von der 1909 aufgelösten PPS „Proletariat". Damals verfügte die SDKPiL über mehr Popularität als die PPS. Neben ihr spielte der 1897 ins Leben gerufene jüdische „Bund" eine größere Rolle als die PPS.[56]

Die SDKPiL war auch im preußisch und im österreichisch besetzten Gebiet tätig, erkannte im preußischen das Erfurter, im österreichischen das Hainfelder Programm an. Sie vertrat die Dreiteilung ihrer Organisation im russischen, deutschen und österreichischen Gebiet – die Dreiteilung nicht in nationaler, sondern in territorialer Hinsicht. Ihre Anhänger auf deutschem Gebiet waren in der SPD organisiert.

Die Deutschen Kongreßpolens neigten zur Sozialdemokratie. Viele schlossen sich wegen des der SDKPiL eigenen internationalen Charakters dieser an und sollen im Lodzer Raum maßgeblich an deren Aufbau betei-

---

51 Strobel (1983: 154) gibt an, daß die SDKPiL „offiziell" als eine der Vorläuferparteien der bis Mitte 1989 staatstragenden PZPR gegolten habe und nennt den Anteil der Deutschen in der SDKPiL als „beträchtlich".

52 Strobel 1968: 39 f. Cezaryna Wojnarowska (1861–1911), schon mit achtzehn Jahren am Aufbau polnisch sozialistischer Organisationen beteiligt, war Mitglied von „Proletariat", „Równość", SDKP, SDKPiL; sie arbeitete auch im ZRP. Ibidem: 125.

53 Ibidem: 42.

54 Strobel 1983: 162.

55 Ibidem: 153.

56 Strobel 1968: 42.

ligt gewesen sein.[57] Im Jahr 1905 rekrutierte sich die Lodzer SDKPiL-Gruppe zur Hälfte aus Deutschen, ein Jahr später stellten sie sogar die Mehrheit. Im Jahr 1908 erklärte der SDKPiL-Vorsitzende Leon Jogiches-Tyszka, daß seine Partei in Lodz „nahezu völlig von Deutschen gebildet werde"[58]. Nicht nur in Lodz, auch in anderen polnischen Städten habe die SDKPiL „zu einem 'bedeutenden Teil' aus Deutschen"[59] bestanden.

Die Deutschen verfügten in der SDKPiL über erheblichen Einfluß. Sie bildeten in Lodz eine eigene deutsche Sektion innerhalb der SDKPiL, obwohl sich die Partei ansonsten gegen nationale Zirkel aussprach.[60] Bezeichnend für die ständigen und engen Kontakte zur SPD nannte sich ihr deutschsprachiges Parteiorgan „Vorwärts".[61] Die SDKPiL galt – und das nicht nur in der Lodzer Gegend – als „deutsche Partei". Bezeichnend ist „die Propaganda der Deutschen innerhalb der SDKPiL, Deutsche dürften 'einer polnischen sozialistischen Partei' nicht angehören"[62]. Die stark mit dieser deutsch geprägten Partei konkurrierende PPS nannte die Hauptverantwortlichen der SDKPiL: „deutsche Arbeiter aus Lodz und noch nicht assimilierte jüdische Intelligenz"[63].

Viele SDKPiL-Mitglieder – darunter ihre führenden Persönlichkeiten Rosa Luxemburg, Leon Jogiches-Tyszka und Julian Marchlewski – wirkten revolutionär inspirierend in der deutschen Sozialdemokratie. SDKPiL und SPD waren durch intensive Zusammenarbeit und „wechselseitige Beziehungen"[64] verbunden. Gemessen an den Beziehungen zwischen SDKPiL und SPD bestanden zwischen SPD und PPS mehr lose und eher einseitige Kontakte, die vor allem auf finanzieller Hilfe der SPD für die polnische Partei beruhten.[65]

Lediglich linke Kreise der PPS hätten sich für Angelegenheiten der Deutschen und für die deutsche Partei interessiert. Sympathie sei wiederum nur dem revisionistischen Flügel der SPD entgegengebracht worden.[66]

---

57 Ibidem: 44; 1983: 153 ff. Vgl. dazu auch Tych 1979: 40.

58 Strobel 1983: 155. Leon Jogiches, Pseudonym Jan Tyszka (1867–1919), in Wilna geboren, entstammte einer reichen jüdischen Familie. Bekannt für konspirative Fähigkeiten, Selbstdisziplin und Willenskraft. Nach zwei Verhaftungen setzte er sich ins Ausland ab. Nachdem er sich mit Plechanov überworfen hatte, wechselte er zur polnischen Bewegung. Jogiches war Mitbegründer des Spartakusbundes und der Geliebte Rosa Luxemburgs. Haustein 1969: 146.

59 Strobel 1983: 154.

60 Strobel 1968: 45, 58.

61 Strobel 1983: 154.

62 Ibidem. Von der polnischen Historiographie wurde die große Rolle der Deutschen in der SDKPiL bestritten. Strobel (1983: 165) belegt seinen Standpunkt mit wichtigem Quellenmaterial.

63 Ibidem: 154.

64 Tych 1979: 40. Strobel (1983: 155 f.) spricht von einem „interdependenten Spannungsverhältnis".

65 Vgl. Tych 1979: 42.

66 Ibidem.

Mit ihrem absolut nationalen Charakter erwies sich die PPS wenig attraktiv für die deutschen Sozialisten Polens.

Alle polnischen sozialistischen Parteien zeigten sich bemüht, Deutsche für ihre Reihen zu werben. Den größten Zulauf hatte die SDKPiL, was ihren Verbindungen zur deutschen Sozialdemokratie, ihrem internationalen Anspruch und ihrer „alle polnischen nationalen Programme ablehnenden Haltung"[67] zuzuschreiben ist.

Diese Eigenschaften und die Ereignisse der Revolution von 1905 ließ sie den deutschen Arbeiter für sich gewinnen, weniger den polnischen. Dieser besann sich, der Unterdrückungen müde, auf nationale Gedanken und wußte mit dem Internationalismus der SDKPiL nichts anzufangen.[68] Die SDKPiL verlor zugunsten der PPS bis zu ihrem Ende im Jahr 1918 zunehmend an Einfluß.

Angesichts zahlreicher Neuformationen innerhalb der polnischen Bewegung hielten die deutschen Sozialisten an ihrem Urteil von der „proletarischen Zerrissenheit" fest. Von der deutschen Sozialdemokratie kannten sie so unterschiedliche Strömungen nicht. Sie waren mit einer sich kontinuierlich aufbauenden Partei reformistischen Charakters vertraut, mit einer legalen, etablierten – allerdings einer, die verschiedene Strömungen innerhalb der einen Organisation barg. Die polnische Bewegung wirkte verunsichernd auf die deutschen Sozialdemokraten. Sie, wie auch die SPD in der Frage „Klassenkampf oder Nation" ihrem sozialistischen Standpunkt und ihrem Volkstum gerecht werden wollend, fanden innerhalb der zweigleisig laufenden polnischen Bewegung – dem in die kommunistische Organisation mündenden „strenggläubigen Internationalismus" und von diesem „Ideal des proletarischen Klassenkampfes" abweichenden aktivierten „nationalpolnischen Zug"[69] – keinen Platz für sich. Der DSAP war ein Konflikt zwischen beiden Richtungen vorgegeben.

Klassenkampf oder Nation?

Die Problematik „Klassenkampf oder Nation" stellte wohl die wichtigste Frage innerhalb der Arbeiterbewegung dar. Schon in der marxistischen Ideologie war die Stellung zur nationalen Frage nicht klar formuliert. Nach Mommsen „[stand] die I. Internationale gleichfalls noch im Bannkreis der Ideen von 1848"; und es wurde geglaubt ,daß „das Programm der Demokratie die nationale Frage automatisch mit lösen werde"[70]. Dieser Glaube erwies sich jedoch als falsch. Trotzdem verblieb die

---

67 Strobel 1968: 58; 1983: 155.
68 Strobel 1968: 59, 79; vgl. dazu 86, 94.
69 Wehler 1962 (b): 138 f., 158.
70 Mommsen 1979: 82; vgl. 49. Schieder in Mommsen 1974: 27.

Arbeiterbewegung in der Theorie der marxistischen Analyse, womit sie in der Praxis aber keine anwendbaren Leitlinien für die Nationalitätenprobleme erhalten konnte. Auf einer Seite stand der Marxismus, der Klassenkampf – auf der anderen Seite der Nationalismus. Sie bildeten die zwei politischen Hauptströmungen, die schon das ausgehende 19. und das 20. Jh. prägen sollten.

Die Auseinandersetzung mit diesen beiden Ideen zeigte sich deutlich innerhalb der SPD, die eine große, in späterer Zeit sogar staatstragende Partei war. Bereits im „Allgemeinen Deutschen Arbeiter-Verein" (ADAV) wurde der Grundstein für den „Widerspruch von revolutionärer Programmatik und verfassungskonformer Praxis"[71] gelegt. Ebenso erwies sich sowohl im Hinblick auf die „Sozialdemokratische Arbeiterpartei", die SDAP, zunehmend auch auf die „Sozialistische Arbeiterpartei", die SAP, Karl Kautskys Charakterisierung, „zwar eine revolutionäre, aber keine Revolutionen machende Partei [zu sein]"[72], als zutreffend. Nach Sedan isolierten sich die Sozialisten innenpolitisch immer mehr, lehnten die Annexion Elsaß-Lothringens ab und traten für die Pariser Kommune ein. Deswegen wurden sie als „Reichsfeinde" und „vaterlandslose Gesellen" diffamiert und fühlten sich dadurch bestätigt, „Nationalismus als bürgerliches Phänomen zu betrachten". Dies führte mit dazu, daß die SPD theoretisch beim „Standpunkt nationaler Negation" blieb. Trotz dieser Haltung und trotz der Sozialistengesetze integrierte sich die SPD in der Praxis in den deutschen Nationalstaat.[73] Zur Massenpartei geworden, nahm sie zudem unbewußt die Interessen der Nation wahr.[74] Diese „negative Integration" habe jedoch auch „zur Stabilisierung des Wilhelminischen Reiches [beigetragen]"[75].

Obwohl Marx im Jahre 1847 die Freiheit Polens für einen „Gradmesser der Freiheit Europas"[76] erklärte, war der polnischen sozialistischen Partei (PPS) nicht klar, ob die SPD das Streben der PPS nach nationaler Unabhängigkeit aus nationaler oder aus klassenkämpferischer Betrachtungsweise ablehnte. Marx und Engels selbst waren entschiedenste Gegner des nationalen Selbstbestimmungsrechtes.[77] Das Erfurter Programm sagte übrigens nichts zum Selbstbestimmungsrecht „der nichtdeutschen Bevölkerungsgruppen"[78].

---

71 Schieder 1974: 33; vgl. 21 f., 27 ff.

72 Groh in Mommsen 1974: 69. Vgl. Schieder 1974: 34.

73 Mommsen 1974: 50; vgl. 53. Vgl. Wehler 1962 (a): 157. Vgl. Schieder 1974: 34. Eckert in Mommsen 1974: 40, 50 f. Steinberg in Mommsen 1974: 54 f. Groh 1974: 62, 64, 69, 71.

74 Mommsen 1974: 100.

75 Groh 1974: 64, 69 f.

76 Mommsen 1974: 81.

77 Ibidem: 44 f.

78 Tych 1979: 44. Wehler 1962 (a): 179.

Es gibt keinen Zweifel, wofür sich die SPD vor der Alternative – für Polens Unabhängigkeit einzutreten oder sich mit den Gegebenheiten von 1815 als auch in ihrem Interesse zufrieden zu geben – entschied: „Die sozialdemokratischen Sympathien mit der polnischen Unabhängigkeitsidee fristeten ... ihr Dasein in der dünnen Luft rhetorischer Bekenntnisse."[79] Die SPD sei zu sehr verstrickt, zu sehr in der „durchdringenden nationalen Atmosphäre" der Wilhelminischen Ära integriert gewesen, um über ihr Lippenbekenntnis zur polnischen Unabhängigkeit hinauszugehen; und sie hätte sich durch ein tatsächliches Eintreten für die polnische Sache der Gefahr ausgesetzt, „politischen Selbstmord" zu begehen.[80] Wenn überhaupt, so kam für die SPD die polnische nationale Unabhängigkeit lediglich für den russisch besetzten Teil in Frage.[81] Hier konnte die Partei sich auf Marx und Engels berufen, die sich für Polen „Kompensationen im Osten" vorstellten.[82]

Bernstein warnte, „die Frage der Wiederherstellung Polens nicht bis zum endgültigen Sieg des Sozialismus [zu vertagen]". Als „Illusion" beurteilte er, „daß das Proletariat keine konkreten nationalen Interessen habe", und fragte, „ob die marxistische Revolutionstheorie nicht von falschen Voraussetzungen [ausgehe], wenn sie die nationale Frage als einen Faktor hinstelle, der das Proletariat nichts angeht"[83].

Da rufe man sich die Gedankenspiele Marxens und Engels in Erinnerung, die einem unabhängigen Polen lediglich die Rolle eines „cordon sanitaire" zwischen Reaktion und Fortschritt zugestanden, in Polen den „Prellbock" vor Rußland und in den Polen die „'zwanzig Millionen Helden' zwischen Europa und 'Asien'" sahen. Sobald es in Rußland zur Revolution, damit zum Umbruch im Zarenreich, kommen sollte, verlöre Polen seine „raison d'être"[84]. Und zum Selbstzweck sollte die nationale Unabhängigkeit Polens nicht werden. Der Haß auf Rußland war das ausschlaggebende Moment.[85]

Fraglich, inwieweit bei dieser Problematik die Überlegung der deutschen Sozialdemokraten eine Rolle spielte – die Idee Rosa Luxemburgs –, daß Polen im 19. Jahrhundert in drei wirtschaftlichen Großräumen integriert war und dieser wirtschaftlichen Integration größere Bedeutung zugesprochen wurde als der Errichtung der eigenen Nation.[86] Rosa Luxemburg und ihre Partei, die SDKPiL, kämpften daher gegen das Streben der PPS nach einem eigenen polnischen Staat. Bis zum Jahr 1905 spielte die

79 Wehler 1962 (a): 180. Rojahn 1979: 53.
80 Wehler 1962 (a): 180. Vgl. auch Tych 1979: 44, 47.
81 Vgl. S. 16 dieser Arbeit.
82 Wehler 1962 (a): 26.
83 Mommsen 1974: 75; vgl. 52, 114, 116, 118, 122 ff.
84 Wehler 1962 (a): 25–27. Vgl. Mommsen 1974: 47.
85 Ibidem: 29.
86 von Aretin 1987.

SDKPiL zeitweise eine hervorragendere Rolle als die PPS.[87] Die SDKPiL erwies sich wegen ihres internationalen Charakters attraktiv für ihre zahlreichen deutschen Mitglieder.[88]

Beim polnischen Proletariat zeigten sich die beiden Strömungen, deren Verknüpfung der deutschen Sozialdemokratie die größten Konflikte bereitete, in zwei gesonderten Parteien – der internationalen SDKPiL und der nationalen PPS. Der „Widerspruch der Stimmungen" äußerte sich im „Widerstreit"[89] dieser Parteien. Otto Bauer fragte, „wie der einzelne Arbeiter den Kampf der Parteien begreifen [kann], von denen doch die eine so gut wie die andere eine Seite seines Wesens ausdrückt?"[90] Schließlich konnte sich der Arbeiter mit beiden Richtungen identifizieren. Zu Recht bemängelte Bauer, daß dieser „Gegensatz eine Schroffheit [erhielt], die nicht mehr dem Bewußtseinszustande des Proletariats, sondern dem Doktrinarismus der Intelligenz entspricht"[91].

Bernstein sagte dazu, daß „[lediglich] der Proletarier der Theorie der mit den Attributen der Klasse ausgestattete Arbeiter [ist], der wirkliche Arbeiter hat neben ihnen auch die der Nationalität, die Reflexe der nationalen Geschichte und Einrichtungen"[92]. Schon im Jahre 1870 stellte Wilhelm Bracke fest, worauf es bei der Problematik „Nation oder Klassenkampf" ankommt: „Es [muß] eben die nöthige Harmonie zwischen ihnen hergestellt werden ... *Die reine Negation* [ist] *in so wichtigen Dingen der Tod!*"[93]

Die PPS proklamierte in ihrem Programm 1892/93 den Klassenkampf und die Errichtung des eigenen nationalen Staates zu ihren Zielen.[94] Letzterem wurde zunehmend Vorrang eingeräumt.[95] Das ging soweit, daß „die Wiederherstellung Polens die Hauptsache, der Sozialismus aber Nebensache"[96] wurde. Diese Intention ging von der PPS des russischen Teils aus, wurde später auch von der des preußischen und des österreichischen Teils vertreten. Bis 1906 gab es zwischen PPS und SPD große Spannungen. Die PPS wollte, weil sie „sich den starken nationalen Einflüssen nicht zu ver-

---

87 Strobel 1968: 42.

88 Ibidem: 45, 58. Vgl. Tych 1979: 40, 42. Strobel 1983: 152–156; 1968: 58. Vgl. Wehler 1962 (a): 161.

89 Bauer (1924) 1975: 504.

90 Ibidem: 506.

91 Ibidem: 504.

92 Einige Klippen der Internationalität. In: „Socialistische Monatshefte" 5, 1901, I, S. 255, zitiert nach Mommsen 1974: 116.

93 Eckert 1974: 41. Vgl. Mommsen 1974: 50.

94 Rojahn 1979: 50 f.

95 Ibidem: 52.

96 Wehler 1962 (a): 134. Hawranek (1979: 106) sprach von der „'nationalpolnischen' Neigung" der PPS, Wehler (1962 (a): 134, 161) vom „nationalpolnischen Sozialismus", Strobel (1983: 148) vom „polnischen sozialistischen Nationalismus der PPS".

schließen [vermochte]"[97], die eigene Organisation und versuchte, sich finanziell unabhängig zu machen, wozu sie auch die Vorwürfe des „nationalen Verrats" aus polnisch bürgerlichen Kreisen trieben.[98] Der endgültige Bruch zwischen beiden Parteien trat im Jahr 1913 ein.[99] Nach dem Ersten Weltkrieg haben sich die Fronten zwischen PPS und SPD noch verhärtet. Beide identifizierten sich mit ihrem Staat, wodurch zwangsläufig alle Probleme der Staaten zu Auseinandersetzungen der Parteien führten. Das begann mit der Grenzfrage. Die bei SPD und PPS dominierende nationale Frage wurde zum „Hindernis einer Verständigung"[100].

Besonders zeigte sich das in Oberschlesien. Hier unterstützte die PPS die Aufständischen und die SPD die Freikorps. Die PPS beteiligte sich am dritten schlesischen Aufstand sogar mit der Waffe. Der Klassenkampfgedanke verlor vollständig an Bedeutung. Diese Zeit in Oberschlesien trieb die Ausbreitung des polnischen Nationalismus innerhalb breiter Bevölkerungsschichten in ganz Polen voran. Besonders unter Biniszkiewicz geriet die PPS in Oberschlesien „immer offener zum Nationalismus"[101]. Während der Abstimmungszeit rief die PPS zum „Patriotismus", zu „nationalen Gefühlen" auf und verherrlichte Polens „innere Zustände über das vernünftige Maß hinaus". Die PPS habe „ihre Interessen vollständig der Leitung des polnischen Nationallagers unter[geordnet]"[102]. Mit klassenkämpferischen Parolen konnte man den polnischen Arbeiter nicht locken. Er konkurrierte in seinem Nationalbewußtsein sogar mit dem polnischen Kleinbürgertum.[103] Auch nach der Abtretung Ostoberschlesiens an Polen wirkte das nationale Eingebundensein während der Abstimmungszeit innerhalb der polnischen und der deutschen sozialistischen Organisationen. Dies traf mehr auf die polnische Bewegung zu, was daran gelegen haben mag, daß sich die Deutschen in einem fremden Staat befanden: Die PPS blieb in vielen Fragen trotz ihres sozialistischen Programmes beim Nationalismus. Ihr internationaler Anspruch kollidierte mit der nationalen Wirklichkeit. Die deutschen sozialistischen Organisationen fanden sich mit der Grenze ab und erklärten sich in ihrem Parteiprogramm loyal zum polnischen Staat. Während der ganzen Zwischenkriegszeit versuchten die Berliner amtlichen Stellen die DSAP davon zu überzeugen, daß ihre „sozialistischen Ideengänge ... in den Interessen des Deutschtums seine Grenze [zu finden]" hätten. Sie mußten jedoch lernen, daß „der Deutsche

---

97 Strobel 1983: 147.
98 Hawranek 1979: 107. Vgl. Strobel 1983: 153.
99 Hawranek 1979: 108.
100 Tych 1979: 48 f. Wehler 1962 (a): 180 f.
101 Hawranek 1979: 111, auch 107.
102 Ibidem: 114.
103 Ibidem: 109.

eben ... in erster Linie Sozialist oder bürgerlich [ist], erst in zweiter oder noch später Deutscher, der Pole in erster Linie Pole"[104].

Die deutschen Sozialisten in Polen entschlossen sich nach der Wiedererrichtung Polens für die eigenständige deutsche sozialistische Organisation. Mit dieser Entscheidung glaubten sie sowohl dem Sozialismus als auch der Nation Genüge getan zu haben.

Sie argumentierten damit, die deutsche Partei könne der deutschsprachigen Bevölkerung Polens die sozialistische Idee näher bringen als eine polnische Organisation. Sie sahen die deutsche sozialistische Partei nur als „vorübergehend", wollten zu Anfang der Nation den Vorrang geben, um später bedingungslos und uneingeschränkt den Sozialismus an erste Stelle setzen zu können. Diese Entscheidung zeigt, wie die DSAP zum Problem „Klassenkampf oder Nation" stand: im Spannungsverhältnis zwischen beiden.[105]

Dieses Spannungsverhältnis prägte schon die Politik der Sozialdemokratie der Kaiserzeit. Spielte diese Frage bis zum Ausbruch des Ersten Weltkrieges lediglich eine marginale Rolle und konnten bisher die klassenkämpferischen Ideale des sozialistischen Programmes über die Anfälligkeit der Sozialisten für das nationale Gedankengut hinwegtäuschen, so sollte diese Frage jetzt – mit Konstituierung neuer Nationalstaaten – ihren nebensächlichen Charakter verlieren.

Die deutschen Sozialisten in Polen standen nach dem Ersten Weltkrieg vor der Frage, was in Zukunft ihre Politik bestimmen würde: Die Solidarität mit den sozialistischen Parteien des entstandenen Staates oder die nationalen Interessen – Klassenkampf oder Nation? Anders als die deutschen Sozialdemokraten der Wilhelminischen Ära, mehr noch als die der Weimarer Republik, waren die deutschen Sozialisten in Polen – die unmittelbar „Betroffenen" – an einem Arrangement zwischen Internationalismus und Nation interessiert. Der Konflikt zwischen der Solidarität mit den sozialistischen Parteien Polens und den deutschen nationalen Interessen gehörte hier zu den täglichen parteiinternen Debatten. Das Erfordernis, sich dieser Problematik stellen zu müssen, resultierte aus der Notwendigkeit, sich als auslandsdeutsche Partei in einem fremden Staat zu arrangieren, ein Miteinander mit dem Mehrheitsvolk zu ermöglichen. Nur die Solidarität mit den sozialistischen Parteien des neuen Staates konnte ihrer Meinung nach den deutschen Sozialisten die Voraussetzung dafür schaffen, die deutschkulturellen Bedürfnisse mit Erfolg zu vertreten. Hier hatten sie zwar das gleiche Ziel wie die Deutschbürgerlichen; jedoch kamen sie zu der Überzeugung, dieses nicht mit den Bürgerlichen, sondern mit Hilfe aller Sozialisten Polens erreichen zu wollen. Sie blieben dabei, ihr Deutschtum in ihre gesamtsozialistische Zielsetzung einzubinden.

---

104 PA AA, Pol 5 Pol. Bd. 7, Hoffmann-Fölkersamb an AA v. 14. 05. 1925.

105 Vgl. von Aretin 1987, dem einige der folgenden Gedankengänge entnommen sind.

Nicht gerade erleichtert wurde ihnen ihre Entscheidung dadurch, daß Polen trotz 40 Prozent nichtpolnischer Bevölkerung als Nationalstaat angelegt war. Die Erfahrungen des Vielvölkerstaates Österreich-Ungarn blieben ungenutzt. Auf die deutschen Sozialisten Polens wartete von vornherein ein schweres Erbe, ein von Nationalitätenkonflikten bestimmtes Agitationsfeld.

Die deutschen Sozialdemokraten Polens fanden keine uneingeschränkt gültige Position auf der Skala zwischen Klassenkampf und Nation. Bei Gründung ihrer Organisation im Jahre 1922 stellten sie „trotz ihrer grundsätzlichen internationalen Einstellung gerade das nationale Moment in den Vordergrund"[106]. Darauf bestanden hatte der ehemals zu Österreich gehörende Bielitzer Bezirk, der in unserer Frage unbefangener agitierte als die ehemals zu Deutschland gehörenden Bezirke, in denen man nach dem Vorbild der SPD überempfindlich reagierte auf alles, was mit Nation zu tun hatte.

Theoretisch verband man in der SPD „Nation" und „nationales Empfinden" immer mit Nationalismus, legte eine übertriebene Vorsicht an den Tag.[107] Die Nationalitätenpolitik wurde deshalb nur an der Oberfläche diskutiert.

In der Weimarer Republik wurde nicht von der marxistischen Programmatik abgegangen, obwohl die SPD in Wirklichkeit eine staatserhaltende Politik praktizierte. Genau diese Diskrepanz kann schon im deutschen Kaiserreich festgestellt werden. Die deutschen Sozialdemokraten vertraten offiziell die internationale Klassensolidarität, praktizierten aber eine staatsbejahende Politik, identifizierten sich mit dem Staat[108], den sie mit geschaffen hatten, der maßgeblich durch sie geprägt war, dessen Staatsführung ja sogar mit ihnen identifiziert wurde.

Nach dem Ersten Weltkrieg näherte sich der reformistische Flügel der SPD verstärkt nationalen Strömungen. Der linke Flügel setzte „dieser Richtung einen rigorosen Internationalismus [entgegen]" und begrenzte das Nationale lediglich auf das Bürgertum. Kautsky und das Parteizentrum versuchten, einen Mittelweg zwischen diesen beiden Extremen zu steuern. Mit dieser „schwächlichen Defensivstrategie"[109] hatten sie keine Erfolgschancen. Sie konnten keinen klaren Standpunkt ihres Verhältnisses zu Klassenkampf und Nation vermitteln, was sicher an der Theorielosigkeit in dieser Frage lag. Die marxistische Theorie bot auch in der Weimarer Republik keine brauchbaren Ansätze zu dieser Problematik. Die Praktiker und Pragmatiker führten unter dem Deckmantel radikaler Phraseologie eine Reformpolitik, einen „revolutionären Attentismus", der

---

106 Kowoll in Kauder 1932: 381.

107 Matthias 1952: 65.

108 Mommsen 1974: 52.

109 Ibidem: 53.

zur „zentristischen Ideologie" geworden, die Strategieangebote des Revisionismus und des linken Radikalismus unberücksichtigt ließ. Die Parteiführung war in einen Zustand der Ohnmacht geraten.[110] Nach Mommsen „[beruhte] das Dilemma des orthodoxen Marxismus, dem integralen Nationalismus keine andere Alternative als einen hölzern gewordenen Internationalismus entgegensetzen zu können, nicht zuletzt auf der Fehleinschätzung des Gewichts nationaler Tradition durch Marx und Engels"[111].

Die SPD zeigte sich nach Versailles ebenfalls in der Zwischenkriegszeit unfähig, die Frage „Klassenkampf oder Nation" eindeutig zu lösen. Dieses Unvermögen trug mit dazu bei, daß innerhalb des Proletariats nationalistisches Gedankengut Fuß fassen konnte und dem Nationalsozialismus in diesen Reihen ein entscheidender Vorstoß gelingen sollte.

Die deutschen Sozialisten in Polen hatten andere Probleme als die Sozialisten im Deutschen Reich. Die Nachkriegsprogramme der SPD konnten kein „im Leben wurzelnder Wegweiser" für die DSAP sein, nicht „die nächsten Aufgaben vorzeichnen"[112]. Friedrich Stampfer bemängelte am Heidelberger Programm, daß es weder „mit der Praxis ... Schritt halten konnte", noch „auf die besondere Lage des deutschen Volkes" einging. Er wie Otto Braun warfen „der theoretischen Konzeption der Nachkriegssozialdemokratie Unausgeglichenheit" vor. Arthur Rosenberg behauptete, daß die sozialdemokratische Praxis durch die „unzulängliche theoretische Konzeption" entscheidend gelähmt wurde.[113]

Anders sah es mit den Nationalitätenkonzepten des Austromarxismus aus, die den deutschen Sozialisten Polens praktikablere Vorschläge boten. Dort hatte man ähnliche Probleme und konnte die Nationalitätenfrage nicht umgehen. Sowohl der theoretischen als auch der praktischen Auseinandersetzung konnte in einem Vielvölkerstaat aus der gegebenen völkerpolitischen Situation nicht ausgewichen werden. Die DSAP informierte sich wegen der Praxisbezogenheit besonders an Otto Bauers Nationalitätenkonzept.

Bauer definierte die Nation als Schicksals-, Kultur- und Charaktergemeinschaft. Als Ausdrucksform dieser drei Komponenten ging er von der nationalen Sprachgemeinschaft aus.[114] Bauer hielt die soziale und nationale Emanzipation für gleich wichtig.[115] Aus marxistischen Kreisen wurde ihm deswegen Nationalismus vorgeworfen, worauf er entgegnete, daß

---

110 Steinberg 1974: 57–61..

111 Mommsen 1974: 53.

112 LVZ v. 09. 10. 1929.

113 Matthias 1952: 65 f.

114 Bauer (1924) 1975: 61, 66. Wehler 1962 (a): 216. Mommsen 1974: 77 f., vgl. 57 ff.

115 Das brachte ihm den Ruf ein, „den bürgerlichen Nationalismus noch übertrumpfen zu wollen". Mommsen 1974: 203.

sich der Sozialismus gerade wegen des Aufkommens von Nationalismus mit der Problematik „Nation" auseinandersetzen müsse.[116]

Für wichtig hielt Bauer, daß die Arbeiter zu „guten Deutschen" oder „guten Tschechen"[117] würden. Deswegen sprach er sich gegen die Nivellierung der nationalen Besonderheiten aus und setzte sich für die nationale Differenzierung ein.[118] Bauer schloß sich Karl Renner an, der den verschiedenen Nationalitäten im Staat „die Position von 'Staaten im Staate'„[119] gewähren wollte. Er sah hierfür eine Verfassung vor, nach der jede Nation ihre eigene Kultur vertreten solle. Das könne am besten mit der nationalen Kulturautonomie erreicht werden.[120] In der Durchsetzung der nationalen Autonomie sah Bauer das Ende des nationalen Streits, der den Klassenkampf behindert habe.[121]

Bauer unterschied zwischen konservativ-nationaler Politik der Bürgerlichen und evolutionistisch-nationaler Politik der Arbeiterklasse. Die der Bourgeoisie zeige sich in deren nationaler Machtpolitik, die des Proletariats in der nationalen Autonomie. Mit der nationalen Autonomie sollte die nationale Kulturgemeinschaft unter Einbeziehung „auch der unteren Schichten in der Nation"[122] erreicht und damit „das gesamte Volk zur Nation"[123] gemacht werden. Erst aufbauend auf der im kapitalistischen Staat entwickelten nationalen Autonomie wäre im sozialistischen Staat die „volle Selbstbestimmung der Nationen"[124] möglich. Bauer sei hier „in die Nähe eines betont nationalen Sozialismus [geraten]"[125]. Wie Renner ging auch Bauer von der subjektiven Entscheidung für eine Nation aus.[126]

Bauer und Renner wird ein entscheidender Fehler vorgeworfen, nämlich „die nationalen Interessen auf den kulturellen Sektor zu beschränken." In der Zeit des Imperialismus habe das nicht mehr zu einer Entkrampfung des Nationalitätenkonflikts führen können, „da die nationale Dynamik mit konstitutionellen und demokratischen Mitteln nicht mehr einzudämmen war"[127].

Der Parteiideologe der DSAP, Glücksmann, wollte das österreichische sozialistische Modell in Polen realisieren – sowohl auf Partei- als auch auf Staatsebene.[128] Er erachtete die österreichische Programmatik als ein gutes

---

116 Bauer (1924) 1975: 53 f.
117 Mommsen 1974: 203.
118 Bauer (1924) 1975: 68, 166, 168 f., 176 f. Mommsen 1974: 57, 79, 77. Braunthal 1961: 17.
119 Mommsen 1974: 198.
120 Bauer (1924) 1975: 387, 410.
121 Ibidem: 368, vgl. 408 f.
122 Mommsen 1974: 203, 56 f. Bauer (1924) 1975: 371, 395, 410, 571, 574.
123 Bauer (1924) 1975: 371.
124 Ibidem: 370, vgl. 574.
125 Mommsen 1974: 60.
126 Bauer (1924) 1975: 401.
127 Mommsen 1974: 205, vgl. 97 ff.
128 VST v. 12. 12. 1926. VW v. 13. 12. 1927.

„Fundament", um auch in Polen einen „Bau" errichten zu können. Die DSAP sah in Bauers Nationalitätenkonzept – in der nationalen Autonomie für die Minderheiten – eine Möglichkeit, zu einem Miteinander aller Nationen innerhalb Polens zu kommen. Ihr genügte die Forderung nach national-kultureller Autonomie, weil sie von dem Begriff der Nation als kultureller und geistiger Gemeinschaft ausging. Erstrangig war für die DSAP jedoch nicht die Nation, sondern der Sozialismus. Analog zur „kleinen sozialistischen Internationalen" der Österreicher wollte sie zuerst eine einzige sozialistische Partei in Polen auf föderativer Basis schaffen, in der die Arbeiter aller Nationen gleichberechtigt gegen die wirtschaftliche Ausbeutung kämpfen sollten. Erst dann könne das Bekenntnis zur nationalen Zugehörigkeit anerkannt werden, was bei der DSAP aber zweitrangig sein sollte. Hier wollte sie – wohl in Anbetracht der österreichischen Ergebnisse – einen „sozialistischeren" Weg wählen. Bauer ging bei seiner Nation- und Sozialismus-Kombination vom Primat der Nation aus und hatte doch diesen Faktor ganz offensichtlich noch unterschätzt.

Das österreichische Modell der nationalen Autonomie innerhalb der sozialistischen Partei ist gescheitert, und zwar:

Erstens, wegen des deutschen Nationalismus. Auch in Polen gab es keine gute Voraussetzung für ein föderatives Modell, weil das auch dort mit dem Nationalismus des Staatsvolks konfrontiert wurde.

Zweitens, weil die einzelnen nationalen Flügelparteien in Relation zur Parteizentrale zu stark geworden waren – also durch deren Nationalismen. „Die nationale Föderalisierung" beschleunigte „den Zerfall der Gesamtpartei".[129]

Außerdem kam das von den österreichischen Sozialisten entworfene, auf Föderalismus der Nationen beruhende Nationalitätenprogramm, in dem gefordert wurde, Österreich in einen „Nationalitäten-Bundesstaat" umzugestalten, überhaupt nicht zur Anwendung.[130]

Die deutschen Sozialisten Polens übernahmen 1924 von Bauer die Forderung nach national-kultureller Autonomie aller Minderheiten und nach sozialer und nationaler Emanzipation. Wiederholt wurde das im Parteiprogramm der vereinigten DSAP von 1929. Die national-kulturelle Autonomie forderte die DSAP, weil nur sie die „freie kulturelle Entwicklung" gewährleiste und dadurch „die Reibungsfläche zwischen den in demselben Staate lebenden Nationen verringert"[131] werden könne. Sie greife weder die Staatsverfassung noch die Staatssouveränität an; sie sollte lediglich die Verwaltung eigener Schulen, Kulturanstalten und die entsprechende Gesetzgebung im Rahmen des polnischen Staates betreffen.

129 Mommsen 1974: 91; vgl. 93, 195.
130 Vgl. dazu ibidem: 99 f., 216 f.
131 LVZ v. 09. 10. 1929.

Ebenso wurde die Loyalitätserklärung aus dem Jahr 1924 in die Resolution des Vereinigungsparteitages 1929 übernommen. Diese verpflichtete den deutschen Sozialisten, „von den realen Staatsverhältnissen auszugehen und jede Irredenta als eine sozialistisch widrige Aktion zu verurteilen"[132]. In den Programmentwurf von 1929 wurde besonders zur Grenzfrage ein Passus aus der Parteiresolution der oberschlesischen DSAP vom März 1922 übernommen, indem sie „von der Prüfung der Grenzfrage Abstand nehmen, ... [sich] auf den Boden der realen Tatsachen, der Souveränität des polnischen Staates, stellen"[133].

Die DSAP war gespalten in der Frage, wo ihr politischer Schwerpunkt liegen solle. Angedeutet schon mit der anfänglichen Unsicherheit in dieser Angelegenheit, entwickelte sich in ihren Reihen ein Gegensatz zwischen nationalen und klassenkämpferischen Gedanken, ein ständiger Balanceakt zwischen Zusammenarbeit mit dem deutschen bürgerlichen Lager und der mit den polnischen wie jüdischen Sozialisten. Dieser Gegensatz resultierte aus den in verschiedenen Regionen entwickelten sozialistischen Organisationen, den unterschiedlichen Traditionen und sehr stark aus den persönlichen Karrieren der Parteiführer. Die Rechts- und Linkstendenzen innerhalb der Partei provozierten innere Auseinandersetzungen, die schließlich in die die Partei schwächenden Abspaltungen mündeten.

In den Minderheitenfragen arbeitete die DSAP anfangs – bis es ihr Mitte der zwanziger Jahre gelang, die PPS für ihre Probleme zu mobilisieren – mit dem „Deutschen Volksbund" und den deutschen bürgerlichen Parteien zusammen. Zu der nationalistischen Richtung der deutschen bürgerlichen Parteien stand sie jedoch in scharfer „doktrinärer Opposition".[134]

Die deutschen Sozialisten Polens fühlten sich ihrem Volkstum und ihrer Ideologie verpflichtet und mußten mit zwei solchen sich fast ausschließenden Intentionen in schwere parteiinterne Konflikte geraten.

Aber nicht nur innerer Widerspruch erschwerte ihre Arbeit, sondern auch – und dies wiederum rückwirkend nach innen – die Anfeindungen von außen, sowohl von deutscher als auch von polnischer Seite:

Die anderen deutschen Parteien warfen ihnen antinationalen Charakter, sogar Verrat der deutschen nationalen Interessen vor; und das polnische nationale Lager griff sie wegen ihres Deutschseins an.[135]

Sie waren sich dieser voneinander abhängigen, nicht abgrenzbaren Phänomene bewußt. Immer wieder versuchten sie, auf ihre komplizierte

---

132 LVZ v. 07. 10. 1929.

133 LVZ v. 09. 10. 1929. Hingegen schwebte der SPD die friedliche Revision des Versailler Vertrages vor. Dies wurde wegen des – mit dem Gedanken eines friedlichen Revisionismus – angenommenen Vertrages als der Nation schädigend empfunden, wohingegen sie ihn ausgerechnet aus nationalen Gründen tolerieren zu müssen glaubte.

134 Staniewicz 1965: 44. Vgl. Cygański 1966: 29. Falęcki 1970: 21. Heike 1955: 53. Kowoll 1932: 381, 383. Walczak 1980: 516.

135 Hawranek 1982: 184.

Lage hinzuweisen. Für sie galt, daß „die Arbeiter der nationalen Minderheiten die Aufgabe hätten, das nationale Moment zu fördern, ohne dem Nationalismus zu verfallen“[136], ihre „deutsche kulturelle Arbeit zugleich sozialistische Arbeit“[137] sei und sie „als deutsche Sozialisten für die deutsche Arbeiterklasse einträten, ohne je zu vergessen, daß das Proletariat nur einen einzigen Feind habe“[138].

Diese Antinomien sollten die Tätigkeit der DSAP stark behindern und zeitweise lähmen, weil die damit auf Unverständnis stieß. Sie bekannte sich zu Nation und Klassenkampf, stand zu unterschiedlichen Zeitpunkten in einem veränderten Spannungsverhältnis zu beiden, tendierte Anfang der zwanziger Jahre eher zur „Nation““, um ab Ende der zwanziger Jahre dem „Klassenkampf“ mehr an Gewicht zu verleihen. Einen für sich und für alle akzeptablen Mittelweg zwischen Klassenkampf und Nation konnte sie nicht finden. Sie stellte sich in Loyalität zu ihrem neuen Staat, geriet aber schließlich in das Kreuzfeuer des Nationalismus, als dieser mit dem „Dritten Reich“ in Deutschland in seiner extremsten Form ans Ruder kam.

Für die deutschen Sozialisten, die in dem neu entstandenen polnischen Staat lebten und vorher den deutschen sozialdemokratischen Parteien Österreichs und Deutschlands bzw. einer polnischen sozialistischen Partei Kongreßpolens angehörten, stellte sich die Frage ihrer weiteren politischen Organisationsweise. Sollten sie sich einer bestehenden polnischen Organisation anschließen oder eigene deutsche gründen?

Noch nach der Entscheidung der deutschen Sozialisten Polens für die eigene Organisation wurde das Thema des Anschlusses an eine polnische Gruppierung diskutiert. Sie mußten dabei die Möglichkeit mit einbezogen haben, in einer polnischen Organisation aufzugehen. Nur so können Erwägungen verstanden werden, „man [könne] gewiß Bedenken dagegen haben, daß mit dem Eintritt dieser neuen sozialdemokratischen Partei ins politische Leben der Republik Polens das ohnehin unerfreuliche Bild der proletarischen Zerrissenheit im Lande noch um einige Striche verschlechtert [wird]. Aber leider zwinge gerade diese Zerklüftung der sozialistischen Masse in verschiedenen Sekten die deutschen Sozialdemokraten zum festen Zusammenschluß. Sie wüßten, was eine straffe Organisation bedeutet.“[139] Ihre Reserviertheit, sich einer polnischen Organisation anzugliedern, hielten sie für gerechtfertigt, weil „die polnischen sozialistischen Parteien noch jung [sind], Treibhausgewächse der politischen und ökonomischen Entwicklung ihres Landes. Sie hätten die Kinderkrankheiten der politischen Organisationen noch nicht überstanden.“ Daher sahen

---

136 VW v. 01. 08. 1929.

137 VW v. 30. 08. 1931.

138 VW v. 23. 03. 1930.

139 VW v. 29. 03. 1922.

sie sich im Recht, „solchen politischen Gebilden mindestens abwartend gegenüber zu stehen. Selbstverständlich ist auch für sie die Einheit der Arbeiterschaft ein unbedingtes Erfordernis. Aber weil diese Einheit in Polen noch lange nicht erreicht ist, müssen sie unter sich fest zusammenhalten, eine Kerntruppe des Proletariats, die wichtige Rechte zu hüten hat."[140]

Die nationale Trennung der Arbeiterparteien betrachteten die deutschen Sozialisten bis zur Konsolidierung der polnischen Bewegung als sinnvoll.

140 Ibidem.

B. Organisation

In Kattowitz, Bromberg und Bielitz agierten seit langem deutsche sozialistische Parteien, die teilweise nach der Wiedererrichtung Polens für kurze Zeit in alter Formation arbeiteten.

Der SPD-Zentrale unterstanden die Organisationen in Kattowitz und Bromberg und der österreichischen Sozialdemokratie die in Bielitz. In Lodz jedoch war früher offiziell jede Tätigkeit politischer Arbeiterorganisationen unterbunden. Auf eine bestehende deutsche Partei konnte nicht zurückgegriffen werden. Die organisierten Deutschen agierten in den illegal arbeitenden polnischen Parteien, meistens in der SDKPiL. Eine eigene deutsche Partei mußte in Kongreßpolen erst geschaffen werden.

Aufgrund der verschiedenen Vorbedingungen verliefen die Entwicklungen in Mittelpolen anders als in den übrigen Gebieten. Um Arbeiterrechte zu vertreten und politische Schlagkraft zu erreichen, galt es, die verbliebenen Rumpforganisationen zu sammeln, zu reorganisieren und zu vereinen oder – wie in Mittelpolen – neue Organisationen erst zu gewinnen.

1. Oberschlesien

Die Sozialdemokratie traf in Oberschlesien trotz hohen Industrieanteils auf schlechteren Boden als im Deutschen Reich. Die Entwicklung der sozialistischen Bewegung ging in diesem Gebiet nur mühsam voran. Die SPD ganz Oberschlesiens hatte im Jahr 1907 ungefähr 600, die PPS 500 Mitglieder; und in den Zentralgewerkschaften sollen im Jahr 1900 gerade 1.000 Mitglieder organisiert gewesen sein. Daß es immerhin diese Zahlen gab, war nur der konsequenten und regen Agitation der SPD-Vertrauensmänner zu verdanken. In Oberschlesien sei mehr an Agitationsarbeit geleistet worden – mehr von der Berliner Zentrale eingeflossen – als in allen anderen Teilen Deutschlands und wesentlich weniger erreicht worden als anderswo.[1] Ursache dieses Mißerfolgs war zum einen die Macht der katholischen Kirche über den oberschlesischen Arbeiter – „katholisch" und „oberschlesisch" bildeten fast einen Begriff –, zum anderen dessen Bildung, die, meist vernachlässigt, politisches Desinteresse nach sich zog.

---

1 Hawranek 1979: 107 f. Vgl. dazu VW v. 01. 05. 1922.

Der oberschlesische Arbeiter soll „apolitisch“ gewesen sein.[2] Als „weit hinter der sozialistisch geschulten, organisatorisch durchgebildeten, an proletarische Disziplin gewöhnten, übrigen deutschen Arbeiterschaft zurückstehend“[3], beurteilten die Sozialisten aus dem Deutschen Reich die oberschlesischen Sozialisten, die dieser Meinung selbst beipflichteten.

Erst 1913 wurde ein sozialdemokratisches Organ, die „Oberschlesische Freie Presse“, Vorläufer des „Kattowitzer Volkswillen“, gegründet. Nur die allerwenigsten Arbeiter lasen eine Zeitung. Extremer noch sei es bei Frauen gewesen. Vergleiche hätten die oberschlesischen Arbeiter generell nicht gezogen. Als einziges Buch des oberschlesischen Haushaltes galt vielfach „das polnische Gebet- und Gesangbuch“, manchmal zusätzlich „ein religiöses Erbauungsbuch oder einer der beliebten Missionskalender“[4].

Das langsame Fortkommen der sozialistischen Bewegung lag zudem an den in Oberschlesien ungünstigen staatlichen, damit verbunden wirtschaftlichen Bedingungen, und den einseitigen Besitzverhältnissen. Letztere ermöglichten einen „Ausnahmezustand“, wie er sonst in ganz Deutschland nicht herrschte.

Die sozialistisch Organisierten wurden schlecht behandelt, zudem verfolgt und überwacht.[5] Die Mitgliederfluktuation war rege; und die Nachkommenden mußten eine gewisse Zeit geschult werden, um für die Bewegung von Wert zu sein. Dies betraf auch Führungskräfte, was sich besonders ungünstig auswirkte.[6]

Schließlich korrelierte die Verhängung dieses „Ausnahmezustandes“ – die gewaltsame Niederdrückung der sozialistischen Bewegung – mit den Besitzverhältnissen. Wenn sich bis zu Oberschlesiens Teilung zehn Besitzer drei Viertel der gesamten Industrie teilten, das restliche Viertel dem Staat gehörte, lag nicht nur die wirtschaftliche, sondern ebenso die politische Macht gebündelt bei wenigen. Die Ostoberschlesierin Maria Jaekel nannte die oberschlesischen Besitzverhältnisse „eine Zusammenfassung wie nirgendwo anders“. So habe „die Ausbreitung sozialistischer Gedanken von der Industrie am erfolgreichsten bekämpft werden“[7] können.

Erst die Jahre 1918 bis 1921 brachten der oberschlesischen Sozialdemokratie einen Aufschwung. In den Reihen der SPD waren 1921 8.000

---

2 Vogel 1931: 35.

3 VW v. 09. 02. 1921.

4 Vogel 1931: 35. Vgl. dazu Hawranek 1979: 111 f.

5 Hawranek 1979: 112. Ein Zeitzeuge aus Oberschlesien berichtete, daß „für die Polizei und Gerichte die Sozialdemokraten gesuchte Objekte waren. Es gab wohl keinen von den Alten, der nicht die liebevolle Fürsorge der Polizei ... persönlich empfunden hätte.“ VW v. 01. 05. 1922.

6 Hawranek 1979: 112.

7 Jaekel 1933: 11.

Mitglieder organisiert, ungefähr 40.000 zählte die PPS.[8] Daß weder die Gewerkschafts- noch die Parteibewegung Oberschlesiens annähernd mit der eines anderen Teiles Deutschlands vergleichbar war und überhaupt erst 1921 von einer beginnenden Stabilisierung der oberschlesischen Arbeiterbewegung gesprochen werden konnte, meinten selbst die deutschen Sozialisten Oberschlesiens.[9]

Sie konnten, als die Teilung Oberschlesiens bevorstand und sie sich neu formieren mußten, nicht auf eine gut funktionierende Organisation bauen. Zu viele Hindernisse stellten sich ihnen in den Weg, zu starken Unterdrückungsmaßnahmen waren sie ausgesetzt, um sich eine stabile Organisation zu schaffen, auf deren Erfahrungswerte sie sich hätten berufen können.

Ihre anfängliche Richtungslosigkeit ist daher zu verstehen. Sollten sie mit den unabhängigen deutschen Sozialisten, mit den Kommunisten, mit den polnischen Sozialisten, mit den österreichischen Sozialisten oder mit den Bürgerlichen koalieren oder mit mehreren gleichzeitig? Diese Frage sollte sie lange beschäftigen, sie wiederholt zweifeln und fast jede Möglichkeit durchspielen lassen.

Das Plebiszit

Die deutschen Sozialisten Oberschlesiens verbanden mit der Abtrennung vom Deutschen Reich pessimistische Erwartungen. Wie die SPD vertraten alle anderen deutschen Parteien sowie die Gewerkschaften die Meinung, Deutschland ohne Oberschlesien sei wirtschaftlich nicht imstande, die Reparationszahlungen zu leisten. Hier waren vor allem die Kohlelieferungen, zu denen Versailles und Spa verpflichteten, gemeint.[10] Bedingungslos stimmten sie für das Verbleiben bei Deutschland.[11] Wirtschaftlich und politisch erwarteten sie lediglich Verluste und fanden keine Perspektive, wie ihre zukünftige Organisationsweise aussehen sollte.[12]

Die deutschen Sozialisten Oberschlesiens fragten, ob der oberschlesische Arbeiter besser im polnischen oder im deutschen Staat aufgehoben sei. Der Arbeiter sollte abwägen, wo er mehr Vorteile habe, und sich nicht einreden lassen, Pole oder Deutscher zu sein und entsprechend stimmen zu müssen. Unwesentlich sei, „ob einige Morgen Landes polnisch oder

---

8 Hawranek 1979: 108.
9 VW v. 11. 02. 1921.
10 Hawranek 1979: 113.
11 Kowoll 1932: 380.
12 Unter dem Titel „Abschied" bedauerte Kowoll, daß „mit der Besetzung die Trennung von den großen kampfkräftigen Organisationen in Deutschland erfolge und niemand Bestimmtes für die Zukunft voraussagen könne. Ohne Zweifel bedeute diese Abtrennung einen Rückschritt". VW v. 01. 05. 1922.

deutsch seien" – wesentlich, was der Staat seinen Arbeitern biete, wie er aufgebaut sei und funktioniere.[13]

Sie entschieden sich ohne Einschränkungen für Deutschland und urteilten, daß ein Anschluß an Polen nur negative Folgen für den deutschen Arbeiter haben könne: wirtschaftlich, sozial und kulturell.[14] Der Kampf um Oberschlesien war für sie „nicht eine Austragung nationaler Gegensätze, sondern ein Kampf um die soziale und politische Gestaltung des Staatswesens"[15]. Sie betonten, daß die Oberschlesienfrage kein nationales Problem darstelle, sondern ein soziales.[16] Maßgebend für ihre Entscheidung war, wo der Arbeiter bessere Chancen haben würde.

In der Abstimmungszeit tauchten sechs Argumente immer wieder auf, die die deutschen Sozialisten für ein Verbleiben bei Deutschland und gegen einen Anschluß an Polen bewegten:

1. Die Gewerkschaftsbewegung würde auf das Niveau der polnischen Gewerkschaften gedrückt;
2. die oberschlesische Arbeiterbewegung könnte nicht mehr mit der sozialistischen Bewegung der übrigen Welt Schritt halten, wenn keine Unterstützung und Anlehnung an die deutschen Zentralen gewährleistet sei;
3. die wirtschaftliche Krise würde sich erschütternder auswirken, wenn Oberschlesien zu Polen käme – von einwandernden deutschen Arbeitslosen versprachen sie sich bessere gewerkschaftliche und politische Schulung als von polnischen Sozialisten: diese seien indifferent und ohne gewerkschaftliche Schulung und wirkten somit hemmend, zersetzend und lohndrückend;[17]
4. an Polen angegliedert, würde ein sozialer Rückschritt erfolgen – die Erhaltung und der Ausbau erworbener Rechte und Leistungen, wie Alters-, Kranken- und Invalidenversicherung sowie die Arbeitslosenregelung wären fraglich;[18]
5. die Wirtschaft Oberschlesiens würde eine Abtrennung von der deutschen Wirtschaft, den deutschen Absatzmärkten und Versorgungs-

---

13 Auch habe nicht „irgend eine Nation ein traditionelles Recht" auf Oberschlesien. Der Boden gehöre „den Menschen, die ihn im Schweiße ihres Angesichts bebauen und seine Schätze zu Tage fördern. Allen, die sich ehrlich von ihm ernähren. Nicht historische Dokumente oder zweifelhafte Namensuntersuchungen, sondern lediglich die schwielige Faust und das denkende Hirn seien ... maßgebende Besitztitel." VW v. 25. 01. 1920. Vgl. Jaekel 1933: 29.

14 Kowoll 1932: 380.

15 Kowoll 1921: 393.

16 Ibidem. Vgl. dazu Lukaschek 1921: 392.

17 VW v. 11. 02. 1921, v. 25. 01. 1921.

18 VW v. 08. 03. 1921, v. 09. 03. 1921, v. 15. 03. 1921, v. 25. 01. 1920, v. 01. 06. 1921, v. 20. 03. 1921.

möglichkeiten nicht verkraften, wobei die Arbeiter die Leidtragenden wären;[19]

6. in Deutschland sei die Militärpflicht abgeschafft worden, in Polen nicht.[20]

Für die deutschen Sozialisten bedeutete diese Teilung auch eine Teilung ihrer ohnehin nicht starken Organisation in Oberschlesien und die Loslösung von der Berliner Parteizentrale. Dies verhieß eine empfindliche Schwächung des oberschlesischen Parteiapparates, sowohl in moralischer als auch in finanzieller Hinsicht.

Aus diesen Gründen traten die deutschen Sozialdemokraten Oberschlesiens gegen die Teilung Oberschlesiens ein. Sie glaubten sich wirtschaftlich besser bei Deutschland aufgehoben. Auch steckten sie im nationalistischen Fahrwasser, hätten als Vaterlandsverräter gegolten, wenn sie nicht so entschieden hätten. In gleicher Weise ergriffen die polnischen Sozialisten die Partei ihres nationalen Lagers, ließen den Klassenkampfgedanken außer Acht. Die deutschen Sozialisten traten für den „Selbstschutz und die Freikorps" ein, die polnischen für die Aufstände.[21]

Vor dem Plebiszit in Oberschlesien beurteilten die deutschen Sozialisten die Einheitsfront mit den deutschen bürgerlichen Parteien als „unbedingt notwendig"[22]. Wegen dieses Entschlusses wurde ihnen Nationalismus vorgeworfen. Sie wiesen diese Anschuldigung häufig von sich und rechtfertigten ihren Schritt mit der zwingenden wirtschaftlichen Situation.[23]

Die Verbindung mit den Bürgerlichen verstanden sie als Zweckgemeinschaft und verwahrten sich gegen die Vorwürfe, „den Kampf national geführt [zu haben], sie [seien] vielmehr immer Gegner jeder nationalen Hetze"[24] gewesen. Kurz vor der Abstimmung, im März 1921, wandten sie sich an alle oberschlesischen Arbeiter: „Laßt euch nicht durch nationalistische Phrasen betören, berechnet kühl eure wirtschaftlichen Vorteile. Nicht nationaler Haß, sondern internationale Solidarität führt uns aufwärts."[25]

---

19 Franz 1921: 397.

20 VW v. 25. 01. 1920.

21 Hawranek 1979: 108, 114. Skrzypczak 1979: 120 f.

22 „Patriotische Gefühle" seien bei dieser Entscheidung nicht im Spiel gewesen, „lediglich die Sorge um das wirtschaftliche und politische Wohlergehen der arbeitenden Klassen in Oberschlesien [habe] uns [sie, PB] in die Reihe der für die deutschen Interessen kämpfenden Parteien gedrängt". VW v. 20. 02. 1921.

23 „Nur gezwungen durch unsere wirtschaftlichen Interessen müssen wir uns für die eine oder andere Seite entscheiden." VW v. 08. 03. 1921.

24 Kowoll 1921: 393.

25 VW v. 08. 03. 1921. Sie unterstrichen, daß ihre Entscheidung für Deutschland in den Reihen der Bürgerlichen rein aus wirtschaftlichen Gründen erfolgte, „unter Zurückstellung aller nationaler Erwägungen" und lediglich im Interesse des Arbeiters und des internationalen Sozialismus. VW v. 25. 01. 1921.

Die Klassenkampfparolen machten sie nicht frei vom opportunistischen Verhalten. Für das wirtschaftliche und politische Wohlergehen der oberschlesischen Arbeiter arbeiteten sie zusammen mit ihren Klassenfeinden gegen ihre sozialistische Gesinnung. Bei diesem Kampf „unterdrückten" sie manchmal ihre sozialistische Ideologie „für die deutsche Sache"[26]. Dennoch beteuerten sie, diesen Kampf „sachlich" und „ehrlich" geführt zu haben und „dem Übernationalismus im deutschen Lager ... scharf entgegen [getreten]" zu sein, was sie als ihre „sozialistische Pflicht"[27] verstanden wissen wollten.

Der Chefredakteur der in Breslau erscheinenden sozialdemokratischen Zeitung „Volkswacht", Immanuel Birnbaum, berichtet, noch vor der Abstimmung mit Johann Kowoll nach Krakau gefahren zu sein, um polnische Sozialisten zu treffen und dämpfend auf beide sozialistischen Parteien zu wirken. In Krakau herrschte Übereinstimmung, daß „jede Arbeiterpartei ihre nationale Sache mitvertreten dürfe oder solle, aber in einer Form, die spätere Zusammenarbeit nicht ausschließen müsse"[28]. Rückblickend resümierte Birnbaum, daß sich beide Seiten oft nicht daran gehalten hätten, aber „aufkommende Haßstimmung" gedämpft worden sei. Der mitberatende Chefredakteur der polnischen sozialistischen Zeitung in Krakau, Emil Haecker, befürchtete durch eine Dämpfung des Abstimmungskampfes jedoch „eine Schädigung des Ansehens seiner Partei in nationalpolnischen Kreisen"[29]. Die polnischen Sozialisten standen im ähnlichen Spannungsverhältnis zu „Nation oder Klassenkampf" wie die deutschen. Genauso wie bei den Deutschen unterlag in der Zeit der Kämpfe um Oberschlesien der Klassenkampfgedanke.

Birnbaum bestätigt beide früheren Aussagen der deutschen oberschlesischen Sozialisten. Er unterstützt deren „sowohl-als-auch"-Auffassung, daß die nationale Frage zwar oft überbewertet, aber dem „Übernationalismus" dämpfend entgegengewirkt wurde. Birnbaum unternahm seinen Verständigungsversuch mit Zustimmung von Funktionären der deutschen Seite, sollte ihn jedoch nicht publik werden lassen.[30]

Der Einfluß auf den Nationalitätenkampf blieb gering. Die Sozialisten standen sich während der drei schlesischen Aufstände in feindlichen La-

---

26 VW v. 25. 01. 1921.

27 VW v. 31. 05. 1921.

28 Birnbaum in Matull 1973: 81. Birnbaum, 1894 in Königsberg geboren, studierte Staatswissenschaft. Ab 1919 war er journalistisch tätig, von 1920–1927 als Chefredakteur der Breslauer „Volkswacht" als Nachfolger Paul Löbes in diesem Amt und anschließend als Auslandskorrespondent in Warschau. Er hatte beste Kontakte zu dem deutschen Gesandten Ulrich Rauscher und dessen Nachfolger Hand Adolf von Moltke.

29 Umfangreiche Fragmente eines Artikels I. Birnbaums aus „Ost- und mitteldeutscher Heimatbote", Bielefeld, Mai 1963 in: Heike 1969: 74. Vgl. dazu Birnbaum 1974: 101.

30 „Aus den gleichzeitigen Bemühungen um Werbung für die deutsche Sache und Offenhaltung deutsch-polnischer Verständigung" wurde „Verwirrung" befürchtet. Birnbaum 1973: 205. Vgl. Heike 1969: 74 f.

gern gegenüber. Die Klassenkampfideale gerieten ins Hintertreffen. Der deutsche Sozialist klagte, daß „jetzt hier in Oberschlesien der polnische Sozialist dem deutschen Bruder den Schädel [einschlägt]. Warum, weiß er selbst nicht. Seine 'Führer' sagen ihm, daß es so richtig ist, und er glaubt es leider." Der deutsche Arbeiter sei noch zurückhaltend, aber es sei „möglich, daß sich in wenigen Tagen das Blättlein wendet. Dann wird es auch unter den Deutschen vielleicht Unverständige geben, die ihre polnischen Arbeitsbrüder verfolgen."[31]

Das Eingebundensein von SPD und PPS in ihre nationalen Lager ließ die Sozialisten hart gegeneinander kämpfen, den am 20. November 1920 in Berlin geschlossenen Vertrag in Vergessenheit geraten.[32] Damals verpflichteten sich die deutschen und polnischen Sozialisten Oberschlesiens, „dafür zu wirken, daß in der Abstimmungspropaganda alle nationalistisch verhetzenden Argumente ausgeschaltet würden"[33]. Daß die Deutschen für das Verbleiben bei Deutschland, die Polen für den Anschluß an Polen eintraten und sie dies jeweils in ihren nationalen Lagern durchsetzen wollten, daraus wurde kein Geheimnis gemacht. Beide Parteien beschlossen, „lediglich ideelle politische und wirtschaftliche Gründe zum Ausdruck bringen ... alle Gewalt- und Verfälschungsmittel, sowie alle wirtschaftlichen Druckmittel auf das Entschiedenste bekämpfen und für völlige Abstimmungsfreiheit eintreten [zu wollen]"[34]. Eine Kommission aus je drei Vertretern beider Parteien sollte sich um die Einhaltung der Abmachungen kümmern. Bei Schwierigkeiten sollte je ein Mitglied des Parteivorstandes zu Rate gezogen werden.

Die Arbeit dieser Kommission ging im Strudel des hochpeitschenden Nationalismus unter, wofür einige scharfe Anschuldigungen im „Volkswillen" sprechen sollen. Keiner gedachte der Abmachung, die „nationalistisch verhetzenden Argumente" auszuschalten. Die Deutschen betonten, daß die polnische Parteibewegung Oberschlesiens derart schwach war, daß sie ständig finanziell und moralisch von deutscher Seite unterstützt werden mußte.[35] Die Resultate seien aber trotzdem gering gewesen. Das habe zum Teil daran gelegen, daß der Parteiführer der oberschlesischen PPS, Józef Biniszkiewicz[36], die Parteigelder in die eigene Ta-

---

31 VW v. 04. 06. 1921.

32 Hawranek 1979: 108.

33 VW v. 31. 05. 1921.

34 Ibidem.

35 VW v. 08. 02. 1921. Vgl. Wehler 1962 (a): 130.

36 Józef Biniszkiewicz spielte die wichtigste Rolle der PPS in Oberschlesien und trug maßgeblich zu den Streitigkeiten zwischen PPS und DSAP bei, was zu Lasten einer Verständigung und Zusammenarbeit ging. Deswegen werden hier ausführlichere biographische Daten gegeben. B. (*1875 in Czempinie, Kreis Kościan, †1940) ging 1891 als Schustergeselle auf Wanderschaft nach Berlin, wo er Ende der neunziger Jahre eine eigene Werkstatt eröffnete. Etwa 1891 trat er der SPD bei und am 03. 07. 1895 der PPS zp, wo er in deren Berliner Organisation, der TSP (Towarzystwa Socjalistów Polskich), Vorsitzender wurde.

sche gesteckt habe.[37] Auch sollen die polnischen Sozialisten „alle diktatorischen Gelüste Korfantys und seiner militärischen Ratgeber mit ihrem Namen"[38] gedeckt haben. Die polnischen sozialistischen Gewerkschaften und die PPS gehörten zu den Unterzeichnern eines nationalistisch-polnischen Aufrufes: „Lieber werden die Gruben und Hütten vernichtet, als daß man einen Fußbreit Oberschlesiens wieder zurückgeben darf"[39]. Dies berichtete der aus Kattowitz geflüchtete Funktionär des Deutschen Metallarbeiterverbandes für Schlesien, Hauke, auf der „Protestversammlung gegen die Vergewaltigung Oberschlesiens" unter Leitung des Reichstagspräsidenten Paul Löbe am 22. Mai 1921 in Berlin.

Inmitten der erbitterten Kämpfe des dritten schlesischen Aufstandes versuchten die deutschen die polnischen Sozialisten zur Zusammenarbeit aufzurufen.[40] Die deutschen Sozialisten bemängelten, daß sich ihre polnischen Genossen im nationalen Fahrwasser bewegten, die Propaganda des zum polnischen Abstimmungskommissar ernannten Wojciech Korfanty ihre Wirkung bei ihnen nicht verfehlt hatte. Die deutschen Sozialisten argumentierten mit dem Klassenkampf: Die Sozialisten seien so lange interessant gewesen, wie der polnische Staat noch nicht bestanden habe und sie zu dessen Errichtung gebraucht worden seien. Als mit ihrer Hilfe dieses Ziel erreicht war, wurden sie fallengelassen. Ebenso würde es in Oberschlesien geschehen. Viele Arbeiter seien bei den Aufständen umgekommen, „kaum einem Besitzenden aber ... auch nur ein Haar gekrümmt wor-

---

Von 19. 05. – 10. 10. 1896 war er verantwortlicher Redakteur der „Gazeta Robotnicza". B. führte die Bewegung unter den polnischen Emigranten in Deutschland. 1905 stimmte er dagegen, daß die PPS zp ein Teil der SPD sei. 1906 zog er nach Kattowitz, gab dort die „Gazeta Robotnicza" heraus und führte die polnische sozialistische Bewegung im Industrierevier, aber auch im Gebiet um Breslau. Zu internationalen Kongressen vertrat er häufig die SPD für den oberschlesischen Bezirk. Bei der Zusammenarbeit mit den deutschen Sozialisten bis zur Trennung 1913 und auch danach dominierte bei ihm aber entschieden der polnische nationale Standpunkt. Während der Plebiszitzeit war er einer der Vertreter Korfantys. Ab 1922 war B. für die PPS im Schlesischen Sejm und bis 17. 01. 1928 Bezirksvorsitzender. Im April 1928 wurde er aus der Partei ausgeschlossen, weil er sich nicht der in Opposition gegen Piłsudski stehenden PPS-Politik anschließen wollte. Am 01. 05. 1928 gründete er die „pro Sanacja" gerichtete „Śląska Partia Socjalistyczna" (ŚPS). Die einflußlose im Jahr 1930 liquidierte Partei gab das Parteiorgan „Robotnik Śląski" heraus. B. war nicht weiter politisch tätig. Er führte in Tarnowitz einen Spirituosengroßhandel und sagte von sich selbst, „politischer Schiffbrüchiger" zu sein. B. starb im Konzentrationslager Buchenwald am 09. 07. 1940. Śląski Słownik Biograficzny 1981: 29–35. Słownik biograficzny działaczy polskiego ruchu robotniczego 1985: 225 ff.

37 VW v. 08. 02. 1921.

38 VW v. 31. 5. 1921.

39 Archiv der Historischen Kommission zu Berlin, Gewerkschaftliche Restakten, NB 146, 0058, S. 29. Teilweise in: VW v. 31. 05. 1921.

40 Der dritte schlesische Aufstand dauerte anderthalb Monate und verlief von allen dreien am blutigsten. Am 21. 05. 1921 gipfelten die Kämpfe in der Erstürmung des Annaberges durch die deutschen Freikorps, die damit die polnischen Kräfte stoppten.

den". Die polnischen Genossen sollten sich auf den Sozialismus besinnen und mit den deutschen Sozialisten zusammenarbeiten.[41]

Ähnlich wie diese Initiative verliefen mehrere Versuche auf gewerkschaftlicher Ebene im Sande, die polnischen und deutschen Arbeiter zu einigen. Der erste von drei Entwürfen eines Aufrufes an die oberschlesischen Arbeiter, der während der Vorstandssitzung des Internationalen Gewerkschaftsbundes in Amsterdam am 20. Mai 1921 diskutiert wurde und von dem Vorsitzenden der Zentralkommission der Gewerkschaftsverbände Polens, Zygmunt Żuławski, und dem des Allgemeinen Deutschen Gewerkschaftsbundes (ADGB), Theodor Leipart, unterzeichnet werden sollte, bezog sich auf den dritten schlesischen Aufstand: „Es ist der Arbeiterbewegung ebenso unwürdig wie schädlich, wenn polnische und deutsche Arbeiter sich, zumal mit Gewalttätigkeiten und mit kriegerischen Waffen, untereinander bekämpfen."[42]

Da während dieser Vorstandssitzung lediglich Konflikte offensichtlich wurden, es also nicht zur Absegnung des von Leipart entworfenen Aufrufs kam, wurde eine Untersuchungskommission nach Oberschlesien gesandt. Inzwischen entwickelte sich zwischen Żuławski und Leipart wegen der Veröffentlichung dieses Aufrufs ein heftiger Streit. Dieser gipfelte in gegenseitigen Anschuldigungen, auf „rein nationalistischem und annexionistischem Standpunkt" zu stehen, und machte die Herausgabe eines Flugblattes unmöglich. Die Untersuchungskommission in Oberschlesien entwarf unterdessen ein zweisprachiges Flugblatt zwecks Solidarität der polnischen und deutschen Arbeiter. Dieses erreichte den Bezirkssekretär des ADGB in Kattowitz, Johann Kowoll, am 29. Juli 1921 mit dem Hinweis auf sofortigen Druck. Einen Tag später erhielt er unerwartet ein von Żuławski entworfenes, von Leipart gebilligtes Flugblatt. Dieses war von Żuławski und Xaver Kohl, dem Vorsitzenden der Zentralkommission der deutschen Gewerkschaften für Schlesien, unterzeichnet. Kowoll bekam sowohl von Leipart als auch vom Internationalen Gewerkschaftsbund zur Auflage, die jeweiligen Aufrufe schnell zu verbreiten. Als Resultat gelangte keiner der Entwürfe zum Druck.[43]

---

41 „Das nationalistische Gift, das ihnen Korfanty literweise einflößte ...", hätten die polnischen Sozialisten der polnischen Arbeiterschaft weitergegeben. Wohl hätten sie so gehandelt, um dem Proletariat zu nutzen, seien jedoch hintergangen und nur „für die nationalistische Bourgeoisie Polens" benützt worden. VW v. 31. 05. 1921. Vgl. dazu auch VW v. 04. 06. 1921.

42 Archiv der Historischen Kommission zu Berlin, Gewerkschaftliche Restakten, NB 146, 0051. Zitiert auch bei Skrzypczak 1979: 120, wo diese Problematik erschöpfend diskutiert wird.

43 Ibidem: 124 f. Vgl. Aufruf des Internationalen Gewerkschaftsbundes während der Abstimmungszeit in Parteivorstand 1935: 6.

Der „Kattowitzer Volkswille“

Das Sprachrohr der SPD in Oberschlesien – später das der Deutschen Sozialdemokratischen Partei (DSDP), noch später das der Deutschen Sozialistischen Arbeitspartei Polens (DSAP) in Oberschlesien – setzte im Abstimmungskampf eine starke Dynamik für ein Verbleiben bei Deutschland frei, behielt aber klassenkämpferischen Charakter.[44] Der „Volkswille“ ging in seiner Argumentation über die zwischen PPS und SPD vereinbarten „ideellen politischen und wirtschaftlichen“ Begründungen hinaus.

In dem Artikel „Oberschlesien und der Sozialismus“ versuchte der „Volkswille“ zu beweisen, daß der oberschlesische Arbeiter vorteilhafter bei Deutschland aufgehoben, weil die SPD besser als die PPS sei. Er argumentierte mit der Beteiligung der deutschen Arbeiterschaft an der Niederschlagung des Kapp-Putsches, der Abwehr der „revanchelüsternen Reaktionäre“, also mit der Fortschrittlichkeit der SPD, und kritisierte die Beteiligung der polnischen Arbeiterschaft „im Dienst und mit dem Sold“[45] der Entente gegen die Rote Armee Sowjetrußlands.

Der Kapp-Putsch bedeutete ein innenpolitisches Problem, der polnisch-russische Krieg ein außenpolitisches. Beim Kapp-Putsch waren die Sozialisten die unmittelbar Angegriffenen, die sich wehren mußten. Beim polnisch-russischen Krieg ging es um ein Problem zwischen zwei Staaten, wobei Nationalgefühl im Spiel war. Der Verfasser des Artikels schrieb nicht über die Stellung der SPD in außenpolitischen Konflikten.

Der die PPS und den polnischen Staat treffende Vorwurf, Krieg gegen Sowjetrußland geführt zu haben, könnte als klassenkämpferisches Argument interpretiert werden. Dieser Krieg wurde damals in linken Kreisen verurteilt und Sowjetrußland als erster sozialistischer Staat bewundert. Daß die polnischen Sozialisten „im Dienst und im Sold der Entente“ stehen würden, klingt nach agitatorischer Stimmungsmache. Es dürfte eine propagandistisch klassenkämpferische Argumentationsweise gewesen sein – klassenkämpferisch insofern, als die deutschen Sozialisten Oberschlesiens den sowjetischen Staat oft vorbildlich nennen sollten, und propagandistisch deswegen, weil sie ihren Adressaten mit dieser Erklärung eine plausible und „gängige“ Begründung liefern wollten.

Der „Volkswille“ kannte seine Adressaten, wußte, daß der „allerkleinste Teil“ der oberschlesischen Arbeiterschaft Zeitung las und in diesem Falle „an das gedruckte Wort mit Inbrunst“[46] glaubte. Seine Redakteure wußten den „oberschlesischen Kumpel“ anzusprechen, wußten, daß „der

44 Jaekel 1933: 29 f., 63 f.
45 VW v. 09. 02. 1921.
46 Vogel 1931: 35.

oft polternde oder bissige Ton allen und jedem gegenüber, den Massen gefällt"[47].

Der „Volkswille" wurde 1916 in Kattowitz auf Initiative des SPD-Politikers Otto Braun gegründet.[48] Bis zur Übergabe Ostoberschlesiens an Polen erschien er mit dem Untertitel „Oberschlesische Freie Presse – Organ der Sozialdemokratischen Partei Deutschlands für den Agitationsbezirk Oberschlesien", später als „Organ der Deutschen Sozialdemokratischen Partei Polens für die werktätige Bevölkerung". Für den bei Deutschland verbliebenen Teil Oberschlesiens gründete die SPD das „Oberschlesische Volksblatt".[49]

Ab 12. Dezember 1918 – dem Datum seiner erneuten Herausgabe – redigierte Karl Okonsky den „Volkswillen"[50]. Von 1922 bis 1924 war Dr. Wilhelm Wolf, Vorsitzender des Allgemeinen freien Angestellten-Bundes (AfA-Bund), Chefredakteur des „Volkswillen"[51]. Johann Kowoll, der spätere Vorsitzende der deutschen Sozialisten Polnisch-Oberschlesiens, übte dieses Amt bis zur Einstellung des Blattes im April 1935 aus.

Bis 1932 soll der „Volkswille" eine Auflage von 4–5.000 Exemplaren gehabt haben.[52] Dabei muß berücksichtigt werden, daß die Bielitzer „Volksstimme" – das Parteiorgan der deutschen Sozialisten in Bielitz – wegen finanzieller Schwierigkeiten ab Januar 1931 dem „Volkswillen" angeschlossen war. Aus der Abrechnung des „Volkswillen" vom Januar des Jahres 1928 geht hervor, daß das Blatt in einer Auflagenhöhe zwischen 1.810 und 1.890 Exemplaren erschien.[53]

Bis August 1933 scheint die Abonnentenzahl des „Volkswillen" von 3.800 auf 1.200 gesunken zu sein – 800 entfielen auf den Kattowitzer Bezirk, 400 auf den Bielitzer.[54] Finanzielle Schwierigkeiten zwangen die

---

47 Jaekel 1933: 64.

48 Koszyk 1972: 72.

49 VW v. 19. 04. 1922.

50 Lesiuk 1989: 58. Okonsky fungierte von 1922–1927 als Redakteur des konservativen Blattes des deutschbewußten Bürgertums „Kattowitzer Zeitung" (die „Deutsche Partei" repräsentierend), war dann in undurchsichtige Geschäfte mit der „Deutschen Stiftung" und dem AA verwickelt, um in deren Auftrag kurzfristig wieder beim „Volkswillen" tätig zu sein. Nach 1939 wurde Okonsky in ein KZ deportiert. Gazeta Robotnicza v. 10. 12. 1927. Polska Zachodnia v. 03. 01. 1928. PA AA, Generalkonsulat Kattowitz, Po 12, 38/9, Bd. 2, 20. 03. 1930 und 14. 04. 1930. Ibidem, Po/Geh., 62, Bd. 1, 28. 09. 1928. Matull 1973: 229.

51 Kowalak 1971: 121. Lesiuk 1989: 217.

52 Krull 1932: 369. Nach ihm Kowalak 1971: 267.

53 PA AA, Generalkonsulat Kattowitz, Po 12, 38/8, Bd. 1, 21. 02. 1928. BArch, Dt. Stiftung, 61 Sti 1, Nr. 588, S. 123 gibt die Höhe der Auflage des „Volkswillen" im gleichen Zeitraum mit 2.000 Exemplaren an. Hier wird die Auflagenziffer des „Oberschlesischen Kuriers" mit 15.000, die der „Kattowitzer Zeitung" mit 8.000 angegeben. Bei Krull (1932: 368 f.) hatte der „Oberschlesische Kurier" eine Auflagenziffer von 32.000, die „Kattowitzer Zeitung" eine von 20.000. Die Angaben Krulls und Kowalaks erweisen sich als zu hoch.

54 WAP Katowice, Dyr. Pol. Kat. 365, S. 67 v. 11. 08. 1933; zitiert auch bei Szefer 1964 (b): 779 und 1967: 76, ferner bei Kowalak 1971: 267.

deutschen Sozialisten, ihre Tageszeitung ab 1. Juli 1933 in ein Wochenblatt umzuwandeln: Sie bekamen keine Subventionen mehr aus Deutschland. Ihre Bemühungen, von der Sozialistischen Internationale Unterstützungen zu bekommen, blieben erfolglos. Die Druckkosten in der „Kattowitzer Buchdruckerei und Verlags AG" gestalteten sich durch deren Zutun so hoch, daß sie seit einigen Monaten mit Defizit arbeiteten. Die Sozialisten sahen sich deswegen gezwungen, ihr Parteiorgan in der Volksdruckerei auflegen zu lassen, wo die „Gazeta Robotnicza" der PPS herauskam.[55] Über die Zeit nach 1933 soll zu einem späteren Zeitpunkt berichtet werden.

Nachdem die Botschafterkonferenz in Paris am 20. Oktober 1921 die staatliche Teilung Oberschlesiens erklärte, protestierten polnische Sozialisten in Oberschlesien gegen die Inhaftierung einiger Sozialisten in Warschau. Diese hatten sich als Streikführer betätigt und waren wegen Landfriedensbruchs zu mehreren Jahren Gefängnis verurteilt worden. Sie fragten, ob solche harten Urteile gegen die oberschlesischen Arbeiter möglich sind, wenn diese zu Polen gehören, und ob das „die Begrüßung der oberschlesischen Arbeiter in Polen [sei]"[56]. Sie sprachen nicht von „oberschlesischen polnischen" und „oberschlesischen deutschen", sondern von „oberschlesischen" Arbeitern. Karl Okonsky – damals Chefredakteur des „Volkswillen" – beurteilte anerkennend, daß „die polnischen Genossen die Gefahr erkennen, die uns allen drohe"[57]. Nach der endgültigen Entscheidung über die Teilung Oberschlesiens erklärten sich die deutschen Sozialisten loyal ihrem neuen Staat gegenüber. Sie versuchten, sich ihren polnischen Genossen anzunähern. Mit ihnen wollten sie nach den – in der Kampfzeit eingefrorenen – Klassenkampfzielen streben.

Die oberschlesische Organisation

Splittergruppen deutscher sozialistischer Parteien in Schlesien kamen, obwohl mit der Teilung Oberschlesiens rechnend, spät zu einer Einigung. Dem Beschluß vom 26. März 1922 müssen harte Richtungskämpfe vorausgegangen sein. Als sicher gilt, daß Bemühungen der oberschlesischen SPD und USPD um Einigung mit der KPD und den Freien Gewerkschaften im Jahre 1920 nur knapp gescheitert sind. Der „Volkswille" berichtete sogar von einer am 15. März 1920 in Kattowitz zustandegekommenen Einigung zur Bildung der Einheitsfront der sozialistischen Parteien Oberschlesiens – von SPD, USPD und KPD. In der einstimmig verabschiedeten Resolution

---

55 WAP Katowice, Dyr. Pol. Kat. 365, S. 65–67.

56 VW v. 15. 12. 1921.

57 Okonsky schlug „ein geschlossenes Vorgehen der gesamten sozialistischen Arbeiterschaft des *polnischen Oberschlesiens* gegen jede Reaktion" (Hervorhebung PB) vor. Ibidem.

fällt ein kommunistisch geprägter Tonfall auf.[58] Mit ihrer Einheitsfront wollten sie „reaktionäre Machenschaften ... mit allen Mitteln", deutsche und polnische Angriffe von rechts bekämpfen. Auch die Art der Formulierung ihres Hauptzieles trägt eine kommunistische Handschrift.[59]

Da der „Volkswille" in dieser Form von der Einheitsfrontbestrebung berichtete, keine dementierenden Erklärungen zufügte, kann von zeitweiliger Übereinkunft der drei Parteien ausgegangen werden. Auch forderten sie die Arbeiter zusammen mit den Freien Gewerkschaften zum Kampf gegen die „alten Unterdrücker, gegen Monarchisten und Kapitalisten" auf. Dieser Aufruf erfolgte als unmittelbare Reaktion auf den Kapp-Putsch vom März 1920 und setzte mit seinem vom revolutionären Gedanken ergriffenen Vokabular auf die dafür günstige Stimmung innerhalb der Arbeiterschaft. Den Arbeitern wurde mit „neuer Knechtschaft" durch „Landsknechte" gedroht. Das könnte lediglich mit einer Arbeiterschaft ohne „Trennungswände", also mit Kommunisten, verhindert werden.[60] Warum die Einigung letztendlich nicht zustande kam, konnte nicht ermittelt werden.

Ein Jahr später, im Februar 1921, beschäftigte die oberschlesische SPD die Frage, warum es zu keiner Einigung mit der USPD käme. Dies verwunderte, weil sogar in bezug auf das langumstrittene Thema „Kommunisten" Konsens herrschte: Der KPD wurde die Zersplitterung der Arbeiterklasse und ihre bedingungslose Abhängigkeit von Moskau vorgeworfen. Sie habe sich als „Feind der Einigkeit" erwiesen „und [müsse] als solcher behandelt werden". Die KPD wurde zum gemeinsamen Feind proklamiert. Das kurz zuvor selbst verwendete revolutionäre Vokabular galt nunmehr als „theoretische Flohknackerei", die in „endlos fortgesetzten Variationen des Themas 'Diktatur oder Demokratie, geistiger oder blutiger Kampf?'" schwele.[61]

Die einzige Meinungsverschiedenheit sah die SPD Oberschlesiens in der unterschiedlichen Stellung zu den Bürgerlichen. War die SPD überzeugt, wenn es die Umstände zwingend verlangten, mit den Bürgerlichen koalieren zu können, so sei die USPD strikt dagegen. Sie riskiere mit dieser Uneinsichtigkeit jedoch Schlimmeres – eine „Reaktionsregierung". Das Prinzip der USPD, ausschließlich mit sozialistischen Parteien zusammenarbeiten zu wollen, beurteilten sie als „sehr schätzenswert". Ihr eigener

---

58 Die Vertreter der Parteien erklärten, daß ihre Einheitsfront „auf der Grundlage einer Verwirklichung des revolutionären Sozialismus auf dem Wege der proletarischen Diktatur hergestellt werden [müsse]", VW v. 17. 03. 1920.

59 Sie forderten „die restlose Verwirklichung des entschiedenen Sozialismus, der nicht ausschließlich auf dem Wege der Formaldemokratie erreicht werden [könne]". Ibidem.

60 VW v. 16. 03. 1920. Im VW v. 23. 01. 1920 wies Okonsky auf die kommunistische Eigenart hin, davon auszugehen, den Sozialismus am besten verstehen und realisieren zu können. Wegen der schlechten Bedingungen rief er trotzdem zur gemeinsamen Front auf.

61 VW v. 25. 02. 1921.

Pragmatismus, fanden sie, sei der sozialistischen Bewegung zweckdienlicher.

Die SPD stellte die feindliche Einstellung zu den Kommunisten in den Mittelpunkt ihrer Werbung um die unabhängigen Sozialisten. Selbst das unterschiedliche Verhältnis zu den Bürgerlichen wurde „mit dem Terror der zersplitternden, kommunistischen Minderheiten"[62] erklärt.

Innerhalb eines knappen Jahres änderte sich die Koalitionsbereitschaft der SPD in Oberschlesien: vom Einigungsgedanken im März 1920 bis zu der den Kommunisten erklärten Feindschaft vom Februar 1921. Diese Änderung trat noch vor der Volksabstimmung vom 20. März 1921 und vor dem dritten Aufstand vom Mai 1921 ein. Da sich Kommunisten und Sozialisten für Oberschlesiens Verbleiben beim Deutschen Reich erklärten, hätte bis zur endgültigen Entscheidung gemeinsames Vorgehen nahegelegen.

Vielleicht war die Koalitionsbereitschaft im Hinblick auf die KPD lediglich unter dem Eindruck des Kapp-Putsches so weit gediehen. Sozialisten und Kommunisten meinten in dieser Situation, sich gemeinsam gegen den Druck von rechts stark machen zu müssen. Dies erscheint wahrscheinlich. Dafür spricht die Bereitschaft der Sozialisten vom Februar 1920, gegebenenfalls gegen die sozialistischen Prinzipien eine Regierungskoalition mit den Bürgerlichen einzugehen. In Oberschlesien neigten sich damals – wie gesagt – die deutschen und die polnischen Sozialisten ihren bürgerlichen nationalen Lagern zu. Sie legten ihre Klassenkampfideologie für bessere Zeiten „auf die Seite".

Dadurch entfernten sie sich von den Kommunisten, womit dieser Einigungsversuch aller sozialistischer Kräfte vom März 1920 nur als Strohfeuer bewertet werden kann. SPD und PPS hatten in dieser Periode einen „demokratisch-kleinbürgerlichen Anstrich". Beide seien „von der linken Seite der Gesellschaft in die Mitte [gerückt] und legten Wert auf die Betonung demokratischer, nicht aber revolutionärer Forderungen"[63].

In den ehemals deutschen Gebieten strebten die deutschen Sozialisten danach, „die kulturellen Errungenschaften unseres Landes auch unter der polnischen Herrschaft zu erhalten und eine Einigung aller sozialistischer Bevölkerungsteile im international sozialistischen Sinne herbeizuführen"[64].

Um die deutsche sozialistische Bewegung wieder zu mobilisieren, vereinten sich am 26. März 1922 in Bielitz die ehemalige SPD- und USPD-Gruppe des Bezirkes Kattowitz mit der Deutschen Sozialdemokratischen

---

62 Ibidem.
63 Hawranek 1979: 114.
64 VW v. 10. 02. 1922.

Partei Bielitz-Teschen zur „Deutschen Sozialdemokratischen Partei in Polen" (DSDP).[65]

Da die deutschen Sozialisten noch mit der Zentralleitung der SPD Oberschlesiens verbunden waren, kann nur von einem Provisorium gesprochen werden. Die endgültige Loslösung von der Zentralleitung sollte von der definitiven Grenzfestlegung abhängen. Die in Bielitz gewählte Leitung der DSDP sollte sofort in Aktion treten, um bei Erfordernis als neue Zentrale einsetzbar zu sein.[66]

Schon damals wurden die neugeschaffenen Grenzen anerkannt. Später sollte das in das Programm des Vereinigungsparteitages übernommen werden. Von jeder nationalistischen Irredenta wurde Abstand genommen.[67] Weil die deutschen Sozialisten eine eigene Partei gründeten und sich nicht der polnischen anschlossen, mußten sie Angriffe der PPS, irredentistische Bestrebungen zu verfolgen, abwehren.[68]

Obwohl sich die Partei loyal zum neuen Staat stellte, bedauerte sie die Abtrennung. Sie befürchtete wirtschaftliche und soziale Nachteile und sah in dieser Entscheidung ein Unrecht des Völkerbundes, einen zerstörend wirkenden „rauhen Eingriff"[69].

Die völlige Loslösung von der SPD – damit die Eigenverantwortlichkeit – erfolgte nach dem letzten gemeinsamen Bezirksparteitag der SPD Oberschlesiens am 18. und 19. April 1922 in Hindenburg. In der Parteitagsresolution wurden die Genossen Bomba, Grella, Kowoll und Boris als provisorische Mitglieder des Parteivorstandes der DSDP bestätigt. Der künftige Parteivorsitzender der DSDP, Johann Kowoll, verabschiedete sich von der oberschlesischen Bezirksleitung und vom Parteivorstand in Berlin, zwar durch die Grenze getrennt, aber „im Geiste immer noch zusammen".[70]

Das Territorium, in dem die neue Partei tätig sein wollte, wurde nicht auf Ostoberschlesien beschränkt. Alle in Polen befindlichen deutschen Arbeiter sollten vertreten werden.[71] Bisher bestand zwischen den drei deut-

---

65 VW v. 29. 03. 1922. Vgl. dazu Heike 1973: 509. Lesiuk 1989: 214. Szefer 1967: 49. Walczak 1979: 35 f.

66 VW v. 29. 03. 1922.

67 VW v. 29. 03. 1922, v. 04. 04. 1922, v. 19. 04. 1922. PA AA, Politik 5 Oberschlesien, Bd. 1: Frank (Deutsches Generalkonsulat Kattowitz) an AA v. 24. 08. 1922. DSAP-Archiv, A-b 1 Nr. 210, Die vom 2. Parteitag der DAP in Bielitz angenommene Resolution zum politischen Referat des Dr. Glücksmann. LVZ v. 14. 12. 1924.

68 VW v. 04. 04. 1922, v. 19. 04. 1922, v. 20. 04. 1922.

69 VW v. 01. 05. 1922. Vgl. auch VW v. 19. 04. 1922. Die in Deutschland gewährleisteten wirtschaftlichen Vorteile müßten erst wieder hart erkämpft werden. Als besonders schwierig erachtete die neue Partei, die vom Arbeiter schon im Kaiserreich mühsam errungenen sozialen Rechte auch im polnischen Staat zu erhalten und auszubauen. VW v. 29. 03. 1922. Vgl. VW v. 19. 04. 1922.

70 VW v. 20. 04. 1922.

71 VW v. 29. 03. 1922.

schen sozialistischen Parteien Polens (in Kattowitz, Bromberg und Lodz) nur „lose Fühlung". Dies wollte Johann Kowoll ändern. Die Bromberger und die Lodzer Gruppe sollten in die ostoberschlesische Bewegung integriert werden.[72] Der ostoberschlesische Teil war zahlenmäßig und organisatorisch der stärkste und leitete von daher seinen Führungsanspruch ab. Dem stimmte Bielitz zu, Lodz jedoch nicht.

2. Mittelpolen

Kowolls Idee der einheitlichen deutschen sozialistischen Partei Polens unter Vorherrschaft der Kattowitzer sollte sich nicht realisieren lassen. Lediglich die Bromberger Gruppe konnte Ende 1923 in die oberschlesische Gruppe integriert werden.[73]

Die Lodzer Gruppe, die auf keine Organisation in ihrem Gebiet aufbauen konnte, entwickelte sich seit den Vorarbeiten des Jahres 1921 zu einem eigenständigen Block, vergleichbar der oberschlesischen und westpreußischen Gruppe. Sie verfügte bald über größeren Einfluß als die Oberschlesier und sah nicht ein, sich der Kattowitzer Parteiorganisation unterzuordnen.

In der Textilstadt Lodz gehörte unter den Deutschen – sie machten neben Polen und Juden ebenfalls ein Drittel der Bevölkerung aus – der größte Teil zur Arbeiterklasse. Die parteipolitische Organisierung war notwendig. Neben den Volkstumsinteressen sollten die wirtschaftlichen vertreten werden. Bisher waren die Deutschen im Lodzer Gebiet lediglich für Wahlen unter dem Motto „Deutsche wählt Deutsche" eine lose Wählervereinigung eingegangen, die nach den Wahlen aufgelöst wurde und die gewählten Vertreter ohne Basis ließ.[74]

Aus Anlaß der bevorstehenden Stadtverordnetenwahlen in Lodz und der im November 1922 stattfindenden Sejm- und Senatswahlen gründeten einige junge Menschen als Gegenbewegung zu einer im Entstehen begriffenen polnisch-deutsch-jüdischen Wirtschaftspartei ein „zeitweiliges Organisationskomitee" als Provisorium einer auf Klasseninteressen und Deutschtum aufgebauten Partei.[75] Diese neue Partei war auf Verständi-

---

[72] VW v. 13. 12. 1922.

[73] LVZ v. 12. 08., v. 14. 08. 1925. BVZ v. 14. 08. 1925. Lesiuk 1989: 214. Faleçki 1970: 24. Szefer 1967: 49.

[74] „Die Arbeit" v. 25. 03. 1922, S. 2 f. „Die Arbeit" erschien als Organ der DAP wegen Liquidationsschwäche nur einmal. Dieses Exemplar befindet sich im DSAP-Archiv in der FES und in der „Bibliothek der Posener Gesellschaft der Freunde der Wissenschaft".

[75] Ibidem. PA AA, Politik 25 Polen, Bd. 9: Winkler (Deutsche Paßstelle Lodz) an AA v. 06. 02. 1922. Aus den Randbemerkungen geht hervor, daß dieses Schreiben dem Deutschen Geschäftsträger in Warschau (09. 02. 1922) vorgelegt worden war. Dieser Wirtschaftspartei hätten „Fabrikanten, Hausbesitzer und andere Kapitalisten" angehört. Die

gung mit dem polnischen Mehrheitsvolk aus. Sie sollte es leichter haben als die oberschlesische Partei, der sich die Nationalitätenprobleme viel schärfer entgegenstellten und für die eine Politik der Verständigung angesichts des aufgepeitschten Nationalitätenhasses nur Illusion bleiben konnte. Die Lodzer Partei sollte sich früher ihren Parteiaufgaben widmen als die Kattowitzer, in kurzer Zeit an Boden gewinnen und schnell eine große Anhängerschaft hinter sich haben. Die Kattowitzer Gruppe mußte, in einem von Nationalitätenhaß umkämpften Gebiet Polens, andere Prioritäten setzen. Die Minderheitenproblematik stand auf der Tagesordnung, und dem Genfer Minderheitenabkommen wurde nicht getraut. Die Lodzer Deutschen lebten lange mit Polen und Juden zusammen – zwar jetzt unter polnischer Herrschaft, was aber für sie kein Novum bedeutete, da sie vorher ebenfalls unter Fremdherrschaft lebten.

Am 19. Januar 1922 kam die Gründung der „Deutschen Arbeitspartei Polens" (DAP) im Saal des Vereins deutschsprechender Meister und Arbeiter in Lodz zustande.[76]

Gründer dieser Partei waren die beiden Fünfundzwanzigjährigen Emil Zerbe und Artur Kronig. Zerbe, eben vom Studium nach Lodz zurückgekehrt, erkannte die trostlose Lage des organisationslosen deutschen Arbeiters. Gemeinsam mit seinem Bruder Armin Zerbe, mit Kronig und einigen Gesinnungsgenossen begann er, einen politischen Zusammenschluß der deutschen Arbeiter in Polen zu organisieren und füllte damit eine Lücke, die nach Auflösung der SDKPiL entstanden war.[77]

Im Werdegang der beiden Führungspersönlichkeiten der Lodzer Organisation – Zerbe und Kronig – zeigt sich die Tragik dieser Bewegung wie im Brennspiegel[78]. Die anfangs relativ ausgewogene Kombination nationaler und klassenkämpferischer Gedanken schlug in den dreißiger Jahren von einem Extrem ins andere. Ein unüberbrückbarer Gegensatz zwischen national-völkischem, zunehmend nationalsozialistischem, und klassenkämpferisch-sozialistischem Gedankengut bildete sich heraus. Kronig wurde zum kompromißlosen Vertreter der ersten, Zerbe zu dem im Rahmen des Möglichen für national-kulturelle Forderungen konzessionsbereiten Vertreter der zweiten Richtung. Die meisten Parteimitglieder schlossen sich Kronig an und verließen die Partei. Zerbe vertrat seinen Standpunkt mit wenigen Anhängern bis zuletzt.

DAP sollte den Klasseninteressen und der „völkischen Eigenart" des deutschen Arbeiters Rechnung tragen. Mit dem polnischen Volk wollte sie „ein vom Geiste des gegenseitigen Verständnisses getragenes Zusammenleben". Mit einer auf Verständigung und Frieden ausgelegten Politik sollte den nationalen Leidenschaften entgegen getreten werden. „Die Arbeit", S. 4. Vgl. Heike 1985: 187.

76 „Die Arbeit", S. 3. Vgl. Hauser in Wrzesiński 1992: 38.

77 Parteivorstand 1935: 3.

78 Vgl. Biographien Kronigs und Zerbes im Anhang Nr. 1.

3. Westpreußen

Die Kontakte des Artur Pankratz

Die Kontakte des Bromberger DSAP-Führers Artur Pankratz zu den Bürgerlichen dürften den anderen DSAP-Bezirken nicht entgangen sein. Ebenso blieben seine Manöver nicht unbemerkt, ultralinks erscheinen zu wollen. Den Lodzern warf er vor, „von einer rein sozialistischen Einstellung noch sehr weit entfernt“[79] zu sein. Dabei verfügte Pankratz selbst über das beste Verhältnis zu den Bürgerlichen.

Den Bromberger Bezirk kennzeichnete eine große Orientierungslosigkeit in der nationalen Frage. Dessen Führung fiel von einem Extrem in das andere, in das linke nur verbal, um sich Anfang der dreißiger Jahre den Bürgerlichen anzuschließen und ab Mitte der dreißiger Jahre im nationalsozialistischen Fahrwasser zu schwimmen.[80]

Die Kontakte zwischen Pankratz und den rechten Kreisen reichten zurück bis in die Jahre der Zentralarbeitsgemeinschaft der politischen Parteien (ZAG) 1920 bis 1922.[81] Die ZAG, entstanden aus Überresten der früheren zentrumlinken Parteien, bildete mit der „Deutschen Vereinigung“, entstanden aus der rechtsstehenden früheren „Deutschnationalen Volkspartei“ und der „Deutschen Volkspartei“, am 8. Mai 1921 den „Deutschtumsbund zur Wahrung der Minderheitsrechte“, kurz „Deutschtumsbund“.[82]

Der ZAG gehörten auch die Bromberger deutschen Sozialisten an, die mit der Verschmelzung der beiden früher bestehenden Gruppen in den „Deutschtumsbund“ nicht einverstanden waren und ihre Mitarbeit zusammen mit den Freien Gewerkschaften verwehrten. Die ZAG habe sich mit den neuen Grenzen abgefunden und ihren Tätigkeitsbereich auf Erhaltung und Förderung deutschen Kultur- und Geisteslebens beschränkt und sich „nicht zu parteipolitischen Zwecken mißbrauchen“ lassen. Die Brom-

---

79 VST v. 22. 04. 1927. VW v. 20. 04. 1927. Über Pankratz vgl. Biographie im Anhang Nr. 1.

80 Vgl. Heike 1969: 147. Thimm in Arnold 1986: 101.

81 Kowalak 1971: 128. Vgl. Wajda in Arnold 1986: 114.

82 Die ZAG und die „Deutsche Vereinigung“ wurden als zwei „sich bekämpfende oder mindestens divergierende Richtungen nach außen“ hin charakterisiert, die dadurch den politischen Anspruch des Deutschen Reiches in diesen Gebieten zu deutlich zum Vorschein brachten. Mit dem aus beiden gebildeten „Deutschtumsbund“ hoffte man die politische Linie getarnter vertreten zu können. Die außenpolitische Betätigung sollte offiziell zurückgewiesen werden, da sie nur Mißtrauen bei den Polen wecken und damit „zum Fallstrick würde“. Jedoch sollte „stille, das Deutschtum erhaltende Innenpolitik“ demonstriert werden, die „eben letzten Grundes äußere Politik reichsdeutscher Tendenz“ sei. BArch, Dt. Stiftung, 61 Sti 1, 1066, Jamper (z. Zt. Danzig) an Krahmer-Möllenberg (Deutsche Stiftung) v. 23. 06. 1921. Vgl. ibidem: Überblick über die Organisationen im preußischen Abtretungsgebiet v. 21. 06. 1921, S. 188–191. Diese „Deutsche Vereinigung“ hatte nichts mit der der dreißiger Jahre zu tun.

berger deutschen Sozialisten weigerten sich, „an einer Deutschtumsorganisation mitzuarbeiten, die dazu benutzt würde, politische Geschäfte zu machen". In der Gründung eines Deutschtumsbundes sahen sie eine Gefährdung dieses rein kulturellen Anspruches.[83]

Sie näherten sich in dieser Zeit den polnischen Sozialisten. Anfang Juni 1921 nahmen deutsche Sozialisten an einer PPS-Versammlung in Bromberg teil und gaben im Anschluß die Parole aus, zwar getrennt zu marschieren, aber vereint zu schlagen.[84] Das Auswärtige Amt vermerkte, daß die Bromberger deutschen Sozialisten den „Klassenkampf Seite an Seite mit den Polen" führen wollten.[85] Sie seien nicht bereit, im „Deutschtumsbund" mitzuwirken, „eine einheitliche Linie mit dem übrigen Deutschtum zu bilden", da dadurch eine Spaltung der „Freien Gewerkschaften" befürchtet werde. Die von Bürgerlichen vorgeschlagene gemeinsame Liste zu den ersten Wahlen hätten die Sozialdemokraten trotz Zusicherung eines Abgeordnetenmandates abgelehnt.

Daß die Sozialdemokraten angesichts der in Westpreußen schwach ausgeprägten sozialistischen Bewegung weder alleine noch mit den polnischen Sozialisten je ein Mandat würden erringen können, war abzusehen. Aus der Ablehnung lasen die Bürgerlichen, daß die Sozialdemokraten „eine politische Bindung irgend welcher Art mit den übrigen Deutschen nicht eingehen"[86] würden. Vieles deutet darauf hin, daß sich die im „Deutschtumsbund" organisierten Gruppen bemühten, die Sozialisten zu integrieren. In einem vertraulichen Brief an Krahmer-Möllenberg heißt es, daß man die Sozialisten „gern aufnehmen würde"[87].

Nachdem bei deutschfeindlichen Ausschreitungen Ende Juni 1921 die Druckerei der „Volkszeitung" in Mitleidenschaft gezogen wurde, suchte Pankratz, der den Parteivorsitz übernommen hatte, trotz vorheriger energischer Ablehnung, Anschluß an den „Deutschtumsbund". Krahmer-Möllenberg wurde informiert, daß zu hoffen sei, Pankratz habe Hintermänner, die den Anschluß unterstützten und nicht „zurückgeblasen" werde, sobald „wieder Ruhe eintrete". Man habe mit diesem Anliegen von Pankratz gerechnet.[88]

---

83 BVZ v. 23. 04. 1921.

84 BVZ v. 04. 06. 1921. Vgl. Wajda 1986: 114 f.

85 BArch, Dt. Stiftung, 61 Sti 1, 1066: Dr. Carl Georg Bruns (Vertreter des Deutschtumsbundes in Berlin, Rechtsberater der deutschen Minderheit in Polen) an Krahmer-Möllenberg (Deutsche Stiftung) v. 22. 06. 1921. Hier die Anlage: „Bericht des Deutschtums-Bundes Bromberg über die Verhandlungen zur Organisation des Zentralverbandes deutscher Arbeiter in Polen."

86 Ibidem: 184.

87 Ibidem: 185.

88 BArch, Dt. Stiftung, 61 Sti 1, 1066: Jamper (z. Zt. Danzig) an Krahmer-Möllenberg (Deutsche Stiftung) v. 23. 06. 1921. Studienrat Jamper – sonst Dirschau – war Vorstandsmitglied des „Deutschen Schulvereins in Polen".

Pankratz hatte in Westpreußen einen schweren Stand, den problematischsten Parteivorsitz der deutschen Sozialistenführer Polens. Die Bewegung war hier am schwächsten ausgeprägt, analog der polnischen Sozialdemokratie, so daß außerdem eine engere Anbindung an diese ausschied. Übermächtig stark vertreten waren in Posen-Pommerellen die deutschen Bürgerlichen; hart lastete der Druck von dieser Seite auf Pankratz.

Noch bevor 1929 der Parteizusammenschluß der DSAP gelang und nur noch die Frage des Parteisitzes zur Debatte stand, löste die Bromberger Gruppe im Jahre 1928 die Verbindungen zur Parteileitung. Sie gab ihre Neugründung als „Deutsche Sozialdemokratische Partei Polens" (DSPP) bekannt.

Auslöser dieses Abdriftens war die Entscheidung der oberschlesischen Partei und der Lodzer, zu den Sejm- und Senatswahlen 1928 einen Wahlblock mit der PPS zu bilden und nicht im Minderheitenwahlblock mit den deutschen Bürgerlichen zu gehen.[89]

Daß Pankratz die Entscheidung zum Minderheitenblock im Jahr 1928 lediglich wegen schlechter Erfolgsaussichten[90] traf, was als Ursache seines Aussteigens aus der DSAP erklärt wurde, zeichnet sich aufgrund seiner vorherigen Handlungen nicht ab. Da kamen parteiideologische Unterschiede zwischen den Bezirken zum Vorschein, die eher Hauptmotiv gewesen sein könnten und die die „Wahlblockaffaire" als willkommenen Vorwand erscheinen lassen. Pankratz vertrat, abgesehen von dem ihm am Herzen liegenden sicheren Abgeordnetensitz, eine ganz andere Richtung: nicht die sozialistische, sondern die des Stärkeren.

In einem Rückblick soll auf das besondere Spannungsverhältnis zwischen Internationalismus und Nation in bezug auf die Wahltaktik der Bromberger hingewiesen werden. Bei den oberschlesischen deutschen Sozialisten galt Anfang 1922 die Bromberger Gruppe als traditionsbewußte sozialdemokratische Organisation, deren „politische Taktik allerdings scharf nach links orientiert"[91] zu sein schien. Diese Meinung kam zustande, als die Bromberger enge Kontakte zu den Bürgerlichen pflegten. Kurz vor den Sejmwahlen 1922 waren die Bromberger aber die einzigen, die von einem Wahlblock mit der PPS sprachen. Sie hielten ihn für „vorläufig verpaßt", jedoch mit dem Hinweis, daß „die Einigungsfrage als eine der wichtigsten sozialen Fragen bei den verschiedenen sozialistischen Parteien möglichst bald nach den Wahlen akut werden müsse". Den Minderhei-

---

89 Heike 1969: 86; 1955: 55. Wertheimer 1930: 106. Bereits zu den Sejm- und Senatswahlen 1922 ging der Bezirk Posen-Pommerellen im Minderheitenblock in den Wahlkampf (wie damals der Lodzer Bezirk). Lediglich die deutschen Sozialisten in Oberschlesien traten im Jahr 1922 dem Block der nationalen Minderheiten nicht bei. VW v. 22. 02. 1928. Vgl. Korzec 1975: 209. PA AA, Politik 5 Oberschlesien, Bd. 4, Erklärung zur Parteitagsresolution der DSAP, ohne Datum, S. 3.

90 Korzec 1977: 99. Ähnlich Kowalak 1971: 128.

91 VW v. 12. 02. 1922.

tenblock unterzogen sie wegen der in ihm vorhandenen „verschiedensten politischen Anschauungen“ scharfer Kritik und lobten einen ideologisch einheitlichen sozialistischen Block.[92]

Im April 1926 hielt Pankratz auf Einladung der Bromberger PPS einen Vortrag, der die Zusammenarbeit und gemeinsame Aktionen von DSAP und PPS nach dem Vorbild der Lodzer Gruppen propagieren sollte (die Pankratz sogar ausdrücklich forderte).[93] In der Bromberger „Volkszeitung“ wurde jeder Schritt der „Zusammenarbeit“ mit wohlwollendem Tenor verfolgt. Selbst eine Konferenz der polnischen Linksparteien PPS, „PSL-Wyzwolenie“ und „Stronnictwo Chłopskie“, die kurz nach dem Piłsudskiputsch in „sofortige Verhandlungen“ mit der DSAP treten wollten, schien erwähnenswert.[94] Noch im Januar 1927 stimmte Pankratz als Delegierter der DSAP auf der Verständigungskonferenz von PPS, jüdischem „Bund“ und DSAP in Warschau für einen gemeinsamen Wahlblock. Hier zeigte sich die PPS unschlüssig.[95]

Am 3. April 1927 nahm Pankratz neben Kronig, Zerbe, Kowoll und Kuk[96] an einer Konferenz mit der „Ukrainischen sozialistischen Bauern- und Arbeitervereinigung“ (Sel-Rob), der „Ukrainischen Sozialistisch-Radikalen Partei“ (USRP), der ukrainischen sozialistischen Bauernvereinigung „Selański Sojuz“ und den jüdischen Sozialisten (dem „Bund“), der Poale Syjon „Rechte“ und „Linke“ teil. In der Bromberger „Volkszeitung“ – weder im „Volkswillen“ noch in der „Lodzer Volkszeitung“ – wurde daraufhin auf die „Notwendigkeit eines sozialistischen Minderheitenblocks“ hingewiesen.[97] Kowoll beurteilte einen Wahlblock der sozialistischen Minderheiten für Schlesien und für Bromberg als „vollkommen wertlos“, da in diesen Gebieten die entsprechende Unterstützung fehle.[98]

Bis zu diesem Zeitpunkt erwähnten die Bromberger die Möglichkeit eines Anschlusses an den reaktivierten „Minderheitenblock“ des Jahres

---

92 BVZ v. 29. 09. 1922.

93 BVZ v. 09. 04. 1926.

94 BVZ v. 23. 05. 1926.

95 LVZ v. 13. 01. 1927. VST v. 17. 01. 1927. Nahe liegt Korzec (1977: 103) mit seiner Behauptung, die PPS wollte keinen Wahlblock mit dem „Bund“ wegen des starken Antisemitismus in Polen. Auch erwähnt er, daß die DSAP den „Nationalismus der PPS“ für gefährlich hielt. Die PPS war stark nationalistisch. Kowoll beklagte, daß die PPS zwar eine klare Entscheidung zur Wahlblockbildung zugesagt habe, jedoch immer ausweichend auf das Drängen der sozialistischen Minderheitenparteien reagiere. Für diese Haltung machte er die „rein nationalen Interessen“ der PPS verantwortlich. PA AA, Politik 5 O/S, Bd. 4: Erklärung zur Parteitagsresolution der DSAP, ohne Datum, S. 1.

96 Ludwig Kuk, zeitweiliger Chefredakteur der LVZ, Lodzer Stadtverordneter, Stadtrat der Steuerabteilung, Magistratsschöffe, enger Mitarbeiter Kronigs.

97 BVZ v. 10. 04. 1927. VW v. 06. 04. 1927. LVZ v. 06. 04. 1927.

98 Kowoll tendierte damals zum allgemeinen Minderheitenblock. Den Block mit der PPS befürwortete er zwar, hielt sein Zustandekommen aber wegen der im Vordergrund stehenden „nationalen Belange“ der PPS vorerst für nicht aussichtsreich. PA AA, Politik 5 O/S, Bd. 4: Erklärung zur Parteitagsresolution der DSAP, ohne Datum, S. 3.

1922 nicht. Erwogen wurde lediglich eine Kooperation mit der PPS, dem „Bund" und den sozialistischen Minderheitenparteien, wohingegen aus Kattowitz und Lodz andere Stimmen zu hören waren.

Die Konferenz vom 3. April 1927 brachte wie der dritte Parteitag der DSAP Oberschlesiens am 17./18. April 1927, an dem Pankratz teilnahm, keinen bindenden Beschluß zur Frage der Wahlblockbildung. In beiden Veranstaltungen tendierte lediglich Kowoll zum Minderheitenblock.[99] Ein Versuch, einen sozialistischen Minderheitenblock zu bilden, scheiterte im November 1927 „mit einem Fiasko", weil Zerbe und Kronig erklärten, sich dem nationalen Minderheitenblock anschließen zu wollen.[100]

Trotz der Bemühungen um den sozialistischen Minderheitenblock liefen parallel Verhandlungen zwischen den deutschen Sozialisten und den bürgerlichen deutschen Parteien. Das lag infolge der gemeinsamen Arbeit im Deutschen Parlamentarischen Klub nahe. Die Verhandlungen seien schließlich abgebrochen worden, weil bestimmte Forderungen der Sozialisten nicht erfüllt wurden.[101] Kein Nachweis konnte erbracht werden, daß besonders Pankratz in Verhandlungen mit dem Deutschen Parlamentarischen Klub gestanden hätte.

Die Lodzer DSAP schlug Anfang Dezember 1927 vor, daß die bis zum geplanten Vereinigungsparteitag höchste Instanz der Partei, die „Exekutive der DSAP", über „ein einheitliches Vorgehen" bei der Wahltaktik entscheiden sollte.[102] Diesem Vorschlag der Lodzer kam am 4. Dezember 1927 die Einigung der Bielitzer DSAP mit der PPS auf eine gemeinsame Liste zuvor, so daß das Gremium nicht mehr tagte.[103] Am 11. Dezember 1927 folgte die Entscheidung der DSAP Kattowitz. Auf einer außerordentlichen Bezirkskonferenz in Kattowitz wurde mit 53 zu 22 Stimmen für den Wahlblock mit der PPS, also gegen den mit der Deutschen Wahlgemeinschaft votiert.[104] Die Lodzer schlossen sich am 7. Januar 1928 den oberschlesischen Beschlüssen an.[105]

---

99 Vgl. ibidem. VW v. 20. 04. 1927. VST v. 22. 04. 1927. LVZ v. 21. 04. 1927. Korzec 1977: 103. Vgl. PA AA, Politik 5 O/S, Bd. 4: von Grünau (Deutsches Generalkonsulat Kattowitz) an AA v. 25. 05. 1927, „Erklärung zur Parteitagsresolution der DSAP" von Kowoll für von Grünau angefertigt, ohne Datum.

100 Korzec 1977: 103 f.

101 Wertheimer 1930: 105.

102 LVZ v. 05. 12. 1927.

103 VST v. 13. 12. 1927. Nach Korzec (1977: 104) sei der Entschluß in Bielitz bereits am 27. 11. 1927 gefaßt worden. Vermutlich kam danach erst die endgültige Einigung mit der PPS zustande.

104 Korzec 1977: 104. Walczak 1980: 134. PA AA, Pol. 5 Polen, Bd. 16: von Grünau (Deutsches Generalkonsulat Kattowitz) an AA v. 23. 12. 1927. VW v. 13. 12. 1927 u. v. 14. 12. 1927. VST v. 10. 12. 1927.

105 PA AA, Deutsches Konsulat Lodz, Deutschtum, Bd. 2: von Luckwald (Konsul in Lodz) an AA v. 09. 01. 1928. Korzec 1977: 104. VST v. 13. 12. 1927.

So fanden sich die Bromberger, die noch keine Entscheidung bekannt gegeben hatten, plötzlich isoliert, obwohl die „Exekutive der DSAP“ keine für alle Bezirke verbindliche Verabredung getroffen hatte. Inzwischen standen sie in Verhandlungen mit dem Deutschen Parlamentarischen Club. Noch Anfang Januar 1928 schöpften die Kattowitzer Hoffnung, daß sich die Bromberger Führung letztendlich für den Block mit der PPS ausspreche.[106] Schließlich war den Oberschlesiern ihr Entschluß ebenfalls nicht leicht gefallen. Sie hatten schwere innerparteiliche Kämpfe auszufechten. Viele ihrer Mitglieder hätten in Anbetracht der nationalen Unterdrückung lieber den Anschluß an den Minderheitenblock gesehen, „dem nationalen Moment statt dem sozialen den Vorzug gegeben. Sie seien bei der Entscheidung in die Minderheit geraten, aber dennoch entschlossen, den Richtlinien der Partei zu folgen.“[107]

Indessen war der Entschluß bei den Brombergern gefallen. Bereits für den 9. Januar 1928 rief Pankratz gemeinsam mit Kurt Graebe zu einer gemeinsamen Vorwahlversammlung auf.[108] Am 18. Januar 1928 erfolgten die Wahlverabredungen und die Listenaufstellung des Minderheitenblocks. Die Stärke der Minderheit entschied über die Reihenfolge der Kandidaten auf den Listen. Der deutschen Minderheit wurden auf der Staatsliste die Plätze 4, 8, 13, 14 und 20 zugesichert, wobei für Pankratz der zweite auf die Deutschen entfallende sichere Listenplatz 8 reserviert war.[109]

In einem Wahlaufruf vom 22. Januar 1928 unterzeichnete Pankratz nicht mehr mit DSAP, sondern mit dem früher verwendeten Namen „Deutsche Sozialdemokratische Partei Polens“, die ihre sozialen und nationalen Belange am besten im Minderheitenblock verteidigen könne.[110] Während der Wahlkampfperiode fällt die Unsicherheit bei der Formulierung der eigenen Parteibezeichnung auf. Die Bromberger deutschen Sozialisten nannten sich in jedem Artikel ihres Parteiorgans anders – dies oft sogar in einem mehrmals. Ihr Repertoire reichte von „DSAP“, „Deutscher Sozialistischer Partei“, „Deutscher Sozialdemokratischer Partei“ bis zur „Deutschen Sozialdemokratie Polens“.[111]

Am 29. Januar 1928 rechtfertigten die Bromberger ihren Schritt zum „Block der nationalen Minderheiten“ mit den „anders liegenden Verhältnissen“ in Posen-Pommerellen. Deswegen sei ihnen auf der am

106 VW v. 08. 01. 1928.

107 VW v. 13. 12. 1927.

108 BVZ v. 08. 01. 1928. Graebe wurde als Sohn eines Rittergutsbesitzers im Kreise Gnesen geboren. 1892 trat er in das preußische Heer ein. G. ist der Gründer des deutschen Schulvereins und des deutschen Wohlfahrtsbundes in Polen. Er war ein Führer der „Deutschen Vereinigung im Sejm und Senat für Posen, Netzegau und Pommerellen“, dem früheren „Deutschtumsbund zur Wahrung der Minderheitenrechte“. Vgl. Wertheimer 1930: 95 f.

109 Ibidem: 133 f. Korzec 1977: 106.

110 BVZ v. 22. 01. 1928.

111 Ibidem und v. 29. 01. 1928.

13. November 1927 in Kattowitz tagenden Sitzung des Parteivorstandes in dieser Frage „freie Hand" zugebilligt worden.

Die Bromberger nannten diesen Pakt einen „rein technischen Wahlblock", den sie eingingen, um ein sicheres Mandat für den Sejm zu bekommen. Sie könnten in sozialen Fragen ihrem Programm folgen und sich lediglich in kulturellen den deutschen Bürgerlichen anschließen. In einem Wahlaufruf für den Minderheitenblock, die „Liste Nr. 18", legten sich die Bromberger deutschen Sozialdemokraten nicht fest: Weder ordneten sie sich ohne Einschränkung dem Minderheitenblock zu, noch konnten sie ihren Platz bei den polnischen Sozialisten sehen – selbst wenn die Problematik mit dem „sicheren" Mandat nicht gewesen wäre.[112]

Da die PPS und die Bromberger DSAP in dem agrarbestimmten Posen-Pommerellen äußerst schwach waren, rechneten die deutschen Sozialisten, daß die PPS lediglich ihre Kandidaten auf sichere Plätze bringen werde. Sie hätten somit keine Chance auf ein Mandat. Außerdem sei für sie die Politik der PPS „schwer mitzumachen". Besonders störte sie, daß die PPS trotz ihrer Opposition zur Regierung für deren Budgetvorlagen gestimmt habe.[113]

Die Sozialstruktur im Bromberger Gebiet unterschied sich erheblich von der Oberschlesiens und der des Lodzer Bezirks. Verständlich ist, daß die Bromberger Sozialisten in einem Gebiet mit gering ausgeprägter sozialistischer Bewegung eine andere politische Taktik anwandten als die Sozialisten der übrigen Gebiete. Die Entscheidung für den Minderheitenblock barg keinen Fraktionszwang. Der voraussehbare Mißerfolg einer sozialistischen Kandidatur macht den Schritt der Bromberger erklärbar. Allein die wahltaktische Koalition mit den Bürgerlichen bedeutete nicht, den Sozialismus preiszugeben. Allerdings zeigte sich, daß die Bromberger in kurzer Zeit gänzlich auf die sozialistische Idee verzichteten. Es war also nicht nur eine Frage der Taktik.

Direkt nach den Wahlen – Pankratz bekam sein Mandat – übten die Bromberger Sozialisten ungewöhnlich viel Kritik an der PPS, jedoch keine am Deutschen Parlamentarischen Club. Ihren Genossen in Oberschlesien, die keinen Abgeordneten durchbrachten, gaben sie den Hinweis, daß „man ja auch nicht Wahlen wegen der Stimmenzählung [mache] ..., sondern um etwas zu erreichen"[114]. Zweideutig ist die Formulierung, daß es den Brombergern „bei einer Blockierung mit der PPS" genauso wie den Oberschlesiern ergangen wäre.[115] Sie hätten sich wohl gleichfalls „blockiert" – behindert. Hier wird deutlich, daß der Wahlblock mit den

---

112 BVZ v. 29. 01. 1928. Auch später urteilten sie, diesen Schritt zum Minderheitenblock „nur aus taktischen Gründen" getan zu haben. BVZ v. 20. 10. 1929. Vgl. Brief Heikes an die Verfasserin v. 02. 05. 1990.

113 BVZ v. 29. 01. 1928. Korzec 1977: 99.

114 BVZ v. 11. 03. 1928.

115 Ibidem.

Bürgerlichen – wie lange von den Brombergern versichert – nicht rein aus wahltaktischen Gründen erfolgte. Sie zeigten noch während der Wahlkampfperiode opportunistisches Verhalten. Den Rückweg zu den Sozialisten ließen sie sich offen, obwohl bereits mit den Bürgerlichen paktierend, um nach den Wahlen vollends ins nationale Lager zu wechseln.

Vom Verhalten der Bromberger distanzierten sich die Kattowitzer entschieden, wollten damit nichts zu tun haben. Sie wußten, daß sie sich den Wahlkampf erleichtern könnten. Der Preis, „in das nationalistische Horn zu blasen", war ihnen zu hoch.[116] Lieber sollten die Bürgerlichen sie „nationale Verräter" schimpfen und die Pommereller Sozialisten als die „Musterknaben" anpreisen. Außerdem bedeutete in den Augen der Kattowitzer „Erfolg" nicht gleich „Erfolg". Ihnen schien das Bromberger Wahlbündnis, nur „um etwas zu erreichen", zu oberflächlich; dessen Schwerpunkt lag weniger im ideellen, eher im materiellen Bereich – in Form eines Abgeordnetenmandats. Die politische Ideologie war ihnen wichtiger. Dem Minderheitenblock gaben sie keine Chance, das Nationalitätenproblem zu lösen. Das trauten sie nur einer sozialistischen Partei zu.[117]

Bürgerliche Kreise sahen im Alleingang der Bromberger Gruppe sofort ein Anzeichen von Parteispaltung. Die Kattowitzer nannten diese Stimmen Gerüchte – bezeichnenderweise dementierten die Bromberger nicht.[118]

Dagegen rechtfertigten die Bromberger ihre Haltung. Sie meinten, daß die PPS in Posen-Pommerellen aus nationalistischen Gründen weniger Stimmen erhalten hätte, wenn sie einen Wahlblock mit den „verruchten Niemcy" eingegangen wäre. Viele hätten nicht für die deutschen Sozialisten gestimmt, weil die PPS nicht als „100 proz. sozialistische Partei" angesehen würde.[119] Ihr wahltaktisches Vorgehen scheint, was die Erfolgsaussichten betrifft, für beide Seiten das beste gewesen zu sein. Wert wurde darauf gelegt, daß diese Angelegenheit genau so zu beurteilen sei.

Doch recht plötzlich verkündeten die Bromberger, die sich wieder „Deutsche Sozialdemokratische Partei in Polen" nannten, am 15. Juli 1928 „auf Grund der besonderen lokalen Verhältnisse und der hieraus folgenden Taktik" ihre Trennung von der DSAP.[120] Diesen Beschluß habe die Bromberger Bezirkskonferenz am 24. Juni 1928 gefaßt. Am 6. Juli habe man sich in Bielitz mit den Oberschlesiern – nicht mit den Lodzern – abgesprochen. Diese hätten die Entscheidung zur Kenntnis genommen. Vereinbart worden sei, daß weiterhin ein „möglichst gutes" Verhältnis zwi-

116 VW v. 22. 01. 1928. Sie würden „lieber unter schwierigen Verhältnissen einen anderen Ausweg suchen, als zuversichtlich den Trabanten des Bürgertums mitzumachen".
117 Vgl. dazu VST v. 16. 12. 1927.
118 VW v. 22. 01. 1928.
119 BVZ v. 11. 03. 1928. „Niemcy" heißt „Deutsche".
120 BVZ v. 15. 07. 1928.

schen den Bezirken Bromberg und Oberschlesien herrschen und jeder seine Tätigkeit auf das eigene Gebiet beschränken solle.[121]

Ganz konfliktlos scheinen die Verhandlungen in Bielitz am 6. Juli 1928 nicht verlaufen zu sein. Das ist daran zu erkennen, daß mehrere Versionen kursierten. Gegenüber dem Auswärtigen Amt gab Pankratz an, sich in Bielitz zu dem Schritt der Trennung entschlossen zu haben, da in den Verhandlungen deutlich geworden sei, daß „Kowoll mit allen Mitteln ein Aufgehen in der PPS betreibe"[122]. Pankratz und Zittlau[123] hätten daraufhin von ihren Mitgliedern ein Vertrauensvotum erhalten und die „eigene Partei" gegründet. Das Auswärtige Amt wurde gebeten, Pankratz „weiterhin unterstützen zu wollen"[124]. Anscheinend leistete es Pankratz und seinen zum Nationalen neigenden Bestrebungen bereits über längere Zeit Beistand. Das Deutsche Generalkonsulat Posen wollte wissen, daß die Abtrennung der Bromberger Gruppe mit Billigung der SPD erfolgt sei.[125] Eine Bestätigung dieser Behauptung konnte nicht ermittelt werden. „Billigung" würde bedeuten, daß die SPD den Schritt der Bromberger gutgeheißen hätte, einen Wahlblock mit bürgerlichen einem mit sozialistischen Parteien vorzuziehen. Über engen Kontakt mit der SPD verfügte der Lodzer DSAP-Bezirk. Dieser, nicht der Bromberger Bezirk, entschied sich für den internationalen Sozialismus, propagierte den Wahlblock mit der PPS. Da das Verhältnis der Lodzer und der Bromberger nicht das beste war, worüber die SPD sicher Bescheid wußte, bleibt die „Billigung" umstritten. Sie kann nicht völlig ausgeschlossen werden, erinnert man sich an die eigene Unentschlossenheit der SPD in der nationalen Frage. Eine andere Variante – die wahrscheinlichere – ließen der „Volkswille" und die „Volksstimme" publik werden. Hier wurde weder von gemeinsamer „Absprache" noch von einer Vereinbarung, weiterhin ein gutes Verhältnis zu haben, berichtet. In der Mitte der Titelseite wurde mitgeteilt, daß die Bromberger den Parteivorstand der DSAP verständigt und „sich von der Partei losgelöst, und als D. S. P. Polens konstituiert" hätten. Ihrem kurz gehaltenen Kommentar zufolge kam Pankratz „erklärlicherweise" dem sicheren Parteiausschluß zuvor, da der Parteivorstand „für die gegenwärtige Taktik der Bromberger Organisation die Verantwortung nicht übernehmen und diese

121 Ibidem. Wertheimer 1930: 106.

122 PA AA, Politik 25 Polen, Bd. 25: Deutsche Paßstelle Bromberg an Legationsrat Wilhelm Noebel (AA) v. 12. 07. 1928.

123 Robert Zittlau, Parteisekretär des Bezirks Bromberg, von Polen verschleppt und dabei 1939 umgekommen.

124 Wie Anm. 122.

125 PA AA, Politische Abteilung IV Polen, Politik 5, Bd. 18: Schroeder (Deutsches Generalkonsulat Posen) an AA v. 02. 08. 1928.

nicht billigen konnte"[126]. Über diese Erklärung der Oberschlesier gingen die Lodzer hinaus. Sie informierten über die die Partei am stärksten belastende „gegenwärtige Taktik" der Bromberger, die die Verhandlungen der DSAP mit der PPS „auf das schwerste geschädigt" hätte, wodurch bereits im Januar 1928 die „Spaltung" eingetreten sei.[127] Die Bezirke Bielitz und Kattowitz hätten Pankratz „das Ultimatum gestellt, sich der Parteidisziplin zu fügen, denn andernfalls würde er aus der Partei ausgeschlossen"[128]. Dem kam er mit seinem Abschied zuvor. Auch die Breslauer „Volkswacht" beurteilte den Anschluß der Bromberger an den Minderheitenblock als Störung der taktischen Linie von DSAP und PPS. Aber immerhin habe das eine „erfreuliche Klärung" der politischen Richtung gebracht, die internationale sozialistische Linie gestärkt.[129]

Die Bromberger „Volkszeitung"

Die polnische Regierung bemerkte, daß die Führung der Bromberger deutschen Sozialisten – obwohl sich im Parteistatut zum Erfurter Programm bekennend – nationalistisch orientiert sei. Die Sozialisten stünden unter Führung des Bromberger „Sejmbüros", sogar vollkommen unter der der „Deutschen Vereinigung", und wichen weit von ihrem Programm ab.[130] Ihre Politik war praktisch mit der der „Deutschen Vereinigung" identisch; sie verzichteten auf die Ausprägung der eigenen politischen Linie[131], verloren an Selbständigkeit, bis sie Ende 1934 in der „Deutschen Vereinigung" aufgingen.[132] Der Prozeß der Gleichschaltung zeigt sich deutlich am Beispiel der Parteizeitung.

---

126 Ibidem. VW v. 10. 07. 1928. VST v. 10. 07. 1928. PA AA, Generalkonsulat Posen P 13a, Bd. 7: Anlage zum Brief Deutsche Paßstelle Bromberg an Deutsches Generalkonsulat Posen v. 06. 12. 1935.

127 LVZ v. 18. 07. 1928. PA AA, Politische Abteilung IV Polen, Politik 5, Bd. 18: Anlage zu Brief von Schroeder (Deutsches Generalkonsulat Posen) an AA v. 02. 08. 1928.

128 PA AA wie vorher. Später sagte Kowoll, daß die Bromberger „ausgestoßen werden mußten", da sie sich dem Parteibeschluß widersetzten. Sie hätten jedoch rechtzeitig vorgezogen, „selbst auszutreten". LVZ v. 06. 10. 1929.

129 LVZ v. 18. 07. 1928. PA AA, Politische Abt. IV Polen, Politik 5, Bd. 18: (wie Anm. 127). Chefredakteur war zu dieser Zeit Immanuel Birnbaum, der von Paul Löbe das Amt übernommen hatte.

130 AAN, Amb. RP w Berlinie 3872, Konsulat der Republik Polen in Schneidemühl an polnische Botschaft in Berlin v. 12. 01. 1932, S. 337 und S. 340.

131 Wojciechowski 1987: 55.

132 MSW, Sprawozdanie z życia mniejszości narodowych, III/1934, S. 60. Hier zögerte die DSPP noch, der „Deutschen Vereinigung" beizutreten, um ihre Selbständigkeit nicht völlig zu verlieren. Ibidem, IV/1934, S. 63. Kurz danach kann den Lageberichten über das Leben der nationalen Minderheiten entnommen werden, daß der größte Teil der DSPP in der „Deutschen Vereinigung" aufging – nach Pankratz „fast sämtliche Mitglieder". PA AA, Generalkonsulat Posen P 13a, Bd. 7: Deutsche Paßstelle Bromberg an Deutsches Generalkonsulat Posen v. 06. 12. 1935. Hier die Anlage: „Aufzeichnung angefertigt von Herrn Pankratz". Vgl. Szefer 1967: 80. Thimm 1986: 101.

Das Presseorgan der Bromberger Sozialisten, die „Volkszeitung", wurde in der unter Einfluß der „Deutschen Vereinigung im Sejm und Senat" stehenden Bromberger Verlagsanstalt A. Dittmann gedruckt, die das Sprachrohr der „Deutschen Vereinigung", die „Deutsche Rundschau in Polen", verlegte.

Graebe hielt als Vorsitzender des geschäftsführenden Ausschusses der Druckerei A. Dittmann alle Fäden in seiner Hand. Diese Verbindungen bedingten enge Kontakte zwischen Pankratz und Graebe, brachten Pankratz in Graebes Abhängigkeit und die Sozialisten in die der „Deutschen Vereinigung".[133]

Die „Deutsche Rundschau" hatte im Jahr 1927 als Tageszeitung neben zwei weiteren auflagenstarken Tageszeitungen der „Deutschen Vereinigung" eine Auflage von 25.000 Exemplaren, die Wochenschrift der Sozialisten eine von 1.800 Exemplaren.[134] Diese Relationen geben ein Bild der Parteistärken und spiegeln den politischen Einfluß wider. Von der massenhaften Abwanderung aus Pommerellen waren überproportional die Sozialisten betroffen, deren Organisation in Westpreußen ohnehin nie eine Chance gegen die konservativ bürgerliche besaß.[135]

Vom Zeitpunkt des Ausscheidens aus der Gesamtpartei an wurde die sozialistische Bewegung in Bromberg noch schwächer. Die Auflage der Bromberger „Volkszeitung" stieg dagegen stetig, von 1.800 im Jahr 1927 bis 2.300 im Jahr 1931. Sie stand in keinem Verhältnis zum Einfluß der Partei, die an Anhängerschaft verlor und sich zunehmend an die „Deutsche Vereinigung" band. Nach außen hin schien sich die Partei zu entwickeln. Die Bromberger Sozialisten befanden sich – wie die DSAP – in finanzieller Notlage und nahmen die Hilfe der Bürgerlichen in Anspruch.

Die „Volkszeitung" wurde von verschiedenen Quellen protegiert, befand sich in einer besseren wirtschaftlichen Lage als ihre drei ehemaligen Partner. Ein Drittel der Zeitung bestand manchmal aus Inseraten, was besonders im Vergleich mit der Bielitzer „Volksstimme" auffällt.[136] Die anderen deutschen Sozialisten konnten im Juni 1931 nicht mit dem Urteil rechnen, das die Bromberger Vertrauensstelle des Auswärtigen Amts über Pankratz und Zittlau abgab, um für diese zusätzliche Beihilfen zu erlangen. Beide wurden gepriesen, „dem Deutschtum, besonders auch in den Kreisen der deutschen Arbeiterschaft zu nützen"[137].

Dokumenten der polnischen Abwehr zufolge, erhielt die „Volkszeitung" Subventionen von der SPD, der „Deutschen Vereinigung" und

---

133 Vgl. Kowalak 1971: 128. AAN, Amb. RP w Berlinie, 3872, Konsulat der polnischen Republik in Schneidemühl an polnische Botschaft in Berlin v. 12. 01. 1932, S. 337 und S. 340.

134 Ibidem. Kowalak 1971: 128.

135 Wajda 1986: 112.

136 Kowalak 1971: 129.

137 PA AA, Pol 12 Polen, Bd. 11: Lütgens (Deutsches Generalkonsulat Posen) an AA v. 16. 06. 1931.

von Graebe persönlich. Unterlagen des Auswärtigen Amts dokumentieren für das Jahr 1928 jeweils monatlich 500,– RM der „Deutschen Stiftung“ und der „Konkordia Literarische Anstalt GmbH“, der Zahlstelle der Presseabteilung des Auswärtigen Amts. Vorher bekamen die Bromberger insgesamt nur 500,– RM. Die Erhöhung der Geldmittel hängt mit dem Schritt der Bromberger in die Deutsche Einheitsfront, weg von den übrigen deutschen Sozialisten, zusammen. Dafür spricht, daß das Auswärtige Amt erwog, das Organ der Lodzer DSAP „nicht mehr oder nur in verringertem Maße“ zu unterstützen und den monatlichen Zuschuß für die Kattowitzer zu reduzieren.[138] Ein Jahr später wurden der „Volkszeitung“ je 450,– RM aus den Fonds der Presseabteilung und der Deutschen Stiftung gezahlt.[139] Die Zahlungen blieben bis April 1933 konstant. Obwohl Winkler im Februar 1933 für die Beibehaltung des „bisherigen Zustandes“ eintrat, beliefen sich die weiteren Zahlungen nur auf je 300,– RM. Auch im Mai 1933 verwendete sich Winkler für die Bromberger, erklärte, „daß eine Umstellung des Blattes (und auch seines Chefredakteurs) im Gange sei. Gegen die vorgesehene Subventionierung ... bestünden daher keine Bedenken“[140]. Von der Notwendigkeit einer „Umstellung“ kann im Falle „Pankratz“ und seiner „Volkszeitung“ nicht die Rede sein. Er ließe sich mühelos dem Bild zuordnen, das Graebe als Erbwalter des Reiches vom Auslandsdeutschen entwarf. Pankratz gehörte mit seiner Gruppe zu den „politischen Hilfstruppen, die es ... gewöhnt waren, ihren Kurs immer nach dem des Reiches auszurichten“.[141] Alles blieb beim alten – lediglich die Bezeichnungen erlebten eine „Umstellung“.

Die Bromberger „Volkszeitung“ verlor ab 1928 zunehmend klassenkämpferischen Charakter. Der polnische Militärinformationsdienst soll sie „angebliche Repräsentantin des sozialistischen Lagers“ genannt haben, die unter dem Deckmantel des Klassenkampfes schädlicher und nationalistischer als die „Deutsche Rundschau“, das Sprachrohr der „Deutschen Vereinigung“, sei.[142] Ein vergleichbarer Vorwurf wurde ihr Anfang der zwanziger Jahre von Seiten polnischer Rechtsparteien, besonders der „Endecja“, gemacht. In Wirklichkeit würde sie, obwohl sich offiziell ent-

138 PA AA, Presse Abt. Polen 3a, Bd. 1: Ges.Rat Dr. Roth an Ministerialdirektor Zechlin v. 12. 06. 1928.

139 Ibidem. Bd. 2: AA an Winkler v. 20. 06. 1929.

140 Ibidem, Legationsrat von Saucken (über Herrn Dirigenten Geheimrat Aschmann) an Herrn Eger v. 13. 05. 1933. In der ursprünglichen Fassung wurde von „der“, nicht von „einer“ Umstellung gesprochen. Die Veränderung wurde handschriftlich vorgenommen. Im allgemeinen war nach Hitlers Machtergreifung „die Umstellung“ zum Nationalsozialismus gemeint.

141 Krekeler 1973: 148.

142 Kowalak 1971: 128.

schieden gegen die deutsche Rechte wendend, nur den Interessen der deutschen Nationalisten dienen.[143]

Immer offener bekannten sich die Bromberger zur nationalen Linie, was auch an der mehrfachen Änderung der Bezeichnung ihres Publikationsorgans verfolgt werden kann: Noch bis 26. März 1933 nannten sie ihre „Volkszeitung" im Untertitel „Organ für die werktätige Bevölkerung", ab 2. April 1933 „Die deutsche Wochenzeitung in Polen" (wodurch sie nicht einmal namentlich an eine Arbeiterzeitung erinnerten). Am 1. Oktober 1936 gaben sie ihrem ab diesem Zeitpunkt als Tageszeitung erscheinenden Organ den Titel „Deutsche Volkszeitung in Polen – Illustrierte Tageszeitung".[144] Die „Volkszeitung" war in dieser Form eine Mutation des in Hohensalza herausgegebenen „Kujawischen Boten". Sie wurde künstlich am Leben gehalten und erschien bis zu ihrer Einstellung am 17. Juni 1937 in einer Auflage von 1.500 Exemplaren.[145]

Abgesehen davon, daß die Herausgeber dieser Zeitung keine Sozialisten waren, hätte eine sozialistische Zeitung im Bromberger Gebiet wenig Chancen gehabt, Abnehmer zu finden.

Ähnlich den Namensänderungen des Parteiorgans erfolgten die der Parteibezeichnung:

Ihre Linientreue wollte die „Deutsche Sozialdemokratische Partei Polens", wie sie sich seit 1928 auch zur äußeren Unterscheidung nannte, kundtun. Sie nannte sich nach Hitlers Machtergreifung „Deutsche Sozialistische Partei".[146] Mit der Bezeichnung „demokratisch" wollten die Bromberger nichts zu tun haben. Sie mühten sich um die Abgrenzung von den übrigen deutschen Sozialisten und biederten sich der neuen deutschen Regierung an. Pankratz behauptete Ende 1935, daß seine Partei jetzt „Deutschsozialistische Partei"[147] heiße, damit sie dem „richtig" Deutschen wohl noch näher rücke.

---

143 Ibidem: 120 f.

144 BVZ v. 26. 03. 1933 u. v. 02. 04. 1933. Deutsche Volkszeitung in Polen v. 01. 10. 1936.

145 Kowalak 1971: 259, 271 f. Ab 01. 10. 1936 wurde in der „Volkszeitung" eine Telephonnummer der Redaktion in Inowrocław (Hohensalza) angegeben, was Kowalaks Behauptung unterstützt.

146 Szefer 1967: 79. „Dziennik Poznański" v. 25. 09. 1934. In der Aufzeichnung über den Werdegang seiner Partei übergeht Pankratz die Bezeichnung „Deutsche Sozialdemokratische Partei Polens" und nennt schon für die Zeit nach 1928 den Namen „Deutsche Sozialistische Partei". PA AA, Generalkonsulat Posen, P 13a, Bd. 7: Deutsche Paßstelle Bromberg an Deutsches Generalkonsulat Posen v. 06. 12. 1935. Anlage: „Aufzeichnung angefertigt von Herrn Pankratz".

147 Ibidem. Auch in der Korrespondenz des AA wurde die Bromberger Partei so genannt. Vgl. PA AA, Politik 25 Polen, Bd. 32: Deutsches Konsulat Thorn an AA, Durchschläge an Warschau, Posen, Danzig v. 23. 05. 1934. Es wurde zwischen zwei Sorten von Sozialismus unterschieden: 1. „Marxismus, Sozialismus"; 2. „Deutscher Sozialismus", letzterer als „besondere Art 'Sozialismus' für die sogenannte 'Volksgemeinschaft'" bezeichnet. Die deutschen Bürgerlichen hätten „ihren" Sozialismus entdeckt und eiferten untereinander um den richtigen „deutschen Sozialismus". Die DSAP schloß daraus, daß „der Teufel

Zu diesem Zeitpunkt teilte die polnische Regierung die deutsche Minderheit in zwei Lager, das Hitlerlager und das Antihitlerlager. Dem ersteren rechnete sie die JDP, die „Deutsche Partei", den „Volksbund", die „Deutsche Vereinigung", die Bromberger „Deutsche Sozialistische Partei", den „Deutschen Volksverband" zu und dem zweiten die „Deutsche Christliche Volkspartei", die DSAP und den „Deutschen Kultur- und Wirtschaftsbund".[148]

Bielitz galt als Zentrum der *„Jungdeutschen Partei für Polen"* (JDP), und Dipl. Ing. Rudolf Wiesner war ihr Führer. Gegründet wurde die auf die nationalsozialistische Bewegung in den Sudetenländern zurückgehende Partei 1921 als „Deutscher Nationalsozialistischer Verein für Polen". Nominell an die NSDAP erinnernd, wurden ihm vom polnischen Staat, zu dieser Zeit noch unbegründet, Beziehungen zu Hitlers Partei unterstellt. Dies veranlaßte die Namensänderung im Jahr 1931. Mit dem Erstarken des reichsdeutschen Nationalsozialismus gewann die JDP an Attraktivität und konnte ihre Aktivitäten von Ostoberschlesien auf ganz Polen ausdehnen. Hieraus leitete sie ihren Führungsanspruch ab. In ihren Reihen organisierte sie vor allem die „junge volksdeutsche Generation" und verlangte „ein entschiedeneres Bekenntnis zum Deutschtum". Sie wollte die älteren deutschen Organisationen ausschalten und die „Volksdeutsche Erneuerung" zur Massenbewegung ausbauen. Dabei bediente sie sich einer radikalen und revolutionären Polemik[149] und auch der äußeren Formen der NSDAP. Damit ist sie „auch organisatorisch ... ein Anknüpfungspunkt" für den Nationalsozialismus in Polen gewesen, der „im Deutschtum in Polen ... auf einen stimmungsmäßig sich auflockernden Boden"[150] traf. Die ungewöhnlich harte, teilweise primitive Kampfmethodik der JDP ging mitunter den Anhängern zu weit, so daß z. B. der durchaus linientreue Paul Golletz

---

[wisse], welche Sonderabarten von 'Sozialismus' wir noch im Laufe der Zeit vorgesetzt bekommen". Parteivorstand 1935: 30 f.

148 MSW, Sprawozdanie z życia mniejszości narodowych, III/1934, S. 6. Ähnlich differenzierten Reichsvertreter, auf das deutsche Parteiensystem Polnisch-Schlesiens bezogen, zwischen Anhängern und Gegnern des Nationalsozialismus. Zu Anhängern wurde die JDP, die DP und die „Volksbundjugend" gezählt, zu Gegnern die „marxistische deutsche sozialistische Arbeiterpartei" und die DChVP unter Pant. PA AA, Generalkonsulat Kattowitz Po 9,3, Bd. 29a: Denkschrift über die organisatorische Beschaffenheit und die geistige Haltung des Deutschtums in Polnisch-Schlesien und Vorschläge zu einer organischen Neugestaltung und Beseitigung der bestehenden Streitigkeiten zwischen den deutschen Gruppen v. 06. 02. 1936. Ebenso: BArch, R 58/338, Staatspolizeistelle Oppeln an Geheimes Staatspolizeiamt Berlin v. 07. 08. 1935. Ähnlich Falęcki 1989: 164 f. Tomaszewski 1985: 223.

149 Broszat 1958 (b): 405. Vgl. Bierschenk 1954: 27 f. Keitsch 1982: 100 f. Breyer 1955: 239 f. Unsere Leitsätze 1933: 17 Punkte. Heike 1985: 219 f. Thimm 1986: 100 f. Szefer 1971: 122 f. Tomaszewski 1985: 231. Nach Melzer (1977: 195) mußte jeder, der JDP-Mitglied werden wollte, einen Ariernachweis für die letzten drei Generationen erbringen.

150 Breyer 1955: 239.

mit der größten Ortsgruppe Kattowitz der JDP den Rücken kehrte.[151] Im Jahr 1936 hatte er 4.000 Personen hinter sich, Ende 1938 waren es etwa 6.500.[152] Mit der Parole „Das ganze Deutschtum soll es sein" war die JDP bei der deutschen Minderheit Polens erfolgreich.[153] Ziele der JDP waren „'Erneuerung', 'Aktivierung der gesamten Volksgruppe'" und die Bildung einer straff zentralistischen Organisation der Deutschen in Polen.[154] Der JDP fiel eine bedeutende Rolle im nationalsozialistischen Gleichschaltungsprozeß zu. Stark wurde sie von der Auslandsorganisation der NSDAP und vom SD unterstützt.[155] Sie galt als „Exponentin des Nationalsozialismus in Polen". Ihre Publikationsorgane waren der „Aufbruch", die „Deutschen Nachrichten" und der „Völkische Anzeiger". Der DSAP gegenüber verhielt sich die JDP scharf ablehnend. Das war deren „rein ideologisch gehaltenem Programm" zu entnehmen, in dem vom „Kampf gegen die 'internationale marxistische Klassentheorie'" und vom „irreführenden Marxismus" die Rede war.[156]

Am 8. September 1934 wurde in Posen-Pommerellen, als eine Art Gegenbewegung zur JDP, die sozialrevolutionäre Parolen der Jungdeutschen ablehnende *„Deutsche Vereinigung für Westpolen"* (DV) gegründet. Die neue Organisation rekrutierte sich aus dem lange in Westpreußen bestehenden „Deutschen Zentralwahlausschuß", der kaum politische Aktivität entfaltet hatte, und den beiden nach Erscheinen der JDP in diesem Gebiet

---

151 Die alten Deutschtumsführer nannte die JDP „Systembonzen". PA AA, Generalkonsulat Kattowitz Po 9,3, Bd. 29a: Denkschrift wie Anm. 148. Nach der Denkschrift hatte die JDP großen Zulauf aus „national indifferenten" und „moralisch minderwertigen" Kreisen, und sogar in der Führungsspitze hätten sich einige „ehemals zum Polentum" bekannt oder betrieben „offensichtliche Stellenjägerei". Es seien „nicht die völkisch wertvollsten, bodenständigen und wirtschaftlich tragenden Elemente des Deutschtums" gewesen. Das würde man an den „in die Tausende" gehenden Mitgliederschwankungen und an den ununterbrochenen Amtsleiterwechseln sehen. Die Führung der Ortsgruppen läge fast nur in Händen „radikaler, politisch ungeschulter Kräfte". Nach Sroka (1975: 16) scharte die JDP vor allem „fanatisierte Jungdeutsche" sowie „Lumpenproletariat" um sich. Die polnische Presse wandte sich gegen die nationalsozialistische „Durchdringung der deutschen Minderheit" und hier besonders gegen die „als 'äußere Hitlerisierung' bezeichnete Übernahme äußerer Sitten und Formen des nationalsozialistischen Deutschlands". PA AA, Generalkonsulat Kattowitz, Po 9,2, Bd. 29: Deutsches Generalkonsulat Kattowitz (Nöldeke) an AA v. 10. 07. 1935.

152 Die erste Zahl aus: PA AA, Generalkonsulat Kattowitz, Po 9,3, Bd. 29a: Der deutsche Generalkonsul von Kattowitz an den Oberpräsidenten in Breslau v. 28. 07. 1936, Anlage. Die zweite aus: Sroka 1975: 17.

153 Bierschenk 1954: 38. Nach Hauser (1992: 47) profitierte die JDP besonders von der Wirtschaftskrise und der damit verbundenen Unzufriedenheit innerhalb der deutschen Arbeiter.

154 Bierschenk 1954: 44.

155 Broszat 1958 (b): 405.

156 Breyer 1955: 241. Vgl. Swart 1954: 132 f. Nach Kotowski (1992 (b): 60) ist der Prozeß der „Hitlerisierung" der deutschen Minderheit sehr schnell vonstatten gegangen und dabei der JDP die Hauptrolle zugefallen.

entstandenen „antijungdeutschen" Zusammenschlüssen, dem „Deutschen Jungblock" (Graudenz) und dem „Deutschen Einheitsblock" (Posen).[157] Die DV stand unter Leitung von Dr. Hans Kohnert und organisierte anfangs im Gegensatz zur JDP eher die Konservativen, die den oberen sozialen Schichten angehörende alte Führungsgarnitur. Zusehends verwischte sich der Unterschied zwischen JDP und DV; in bezug auf die methodische Vorgehensweise und die Zusammensetzung der Anhänger waren in beiden alt und jung und alle sozialen Schichten vorhanden. Unbestritten vertraten beide die nationalsozialistische Ideologie und konnten als „gleichgeschaltet" betrachtet werden. Darin rivalisierten sie miteinander, „versuchten, sich den Rang abzulaufen und bekämpften sich".[158]

Die Uneinigkeit der maßgeblichen Stellen im Reich über die nationalsozialistische Volksgruppenpolitik und die damit verbundenen unterschiedlichen Geldgeber unterstützten die Rivalitäten beider Parteien. Die DV wurde 1934 von Rudolf Heß gefördert und besonders vom VDA, dessen Aufgaben sie in Polen übernahm: Sie leistete Jugendarbeit, widmete sich der Rechtsberatung und unterhielt eine Schulabteilung. Damit erfüllte sie eine Reihe sachlicher Aufgaben im Gegensatz zu den mehr politisch agitatorischen der JDP. In nationalsozialistischen Kreisen Deutschlands wurde die DV wie die JDP als Repräsentantin des Nationalsozialismus anerkannt. Auch die DV bekämpfte die Deutschen Polens, die „im offenen Gegensatz zum Nationalsozialismus standen".[159] In ihrem Territorium traf sie aber kaum auf Widerstand, galt doch die DSPP unter Pankratz bereits seit 1934 als „gleichgeschaltet".[160]

Wie die DV sich auf Posen/Pommerellen beschränkte, war der am 1. Juni 1924 in Lodz von dem Lehrer und Sejmabgeordneten August Utta gegründete und als Partei deklarierte *„Deutsche Volksverband in Polen"* (DVV) hauptsächlich in Mittelpolen tätig, ab Ende der dreißiger Jahre aber auch in Ostpolen und Galizien. Der DVV organisierte bereits im Jahr 1924

---

157 Der „Jungblock" wurde von dem Rittergutsbesitzer und Sejmabgeordneten, Dr. Nordewin von Koerber, geführt (geb. in Konitz, übernahm 1908 Koerberrode, im April 1944 mit seiner Familie aus Polen ausgewiesen), der „Einheitsblock" vom Pächter des Rittergutes Hilarow bei Jarotschin, Berndt von Saenger (Sejmabgeordneter von 1922–1934, Vorsitzender der „Westpolnischen Landwirtschaftlichen Gesellschaft" – Welage). Swart 1954: 143; von Rosen 1972: 52, 60, 96, 105, 132; Heike 1985: 411.

158 Bierschenk 1954: 39. Vgl. Broszat 1958 (b): 406 f. Thimm 1986: 101. Breyer 1955. 249. Kohnert war auch Landesbauernführer. Die DV wurde zur Massenorganisation und zählte wie die JDP ca. 70.000 Mitglieder. Bierschenk 1954. 40. Nach Wapiński (1963: 138) habe es zwischen DV und JDP lediglich noch einen kleinen Unterschied in der Methodik gegeben. Beide hätten jedoch auf dem „Standpunkt der Revanche und des Nationalsozialismus" gestanden. Beide hätten die deutsche Minderheit auf ihre Rolle vorbereitet, die „5. Kolonne" zu spielen. Vgl. Sroka 1975: 15, speziell zur 5. Kolonne: 23–40. Szefer 1971: 123, 125 f.

159 Broszat 1958 (b): 406. Breyer 1955: 254.

160 Bierschenk 1954: 40.

7.000 Personen, im Jahr 1930 in 305 Ortsgruppen 24.000 Mitglieder. Utta übernahm den Vorsitz des die Bürgerlichen vertretenden DVV, in dessen Reihen die schwache „Deutsche Volkspartei" und im Jahr 1934 auch die 1926 gegründete „aus den Wandergruppen des Lodzer Deutschen Gymnasiums hervorgegangene" und von Ludwig Wolff geführte sehr starke „Deutsche Jungenschaft in Polen" (DJiP) aufging. Somit war neben einer älteren auch eine jüngere Generation vertreten. Entsprechend gab es neben der Lodzer Tageszeitung „Freie Presse" des DVV zwei wöchentlich erscheinende Publikationsorgane, „Der Volksfreund" für die Älteren und „Der Deutsche Weg" ab 1935 für die Jüngeren. Letzterer war stark nationalsozialistisch geprägt.[161] Seitdem die Gruppe um Wolff zum DVV gestoßen war, und sie hatte dies beabsichtigt, verstand sich der DVV als Gegenbewegung zu der sich ebenfalls in Mittelpolen breitmachenden JDP. Von diesem Zeitpunkt an vollzog sich innerhalb des DVV „eine ungewöhnliche Mobilisierung der nationalen Kräfte", eine Wandlung hin zum Nationalsozialismus. Infolge von Rivalitäten in dieser Frage mit den Jungdeutschen aktivierte der DVV seine Tätigkeiten unter den Deutschen und gewann an Boden. Dadurch „[konnten] sogar volkstumsmäßig weitgehend gefährdete Siedlungen wieder in den deutschen Lebenskreis [eingeschaltet]" werden. Die Arbeit wurde bis Białystok, Lublin, Cholm (Chełm) und selbst bis Lemberg (Lwów) ausgedehnt. Der DVV behielt in Mittelpolen die Oberhand, was am Ergebnis der Stadtratwahlen vom 27. September 1936 gesehen werden kann. Damals erhielt er 13.000 und die JDP gerade 3.200 Stimmen. Im Mai 1938 übernahm Ludwig Wolff die Führung des DVV.[162] Da Wolff den nationalsozialistischen Gedanken in der Bewegung förderte, wurde diese Richtung maßgeblich verstärkt.

Der DVV stand in Distanz zur DSAP, was dadurch erklärbar ist, daß er die Bürgerlichen vertrat und den Nationalsozialismus verbreitete. Auch war nicht unwesentlich, daß sich August Utta als ehemaliger Mitbegründer der DSAP mit dieser überworfen hatte.

Die dritte „DV-Organisation" bildete der *„Deutsche Volksbund für Polnisch-Schlesien"* (DVB), der am 8. November 1921 als Dachorganisation des „Deutschen Schulvereins", des „Deutschen Kulturbunds" und des „Deutschen Wohlfahrtsbunds" gegründet wurde. In ihm organisierten sich Vereine, Verbände und auch Mitglieder verschiedener deutscher Parteien. Präsidenten des „Deutschen Volksbundes" waren Freiherr von Reitzen-

---

161 Ibidem: 29, 50. Breyer 1955: 246 ff. Heike 1955: 58–61; 1985: 199. Wertheimer 1930: 92 f. Utta wurde 1887 in Augustinow bei Wilun geboren, absolvierte in Warschau das Lehrerseminar und arbeitete anschließend als Lehrer. Im Sejm tat er sich bei erziehungswissenschaftlichen Fragen hervor. Nach Nasarski (1957: 10, 14–18) rekrutierte sich der DJiP auch aus Kreisen der „Deutschen Gymnasien" in Posen und Lissa.

162 Bierschenk 1954: 42 f. Nach Heike (1985: 200, 206 f.) sei Wolff bereits 1936 Parteiführer geworden. Über das Anwachsen der nationalsozialistischen Idee im DVV vgl. Tomaszewski 1985: 224 f.

stein, Graf Edwin Henkel von Donnersmarck und ab April 1929 Dr. Hans Prinz von Pleß. Dr. Otto Ulitz fungierte von 1922 bis 1939 als Geschäftsführer und Leiter des Volksbunds und gab ihm sein politisches Gepräge. Eduard Pant war Zweiter Vorsitzender.

Der Volksbund war gegründet worden, um die kulturelle und soziale Arbeit der deutschen Minderheit in Oberschlesien zu koordinieren und deren Rechte zu verteidigen. Sie wurde gegenüber der Gemischten Kommission von Ulitz vertreten, der darauf bedacht war, daß die polnische Seite die Stellungnahmen der Kommission beachtete.[163] Ulitz schloß anfangs den Nationalsozialismus für das Auslandsdeutschtum aus, weil er sich nicht dort verwirklichen lasse, wo die Deutschen nicht Staatsvolk seien. Es wurde jedoch ein Türchen offen gelassen, das „zu einer Bejahung des zunächst abgelehnten Nationalsozialismus führen konnte". Auch wegen dieser Haltung wurde dem Volksbund von der JDP lavierendes Verhalten vorgeworfen. Die Angriffe der Jungdeutschen nahmen eine Radikalität an, die der nationalsozialistischen Sprache im Reich nicht nachstand. Der Volksbund wurde als „Ausgeburt der sich mit dem Judentum verbündenden Reaktion, die Personifizierung der völkischen Verirrung, – des Liberalismus" beschimpft.[164] Ab Mitte der dreißiger Jahre gab es zwischen DVB und JDP keinen doktrinären Unterschied mehr. Es blieben lediglich die taktischen Abweichungen und Rivalitäten zwischen den Parteiführern. Die JDP konnte jedoch ihren Führungsanspruch gegenüber der alten Führungsschicht nicht durchsetzen.[165] Wie bei der DV und dem DVV wurden die Tätigkeiten des DVB durch den Konkurrenzkampf mit der JDP bedeutend aktiviert und besonders junge Leute angesprochen. Eine „Volksbundjugend" organisierte sich, die sich vor allem aus den lange bestehenden Jugendgruppen der „Deutschen Partei" rekrutierte. Ihr gehörten bei Kriegsausbruch mehr als 5.000 Personen an. Sie arbeitete mit der nationalsozialistischen Reichsjugendführung zusammen.[166] Ulitz resümierte, daß „in der Volksgruppe ... die Hoffnung [keimte], daß auch die oberschlesische Frage aufgerollt werden könnte. Es wäre falsch, diese Tatsache zu leugnen."[167] Der Volksbund wurde offener politisch, nahm parteiähnlichen Charakter an, wozu maßgeblich die Tätigkeit der „Volksbundjugend" führte. Er gehörte zu den gleichgeschalteten Organi-

---

163 Heike 1955: 202 f. Bierschenk 1954: 27. Keitsch 1982: 117. Breyer 1955: 57, 224. Otto Ulitz (*28. 09. 1885 in Kempten, †28. 10. 1972) wohnte seit 1895 in Kattowitz. Er war im Kommunal- und Polizeidienst tätig und Abgeordneter der „Deutschen Partei" im Schlesischen Sejm. Webersinn 1974: 33–49.

164 Breyer 1955: 226, 242. Zu diesen Vorwürfen: 244.

165 Falęcki 1989: 165 f. Breyer 1955: 243. Ulitz 1971: 92 f.

166 PA AA, Generalkonsulat Kattowitz Po 9,3, Bd. 29a: Denkschrift wie Anm. 148. Webersinn 1974: 69. Ulitz 1971: 93.

167 Ulitz (1971: 98) proklamierte jedoch später, „diese Hoffnung nie genährt [zu haben]". Vgl. Webersinn 1974: 69.

sationen und kann, wie die früher genannten Parteien, als nationalsozialistisch bezeichnet werden. Die DSAP distanzierte sich 1934 vom DVB.[168]

Breyer erklärt den Wandel innerhalb der Mehrheit der deutschen Parteien damit, daß „es nach 1933 auch immer weniger möglich [war], den Nationalsozialismus zu ignorieren, wollten die alten Organisationen die inzwischen vom Reich her beeinflußten Massen nicht völlig verlieren. Der JDP den Wind aus den Segeln nehmen, hieß, sich wie sie zum 'Umbruch' im Reich zu bekennen. Die alten Führer fanden sich sehr bald in der neuen Situation zurecht. Sie 'schalteten sich gleich'."[169] Hauser kritisiert, daß bisher nur die Führungseliten der Minderheit Forschungsgegenstand waren. Diese wußten, was „sie anstrebten ... Die Mehrheit der deutschen Bevölkerung interessierte sich im Alltag nicht für den politischen Kampf und wurde in das von ihren Führern bestimmte System eingespannt". Daß sie sich damit identifizierten, bezweifelt er.[170]

Die drei DV-Organisationen bildeten am 16. Oktober 1934 unter Vorsitz Erwin Hasbachs einen föderalistisch strukturierten Dachverband, den „Rat der Deutschen in Polen". Dieser entstand eher als vereinigte Gegenbewegung gegen die JDP denn als politisch organische Neugestaltung des Deutschtums. Ein „geschickter Schachzug" des polnischen Staatspräsidenten führte dazu, die Vorsitzenden beider rivalisierender Organisationen, Hasbach und Wiesner, im September 1935 zu Senatoren zu berufen.[171] JDP und „Rat" rechtfertigten ihren Führungsanspruch aus ihrem Bekenntnis zum Nationalsozialismus. Bei ihrem Kampf um Führung und Einheit hatten sie unterschiedliche Prioritäten: Die Jungdeutschen blieben bei ihrer radikalen Agitation nach dem Muster des Reiches, die „Alten" setzten auf das „konservative Prinzip und einen gewissen 'veredelten Nationalsozialismus'". Versuche der von Berlin beauftragten „Volksdeutschen Mittelstelle" (VOMI), beide Richtungen innerhalb einer Organisation zu einigen,

---

168 PA AA, Generalkonsulat Kattowitz Po 9,3, Bd. 29a: Denkschrift wie Anm. 148. Tomaszewski 1985: 223.

169 Breyer 1955: 244. Neben den äußerlichen Konsequenzen beurteilt Breyer (227 f.) den inneren Umschwung der Gemütsverfassung innerhalb der deutschen Volksgruppe: so habe „die anfängliche Zurückhaltung allmählich auf[gehört], Vorbehalte verloren zunehmend an hemmender Kraft, und durch die beim einzelnen wie bei den Gruppen geschlagenen Breschen ergoß sich der breite Strom von Zustimmung und Hingabe. In der Vorherrschaft des Gefühls verstummte die Kritik." Vgl. ibidem: 229. Vgl. auch Nasarski 1957: 69.

170 Hauser (1993; 1992: 52) schlägt vor, keine Behördendokumente heranzuziehen, sondern von der Minderheit selbst geschaffenes Quellenmaterial, um somit „ein vollständigeres Bild vom Leben der Minderheit", vom Alltag und ihrem Umgang mit ihren polnischen Nachbarn zu erhalten. Soziologische Methoden empfiehlt er, eine „vertiefte und verschiedene Aspekte berücksichtigende Durchsicht der Minderheitenpresse ... Erinnerungen verschiedener Art". Resultat einer anderen Sicht und anderer Arbeitsmethoden könnten „neue Thesen zur Existenz der deutschen Minderheit" sein.

171 von Rosen 1972: 105. Bierschenk 1954: 44 ff. Breyer 1955: 251–255. Heike 1985: 208–217. Lexikon 1981: 483.

mißlangen.[172] Die DSAP stand allen diesen Entwicklungen feindlich gegenüber. Dabei kritisierte sie die Einmischung der Reichspolitik, die über die Köpfe der Minderheit hinweg auch in Polen die deutsche „Einheitspartei" schaffen wollte.[173] Dies ist auch einer reichsdeutschen Studie zu entnehmen, in der „Vorschläge zu einer organischen Neugestaltung" erarbeitet wurden. Über die gegenwärtige Lage wurde der „Kampf aller gegen alle" kritisiert, und es sei daher unmöglich, „in lebenswichtigen Fragen zu einer einheitlichen Willenskundgebung zu gelangen". Der deutschen „Einheitspartei" in Polen wurden jedoch nicht viele Chancen eingeräumt, weil keine der Parteien so stark sei, „den Sieg über die andere davon[zu]tragen"; und „da eine Eroberung des staatlichen Apparates durch eine Partei nicht in Frage komme, könnten keine Druckmittel beschafft werden, um die kleineren Parteien zu zwingen, ihr Eigenleben zugunsten der stärkeren Partei aufzugeben." Die bereits angesprochene Aktivierung aller deutscher Parteien infolge des harten Konkurrenzkampfes wurde eher negativ beurteilt. Man sah in ihr eine „Scheinblüte völkischen Lebens", die bei voraussehbarer nachlassender Aktivität „eine lähmende Wirkung ... auf die Lebensbetätigung der Volksgruppe" sogar „ausüben [müsse]"[174].

Im August 1922 wurde die *„Deutsche Partei"* (DP) in Kattowitz gegründet. In ihr vereinigten sich Splitter der ehemaligen „Deutschnationalen Volkspartei", der „Deutschen Volkspartei" und der „Deutschen Demokratischen Partei". Die DP sprach alle nichtsozialistisch und konfessionell nicht gebundenen Bürger an. Die Tätigkeit dieser sehr einflußreichen Partei erstreckte sich über ganz Ostoberschlesien, also Teschener-Schlesien eingeschlossen. Es blieb aber bei der Zweiteilung der Bewegung: Vorsitzender in Kattowitz war Johann Rosumek, in Bielitz Robert Piesch. Beide waren im Warschauer Sejm. Im Schlesischen Sejm wurde der Kattowitzer Bezirk von dem Senator Kurt Mayer und von Otto Ulitz vertreten. Ziel der

---

172 Breyer 1955: 252, 254. Vgl. Nasarski 1957: 77. Nach Bierschenk (1954: 45 f.) scheiterte die Initiative im April 1938, einen „Bund der Deutschen in Polen" zu gründen. Heike (1985: 216 f.) schreibt von einem „Sechser Ausschuß", der die organisatorische Einheit herbeiführen sollte.

173 Heike 1985: 209. Bierschenk 1954: 41. In dem Artikel „'Notgemeinschaft' als Rettungsanker! Die Gleichschaltung der deutsch-bürgerlichen charitativen Verbände. Ein neuer Versuch die 'nationalistische Volksgemeinschaft' zwischen den 'Systemleuten' und 'Jungdeutschen' herzustellen" der LVZ v. 22. 02. 1936 heißt es, daß „irgend eine 'Dachorganisation' begründet werde, die dem Ziel dienen solle, den hundertprozentigen Nazismus innerhalb der Deutschen in Polen zu vollziehen und endlich zu vereinheitlichen." Die Deutschtumsführer Polens würden dazu „auf Anweisung Berliner Stellen gezwungen, ... um das Deutschtum endlich mit der braunen Pest restlos zu durchseuchen. Wie lange aber der Berliner Kitt halten würde, bleibe abzuwarten."

174 PA AA, Generalkonsulat Kattowitz Po 9,3, Bd. 29a: Denkschrift wie Anm. 148. Melzer (1977: 195) spricht von durch den Konkurrenzkampf entwickelter „Hyperaktivität" innerhalb der deutschen Kreise.

DP war die Erhaltung des Deutschtums „auf der Grundlage des Volkstums".[175] Der erwähnten Studie aus dem Jahre 1936 zufolge, in der es auch um die Zerstrittenheit innerhalb der deutschen Volksgruppe geht, den Nationalsozialismus „richtig" zu repräsentieren, habe die DP immer das „Einparteiensystem" vertreten. Sie sei von der „Zentrumspartei" und der DSAP daran gehindert worden. Bis 1933 sei sie die „einzige nationale Gruppe" in Ostoberschlesien gewesen und habe deswegen angenommen, die „Erneuerungsbewegung" am besten aus ihren Kreisen steuern zu können. Ihr starker Mitgliederanstieg von 1933–1936 habe sie darin bestärkt. Mitte 1936 verfügte sie über etwa 12.000 Mitglieder. Sie wird als „stabilster politischer Faktor im ostoberschlesischen Deutschtum" und „von inneren Krisen verschont" charakterisiert. Hoch angerechnet wurde ihr, daß sie sich bei den Streitigkeiten zwischen den deutschen Parteien, bei denen vor „Herabsetzungen und Verleumdungen persönlicher Art" nicht Halt gemacht wurde, „im Interesse des deutschen Ansehens" zurückhielt. Daß es der DP, der die nötige Führungsqualifikation für die Einheitsbewegung am ehesten zugetraut wurde, „nicht gelingen [würde], die anderen Parteien so zu überflügeln, daß sie als die allein maßgebende politische Organisation angesehen werden könnte", wurde bedauert.[176]

Wie die DP wandte sich die *„Deutsche Katholische Volkspartei"* (DKVP) nach 1933 der nationalsozialistischen Ideologie des Reiches zu.[177] Beide arbeiteten in den das Deutschtum betreffenden Fragen eng zusammen und bildeten, um der parteipolitischen Zersplitterung der Deutschen entgegenzuwirken, zu den Wahlen eine gemeinsame Liste unter der Bezeichnung „Deutsche Wahlgemeinschaft der Deutschen Katholischen Volkspartei und Deutschen Partei".[178] Die drei Parteien DKVP, DP und DSAP in

---

175 Ulitz 1932: 281. Vgl. Breyer 1955: 57. Heike 1955: 51; 1985: 176. Mayer, 1879 in Kattowitz geboren, lernte Schlosser und Eisendreher, leitete die DP in Königshütte. Rosumek, 1883 in Zalemcie O/S geboren, Direktor der A.-G. Occident in Kattowitz, wohnte in Laurahütte. Piesch, 1871 in Bielitz geboren, war Lehrer an der Kommunalschule und am Evangelischen Lehrerseminar in Bielitz und Direktor der Städtischen Lehrerinnenbildungsanstalt. Wertheimer 1930: 97 ff. Nach (Styra 1936: 75) war Senator Kurt Mayer Verbandssekretär und Sozialist.

176 PA AA, Generalkonsulat Kattowitz Po 9,3, Bd. 29a: Denkschrift wie Anm. 148. Ibidem, der deutsche Generalkonsul von Kattowitz an den Oberpräsidenten in Breslau v. 28. 07. 1936, Anlage.

177 Lexikon 1981: 483.

178 Ulitz 1932: 281.

Partei	Anzahl der Abgeordneten im		
	1. Schles. Sejm (1922)	2. Schles. Sejm (1930)	3. Schles. Sejm (1930)
Blok Narodowy	18		
NPR	7	3	2
PPS	8	4	1

Ostoberschlesien waren allesamt reichsdeutsche Ableger, womit das auf das Reich zugeschnittene Parteiensystem erhalten geblieben war.

Am 27. Dezember 1921 wurde in Kattowitz die aus Zentrumskreisen gebildete *„Katholische Volkspartei"* (KVP) als selbständig erklärt. Der Schulrat Thomas Szczeponik wurde ihr Vorsitzender. Nach dessen Tod 1927 bemühte sich Dr. Eduard Pant als Nachfolger um die Richtlinien der bedeutendsten deutschen Partei in Oberschlesien: christliche Staatsauffassung, christlicher Gemeinschaftsgeist und christliche Lebensauffassung. Die Partei hatte damals etwa 5.000 Mitglieder. Unter Pant erfolgten die Namensänderungen: Bereits ab 1927 hieß sie „Deutsche Katholische Volkspartei", um das nationale Moment stärker zum Ausdruck zu bringen[179], und ab August 1933 *„Deutsche Christliche Volkspartei"* (DChVP), um ein breiteres Publikum anzusprechen.[180] Als entschiedener Gegner des Nationalsozialismus verlor Pant im Jahr 1934 seine Ämter als Vorsitzender des „Verbandes der deutschen Katholiken in Polen", als Zweiter Vorsitzender des „Deutschen Volksbunds" und schließlich auch als Vorsitzender der DChVP. Wie auch die DSAP wandte sich Pant sogar öffentlich im Sejm strikt gegen die Beeinflussung und Steuerung der Deutschen Polens durch das „Dritte Reich". So forderte er beispielsweise, daß der polnische Staat „die freche [weil nationalsozialistische] Jugend entweder vor Gericht stellen oder über die Grenze abschieben solle". Als die „Faschistische Volksbundjugend in Oberschlesien" dann verboten wurde, begrüßte er das genauso wie die DSAP. Ein Zeitgenosse urteilt, daß „selbst für die polnische Presse Pants Äußerungen eine Sensation [waren]". In

---

PSL	1	-	-
als Dt. Wahlgemeinschaft im Jahr 1922 nur in einem von drei Bezirken	12	15	7
DSAP	2	1	2
ChD		13	17
NChZP		10	19
KPP	-	2	-

Rechowicz 1971 (b): 314, 318, 322

179 Pant in Kauder 1932: 348 f. Nordblom 1987: 118. Die Dissertation P. Nordbloms „'Der Deutsche in Polen' (1934–1939). Eine katholische Wochenzeitung in der geistigen Auseinandersetzung mit dem Nationalsozialismus" erscheint demnächst. Wertheimer 1930: 97. Szczeponik (1860–1927) wurde nach Lehrerseminar und Zeichenschule für Handwerker Mitglied der Weimarer Nationalversammlung und des Reichstags für das Zentrum sowie anschließend Abgeordneter im Schlesischen Sejm und Senator in Warschau. Pant (1887–1938) absolvierte ein Philologiestudium, arbeitete als Lehrer, wurde Mitbegründer des „Verbands der Deutschen Katholiken in Polen", war im Schlesichen Sejm und von 1928 bis 1935 im Warschauer Senat.

180 Breyer 1955: 224. Keitsch 1982: 98. Pant wird vorgeworfen, die DKVP durch die Umbenennung „überkonfessionell getarnt" zu haben. PA AA, Generalkonsulat Kattowitz Po 9,3, Bd. 29a: Denkschrift wie Anm. 148.

weiten Kreisen der deutschen Volksgruppe, die „zum überwiegenden Teil und in steigendem Maße" nationalsozialistisch eingestellt war, galt Pant als „Volksverräter".[181] Bereits während seiner Entmachtung gründete er mit seinem Mitarbeiter, Johannes Carl Maier-Hultschin, die Wochenzeitung „Der Deutsche in Polen" (DiP), in der offen der Nationalsozialismus angegriffen wurde. Erst in dieser Phase des konsequenten Kampfes kam er zu seiner „eigentlichen Bedeutung".[182] Die Zahl seiner Anhänger war schwer feststellbar. Mitte 1936 rechnete das Generalkonsulat Kattowitz mit etwa 1.000 Personen.[183] Pant ging von der Einheit von Volkstum und Religion aus und davon, daß „das eine entwurzeln, das andere zerstören [heiße]".[184] Wegen seines mutigen Eintretens für das deutsche Volkstum setzte er sich harten Angriffen von polnischer Seite aus. Gleichwohl fiel er wie die deutschen Sozialisten dem „verhängnisvollen Kurzschluß" zum Opfer, „einer Identifizierung von Bekenntnis zum Deutschtum und Bekenntnis zum Nationalsozialismus, der u. a. zur Folge hatte, daß erklärte Gegner des Nationalsozialismus, ... ungeachtet ihrer Verdienste um das Deutschtum nach 1933 zu 'Volksverrätern' abgestempelt wurden und allen politischen Einfluß auf die deutsche Volksgruppe in Polen verloren."[185]

Der ohne Bedeutung bleibende *„Deutsche Kultur- und Wirtschaftsbund"* (DKuWB) wurde Ende Oktober 1929 in Lodz gegründet. Er ging aus Überlegungen des schlesischen Wojewoden Grażyński hervor, die vom Lodzer Wojewoden realisiert wurden. Er war eine der undemokratischen Maßnahmen der polnischen Regierung gegen die deutsche Minderheit mit dem Ziel, spalterisch und assimilierend zu wirken.[186]

---

181 Nach Breyer (1955: 224 f.) sei Pant „in seiner feindlichen Einstellung gegen das Dritte Reich nicht mehr für tragbar" erachtet worden. Er habe sich die „ganze Volksgruppe" zum Gegner gemacht. Ähnlich dazu Bierschenk (1954: 35 f.), der Pant als „erneuerungsfeindlich" charakterisiert und schreibt, er und Kowoll hätten „die neue Ordnung im Reich und in der Volksgruppe bekämpft". Vgl. Keitsch 1982: 98. Kritisch auch in PA AA, Generalkonsulat Kattowitz Po 9,3, Bd. 29a: Denkschrift wie Anm. 148. Pant forderte die „völlige Unabhängigkeit der Minderheitenpolitik von der Einflußnahme durch das Reich".

182 Nordblom 1987: 136. Immanuel Birnbaum (1920–1927 Chefredakteur der sozialistischen Breslauer „Volkswacht") schrieb auf die Bitte Pants und Maier-Hultschins jahrelang die Leitartikel des neuen Blatts. Auch andere Sozialisten schrieben im DiP. Birnbaum 1974: 130–133.

183 PA AA, Generalkonsulat Kattowitz, Po 9,3, Bd. 29a: Der deutsche Generalkonsul von Kattowitz an den Oberpräsidenten in Breslau v. 28. 07. 1936, Anlage.

184 Pant 1932: 340. Dafür und für sein tiefes Bekenntnis zum deutschen Volkstum spricht seine Überzeugung, daß durch die „hohen Werte wahrer deutscher Kultur die von jedem materiellen Vor- oder Nachteil unabhängige Liebe zum deutschen Volkstum wachgerufen und genährt [wird]." Ibidem: 344.

185 Broszat 1958 (b): 407.

186 Heike 1985: 217. Bierschenk 1954: 52. Der Lodzer Konsul Luckwald warnte vor dem DKuWB, der mit dem Ziel „weiterer Zersplitterung unseres Volkes ... nach dem alten Grundsatz: 'Teile und herrsche'„ gegründet worden sei. PA AA, Deutsches Konsulat Lodz, Presse 12/3, 12/4: Luckwald an deutsche Gesandtschaft Warschau v. 25. 03. 1931.

Der aus dem deutschen Bürgertum stammende 37jährige Johannes Danielewski, Angestellter einer belgischen Firma in Lodz, wurde Leiter des DKuWB. Danielewski sei bereits früher aufgefallen, weil er „in dem von den Regierungsstellen gewünschten Sinne hervorgetreten" sei. Geschäftsführer wurde ein ehemaliger Senator aus Danzig namens Gebauer. Da er in Danzig als polnischer Spion tätig gewesen war, verfügte er über für die spezifischen „deutschtumszersetzenden" Aufgaben der neuen Organisation nützliche Erfahrungen. Gebauer redigierte das in Lodz erscheinende Publikationsorgan des DKuWB, das Wochenblatt „Deutscher Volksbote". Zeitweise stand ihm auch die national indifferente Tageszeitung „Neue Lodzer Zeitung" zur Verfügung. Der DKuWB nahm seine Tätigkeit in Oberschlesien auf und gab dort das „Neue Schlesische Tagesblatt" heraus. Trotz großer Geldmittel wurde der DKuWB weder in Mittelpolen noch in Oberschlesien oder in Posen-Pommerellen erfolgreich. Die Deutschtumsorganisationen erkannten die Absichten dieser Organisation schnell, woran auch die wärmsten Empfehlungen polnischer Staatsmänner, sich den DKuWB zum Vorbild zu nehmen, nichts änderten, sondern eher das Gegenteil bewirkten.[187] Ab 1934 nannte sich der DKuWB *„Vereinigung der Deutschen Polens"*. Diese Änderung erfolgte in Anlehnung an die neu entstandene „Deutsche Vereinigung in Westpolen". Ebenso erfuhr das Parteiblatt eine Namensänderung: Statt dem „Deutschen Volksboten" erschien nun der „Deutsche Wegweiser", dies in Anlehnung an „Der Deutsche Weg" des „Deutschen Volksverbandes". Den Vorsitz der neuen Organisation übernahm – Danielewski war bereits 1932 verstorben – der Schulleiter der Lodzer deutschen Volksschule Nr. 90, Christoph Schiefer. Diese Organisation konnte ihre Aufgabe nicht erfüllen.[188]

Die Bromberger bezeichneten ihre ehemaligen Parteigenossen zwecks Unterscheidung und Proklamation größerer Entfernung als „Marxisten" oder, um gleich mehrere Vorwürfe zu placieren, als „rein marxistisch international eingestellte"[189] Sozialisten.

Als sie sich dem Vorwurf der JDP stellen mußten, selbst marxistisch zu sein, dementierte Pankratz entschieden. Er verkündete auf einer Ver-

---

187 Breyer 1955: 59. Heike 1985: 218.

188 Trotz ihrer Beziehungen zum polnischen Staat wurden Schiefer und Gebauer im September 1939 von den Polen verschleppt. Als die Deutschen Polen besetzten, wurden beide in ein KZ eingeliefert und kamen dort um. Heike 1985: 218. Der DKuWB wurde auch von den deutschen Sozialisten als „Renegatenorganisation" und „als polnisches Werkzeug gegen die deutsche Volksgruppe" gesehen. Heike 1955: 69.

189 PA AA, Generalkonsulat Posen P 13a, Bd. 7: Deutsche Paßstelle Bromberg an Deutsches Generalkonsulat Posen v. 06. 12. 1935. Anlage: „Aufzeichnung angefertigt von Herrn Pankratz". Vgl. PA AA, Politik 25 Polen, Bd. 32: Deutsches Konsulat Thorn an AA und Durchschläge an Warschau, Posen, Danzig v. 23. 05. 1934. Vgl. MSW, Sprawozdanie z. życia mniejszości narodowych, III/1934, S. 6.

sammlung am 18. August 1934, daß seine Organisation nicht mit der Lodzer und der schlesischen DSAP verglichen werden könne.[190]

Sehr empfindlich reagierten die Bromberger auf diesen Vorwurf. In der „Volkszeitung" wurde betont, daß die Tätigkeit der Marxisten in Bromberg „bekanntlich" von Pankratz am 7. Juli 1928 liquidiert worden sei. Sie identifizierten sich nicht mit der Gruppe, in der sie früher organisiert waren, und wollten den Anschein erwecken, als sei die Tätigkeit einer fremden Gruppe in ihrem Gebiet eingestellt worden. Die Bromberger machten darauf aufmerksam, früh dem Marxismus entgegengetreten zu sein.[191] Kein Wort deutet auf die vergangene organisatorische Verbindung zur DSAP. Pankratzens „angebliche 'marxistische' Tätigkeit" wurde damit abgetan, daß diese „Tätigkeit" lediglich in einmaliger Zusammenarbeit mit anderen sozialistischen Abgeordneten des Minderheitenblocks bestanden habe, mit denen er im Januar 1927 eine Besprechung im Sejm gehabt haben „soll"[192]. Die JDP habe aber „nicht verraten, was Pankratz den Marxisten damals gesagt habe". Er sei ihnen nämlich entgegengetreten. „Gewisse Leute", die jetzt in der JDP seien, hätten „damals den 'Marxisten' sogar Beifall zugebrüllt" und sich nicht getraut, zu widersprechen. Daran erinnert wurde, daß in der NSDAP viele frühere Marxisten organisiert seien, die sich „noch viel, viel später als im Juli 1928 vom Marxismus getrennt" hätten. Die Zugehörigkeit zu den anderen deutschen Sozialisten wird mit einem Nebensatz abgetan, der zeigen soll, wie früh die Bromberger zu ihrer Erkenntnis gelangten.

Die Diskussion um den Marxismus gipfelte in der Diffamierung der Bielitzer deutschen Sozialisten: Die JDP habe in Bielitz versucht, Fühlung mit den „unter jüdischer Leitung stehenden deutschen Sozialdemokraten, ... den dortigen Marxisten (mit denen wohlgemerkt die deutschen Sozialisten in Posen-Pommerellen keine Verbindung haben)" zu nehmen. Da Glücksmann anscheinend seine Stimme dem Führer der JDP, Wiesner, nicht geben wollte, sei die JDP „zu den Juden und zwar ausgerechnet zu

190 Nach Szefer (1967: 80) seien die Bromberger Sozialisten positiv zur JDP eingestellt gewesen, weil deren Programm nicht mit dem ihren kollidierte. Obwohl die Bromberger Sozialisten ebenso national, dann nationalsozialistisch waren wie die Jungdeutschen, standen sie der JDP nicht positiv gegenüber. Die Bromberger „Volkszeitung" und die „Berichte über die nationalen Minderheiten" aus den Jahren 1934 und 1935 verweisen sogar auf eine offen negative Haltung. AAN, MSZ 2348/380, Sprawozdanie z życia mniejszości narodowych, IV/1935, S. 70. MSW, Sprawozdanie z życia mniejszości narodowych, II/1935, S. 49, I/1935, S. 56, IV/1934, S. 65. Sie ergriffen Partei für die DV, gegen die JDP. Kowalak 1971: 272.

191 Dies sei zu einer Zeit geschehen, „als 99,99 Prozent Jungdeutscher noch garnicht wußten, was eigentlich Marxismus ist oder zu feige waren, dagegen aufzutreten". BVZ v. 31. 03. 1935.

192 Hier benutzte der Verfasser das Modalverb „sollen" in seiner Bedeutung als zweifelnde Vermutung und stellte damit selbst diese einmalige Zusammenarbeit in Frage.

den Großkapitalisten, den Textilbaronen, Großkaufleuten, Bankiers"[193] gegangen. In Glücksmann vereinten sich zwei Feindbilder: Glücksmann, der Jude, und Glücksmann, der Marxist. Beide waren den Bromberger deutschen Sozialisten gleich verhaßt. Mit dieser Personifizierung des als schlecht Geltenden wollten sie in keine Verbindung gebracht werden.

Die DSPP beschuldigte die JDP, die sie „J[üdisch versippte] D[eutschtumszersetzende] P[artei]" nannte, nur in der Theorie antisemitisch zu sein, in der Praxis jedoch mit den Juden zu paktieren.[194] Die DSPP wandte sich entschieden gegen die Juden und lobte Ende 1935 antisemitische Ausschreitungen polnischer Studenten.[195] Anerkennende Worte fand ein 1936 erschienenes Buch zur polnisch-jüdischen Frage eines Wilnaer Professors namens Studnicki. Studnicki nannte die Juden ein „Element", das „zu allen Zeiten ... gleich Parasiten am Volkskörper lebte", sprach vom „asozialen Judentum", der „Verjudung des ganzen gegenwärtigen Wirtschaftslebens" und spekulierte über die „Möglichkeit der Lösung der Judenfrage".[196]

Bei den Brombergern wurden zunehmend antisemitische Strömungen deutlich. Nicht sicher ist, ob sie diesen Antisemitismus selbst vertraten oder sich lediglich der Reichspolitik unterwarfen, ferner ob ihre Vertreter selbst oder ein Teil von diesen ebenso zum Judentum standen und ihnen die Haltung des Reichs gelegen kam und sie in ihrem Antisemitismus lediglich bestärkt wurden. Uneingeschränkt kann in dieser Frage keine Entscheidung getroffen werden.

Die Bromberger rückten ihre Loyalitätsbekundungen zum „Dritten Reich" in den Mittelpunkt. Sie stellten sich als Garanten des wahren Deutschtums dar, als die einzigen, die das „Völkische" kontinuierlich durch ihre Bewegung zogen: „Die völkischen deutschen Sozialisten in Posen und Pommerellen, die stets in der nationalen Einheitsfront standen, gehörten nie der Internationale an und haben die mehr als losen Beziehungen zu der oben erwähnten marxistischen Partei [DSAP, PB] bereits im Jahre 1928 vollkommen gelöst, als viele heutige 'Antimarxisten' und 'Erneuerer' noch nicht wußten, was eigentlich Marxismus usw. ist." Sobald über die DSAP berichtet wurde, folgte unmittelbar die Distanzierung. So habe „in Posen und Pommerellen ... diese marxistische Partei dank der

---

193 BVZ v. 31. 03. 1935. Vgl. dazu BVZ v. 05. 01. 1936.

194 BVZ v. 19. 01. 1936.

195 AAN, MSZ, 2348/380, Sprawozdanie z życia mniejszości narodowych, IV/1935, S. 70. Die Ausweisung von 600 evangelischen Pfarrern im Reich, die mit Jüdinnen verheiratet waren, habe Pankratz' Zustimmung gefunden. Szefer 1967: 79 f. Hinweise, die dies bestätigen, ließen sich nicht ermitteln; jedoch könnte von der Haltung der Bromberger Sozialisten zu den Juden auf diese Reaktion geschlossen werden.

196 Ehemalige BVZ v. 29. 12. 1936. Ab 01. 10. 1936 unter dem Titel „Deutsche Volkszeitung in Polen – *Illustrierte Tageszeitung*".

Arbeit der Pommereller deutschen Sozialisten ... keinen Einfluß"[197] oder die DSPP „zu erwähnter Partei keine Beziehungen"[198].

Die Bromberger unterrichteten ihre Adressaten wiederholt, wo die Wirkungskreise der DSAP seien.[199] Der Leser erhielt den Eindruck, als handelte es sich um eine fremde Partei und müßte in Erinnerung gerufen werden, von wem die Rede ist, was wiederum Distanz vermittelte.

Alle Berichte zeichnen sich durch einen Übereifer aus. Die Vermutung liegt nahe, sie seien lediglich für das „Dritte Reich" abgefaßt, um dort den besten Eindruck zu hinterlassen. Die Loyalitätsbekundungen reihen sich aneinander, wirken aufgesetzt. Mit aller Macht – alle vorherigen Bindungen skrupellos außer acht lassend – soll dem Reich Ergebenheit und Treue bewiesen werden.

Trotz der Loyalitätsversicherungen oder gerade deshalb erkundigte sich das Auswärtige Amt im März und im November 1935 – mitten in dem 1934 entfachten Streit der westpreußisch deutschen „Volkstumsparteien" um das „bessere Nazitum", den „völkischen Sozialismus" und den „Vorrang im Nationalsozialismus"[200] – nach der Rolle, die der DSPP dabei zukomme. Die Deutsche Paßstelle Bromberg befragte zu diesem Zweck Pankratz selbst, ohne ihm jedoch die betreffenden Interessenten bekanntzugeben. Eine Anfrage gerade dieser Stelle dürfte das erübrigt haben, und Pankratz antwortete schematisch das, was die deutschen Regierungskreise erwarteten.

Daß damals von einer Tätigkeit der DSPP kaum noch etwa spürbar gewesen sein kann, geht aus dem Fragenkatalog hervor. Interesse bestand, ob „irgendein organisatorisches Eigenleben" der DSPP existiere, die Partei womöglich aufgelöst sei und wenn ja, in welchen „Volkstumsorganisationen" die ehemaligen Mitglieder zu finden seien.[201] Das man sie dort antreffen würde, dessen war man sich sicher. Die „Deutsche Paßstelle Bromberg" und danach der deutsche Konsul in Posen, von Tucher, berichteten nach Pankratz' Befragung, daß ein Großteil der „ehemaligen" DSPP der „Deutschen Vereinigung" und lediglich ein Mitglied der JDP angehöre.[202]

---

197 BVZ v. 10. 02. 1935.

198 BVZ v. 24. 02. 1935.

199 Vgl. dazu BVZ v. 10. 02. 1935 u. v. 24. 02. 1935.

200 BVZ v. 21. 07. 1935 u. v. 04. 08. 1935. Vgl. Wapiński 1963: 138–141.

201 PA AA, Generalkonsulat Posen P 13a, Bd. 7: Generalkonsulat Posen an Deutsche Paßstelle Bromberg v. 25. 11. 1935.

202 Ibidem: Deutsche Paßstelle Bromberg an Deutsches Generalkonsulat Posen v. 06. 12. 1935 und vgl. von Tucher (Deutsches Generalkonsulat Posen) an AA v. 17. 12. 1935. Damit identisch PA AA, Pol 25 Polen, Bd. 36: von Tucher (Deutsches Generalkonsulat Posen) an AA v. 17. 12. 1935.
Pankratz gehörte der „Deutschen Vereinigung" schon ab Februar 1934 als Ehrenmitglied an. Kowalak 1971: 272.
Zu dieser Zeit nannte sich die Bromberger „Volkszeitung" in ihrem Untertitel nicht mehr „Organ für die werktätige Bevölkerung", sondern „Deutsche Wochenzeitung in Polen"

Pankratz sprach nicht von einem Mitglied, sondern von „nur ganz wenigen" und von „fast sämtlichen", die nach Anerkennung der Statuten im Herbst 1934 der „Deutschen Vereinigung" beigetreten seien.[203] Die DSPP sei offiziell nicht aufgelöst worden. Sie wolle, wenn die PPS versuchen würde, unter den Deutschen wieder an „Boden zu gewinnen", die Parteiagitation aufnehmen. So verhalte es sich auch mit der „Volkszeitung". Sie sollte weiter bestehen, damit „andere marxistisch gerichtete Organe" in Bromberg keine Leser fänden. Pankratz befürchtete weniger das Eingreifen der PPS[204] als primär das der DSAP und der Danziger Sozialdemokratie. Diese drei initiierten in Gdingen ein „Sozialistisches Sportler Treffen", an dem mehrere Tausend Sozialisten teilgenommen haben sollen, darunter einige aus Bromberg, Graudenz und Posen. Besonders wurde auf die Sozialisten in Graudenz angespielt, diese als „150prozentige 'Erneuerer'" bezeichnet, die „mit einem Male eine auffällige Wandlung vollzogen"[205]. Die Bromberger warfen ihnen ein JDP-Intermezzo vor und Annäherung an die DSAP. Für eine zwischenzeitliche JDP-Geneigtheit der Graudenzer Sozialisten, ursprünglich der Bromberger Gruppe angeschlossen, gibt es keine Anhaltspunkte. Hier könnte eine Denunziation vorliegen. Ganz im Gegenteil wird in den polnischen „Lageberichten über die nationalen Minderheiten" Ende 1934 mitgeteilt, die Graudenzer Sozialisten hätten sich von der DSPP gelöst, um sich der DSAP anzuschließen.[206] Bereits früher zeigten die Graudenzer vom Bromberger Parteivorstand abweichende politische Vorstellungen. Am 18. März 1933 demonstrierten sie gegen die „Deutsche Vereinigung" und für mehr Einfluß der Sozialisten in ihrem Gebiet.[207]

---

und warb zum Beispiel für den Beitritt zur HJ und zum BDM. Sie noch – wie es das Auswärtige Amt tat – als „marxistisch gerichtet" zu bezeichnen, dürfte nicht den Tatsachen entsprechen.

203 PA AA, Generalkonsulat Posen P 13a, Bd. 7: „Aufzeichnung angefertigt von Herrn Pankratz" auf Veranlassung der Deutschen Paßstelle Bromberg. Diese „Aufzeichnung" wurde später wortgetreu übernommen und mit „Abschrift" tituliert, die aufgrund der Angaben von Pankratz gefertigt worden sei. Vgl. PA AA, Pol 25 Polen, Bd. 36: von Tucher (Deutsches Generalkonsulat Posen) an AA v. 17. 12. 1935. „Abschrift" als Anlage. BVZ v. 21. 07. 1935.

204 Der PPS fehlte es in Posen-Pommerellen an sozialistischen Traditionen. Ihre Einflüsse waren „eher bescheiden". Im Jahr 1923 zählte sie 252 Mitglieder, 1924 gerade 876 und 1925 3.147 Mitglieder. Im Vergleich dazu waren 1925 bereits 9.000 Personen in der „Nationalen Arbeiterpartei" (Narodowe Stronnictwo Robotników, später Narodowa Partia Robotnicza). Wajda 1986: 114, 116.

205 BVZ v. 21. 07. 1935.

206 MSW, Sprawozdanie z życia mniejszości narodowych, 1934/IV, S. 63. Dies bestätigt Wapiński (1963: 130): Die „Handvoll" Graudenzer hätten sich unter ihrem Vorsitzenden Haack der DSAP angeschlossen.

207 MSW, Sprawozdanie z życia mniejszości narodowych, I/1933, S. 70. Die größte Industriestadt der Wojewodschaft Graudenz bildete mit ihrer sozialistischen Identifikation eine Ausnahme in Posen-Pommerellen. Bei den Parlamentswahlen 1928 gewann die PPS dort 29 Prozent, die „Nationale Arbeiterpartei" 17 Prozent aller Stimmen. Insgesamt wählten

Da die westpreußische deutsche Sozialdemokratie zahlenmäßig schwach war, mußten die Graudenzer Sozialisten – innerhalb der DSPP organisiert – noch weniger ins Gewicht gefallen sein. Für Anfang 1927 liegen die letzten zuverlässigen Zahlen vor: Die oberschlesische Organisation zählte insgesamt 5.393 Mitglieder, davon entfielen auf Oberschlesien selbst 2.684, auf den Bielitzer Bezirk 2.512 und auf den Bromberger 197 Mitglieder.[208] Geht man davon aus, daß die sozialistische Bewegung bis Mitte der dreißiger Jahre erhebliche Einbußen erlitt, dies die Bromberger besonders stark betraf, blieben demnach nur wenige – die dezimierte Graudenzer Gruppe oder ein Teil derselben – der sozialistischen Idee treu. Die deutschen Sozialisten unter Pankratz zeigten keine Verwurzelung in der sozialistischen Bewegung.

Pankratz unterstrich in dem für das Auswärtige Amt abgefaßten Bericht über seine Organisation, diese habe „keiner Internationale" angehört und die Zusammenarbeit mit der PPS abgelehnt.[209] Pankratz hatte sich jedoch mit seinen Bromberger Sozialisten im Jahre 1923 in die der „Zweiten Internationale" angeschlossene oberschlesische Organisation integriert.[210] Die Bromberger blieben nicht „vollkommen autonom"[211], wie Pankratz behauptete, sondern waren wie die Bielitzer Sozialisten in der Kattowitzer Organisation aufgegangen. Somit erkannten sie die Zugehörigkeit zur „Internationale" an. Erst nach der Verständigungskonferenz in Königshütte, im August 1925, sollten die einzelnen Bezirke wieder „selbständiger" sein, bis der Vereinigungsparteitag die endgültige Führung der Partei festlege. Weder Bielitz noch Bromberg distanzierten sich von dem Kattowitzer Beschluß, zur „Internationale" zu gehören. Die Lodzer Gruppe folgte dieser Vereinbarung erst im Jahre 1926. Somit solidarisierten sich von 1926 bis 1928 alle vier Bezirke der DSAP mit der „Internationale". Als sich die Bromberger 1928 von der DSAP lösten, traten sie nicht gesondert aus der „Internationale" aus – erkannten also den Beschluß damit weiter-

---

über 50 Prozent sozialistisch. Auch Anfang der dreißiger Jahre verfügte gerade in Graudenz die kryptokommunistische PPS-Linke über Einfluß. Die Arbeitslosendemonstrationen der dreißiger Jahre seien teilweise „sehr radikalen Charakters" gewesen. Wajda 1986: 116 f.

208 Der Auslanddeutsche, Nr. 9, Mai 1927, S. 332. BVZ v. 24. 04. 1927. PA AA, Generalkonsulat Kattowitz Po 6 adh. 1, Bd. 4: „Die Lage der Deutschen Sozialistischen Arbeitspartei in Polen – Oberschlesischer Bezirk", angefertigt von J. Kowoll v. 29. 09. 1928. AAN, MSW 973, Niemieckie ugrupowania polityczne w Polsce v. 01. 05. 1927. Von polnischer Seite wird für das Jahr 1931 die Mitgliederzahl der DSPP mit ca. 1.000 angegeben, was im Vergleich zur stark dezimierten Mitgliederstärke der anderen deutschen sozialistischen Organisationen unwahrscheinlich erscheint. AAN, Amb. RP w Berlinie 3872: Konsulat der Republik Polen in Schneidemühl an polnische Botschaft in Berlin v. 12. 01. 1932, S. 338.

209 A. Pankratz, Aufzeichnung wie Anm. 203.

210 LVZ v. 28. 06. 1925.

211 A. Pankratz, Aufzeichnung wie Anm. 203.

hin an. Im Jahr 1934 dementierten sie, je der „Internationale" angeschlossen gewesen zu sein.

Ebenso muß Pankratz' Behauptung, seine Organisation sei gegen die Zusammenarbeit mit der PPS gewesen, zurückgewiesen werden. Pankratz nahm bei allen „Verständigungskonferenzen" zwischen DSAP, PPS und „Bund" teil und stimmte den dort gefaßten Beschlüssen zu. Am 12. März 1926, auf einer wichtigen Konferenz dieser Art, wurde – auch von Pankratz – befürwortet, daß PPS und DSAP „im Namen der internationalen Solidarität der Arbeiterklasse und im Namen der Interessen und Bestrebungen des Sozialismus und der Demokratie in Polen eine gegenseitige Annäherung und Zusammenarbeit anstreben müssen"[212]. Zur Bildung einer „Zwischenparteilichen Kommission" führte die Konferenz am 12. Januar 1927 von PPS, DSAP und „Bund". Die Anwesenden forderten eine engere Zusammenarbeit ihrer Parteien. Am 11. Januar 1927 beschloß dies vorab die in Lodz tagende „Exekutive der DSAP", der Pankratz angehörte.[213] Noch am 16. April 1927 veröffentlichten die Bromberger einen zweisprachigen Maiaufruf von PPS und DSAP und selbst den der „Sozialistischen Internationale".[214] Bis Mitte 1927 verfolgte Pankratz konsequent die Verständigungslinie mit der PPS, danach ebenso konsequent die gegensätzliche Linie. Lange vertrat er eine (für das politisch rechts ausgerichtete Bromberger Gebiet) unpopuläre Politik. Hier fragt sich, ob er damit einen politischen Anspruch, ein politisches Ziel anstreben konnte?

Den Angaben Pankratz' zufolge habe am 9. April 1932 die letzte Versammlung der DSPP stattgefunden, die nur „halböffentlich" gewesen sein soll.[215] Vermutlich wollte er seinen Adressaten mitteilen, daß selbst diese Versammlung nichts mit sozialistischer Ideologie zu tun hatte und sogar von den Initiatoren nicht ernst genommen wurde. Ihre Propagandatätigkeit habe die Partei Ende des Jahres 1932 eingestellt und lediglich noch Kameradschaftsabende veranstaltet und „zu Weihnachten eine Bescherung"[216]. Nach 1932 fanden selten Partei-, manchmal Mitgliederversamm-

---

212 BVZ v. 19. 03. 1926. „Protokoll der Verständigungskonferenz zwischen der polnischen Sozialistischen Partei und der Deutschen sozialistischen Arbeitspartei Polens vom 12. März 1926 im Lokale des Verbandes der Beamten gemeinnütziger Betriebe in Lodz, Piotrkowska 5." Eine Kopie davon befindet sich im Besitz der Verfasserin.

213 BVZ v. 16. 01. 1927. VST v. 17. 01. 1927. VW v. 15. 01. 1927, LVZ v. 13. 01. 1927.

214 BVZ v. 16. 04. 1927.

215 A. Pankratz, Aufzeichnung wie Anm. 203.

216 Ibidem. Der „Kultur-Ausschuß" der DSPP veranstaltete 1933 jede Woche einen „Unterhaltungs-Abend" mit kulturellen Vorträgen und Darbietungen. Aus den Berichten in der Bromberger „Volkszeitung" geht hervor, daß politische Themen nicht berührt wurden. Für den 4. März 1933 wurde zum Beispiel für Kinder und Erwachsene ein „lustiges Kasperle-Theater" und „Humoristische Vorträge" angeboten. BVZ v. 05. 03. 1933. Vgl. BVZ v. 12. 03. 1933.

lungen statt, denen nie mehr als zehn bis zwanzig Teilnehmer beiwohnten. Der nationalsozialistische Tenor habe durchgeklungen.[217]

Im April 1933 warnte Pankratz davor, „Scherze und Witze, die auch nur irgendwie eine Berührung mit der Politik oder gewissen Persönlichkeiten haben können“[218], zu machen, da die Gefahr bestünde, einen Hochverratsprozeß angehängt zu bekommen. Von einem Fall wurde berichtet, wo die Formulierung „Heil Adolf“ der Auslöser eines solchen Prozesses war. Deswegen sollten keine „Abzeichen der Hitler-Partei (Hakenkreuz)“[219] getragen werden. Wenn in einer dem Namen nach „sozialistischen“ Zeitung auf solche Gefahren aufmerksam gemacht wurde, hatte sie eher etwas mit „National-Sozialismus“ gemeinsam. Pankratz legte Wert darauf, seine Organisation als apolitisch zu deklarieren. Sie sollte mit dem dem Marxismus gleichgesetzten „Sozialismus“ nichts zu tun haben. Darüber sollte das Auswärtige Amt nicht in Zweifel gelassen werden. Nach dem Nichtangriffspakt zwischen Hitler und Piłsudski vom Januar 1934 wurde die DSPP unvorsichtiger. Sie druckte z. B. Hitlers Neujahrsbotschaft, in der er seine Adressaten – auch die Leser der Bromberger „Volkszeitung“ – mit „Nationalsozialisten, Nationalsozialistinnen, Parteigenossen“ ansprach.[220]

Auf polnischer Seite wurde über die Entwicklung der Bromberger deutschen Sozialisten von „Evolution“ gesprochen, die „in der Richtung vom internationalen Sozialismus“ hin zu einem „besonderen Zweig des Nationalsozialismus“[221] gehe. Die Schwäche der Sozialisten in Bromberg und Umgebung und der stärker werdende Antagonismus zwischen polnischer und deutscher Bevölkerung trieb Pankratz vom Klassenkampf und der Arbeitersolidarität zur Politik der „Deutschen Vereinigung“.[222]

Kowoll bilanzierte 1935, daß sich die Bromberger Gruppe nie zum Sozialismus bekannte, „stets nur ein Anhängsel des dortigen deutschen Bürgertums war und schließlich in den Tagen des 'Aufbruchs der Nation' im Dritten Reich beim Hitlerismus landete“[223]. Pankratz erklärte sich bedingungslos für die Reichspolitik, verriet seine früher vertretenen politischen Ideale. Berücksichtigt werden muß, daß Pankratz auf die schlechteste Ausgangsbasis für die sozialistische Bewegung traf; Kowoll in Kattowitz, Glücksmann in Bielitz, Zerbe und Kronig in Lodz hatten bessere Voraussetzungen. In Westpreußen glaubten die Menschen an die Rückkehr zum Reichsgebiet, waren obrigkeitsgläubig und ordnungsliebend,

---

217 Kowalak 1971: 272. MSW, Sprawozdanie z życia mniejszości narodowych, I/1933, S. 69 f. und II/1933, S. 41 f.

218 BVZ v. 02. 04. 1933.

219 BVZ v. 26. 03. 1933.

220 BVZ v. 05. 01. 1936.

221 Dziennik Poznański v. 25. 09. 1934.

222 Kowalak 1971: 128.

223 Parteivorstand 1935: 3.

galten als „preußisch". Hier traf die Reichspolitik auf ihren fruchtbarsten Boden. Die Sozialisten hatten wenig Erfolgsaussichten: kaum Industrie, ein niedriger Arbeiteranteil, Landwirtschaft und Großgrundbesitz prägten dieses Gebiet. Maßgeblich verstärkte dies die nach Abschluß des Versailler Vertrags einsetzende Abwanderung der Deutschen, extrem die der deutschen Arbeiter, die bis Mitte der zwanziger Jahre anhielt.[224] In Westpreußen konnte sich der Sozialismus auf keine tiefverwurzelte Tradition stützen. Auch die Zwischenkriegszeit bot keine Möglichkeit, sich mit der sozialistischen Bewegung zu identifizieren. Die nationale Integration war tiefer als die klassenkämpferische Solidarität, die mit wachsenden Nationalitätenkonflikten abnahm. Kurz vor Kriegsausbruch solidarisierten sich die Arbeiter völlig mit ihrer Nation.[225]

4. Vereinigung und Abspaltungen

Die Vereinigung

Wie die DSDP in Oberschlesien so setzte sich die DAP in Mittelpolen die Interessenvertretung aller deutscher Werktätigen Polens zum Ziel und beanspruchte, deren alleinige Vertreterin zu sein.[226] Dieser Anspruch beider Parteien mußte zwangsläufig zu Konflikten führen. Ein erstes Anzeichen zeigte sich kurz nach der Konstituierung der Lodzer DAP. Die Kattowitzer deutschen Sozialisten äußerten sich skeptisch über die deutsche Arbeiterpartei in Lodz.[227]

Nach ersten Gesprächen zwischen der Lodzer und der Kattowitzer Zentrale über die Bildung einer einheitlichen Partei sah sich die Lodzer Parteileitung bedroht angesichts der Stimmen aus Kattowitz, Bromberg und Bielitz. Sie versuchte, sich eine Verschnaufpause zu verschaffen, um ein vergleichbares Gegengewicht aufstellen zu können. Deswegen entschied sich die DAP auf ihrem Parteitag im Oktober 1923 grundsätzlich für einen organisatorischen Zusammenschluß, erklärte sich aber im Augenblick noch nicht dazu bereit. Ein neuer Name würde in der als DAP in Kongreßpolen bekannten Partei Verwirrung stiften und die Parteiarbeit erschweren. Vorerst sollte die DAP Autonomie behalten und ein föderati-

---

224 Wajda 1986: 112.

225 Ibidem: S. 119.

226 Vgl. dazu „Die Arbeit", S. 4.

227 Ihr „Programm soll sozialistischer Natur sein. Inwieweit sie aber auch tatsächlich dem sozialistischen Gedanken dienen würden, sei heute noch nicht zu übersehen. Jedenfalls sollen an ihrer Spitze Männer stehen, denen wir alles andere zumuten, als daß sie Träger des Sozialismus sind." VW v. 12. 02. 1922.

ves Verhältnis zwischen den deutschen Sozialisten Polens bestehen.[228] Die DAP wollte nicht nur Zeit gewinnen, um sich Einfluß zu verschaffen; sie befürchtete zudem, durch die DSDP, in ihrer Aktivität gebremst, ins Hintertreffen zu geraten. Die DSDP beanspruchte ihre Kräfte in Kattowitz, Bielitz und Bromberg in dieser Phase weitgehend für die Minderheitenproblematik. Diese nahm bei den Lodzern keinen vergleichbaren Stellenwert ein. Weil nicht absehbar war, daß die oberschlesische Gruppe ihre Politik ändere, und da selbst die Lodzer auf ihrem Parteitag 1923 Kattowitz als Zentrale vorschlugen, würden die für alle maßgeblichen politischen Direktiven die Lodzer Bedürfnisse voraussichtlich wenig berücksichtigen. Kronigs Vorschlag, alle deutschen Sozialisten Polens „zum möglichst baldigen organisatorischen Zusammenschluß" zu bringen, kann neben der Äußerung, „jedoch ... die Angelegenheit nicht zu übereilen"[229], nur als Ruhigstellung der Kattowitzer gesehen werden.

Durch ihr Verhalten stieß die DAP bei ihren Kollegen in Kattowitz, Bromberg und Bielitz, die sich in der stärkeren Position fühlten, auf Ungeduld. Die Bromberger zweifelten an der Ernsthaftigkeit der Lodzer Absichten.[230] Sie schienen von der Notwendigkeit der Deutschen sozialistischen Einheitspartei überzeugt, wovon sie sich später distanzierten. Wie die Bielitzer beurteilten sie die Vereinigung lediglich als Vorstadium der Zusammenarbeit aller Sozialisten Polens. Wahrscheinlich wurde diese Problematik während des zweiten Parteitags der „Deutschen Sozialdemokratischen Partei Polens" von der Gesamtpartei so betrachtet. Dafür sprechen die „Materialien zum 2. Parteitag der Deutschen Sozialdemokratischen Partei Polens am 7. und 8. Dezember 1924". Glücksmann zog dort ein Resümee zum Stand der sozialistischen Einheitsfront in Polen: Die Partei sei trotz größter Anstrengungen nicht über den Zusammenschluß der oberschlesischen mit der Bromberger Gruppe hinausgekommen. Die Schuld gab Glücksmann der DAP, die sich „bisher nicht entschließen [konnte], die Frage der Verschmelzung zu verwirklichen ...". Glücksmann ließ diesen Satz offen enden, ersparte sich also auf diese Weise weitere Schuldzuweisungen. Damit sprach er ein deutliches Wort; den Zusammenschluß der deutschen Sozialisten beurteilte er „als primitivste organisatorische Aufgabe, als die Grundlage einer groß angelegten Kooperation aller sozialistischen Parteien in Polen"[231].

---

228 BVZ v. 19. 10. 1923. LVZ v. 28. 10. 1923.

229 BVZ v. 19. 10. 1923.

230 „Hoffentlich beachten auch unsere Genossen in Lodz den an sie gerichteten Appell und tragen durch die Verschmelzung mit uns mit dazu bei, für alle Arbeiter Polens deutscher Zunge eine starke Einheitspartei zu schaffen, die dann wieder die Aufgabe hat, mit den anderen sozialistischen Parteien Polens eine innige Zusammenarbeit anzustreben." BVZ v. 12. 12. 1924.

231 Glücksmann o. J.: 4.

Die DAP sah die Schuld für das Nichtvorankommen in der Frage der Vereinigung nicht auf ihrer Seite. Sie entgegnete, im Oktober 1923 der DSDP den Vorschlag einer gemeinsamen Parteiexekutive unter Beibehaltung organisatorischer Autonomie gemacht zu haben und ohne Antwort verblieben zu sein. Die Lodzer sprachen ihr Hauptproblem an: Die unterschiedlichen Verhältnisse in Lodz, Kattowitz, Bielitz und Bromberg erforderten andere Stellungnahmen zu politischen Fragen und seien bei einer Vereinigung für alle zufriedenstellend zu berücksichtigen.[232]

Am zweiten Parteitag der Lodzer, im Mai 1925, wurde beschlossen, den Zusammenschluß bis zum nächsten Parteitag zu vollziehen. Bis dahin sollte eine Arbeitsgemeinschaft aus DAP und DSDP die Vorbereitungen treffen.[233] Die Arbeitsgemeinschaft leistete schnelle Arbeit. Bereits am 9. August 1925 fand in Königshütte die Verständigungskonferenz der deutschen Sozialisten Polens statt.[234]

Die Lodzer Kommission setzte sich zusammen aus Zerbe, den Stadtverordneten Reinhold Klim und Ludwig Kuk sowie Generalsekretär Israel Kociołek; die Kattowitzer aus Kowoll, dem Abgeordneten und Gewerkschaftssekretär Karl Buchwald, dem Bromberger Bezirksvorsitzenden und Abgeordneten Artur Pankratz, dem Altbielitzer Vizebürgermeister und Gewerkschaftssekretär des Bielitzer Textilverbandes Johann Lukas sowie Glücksmann. Letzterer übernahm den Vorsitz.

Auf der Verständigungskonferenz wurde folgendes debattiert: Einigung über Name und Sitz der Partei, Erstellung eines Parteiprogrammes und eines Organisationsstatuts, Planung des Vereinigungsparteitages.[235]

Zerbe schlug den Namen „Deutsche Sozialistische Arbeitspartei Polens" mit der Begründung vor, daß so jede Gruppe ihre Bezeichnung einbringen könne. Dagegen hielt im Kattowitzer Auftrag Pankratz an deren Benennung „Deutsche Sozialistische Partei Polens" fest. Die Kattowitzer Kommission meinte, das Wort „Arbeitspartei" klinge für eine sozialistische Partei nicht gut.[236]

Glücksmanns und Kociołeks Vorschlag wurde angenommen, das im Herbst herauskommende „Heidelberger Programm" der SPD zur Grund-

232 LVZ v. 14. 12. 1924. Vgl. dazu „Vorwärts" v. 16. 12. 1924.

233 LVZ v. 06. 05. 1925 u. v. 08. 05. 1925. PA AA, Deutsches Konsulat Lodz, Deutschtum, Bd. 1: Hoffmann-Fölkersamb (Deutsches Konsulat Lodz) an AA v. 14. 05. 1925. Identisch: PA AA, Pol. IV Pol. 5, Bd. 7, S. 175.

234 Heike 1955: 55; 1969: 85. Hauser 1992: 39 f. Wurbs 1983: 79. Lesiuk 1989: 124. LVZ v. 12. 08. 1925.

235 LVZ v. 12. 08. 1925.

236 BVZ v. 14. 08. 1925.

lage des Parteiprogrammes zu nehmen.[237] Zerbe befaßte sich mit dem „Organisationsstatut“. Er schlug vor, eine Parteizentrale und dieser untergeordnet autonom arbeitende Bezirksleitungen zu bilden. Die Kattowitzer erklärten sich einverstanden.

Als Parteisitz trat Zerbe für Lodz oder Warschau ein, die Kattowitzer Kommission schlug dagegen Kattowitz vor. Auch nach einer Pause beharrten beide Kommissionen auf den eigenen Vorschlägen und lieferten sich harte Auseinandersetzungen. Man vereinbarte, diese Entscheidungen einem „Einigungsparteitag“ zu überlassen. Die Kattowitzer befürchteten, bei diesem Parteitag von „Lodz majorisiert zu werden“[238] und erklärten sich deswegen mit „DSAP“ und mit „Lodz“ einverstanden, was im „Einigungsbeschluß“ festgehalten wurde. Trotz dieser Einigung wurde entschieden, die Geschäfte bis zu dem diese Resolution bestätigenden „technisch organisatorischen Zusammenschluß“ durch die aus acht Personen beider Parteien bestehende provisorische „Exekutive der DSAP“ zu regeln.[239] Diese Verzögerung kam zustande, weil die Lodzer erklärten, nicht befugt zu sein, die Vereinigung zum Abschluß zu bringen. Sie sollten nur die Vorbereitungen treffen.[240]

Die „Exekutive der DSAP“ bestand aus Glücksmann, Buchwald, Kociołek, Kuk, Klim, Pankratz, Kowoll und Zerbe. Die beiden letzten wurden in das Präsidium der Exekutive gewählt. Bis zum Vereinigungsparteitag – für das Frühjahr 1926 geplant – wurde der „Kattowitzer Volkswille“ Parteizentralorgan.[241]

Als erste Aktion dieser „Exekutive“ gilt die Veröffentlichung des „Manifests der vereinigten 'DSAP'“.[242] Die deutschen Sozialisten wurden als „die ersten“ bezeichnet, „die es verstanden hätten, die Gegensätze im Interesse der Einheit des arbeitenden Volkes zu überbrücken“[243]. Lediglich eine polnische Zeitung, der „Kurjer Łódzki“ – den christlichen polnischen Arbeitern nahestehend – habe negativ über die DSAP berichtet und die

---

237 LVZ v. 12. 08. 1925. AAN, MSW, Bd. 973, Niemieckie ugrupowania polityczne w Polsce v. 01. 05. 1927.

238 LVZ v. 12. 08. 1925.

239 LVZ v. 12. 08. 1925. AAN, MSW, Bd. 973. Niemieckie ugrupowania polityczne w Polsce v. 01. 05. 1927.

240 BVZ v. 14. 08. 1925.

241 LVZ v. 12. 08. 1925 und BVZ v. 14. 08. 1925. Vgl. zu dieser Konferenz LVZ v. 14. 08. 1925 und VST v. 11. 09. 1925.

242 Dieses Manifest wurde auch in der „Freien Presse“, dem Organ des „Deutschen Volksverbandes“ (DVV) August Uttas – Sammelpunkt der Lodzer Bürger und Industriellen – und in dem der „Bürgerlichen Deutschen Partei“ (BDP) mit ihrem größten Einfluß in Kreisen der „Christlichen Gewerkschaft“ und dem „Christlichen Commisverein zur gegenseitigen Unterstützung“ nahestehenden „Neuen Lodzer Zeitung“ abgedruckt. BVZ v. 14. 08. 1925. AAN, MSW, Bd. 973, Niemieckie ugrupowania polityczne w Polsce v. 01. 05. 1927. Neben polnischsprachigen nahmen auch westeuropäische Zeitungen anerkennend Notiz von diesem Schritt der deutschen Sozialisten.

243 LVZ v. 14. 08. 1925.

Vereinigung als „Fusion der Deutschen Hakate unter dem Zeichen Marx" bezeichnet.[244]

Welche Forderungen setzte sich die DSAP zum Ziele? In ihrem während der Verständigungskonferenz verkündeten Manifest nannten die deutschen Sozialisten an erster Stelle die national-kulturelle Autonomie, daneben „die Erhaltung und den Ausbau der sozialen, wirtschaftlichen, politischen und nationalen Errungenschaften". Sie hielten damals die soziale und nationale Befreiung für gleich wichtig[245], womit sie sich von ihrem bei Bildung ihrer Organisation erhobenen Anspruch, vom Primat des nationalen Moments, entfernt hatten.[246] Bei dem Manifest von 1925 schien die Handschrift des durch Otto Bauer beeinflußten Glücksmann durch. Auf dessen Verlangen wurde bereits am zweiten Parteitag der DSDP, im Dezember 1924, die soziale und nationale Emanzipation und die national-kulturelle Autonomie mit Hilfe der anderen sozialistischen Parteien Polens, besonders der PPS, im Parteiprogramm gefordert.[247] Mit diesen Forderungen waren die des Vereinigungsparteitags identisch.[248]

Die national-kulturelle Autonomie, die die DSAP immer wieder als ihr hauptsächliches Anliegen formulierte, hätte den nationalen Minderheiten eine gute Voraussetzung für das friedliche Zusammenleben mit dem Mehrheitsvolk sein können; jedoch war sie den Minderheiten Ostmitteleuropas und Polens mit dem Minderheitenschutzvertrag vom 28. Juni 1919 versagt geblieben.[249] Die Verhandelnden zielten damals auf den national homogenen Staat, ja „erwarteten und unterstützten" strikt einen „umfassenden nationalen" Assimilationsprozeß, in dem die eigentliche Aufgabe der Verträge gesehen wurde. Dabei hatte ihnen, für die Bedingungen in Ostmitteleuropa völlig ungerechtfertigt, der amerikanische „melting pot" vorgeschwebt, was eine „Nivellierung der 'cultural characteristics'" bedeutete. Verkannt wurde, daß ein „Ausgleich zwischen

---

[244] LVZ v. 14. 08. 1925. Es handelt sich um eine Ableitung der „Hakata" (Hakatisten-Verein), wie der antipolnische Deutsche Ostmarkenverein (DOV), deutsche Großgrundbesitzer und Beamte repräsentierend, von polnischer Seite nach den Anfangsbuchstaben seiner Begründer Ferdinand von Hansemann, Hermann Kennemann und Heinrich von Tiedemann-Seeheim genannt wurde. Vgl. Rhode 1965: 427. Die „Hakata" galt in Polen als Symbol des deutschen Expansionismus.

[245] BVZ v. 14. 08. 1925.

[246] Kowoll 1932: 381.

[247] Vgl. Mommsen 1979: 99 f., 203 ff., 216 f. In der LVZ v. 07. 10. 1929 wird der Beschluß des Bielitzer Parteitags v. 08. 12. 1924 zitiert, wonach die DSAP „den Kampf um die Kulturrechte der deutschen Bevölkerung in Polen Arm in Arm mit den sozialistischen Parteien Polens", besonders mit der PPS, führen wollte. Nach Wertheimer (1930: 104) sei auch betont der „Bund" gemeint gewesen. So wurde nicht immer gehandelt und manchmal die deutschen Bürgerlichen akzeptiert: vgl. S. 123 dieser Arbeit.

[248] LVZ v. 07. 10. 1929 und VST v. 12. 10. 1929 schreiben, „den Kampf um die kulturelle Autonomie ... mit den anderen Sozialisten Polens führen [zu wollen]" und nicht „als Volksgemeinschaft", weil sie „nicht als Nationalisten gegen Nationalismus kämpfen" wollten.

[249] Viefhaus 1960: 154, 156, 160 f.

Volkszugehörigkeit und Staatsangehörigkeit" notwendig und nur damit das Ziel, der loyale polnische Staatsbürger deutscher Nationalität, möglich gewesen wäre.[250] Schuld waren die Befürchtungen oder der politische Schachzug Wilsons und Lloyd Georges, durch die national-kulturelle oder auch irgendeine andere Autonomie den Minderheiten zu ermöglichen, „Staaten im Staate" zu errichten. Bekannt ist, daß diese auf Abwehr zielende Argumentationsweise „seit je zum konstanten Wortschatz aller nationalstaatlichen Ideologien gehört".[251] Nur die national-kulturelle Autonomie hätte „der Realität von faktischen Nationalitätenstaaten in diesem Raume Rechnung tragen" können.[252]

Auch die deutschen Sozialisten in Polen mußten erfahren, daß sie die Kulturautonomie als solide Grundlage des Zusammenlebens mehrerer Völker nicht erhalten würden und die polnische Regierung einen harten Assimilierungskurs fuhr. Dies zusammen mit dem gesteigerten Nationalismus innerhalb der anderen deutschen Minderheitenparteien bewirkte die grundsätzliche Umorientierung der DSAP Anfang der dreißiger Jahre, ließ sie das nationale Moment in den Hintergrund rücken.[253] Neu war, daß sie davon ausging, die soziale Befreiung komme vor der nationalen, die eine ziehe die andere zwangsläufig nach sich. Die soziale und wirtschaftliche Existenz sah sie in Abhängigkeit ihrer „politischen Rechte auf Mitbestimmung im Staat". Die Grundvoraussetzung, der politische Einfluß, sei nur mit dem polnischen Proletariat zu erreichen.[254] Die Entscheidung, mit wem sie zusammenarbeiten wollte, war keine neue Erkenntnis. Erst wenn der Arbeiter „Brot, Arbeit und Freiheit" habe, sei „das national-kulturelle Dasein gesichert".[255] Hierbei hätten sie zum Teil die gleichen Ziele wie das

---

250 Ibidem: 226, 204 f.; vgl. auch 160. In Polen mußte von ganz anderen Voraussetzungen ausgegangen werden als im Westen, nämlich davon, daß die Deutschen dort bereits ansässig waren und nicht zu den „immigrants récents" zählten (vgl. ibidem: 203).

251 Ibidem: 153; vgl. 166 f., 225. Vgl. auch S. 22–23 dieser Arbeit zu den theoretischen Grundlagen der national-kulturellen Autonomie nach den Austromarxisten Karl Renner und Otto Bauer. Ebenso wurde in Potocki (1978: 101) argumentiert.

252 Viefhaus 1960: 225; vgl. 226 f. Kowoll (1932: 382) sagte, daß wenn „die Staatsmänner damals mehr Weitblick für die Forderungen der Minderheiten bewiesen und sich nicht in den Traum der Assimilation und Ausrottung versetzt [hätten], es hätte heute um die Minderheiten Europas weit besser bestellt sein können."
Die national-kulturelle Autonomie wurde etwa ab 1925 von fast allen Minderheiten gefordert. Besonders wurde diese Forderung während des „Europäischen Nationalitätenkongresses" laut und vom „Verband der deutschen Volksgruppen" proklamiert. Viefhaus 1968: 383 f. Vgl. dazu das Konzept des liberalen lettlanddeutschen Parlamentariers Paul Schiemann vom „anationalen" Staat (ibidem: 385–389).

253 Nach Kowoll (1932: 380) verkenne derjenige „die Erkenntnisse eines Jahrzehnts polnischer Staatsherrschaft", der weiterhin das nationale Moment in den Vordergrund schiebe.

254 Parteivorstand 1935: 13. Auf S. 7 heißt es, daß die „Lebensbedingungen im wesentlichen davon abhängen, welche Rolle die polnische Arbeiterklasse in diesem Staate spielen wird". Sie konnten sich deswegen Zusammenarbeit nur mit dieser vorstellen.

255 Ibidem: 7; vgl. 9. Auf S. 27 weisen sie darauf hin, als erste deutsche Partei in Polen die national-kulturelle Autonomie gefordert zu haben.

deutsche Bürgertum, schlössen sich aber nicht mit diesem zusammen, weil sie grundsätzlich anders vorgehen würden.[256] Mitte der dreißiger Jahre sahen sie sich zu weitestgehender Abgrenzung gezwungen. Sie meinten, ihr Deutschtum „nicht mit, sondern gegen das Bürgertum" erhalten zu müssen und „nationale Belange [brauchten] keineswegs nationalistische Bestrebungen zu sein".[257] So deutlich hatten sie das vorher nicht gesagt.

Die Konferenz von Königshütte 1925 hatte die Vereinigung der deutschen Sozialisten einen entscheidenden Schritt näher gebracht. Nicht – wie geplant – 1926, sondern im Jahre 1929 vollzogen sie den offiziellen Zusammenschluß mit ihrem „Vereinigungsparteitag". Da die fehlende Kompetenz der Lodzer Kommission, den Zusammenschluß zu vollziehen, der Königshütter Konferenz einen vorläufigen Charakter gab, fühlten sich die Kattowitzer nicht an die Abmachungen gebunden. Vor allem die Bromberger waren mit der Absprache von Name und Sitz nicht zufrieden und versuchten, sich zu distanzieren, indem sie Glücksmann eigenmächtigen Handelns bezichtigten.[258] Am dritten Parteitag der DSAP – Bezirk Kongreßpolen – im Juni 1926 wurde bekannt, daß die Kattowitzer Organisation die Königshütter Konferenz in Abrede stellte.[259]

Am dritten Parteitag der DSAP – Bezirk Oberschlesien – im April 1927 war die Vereinigungsfrage beider Bezirke Hauptthema. Mit der Parteibezeichnung „DSAP" fanden sich die Oberschlesier ab, mit dem Hauptparteisitz „Lodz" nicht. Die Kattowitzer – wieder traten die Bromberger hervor – beriefen sich auf die historische Tradition ihrer Organisationen in Bielitz, Kattowitz und in Bromberg. Die vor kurzem in Lodz gegründete Partei habe sich die anderen drei zum Vorbild genommen. Artur Pankratz erinnerte daran, daß die Vereinigung der Bezirke Kattowitz, Bielitz und Bromberg ohne Dispute vor sich gegangen sei, obwohl jeder Ansprüche hätte stellen können. Überall waren die Parteiapparate etabliert, bestanden Parteihäuser, Zeitungen und Büros. Zerbe meinte, daß bei den Verhandlungen zu wenig auf die Sonderwünsche der Bezirke eingegangen worden sei. Wohl wollte Zerbe verdeutlichen, daß die drei anderen Bezirke um der Einigung willen auf eigene Anliegen verzichtet hätten und daß Lodz, welches viele eigene Ansprüche in der neuzubildenden Organisation verwirklicht sehen möchte, daher nicht zu Zugeständnissen bereit sei. Zerbe warf den anderen wegen ihres Nachgebens Schwäche vor.

Pankratz fuhr fort, daß Lodz weder Tradition noch einen den anderen drei vergleichbaren Parteiapparat besitze und dennoch die Führung beanspruche. Er behauptete, in dieser Frage neutral zu sein – da für ihn der

256 Kowoll 1932: 389. Von einem „gewaltigen Unterschied" spricht der Parteivorstand (1935: 8).

257 Parteivorstand 1935: 13.

258 Sie urteilten, daß „die von Dr. Glücksmann gemachten Zugeständnisse wohl zu weitgehend [waren]". BVZ v. 14. 08. 1925.

259 LVZ v. 27. 06. 1926.

Weg in beide Städte gleich beschwerlich sei. Jedoch ließ er außer Zweifel, daß er das Verhalten der Lodzer mißbillige.[260] Als irreführend beurteilte er Erlasse der Lodzer mit der Zeichnung, „DSAP, Hauptvorstand". Zumindest hätte mit „Hauptvorstand der DSAP Lodz" gezeichnet werden müssen. Unterstützt wurde Pankratz vom Redakteur der Bromberger „Volkszeitung" und DSAP-Parteisekretär Robert Zittlau. Dieser gab an, „die Lodzer Sonderwünsche nicht [zu] verstehen"[261].

Die Bromberger zeigten sich zur Offensive bereit und wurden aus den eigenen Reihen gebremst. Kowoll lenkte ein, daß dieser Parteitag nicht der Ort für diese Diskussion sei; sie solle am Vereinigungsparteitag fortgesetzt werden. Das Problem blieb ungelöst und zeigte, daß die Kattowitzer, Bielitzer und Bromberger nicht mehr zum Unterordnen bereit waren. Fanden sie sich 1925 in Königshütte, um die Einigung schnell offiziell werden zu lassen, mit den Lodzer Vorschlägen ab, so bewiesen sie jetzt, auch „Sonderwünsche" zu haben. Inzwischen war jedoch die Position des Lodzer DSAP-Bezirks gewachsen. Besonders kam das bei den Wahlen zur Lodzer Stadtverordnetenversammlung im Spätsommer 1927 zum Ausdruck. Die DSAP errang mit 16.643 Stimmen 7 Mandate – gegenüber 5 im Jahr 1923 – und stieg nach der PPS zur zweitstärksten Partei in Lodz auf. Die bürgerlichen Deutschen errangen innerhalb der „Deutschen Wahlvereinigung" nur 3 Mandate gegenüber 2 im Jahr 1923. Weitere Erfolge bei den Kommunalwahlen in Kongreßpolen trugen zur Stärkung des Lodzer Bezirks bei. In elf mittelpolnischen Städten kam die DSAP auf insgesamt 36 Stadtverordnete und 6 Magistratsmitglieder. Auch auf dem Land soll die Partei erfolgreich gewesen sein. Hier war die Zahl der Vertreter nicht feststellbar.[262]

Anders sah die Situation in Oberschlesien aus. Hier hatte die DSAP keinen vergleichbaren politischen Erfolg, was ihre Position gegenüber den Lodzern zusehends schwächte. Bei den Kommunalwahlen in Kattowitz Ende 1929 erhielt die DSAP 2 Stadtverordnetenmandate, die Deutsche Wahlgemeinschaft 22. Die polnische Seite bekam insgesamt 36 Sitze. Die beiden Jahre bis zu diesen Kommunalwahlen können nicht als direkter Vergleich zu den Lodzer Ergebnissen herangezogen werden, weil der

---

260 „Soweit wir die Geschichte des sozialistischen Parteiwesens kennen, haben wir nicht gefunden, daß eine kleinere und junge Organisation, die sich nicht einmal bisher sozialistisch genannt hat, bei der Frage einer Verschmelzung mit einer jahrzehntealten und größeren sozialistischen Partei darauf bedingungslos bestanden hat, daß die ältere und größere Partei in ihr aufzugehen hat, ihren Namen annehmen und ihre Zentrale akzeptieren muß. Gewöhnlich ist es umgekehrt der Fall. Die Lodzer Genossen bestehen nun aber hartnäckig darauf." VW v. 20. 04. 1927. VST v. 22. 04. 1927.

261 Zittlau meinte, daß in Lodz „vorläufig alle Voraussetzungen fehlen, die mit den Wünschen der Lodzer in Einklang zu bringen wären ... also weder als Parteisitz noch für das Zentralorgan Lodz in Frage kommen kann". Ibidem.

262 Wertheimer 1930: 109. Heike 1985: 188. Brief O. Heikes an die Verfasserin v. 05. 07. 1988.

schlesische Wojewode im Oktober 1927 die Kattowitzer Stadtverordnetenversammlung auflöste und kommissarisch 5 Deutsche und 10 Polen als Stadträte ernannte. Vorher hatten die Deutschen seit den Gemeindewahlen von 1926 insgesamt 35 Sitze, die Polen nur 25. Wie die Verteilung bei den Deutschen im einzelnen aussah, konnte nicht ermittelt werden. In Oberschlesien blieben die deutschen Sozialisten jedoch immer hinter den Deutschbürgerlichen zurück.[263] Hinzu kam, daß sich die deutschen Sozialisten in Oberschlesien zu den Kommunalwahlen auf dem Lande wiederholt mit den Deutschbürgerlichen verbanden. Das nationale Moment sei oft durchgeschlagen und „eine Reihe von Ortsvereinen trotz aller Versuche nicht zu bewegen gewesen, eigene Listen aufzustellen, sondern lieber mit ihren deutschen Klassengegnern zusammengegangen“[264].

Besser sah die Lage der Deutschen Sozialisten in dem früher zu Österreich gehörenden Teil Schlesiens aus. Hier erreichte die DSAP bei den oberschlesischen Kommunalwahlen im Dezember 1929 – im Wahlblock mit der PPS – 8 Mandate, die Deutsche Wahlgemeinschaft 11, der Deutsch-Soziale Wahlblock (die spätere JDP) 3, die Polen 8 und die Juden 6 Mandate. Die DSAP stellte damals den zweiten Vizebürgermeister der Stadt Bielitz.[265] In Bielitz hatte die DSAP auf kommunaler Ebene zwar größere politische Bedeutung als in Kattowitz, jedoch blieb die Kattowitzer Gruppe innerhalb der oberschlesischen Parteiorganisation die dominantere. Das lag daran, daß der Kattowitzer Bezirk – der räumlich größere – die größere Zahl der Mitglieder stellte. Besonders nachdem sich die früher gleichfalls zur SPD gehörende Bromberger Gruppe der oberschlesischen Organisation anschloß, lag der Schwerpunkt in Kattowitz. Die Bromberger unterstützten die Vorherrschaft der Kattowitzer. In Oberschlesien selbst existierte diese Frage nicht.

Die Lodzer deutschen Sozialisten gewannen großen politischen Einfluß in Mittelpolen, wohingegen die Kattowitzer Sozialisten nicht mit den Bürgerlichen ihres Bezirkes konkurrieren konnten und fortgesetzt dem Druck des Wojewoden ausgesetzt blieben. Die Lodzer hatten den Vorsprung der Kattowitzer innerhalb weniger Jahre eingeholt und diese an Einfluß übertrumpft.

Die inneren Auseinandersetzungen um die Vereinigung ließ die deutschen Sozialisten sich mehr als vier Jahre in Diskussionen um den Sitz der Partei verlieren. Die Vereinigung verlief nicht problemlos, vollzog sich nicht in dem geplanten Rahmen. Der in verschiedenen Ländern entwickelte und etablierte Sozialismus erwies sich, obgleich alle die gleichen Grundideen hatten, als nicht in einer Partei vereinbar. Die Konflikte zwischen Lodz und Kattowitz, mehr noch, zwischen und innerhalb der vier

---

263 Wertheimer 1930: 130 ff. Heike 1985: 181 f.

264 VW v. 13. 12. 1927.

265 Heike 1985: 182.

Bezirke, rissen nie ab und boten keinen gemeinsamen Nenner. Die sich in verschiedenen Staaten unterschiedlich gebildete Parteienstruktur, die andere politische Tradition, bewirkte eine andere Denkungsart und eine andere Mentalität der Menschen. Aktiver, kampfbereiter und „rühriger" war der deutsche Sozialist in Mittelpolen.[266]

Es stellt sich die Frage, ob nicht die polnische innenpolitische Entwicklung Einfluß auf den Vereinigungsprozeß hatte und – ggf. – welchen.

Da der Piłsudskiputsch als brisantestes politisches Ereignis dieser Zeit in Polen für den Hintergrund dieser Arbeit wichtig ist, soll zunächst darüber informiert werden.

Im Mai 1926 unterstützten geschlossen alle sozialistischen Parteien Polens – die DSAP eingeschlossen – Piłsudski. Sie erhofften sich durch ihn eine sozialistische, zumindest eine demokratische Gesellschaftsordnung. Man wollte den offen die Rechte repräsentierenden Dmowski beseitigen, der am 4. Dezember 1926 mit der Gründung des alle nationalen Kräfte vereinenden „Großpolnischen Lagers" Aufsehen erregt hatte. Erwartet wurde, daß Piłsudski den nationalen Minderheiten gegenüber eine bessere Einstellung habe als der nationalistische Dmowski. Wie die PPS verband die DSAP mit ihrer Unterstützung Piłsudskis Sentiments vergangener Tage. Sie erinnerte sich, daß Piłsudski lange in der PPS gewesen war und vertraute wohl darauf, er würde Ideen aus der Jugendzeit realisieren – oder zumindest nichts gegen seine alten Kampfgefährten unternehmen.

Sie wußten, daß Piłsudski der sozialistischen Bewegung seit geraumer Zeit den Rücken gekehrt hatte, hofften aber auf seine demokratische Einstellung. Wider Erwarten berief er keine der Parteien, die seinen Maiumsturz unterstützten, in die Regierung und zog die Monarchisten hinzu. Als symbolträchtig gilt Piłsudskis Besuch des Radziwiłłschen Guts Nieśwież am 25. Oktober 1926, wo er sich mit dem konservativen Landadel verband und die „alte Rechte" auf seine Seite zog. Piłsudski änderte nichts an dem sozialen Ungleichgewicht, verhalf weiter dem Großkapital zur Macht und ging scharf gegen Parlamentarismus, Demokratie und Parteien vor.[267]

Die Parteien der Minderheiten und der Linken hatten vergeblich Hoffnung in Piłsudski gesetzt. Insbesondere die nationalen Minderheiten hatten eine Revision der nationaldemokratisch geprägten Minderheitenpolitik erwartet. Die Verfassung hatte sich als ungeeignet erwiesen, die Polonisierungspolitik zu begrenzen.[268] Die ersten Erklärungen der neuen Regierung galten der Änderung der Nationalitätenpolitik. Die groß angekündigten Veränderungen beschränkten sich auf solche personeller Art.[269]

---

266 Vgl. Breyer 1955: 249.
267 Vgl. VST v. 16. 1. 1926. Markert 1959: 44–46. Walczak 1986: 170; 1985: 194.
268 Roos 1961: 134 f. Heike 1955: 42 f.
269 Korzec 1977: 81, 86 f.

Im Jahr 1928 kam es zum Schulstreit, der Zugang zu den deutschen Schulen wurde erschwert. Weiter richteten sich das „Liquidationsgesetz" ausschließlich und die Bodenreformgesetze besonders gegen die deutsche Minderheit.

Im September 1926 wurde Michał Grażyński als Wojewode in Oberschlesien eingesetzt. Er verschaffte der Polonisierungspolitik mit starken administrativen Mitteln Geltung und ging selbst konsequenter als die Regierung vor – wurde jedoch von dieser nicht daran gehindert und blieb bis zum Jahr 1939 in diesem Amt.

Einen Monat nach dem Piłsudskiputsch – im Juni 1926 – wurde auf der Bezirkskonferenz der DSAP Mittelpolens die Vereinigung aller deutschen sozialistischen Parteien nicht ausdrücklich vorangetrieben. Offenbar fühlten sich die Sozialisten unter keinem besonderen Druck, ihre politische Schlagkraft durch die Vereinigung zu stärken. Schließlich war damals noch nicht absehbar, wie sich die Piłsudskipolitik entwickeln würde. Es fragt sich, wieso fast ein Jahr nach dem Piłsudskiputsch – im April 1927 – auf der Bezirkskonferenz der oberschlesischen DSAP diese sogar die Vereinbarungen der Verständigungskonferenz vom Jahr 1925 negierte und damit bremsend auf den Vereinigungsprozeß wirkte. Sah sich die DSAP in Oberschlesien nicht dem durch Grażyński initiierten Zugzwang ausgesetzt, der dort auf der deutschen Minderheit lastete? Anscheinend zwang die innenpolitische Zuspitzung der Minderheitenproblematik in Oberschlesien die deutschen Sozialisten nicht zur Beschleunigung ihrer Einigungsbestrebungen.

Der Vereinigungsparteitag

Der durch die Auseinandersetzungen um die Vorherrschaft innerhalb der Partei hinausgezögerte „Vereinigungsparteitag" fand am 5. und 6. Oktober 1929 in Lodz statt und setzte dem Streit offiziell ein Ende. Die Beschlüsse der „Verständigungskonferenz" von 1925 in Königshütte wurden formalrechtlich legitimiert.

Die Schwierigkeiten waren beigelegt, Lodz wurde zum Hauptsitz der Organisation erklärt und die „Lodzer Volkszeitung" zum Zentralparteiorgan. Die Differenzen zwischen beiden Bezirken konnten nicht gänzlich beseitigt werden, hatten sich aber „gemildert". Ihre Ursachen resultierten aus den Kämpfen um die politische Vormacht.

Nicht unwesentlich war, daß die Lodzer, bevor sie 1928 mit der PPS einen Wahlblock bildeten, zu den Sejmwahlen 1922 mit den bürgerlichen Deutschen paktierten, wohingegen die Kattowitzer dies ablehnten. Die Lodzer erreichten schneller ein besseres Verhältnis zur PPS als die Oberschlesier. Beschleunigend auf den Einigungsprozeß dürfte die Absplitterung des Bromberger Bezirks gewirkt haben, der sich 1928 für den Pakt mit den Bürgerlichen – gegen die PPS – entschied. Zudem hatten sich früher die Bromberger als die Vorkämpfer derer erwiesen, die die Parteileitung in Kattowitz sehen wollten.

Beide Seiten waren zu Konzessionen bereit, gaben ihren Willen zur Vereinigung kund. Kronig, als Vorsitzender der Gesamtpartei, erklärte die Vereinigung der deutschen Sozialisten Polens „als vollzogen".[270]

Als Ehrengäste konnte die DSAP begrüßen: den deutschen Reichstagsabgeordneten Johannes Stelling, zugleich Vertreter der SPD und der Sozialistischen Arbeiter-Internationale (SAI); den Vorsitzenden des Obersten Rates der PPS, Herman Diamand (1860–1931) – Vertreter seiner Partei bei der SAI –; den Vorsitzenden des Parlamentsclubs der PPS, Mieczysław Niedziałkowski (1893–1940); den PPS-Abgeordneten, Kazimierz Czapiński (1882–1941); den Vertreter der Zentralen Kommission der Gewerkschaften, Abgeordneten Antoni Szczerkowski (1881–1960); den PPS-Abgeordneten und Lodzer Stadtpräsidenten Bronisław Ziemięcki (1886–1943); den Vizestadtpräsidenten Stanisław Rapalski (geb. 1891); den Stadtratspräsidenten Jan Holcgreber (1888–1972); den Führer des jüdischen „Bunds", Heinrich Erlich (1882–1941); den Lodzer Stadtverordneten des „Bunds", Israel Lichtenstein.

Die deutschen Sozialisten Polens bekannten sich zum Erfurter Programm der SPD (ab 1925 Heidelberger Programm). Glücksmann, den Programmentwurf der neugegründeten Gesamtpartei der deutschen Sozialisten in Polen ausarbeitend, stützte sich jedoch eher auf das Programm der österreichischen Sozialisten, das „Linzer Programm". Dieses bewunderte er als „unbestritten das gediegendste Produkt der marxistischen Erkenntnismethode". Es sei praxisbezogen und „[verwerte] die Erfahrungen der Nachkriegszeit reichlich"[271].

Das „Linzer Programm" kam den Idealen Glücksmanns am nächsten. Anders als die Sozialisten im Deutschen Reich müßten die in Polen die Fragen berücksichtigen, die aus dem „gemischt-nationalen Charakter der Bevölkerung" resultierten. Nach Glücksmann sollte das Parteiprogramm der deutschen Sozialisten in Polen folgende Punkte einbeziehen:

„1. Das Recht der nationalen Minderheiten auf freie kulturelle Entwicklung im Rahmen des Staates und seiner Verfassung.
2. Die Grenzfrage.
3. Die Beziehung zu den anderen im Staate wirkenden sozialistischen Parteien."[272]

In der Resolution zum Vereinigungsparteitag forderte die DSAP national-kulturelle Autonomie für die deutsche und alle anderen Minderheiten in Polen und übernahm somit die am zweiten Parteitag der Ober-

270 LVZ v. 06. 10. 1920 und VST v. 10. 10. 1929. Wertheimer 1930: 107. Vgl. Heike 1969: 85. Lesiuk 1989: 214. Cygański 1966: 28.
271 LVZ v. 09. 10. 1929. Vgl. dazu Matthias 1952: 65 f.
272 LVZ v. 09. 10. 1929.

schlesier am 8. Dezember 1924 erhobene Programmforderung.[273] Glücksmann – der Schöpfer des Programmentwurfes – präzisierte, daß die Minderheiten gemeint seien, die nicht territorial angesiedelt, sondern „zerstreut lebten". Die von der PPS geforderte territoriale Autonomie könne nur den Ukrainern und Weißrussen dienen, nicht den Deutschen und Juden, die in keinem Gebiet eine Mehrheit bildeten. Nur die national-kulturelle Autonomie gewährleiste „eine freie kulturelle Entwicklung", die wiederum „die Reibungsfläche zwischen den in demselben Staate lebenden Nationen verringere"[274]. Die national-kulturelle Autonomie greife weder die Staatsverfassung noch die Staatssouveränität an, beträfe lediglich die Verwaltung eigener Schulen, Kulturanstalten und die betreffende Gesetzgebung im Rahmen des polnischen Staates.

Ebenso wurde die Loyalitätserklärung des Jahres 1924 in die Resolution des Vereinigungsparteitages übernommen. Sie verpflichtete die deutschen Sozialisten, „von den realen Staatsverhältnissen auszugehen und jede Irredenta als eine sozialistisch widrige Aktion zu verurteilen"[275].

Die Parteiexekutive beauftragte Glücksmann ausdrücklich, auf das Verhältnis der DSAP zum polnischen Staat und zur Grenze einzugehen, um „durch klare Formulierung ... jeden Zweifel, aber auch jeden Verdacht an eine Irredenta auszuschalten". In die Einleitung des Programmentwurfs übernahm Glücksmann einen Passus der Parteiresolution der Oberschlesier vom 26. März 1922, in der die „Sozialisten von der Prüfung der Grenzfrage Abstand nehmen, ... [sich] auf den Boden der realen Tatsachen, der Souveränität des polnischen Staates, stellen, ... und den innigsten Kontakt mit dem polnischen klassenbewußten Proletariat wie auch mit den anderen sozialistischen Parteien der Minderheiten Polens anstreben"[276].

Aus der Resolution des Vereinigungsparteitages geht hervor, daß die DSAP lediglich als Etappe zur Bildung einer kleinen sozialistischen Internationale galt. Nur darin wurde die Garantie „eines erfolgreichen Klassenkampfes sowohl um die Demokratie und Verfassung wie auch um die wirtschaftlichen und sozialen Forderungen"[277] gesehen.

Alle programmatischen Forderungen der deutschen Sozialisten, besonders das Streben nach Zusammenarbeit mit den anderen Sozialisten Polens, fanden Unterstützung bei den polnischen und jüdischen Gästen.[278]

Die Bielitzer deutschen Sozialisten hätten gerne „den Zusammenschluß restlos durchgeführt" und appellierten an die Bromberger Gruppe, sich nicht ins Abseits zu stellen und „irgendwelchen Illusionen" hinter-

273 LVZ v. 07. 10. 1929.
274 LVZ v. 09. 10. 1929.
275 LVZ v. 07. 10. 1929.
276 LVZ v. 09. 10. 1929.
277 LVZ v. 07. 10. 1929. Vgl. VST v. 05. 10. 1929.
278 LVZ v. 07. 10. 1929 und Landbote v. 12. 10. 1929.

herzujagen.[279] Kowoll erinnerte, daß der DSAP früher die Bromberger Sozialisten angehörten, diese sich aber nicht an der Vereinigung beteiligten, „weil sie in ihrem Dasein zu sehr an das deutsche Bürgertum gebunden" waren.[280] Die einzige Bemerkung der westpreußischen Organisation zu der Vereinigung war die, daß „die ziemlich junge Lodzer Organisation, die erst 7 1/2 Jahre bestehe, also statt der jahrzehntealten oberschlesischen Organisation die Führung übernommen [habe]"[281].

Die oberschlesische Gruppe sah diese Problematik wahrscheinlich ähnlich. Sie berief sich auf ihre sozialistische Tradition in der österreichischen und in der deutschen Bewegung, die sie höher schätzte als die SDKPiL-Vergangenheit der Lodzer Deutschen. Jedoch akzeptierten die Oberschlesier die Bedingungen der Lodzer, um der sozialistischen Bewegung durch die organisatorisch geeinte Gesamtpartei eine größere Schlagkraft zu verleihen. Nicht die Lodzer bewiesen „Nachgiebigkeit"[282], wofür Kowoll auf dem Vereinigungsparteitag dankte, sondern die Kattowitzer selbst. Sie stimmten allen Vorschlägen des kongreßpolnischen Bezirkes zu, fanden sich also mit Namen, Sitz und Zentralorgan ab. Ob nicht ein leichter Vorwurf im Unterton mitklang, bleibt dahingestellt. Bestimmt verlief der Vereinigungsparteitag nicht so konfliktlos, wie in den Berichten wiedergegeben: Schon „ein gegenseitiger Blick" und „ein kräftiger Händedruck"[283] habe genügt, die Lodzer und die Oberschlesier zusammenfinden zu lassen. Nach außen hin schien die Lodzer Gruppe stärker, durchsetzungskräftiger zu sein. Bezeichnend ist jedoch, daß der mit dem Auftrag des Programmentwurfs Betraute aus den Reihen der oberschlesischen Gruppe stammte. Dominanz hatte – aus dem Inneren – die oberschlesische Organisation, den Schöpfer des Parteiprogrammes stellend, der der Programmatik primär die Modalitäten zugrunde legte, die er aus seinem Bezirk kannte. Glücksmann war eher von der österreichischen Schule geprägt. Er bewunderte den Theoretiker Otto Bauer und meinte, „daß sich das österreichische Beispiel auch in Polen bewähren"[284] könnte.

Trotz der Beschlüsse des Vereinigungsparteitages berief sich Glücksmann auf die erprobte sozialistische Tradition und legitimierte daraus seine Überzeugung, daß „[sich] in Polnisch-Oberschlesien die Kerntruppe der deutschen Sozialisten in Polen [befindet] und hier auch die wichtigsten Entscheidungen getroffen werden [müssen]"[285].

Der offizielle Vereinigungsparteitag konnte die Unstimmigkeiten nicht vollständig beheben, die Frage der Vorherrschaft nicht befriedigend

---

279 VST v. 05. 10. 1929.
280 Parteivorstand 1935: 8. Vgl. LVZ v. 06. 10. 1929. VST v. 10. 10. 1929.
281 BVZ v. 13. 10. 1929.
282 LVZ v. 06. 10. 1929 und VST v. 10. 10. 1929.
283 LVZ v. 06. 10. 1929 und VST v. 08. 10. 1929.
284 VW v. 13. 12. 1927.
285 VW v. 26. 04. 1932.

lösen. Die Einigung ließ das Parteiinnere unberührt, sie war nicht in sich schlüssig und daher nicht belastbar. Die Probleme blieben in Lodz und in Ostoberschlesien unterschiedlich, weshalb auch die jeweilige Parteitaktik anders auszufallen hatte.

Der die nächsten Aufgaben vorzeichnende „Wegweiser" – nach Glücksmann die Kernaussage eines Parteiprogrammes – mußte für Mittelpolen und für Ostoberschlesien jeweils ein anderer sein. Der organisatorische Zusammenschluß änderte nichts an den regionalbedingt andersartigen Verpflichtungen und Anforderungen; denn es bestanden keine ausreichenden überregionalen Bindungen, die die einheitliche Gestaltung der Partei ermöglichten.

Faktisch bestanden drei deutsche sozialistische Parteien in Polen – mit Sitz in Lodz, in Kattowitz und in Bielitz. Aufgrund des im Oktober 1929 beschlossenen „Organisationsstatus" der DSAP war der Parteiapparat nach föderalistischem System aufgebaut. Er teilte die Partei – von unten nach oben – in lokale Organisationen und deren Vorstände, die einem der drei Bezirksvorstände unterstanden, einmal jährlich ihren Bezirksparteitag einberufend. Die Bezirksvorstände mußten dem Parteivorstand Rechenschaft ablegen, der alle zwei Jahre den Gesamtparteitag anberaumen sollte.[286]

Die Kooperation der Bezirke nach der Vereinigung war gering. Der nächste Parteitag – die höchste Instanz der Partei – kam erst nach sechs, nicht nach zwei Jahren zustande.[287] Die Hoffnungen, die die deutschen Sozialisten mit ihrer Vereinigung – dem ersten Parteitag – verbanden, hatten sich „nur in geringem Maße erfüllt"[288].

Von dem am 2. und 3. Februar 1935 in Bielitz stattfindenden zweiten Parteitag wurde das erwartet, was der Vereinigungsparteitag hätte bringen sollen: Die Einleitung der „notwendigen Festigung der organisatorischen Bande"[289]. Das versprachen sich auch die Lodzer. Sie hielten ein intensiveres Zusammenarbeiten der einzelnen Bezirke für notwendig und forderten „eine straffe Leitung nach einheitlichen Grundlagen". Die Partei sollte „straff diszipliniert und schlagfertig" werden. Wohl analog zur bombastisch klingenden nationalsozialistischen Parole „ein Volk, ein Reich, ein Führer" warben sie mit der idealistisch wirkenden sozialistischen „ein Wille, ein Gedanke, eine Faust".[290]

Der für die Zeit bis zur Wahl als Nachfolger Kronigs zum Parteivorsitzenden bestimmte Kowoll bedauerte, daß der Gesamtbewegung wegen

---

286 DSAP-Archiv, A-a 1 Nr. 196, Organisationsstatut der Deutschen Sozialistischen Arbeitspartei Polens, beschlossen vom Vereinigungsparteitag in Lodz am 5. und 6. Oktober 1929, S. 1–7.

287 Ibidem: 5.

288 Parteivorstand 1935: 8.

289 LVZ v. 05. 02. 1935.

290 LVZ v. 02. 02. 1935.

der mangelnden Zusammenarbeit Schaden entstanden sei.[291] Die Ostoberschlesier hielten die Zusammenarbeit auch in Zukunft für problematisch. Das Ziel sei zwar dasselbe, aber wegen der unterschiedlichen Voraussetzungen müßte „über die Form ... selbst [entschieden]"[292] werden. Die Oberschlesier lehnten die „straffe Leitung nach einheitlichen Grundlagen" ab. Im Laufe des Parteitages gelangten auch die Lodzer zu der Ansicht, daß „die Praxis der Durchführung den jeweiligen Verhältnissen angepaßt werden müsse". Obwohl alle Zusammenarbeit forderten, seien große Diskrepanzen zwischen den einzelnen Bezirken aufgetreten, weil teilweise „die Auffassungen über Ziel und Wesen der Agitation weit auseinander [gingen]"[293].

Stärker dürften die Meinungen im organisatorischen Bereich differiert haben. Der Streit um die Vorherrschaft in der Partei wurde neu belebt. Daß eher in der Zielsetzung Übereinstimmung herrschte, zeigt der Konsens in der Entschließung zur Minderheitenfrage und zur Einheitsfront.

Die Wahl des Parteivorstandes verlief stürmischer als erwartet, und dabei seien „die Gegensätze nochmals hart" zu Tage getreten. Genaueres über die „Gegensätze" konnte nicht ermittelt werden, jedoch deutet alles auf die Frage der Machtverteilung zwischen den Bezirken hin. Bezeichnend ist, daß weder Kowoll noch Glücksmann in den Parteivorstand gewählt wurden, sondern: Zerbe, Kociołek und Wilhelm Zinser aus Lodz; Johannes Lukas und Follmer aus Bielitz-Biala; Eduard Matzke und Alfred Siegert aus Kattowitz. Zerbe setzte sich als Parteiführer durch.[294]

Kowoll war 1935 vorübergehend Parteivorsitzender. Aus seiner Feder stammt das Vorwort und der erste Teil der Broschüre der vom Parteivorstand herausgegebenen Proklamationen dieses Parteitages: „Unsere Aufgaben – Die Deutsche Sozialistische Arbeitspartei Polens, was sie ist und was sie fordert". Den zweiten Teil nimmt Glücksmanns politisches Referat „Unsere politischen Aufgaben in der gegenwärtigen Situation" ein. Dieses wurde als „Arbeitsprogramm" der DSAP angenommen.[295] Wieder kam die Programmatik, der „Wegweiser", aus Ostoberschlesien; und das respektierten selbst die Lodzer. Die innere Struktur der sozialistischen Bewegung entstammte den Köpfen aus Ostoberschlesien. Nach außen hin wollten die Lodzer die Autorität bewahren, als maßgebliche Kraft der Organisation gelten. Die Lodzer kennzeichnete der größere Geltungsdrang

---

291 LVZ v. 04. 02. 1935 und VW v. 09. 02. 1935.

292 VW v. 09. 02. 1935.

293 Ibidem.

294 Ibidem. In diesem Bericht wird die polnische Schreibweise „Cynser" verwendet. Nach dem Krieg schrieb sich die noch heute in Lodz lebende Familie Wilhelm Zinsers „Cynser", auch um ihre Abkehr vom Deutschtum zu proklamieren. Zinser wurde 1943 nach einem Hochverratsprozeß in Berlin hingerichtet.

295 Vgl. WAP Katowice, Dyr. Pol. Kat. 365, S. 237: Polizeidirektion in Kattowitz an Schlesisches Wojewodschaftsamt in Kattowitz – Sicherheitsabteilung – v. 07. 05. 1935.

und Kampfgeist, das hartnäckigere Durchsetzungsvermögen. Sie hatten ihre Gruppe in kürzester Zeit aufgebaut – fast aus dem Nichts – und bewiesen, erfolgreich eine Machtposition in Besitz nehmen und in der Offensive wirken zu können. Sie waren der aggressivere Part dieser Verbindung, der provokative und lautere.

Die nach dem Krieg auf einen soliden organisatorischen Grundstock aufbauenden Ostoberschlesier hatten weniger Ellbogenkraft. Bei ihnen war alles wohlüberlegt. Sie arbeiteten in der Defensive und waren dem Lodzer Ehrgeiz nicht gewachsen. Um des Friedens willen steckten sie zurück, ordneten sich unter. „Vernunft" wurde großgeschrieben.[296] Kowoll sprach von der „Eigenartigkeit des oberschlesischen Durchschnittsmenschen", die darin bestehe, „daß er rasch seine Überzeugung ändere, sich sehr wohl den Verhältnissen anpasse"[297].

Kowoll mußte vor dem Parteitag gehofft haben, die Parteiführung übernehmen zu können. Daß ihm nach Kronigs Austritt der Parteivorsitz bis zur Wahl übertragen wurde, bestärkte ihn darin. Im Januar 1935 wurde aus polnischen Polizeikonfidentenkreisen berichtet, daß Kowoll alle Schritte unternehme, um als Sieger hervorzugehen. Kowoll wollte den „Volkswillen" zum Zentralorgan erklären, vermehrte Zuschüsse aus dem Fonds der Sozialistischen Internationale seien ihm dafür sicher. Kowoll beabsichtigte, die Macht der Partei von Lodz nach Kattowitz zu verlegen. Um dies vorzubereiten, wollte er Ende Januar nach Lodz fahren und mit Kronig verhandeln. Begleiten sollte ihn ein deutscher Emigrant, der eine große Rolle in der deutschen Sozialdemokratie spielte. Diese Person wollte Kronig zeigen, wie durch den Machtwechsel nach Kattowitz zur besseren Entwicklung der illegalen Arbeit der Sozialisten beigetragen werden könne.[298] Kowolls Anliegen scheiterte.[299] Kronig erklärte kurz vor dem Parteitag seinen Austritt, jedoch war dieser Schritt absehbar. Fraglich, ob Kowoll noch mit Kronig verhandelte, zumal in den Reihen der DSAP dessen „jungdeutsche Politik mit gebührender 'Beachtung' abgelehnt"[300] wurde. Die besser funktionierende illegale Tätigkeit der Sozialdemokraten dürfte nicht in Kronigs Interesse gelegen haben.

---

296 Die oberschlesischen Sozialisten entsprechen dem von Stampfer charakterisierten Typ der Weimarer Republik: „Beharrliche Verteidiger und vorsichtige Reformer des Bestehenden ..., die jedem abenteuerlichen Experiment abgeneigt, in maßvoller, betont vernünftiger Weise die Möglichkeiten der gegebenen Situation zu nutzen [suchen]". Matthias 1952: 62.

297 Parteivorstand 1935: 11.

298 WAP Katowice, Dyr. Pol. Kat. 365, S. 216: Polizeidirektion in Kattowitz an Schlesisches Wojewodschaftsarchiv in Kattowitz – Sicherheitsabteilung – v. 26. 01. 1935. Ein derartiger Vorschlag des deutschen Emigranten wäre denkbar.

299 WAP Katowice, Dyr. Pol. Kat. 365, S. 218: Mitteilung über den Parteitag von Berichterstatter Błaszak v. 08. 02. 1935.

300 VW v. 09. 02. 1935.

Die Jahre zwischen dem Vereinigungsparteitag und dem zweiten Parteitag arbeiteten die Bezirke Kattowitz und Bielitz zwar enger zusammen als beide mit dem Bezirk Lodz; jedoch zeigte sich selbst dort, daß andere Voraussetzungen andere taktische Schritte verlangten. Den Bielitzern kam die österreichische Zeit zugute, in der die Deutschen und die Polen zwar in gesonderten sozialistischen Parteien organisiert waren, jedoch gemeinsam der „Reichsleitung der österreichischen Sozialdemokratie in Wien"[301] angehörten. Diese Vergangenheit trug zum besseren Verständnis der polnischen und der deutschen Arbeiterklasse bei und half, die nationalistischen Strömungen weitgehend zu vermeiden. Ferner bestand hier und in Lodz nicht die Gefahr einer Irredenta, womit im nationalitätenumkämpften Kattowitzer Gebiet zu rechnen war.[302]

In Mittelpolen unterhielt die DSAP gute Beziehungen zur PPS, litt aber schwer „unter inneren Auseinandersetzungen über Form und Taktik der Bewegung"[303]. Das hing damit zusammen, daß dort lange keine deutsche sozialistische Organisation bestanden hatte und nach dem Krieg erst neu aufgebaut werden mußte. Die meisten deutschen Arbeiter gehörten der SDKPiL an und waren nach deren Auflösung organisationslos. Die neue Partei der Lodzer deutschen Sozialisten war zu unausgereift und im Inneren nicht gefestigt, um die früh auf sie hereinbrechenden Angriffe von rechts und links abwehren zu können.

Im Lodzer Bezirk sonderte sich im Jahre 1931 eine linksradikale und im Jahre 1935 eine rechtsradikale Gruppe von der DSAP ab. 1931 verließ eine Ortsgruppe unter Leitung des Vorstandsmitglieds Heinrich Scheibler fast vollständig die Partei, 1935 sogar der Bezirksvorsitzende Kronig mit Anhängern – zu diesem Zeitpunkt Vorsitzender der Gesamtpartei. Beide Austritte schwächten die Partei, destabilisierten die Bewegung – der zweite mehr als der erste, weil er die Partei traf, als sie ohnehin um ihren Bestand zu kämpfen hatte.

In den ostoberschlesischen Bezirken der DSAP zeigte sich in den dreißiger Jahren ein noch größerer Mitgliederschwund. Dieser war ausschließlich den für den nationalsozialistischen Sog anfälligen Oberschlesiern zuzurechnen und nicht innerer struktureller Schwäche und Unausgereiftheit der Partei. Hier stand diese nicht ohne Führung. Der Einbruch kam von außen, wohingegen die Partei im „Kern ... unberührt geblieben"[304] war.

---

301 Parteivorstand 1935: 5.
302 Ibidem: 12. VW v. 09. 02. 1935.
303 VW v. 09. 02. 1935.
304 Ibidem. Parteivorstand 1935: 12.

Scheibler, Abspaltung nach links

Die innerparteilichen Divergenzen inmitten der DSAP Mittelpolens, verbunden mit der wirtschaftlichen und politischen Krisensituation, trieben in den Jahren 1930 bis 1935 führende deutsche Sozialisten mit ihren Anhängern in das rechte wie in das linke politische Lager.

Ende der zwanziger Jahre entwickelte die KPP, trotz ihrer Illegalität und obwohl sie eine kleine Splitterpartei war, in Lodz und Umgebung eine energische Tätigkeit. Sie schleuste ihre Leute in andere Parteien ein oder warb Mitglieder solcher Parteien, um „Überzeugungsarbeit" leisten zu lassen und neue Anhänger zu gewinnen.[305]

Die schlechte wirtschaftliche Lage radikalisierte die Bevölkerung und machte sie anfälliger für die Beeinflussung durch die äußerste Linke.

Nach dem Jahr 1929, als sich in der in zwei Lager aufgespaltenen KPP die „Minderheitsgruppe der stalinistischen Doktrinäre" gegen die „pragmatische Gruppe der leninistischen Mehrheitler" durchsetzte, war die Möglichkeit einer Zusammenarbeit mit anderen Parteien in weite Ferne gerückt. Die KPP erschien damals zwar „äußerlich gestärkt", erwies sich durch die Spaltung jedoch in der Praxis als „ideologisch nur wenig aktionsfähig"[306].

In der Leitung der DSAP ist von Anfang an ein Gegensatz zwischen einer mehr rechts- und einer mehr linksorientierten Gruppe sichtbar gewesen.[307] Festgestellt wurde, daß „tausende Arbeiter die schwarze Verzweiflung ergriffen [hatte] und sie zu dem Kommunismus als der einzigen Rettung [flüchteten], als dem Ausweg aus der schweren, sozialen Lage"[308].

Heinrich Scheibler, der Kopf der politisch linksgerichteten Lodzer Gruppe, gründete im Oktober 1930 die „Deutsche Sozialistische Arbeitspartei-Linke in Polen". Der Lodzer Textilarbeiter und Stadtverordnete Scheibler[309], im Jahre 1922 der DAP beigetreten, übernahm früh den Vorsitz der Ortsgruppe Lodz-Nord. Daß er über Einfluß verfügte, zeigt seine Mitgliedschaft im Parteirat ab dem Jahre 1929 und seine Wahl ins Parteigericht im Jahre 1930.[310] Scheibler, für die Zusammenarbeit „mit den anderen Linksparteien" eintretend, äußerte sich oft skeptisch über die Tätigkeit der PPS, „die doch eine Massenpartei [darstelle] und einen gewissen Einfluß [habe]", aber „nicht immer ihrer Aufgabe gewachsen [sei]"[311].

---

305 Kieszczyński 1967: 92. Strobel 1962: 92 f.
306 Strobel 1962: 87 f.
307 Kieszczyński 1967: 91.
308 VW v. 21. 11. 1930.
309 Biographie Scheiblers (1901–1942) in Kieszczyński 1967: 89–97.
310 LVZ v. 27. 05. 1929 und v. 20. 05. 1930.
311 LVZ v. 28. 05. 1929.

Er machte darauf aufmerksam, daß dort, „wo Sozialisten Einfluß [hätten], mitunter gegen die sozialen Errungenschaften gesündigt [würde]"[312].

Scheibler legte zunehmend radikalere Ansichten an den Tag. 1929 auf dem Vereinigungsparteitag in Lodz gaben Scheiblers Äußerungen bereits entsprechende Hinweise. In Anbetracht der drei Jahre bestehenden Regierung Piłsudski meinte er, „daß obwohl die Sozialisten auf dem Standpunkt der Demokratie [stünden], so [sei] es bei der gegenwärtigen Lage für die Arbeiterschaft schwer, nur demokratische Mittel im Kampfe anzuwenden. Die Regierung [vernichte] durch ihre Tätigkeit den Sinn für Demokratie in den Massen." Eine ähnliche Meinung hatte Glücksmann, der in die „Einheitsfront sämtlicher sozialistischer Parteien" ausdrücklich nur die Sozialisten einbezog.[313]

Nach Scheibler könnten die Sozialisten nur mit den Kommunisten den Entscheidungskampf gegen die „Reaktion" führen. Die DSAP sei zwar noch nicht zur Zusammenarbeit mit den Kommunisten bereit, schließe sie aber nicht völlig aus. Für den einzutretenden Ernstfall – besagten Schlußkampf – müsse die Haltung der Partei noch „unbedingt" geklärt werden.[314]

Die Presse der DSAP erwähnte im Herbst 1930 die Gründung einer „DSAP-Linken" überhaupt nicht, sondern sprach von einem „Übertritt" Scheiblers und einiger Anhänger in die PPS-Lewica. Gerätselt wurde, wer der Auftraggeber Scheiblers sei. Daß es einen gab, darüber war man sich einig.[315] Ein untrügliches Zeichen sei Scheiblers Entschluß, die Arbeit in der Fabrik aufzugeben, um sich ausschließlich der politischen Arbeit zu widmen. Angenommen wurde, daß er „andere Einnahmen" habe; und mit Hinweis auf die Kommunisten wurde gefragt, „wer ihm diese Einnahmen gebe"[316]. Den Verdacht der Lodzer Volkszeitung, daß Scheibler „aus 'gewissen Quellen' [lese Moskau] so viel Geld bezieht, daß er nicht mehr zu arbeiten brauche", nannte die DSAP-Linke „eine gemein verleumderische Notiz"[317].

Die deutschen Kommunisten Adolf Zapf, Richard Lejman und Artur Linke traten in Kontakt mit Scheibler, weil er sich im Gegensatz zur Mehrheit der DSAP-Führer für eine Zusammenarbeit mit den Kommuni-

---

312 Ibidem.

313 Nach Glücksmann sollte „der Kampf zunächst mit den Mitteln des gesetzlichen Weges geführt werden. Sollten aber die anderen Parteien den gesetzlichen Weg verlassen, so werden auch wir das tun. Zu diesem Zwecke ist die Einheitsfront sämtlicher sozialistischer Parteien erforderlich." LVZ v. 07. 10. 1929.

314 Ibidem.

315 In einem Bericht sieht man die „Anstifter" auf kommunistischer Seite (LVZ v. 26. 09. 1930), in einem anderen bei der Geheimpolizei, die man „in die Partei hineinzuschicken" pflegt, um dort „eine rege Wirksamkeit [zu] entfalten". (LVZ v. 25. 09. 1930).

316 LVZ v. 26. 09. 1930. Dem schließt sich Heike (1969: 94 f.) an.

317 PA AA, Presseabteilung, Polen 3a, Bd. 351/2: 08. 10. 1930.

sten aussprach. Scheibler begann daraufhin, die Linksfunktionäre in der DSAP um sich zu sammeln und organisierte eine Gruppe zwecks geheimer Zusammenarbeit mit der KPP.[318] Er habe die Gründung der DSAP-Linken lange geplant, geheime Vorbereitungen getroffen und innerhalb der DSAP „lügenhafte Nachrichten verbreitet und sie [die DSAP-Mitglieder, PB] gegen die Partei aufgehetzt"[319].

Am 3. Oktober 1930 gründete Scheibler die DSAP-Linke, der die ehemaligen DSAP-Mitglieder Johann Rückert, Robert Grünberg, Oskar Fiebig, Adolf Jedich und Joseph Dillner angehörten. Diese Funktionäre der DSAP-Linken waren gleichzeitig in der KPP tätig.[320]

Scheibler und seine Genossen benutzten eine Sprache mit kommunistischem Tenor: „Wir alle sahen ..., wie diese Herren von der PPS den Grundstein für den Faschismus in Polen gelegt haben. Die Rolle der PPS im Lager der deutschen Arbeiter Polens leistet die Deutsche Sozialistische Arbeitspartei-Rechte."[321] Sie bezeichneten PPS und die DSAP im kommunistischen Jargon als „sozialfaschistisch".

Die Nachwirkung dieser Abspaltung für die DSAP war nicht groß, obwohl sie die „erste ernste Auseinandersetzung innerhalb der DSAP"[322] war. Allerdings gingen ihr dadurch einige ihrer engagiertesten Funktionäre in einer Zeit verloren, als sie alle Kräfte zu den Sejm- und Senatswahlen benötigte.[323] Zu bezweifeln ist, ob in der Partei durch diese Abspaltung der Wille zur Zusammenarbeit mit den Kommunisten zunahm und ebenso die Kritik an der Politik der Sozialistischen Arbeiter-Internationale.[324]

Die DSAP-Linke betonte selbst, daß sich ihr „sofort sämtliche Mitglieder der zahlenreichsten Ortsgruppen Lodz-Nord u. Ost sowie der vorwiegende Teil aller anderer Ortsgruppen"[325] angeschlossen hätten. Tat-

---

318 Kieszczyński 1967: 92.

319 LVZ v. 26. 09. 1930.

320 Cygański 1966: 160. Eine der ersten Aufgaben des KPP-Funktionärs Dillner war die Parteizugehörigkeit zur DSAP, um in ihr im Geiste der kommunistischen Ideologie zu wirken. Kieszczyński 1973: 235.

321 PA AA, Presseabteilung, Polen 3a, Bd. 351/2: 08. 10. 1930.

322 Heike 1969: 94, 105. Ähnlich Szczerbiński 1986: 68 und Meissner 1973: 71. Ein anderes Urteil vom AA: PA AA, Deutsches Konsulat Lodz, Presse 12/3 und 12/4, Bd. 2: Luckwald (Deutsches Konsulat Lodz) an AA v. 06. 01. 1931. Ibidem: Luckwald (Deutsches Konsulat Lodz) an deutsche Gesandtschaft Warschau v. 25. 03. 1931. Anlage.

323 Szczerbiński 1986: 68. Vgl. PA AA, Deutsches Konsulat Lodz, Presse 12/3 und 12/4, Bd. 2: Luckwald (Deutsches Konsulat Lodz) an AA v. 06. 01. 1931.

324 Meissner 1973: 71. Meissner berücksichtigt nicht, daß nach Abspaltung der Gruppe Scheibler die meisten Linkselemente aus der DSAP entfernt waren, die sich für die weitere Zusammenarbeit mit der KPP hätten stark machen können.

325 PA AA, Presseabteilung, Polen 3a, Bd. 351/2: 08. 10. 1930. Die DSAP stellte fest, daß „mit Scheibler nur einzelne zur PPS-Lewica [sind] – Mitglieder, die nur zu dem Zweck in die Partei gekommen sind, um einen Posten zu erhalten." LVZ v. 26. 09. 1930. Die DSAP-Linke argumentierte wiederum damit, daß „den Herren Kronig-Zerbe-Kuk nur noch die-

sächlich wechselte die Mehrzahl der Mitglieder der DSAP des Nordbezirkes zur neuen Partei über[326], was durch Scheiblers Vorsitz im dortigen Bezirk zu erklären ist. Ein anderer Teil rekrutierte sich aus den Reihen der Ortsgruppe Lodz-Chojny; einige Mitglieder fand sie auch in den Reihen der deutschen und jüdischen Arbeiter in Tomaszów, Brzeziny und Stryków.[327] Die DSAP-Linke zählte nicht mehr als 200 Mitglieder[328] und hatte geringe politische Schlagkraft. Ihr Versuch, eine eigene Presse herauszugeben, blieb bis auf einzelne veröffentlichte Nummern erfolglos.[329]

Für manche DSAP-Mitglieder waren die nicht aus Arbeiterkreisen stammenden DSAP-Führer, Zerbe und Kronig, Anlaß zu Mißtrauen.[330] Scheibler und Genossen machten sich das zunutze und behaupteten, Zerbe und Kronig könnten die Arbeiterklasse nicht vertreten. Dezidiert wiesen Scheibler und seine Anhänger auf die „Männer aus den bürgerlichen Kreisen" hin, die „die deutschen Arbeiter als Wahlvieh nötig hatten", wohl „mit ganz revolutionären Phrasen herumwerfen, sich als 'Sozialisten' ... aufspielen ... aber ... sich immer als fromme Spießbürger erweisen, die zu jedem Schritt ihres Lebens des Pfaffen Segen nötig haben und ihre ganze Tätigkeit in den Dienst der besitzenden Klasse gestellt haben"[331].

In der Endphase des Wahlkampfes konterte die DSAP auf die „schmutzigen Flugblätter"[332] der DSAP-Linken – und das nicht weniger polemisch. Die „zwei Renegaten" auf der Liste der PPS-Linken wurden als „politisch unreife deutsche Arbeiter" tituliert, als „aus der DSAP ausgestoßene Schreier"[333] und sogar als „Auswurf der Arbeiterklasse"[334], die

---

jenigen treu geblieben [gingen]", die ihnen einen Posten verdanken. PA AA, Presseabteilung, Polen 3a, Bd. 351/2: 08. 10. 1930.

326 Die LVZ v. 27. 10. 1930 berichtet von „einer Gruppe von durch ihn [Scheibler – PB] irregeführten Arbeitern aus dem nördlichen Bezirk von Lodz". Heike (1969: 94) schreibt, daß die DSAP-Linke „vorübergehend" das Parteilokal der Ortsgruppe Lodz-Nord in der Reiterstraße 13 besetzte.

327 Nach Cygański (1966: 160) auch Szczerbiński 1986: 67 f. Meissner (1973: 71) erwähnt nur deutsche Arbeiter aus Tomaszów, Brzeziny und Stryków. Ebenso Tomicki (1982: 318 f.) zitiert nach Cygański.

328 Cygański 1966: 160. Heike 1969: 94. Szczerbiński 1986: 67.

329 Cygański 1966: 160. Meissner 1973: 71. Tomicki 1982: 319. Die Zeitungen sollten „Der Aufstieg" und „Der Aufschwung" heißen und alle zwei Wochen unter der Redaktion Adolf Zapfs erscheinen. AAN, MSW 3932/426 (AB), Sprawozdanie z życia mniejszości narodowych, IV/1931, S. 68.

330 Heike 1969: 94.

331 PA AA (wie Anm. 325).

332 LVZ v. 01. 11. 1930.

333 Die DSAP behauptete, daß Scheibler und Genossen von der am 13. 09. 1930 stattgefundenen Vertrauensmännerkonferenz aller Lodzer Ortsgruppen aus der DSAP ausgestoßen wurde: Scheibler „wegen Nichtunterordnung unter die Beschlüsse der Parteiinstanzen, wegen Betreibung einer Agitation zugunsten einer uns [der DSAP – PB] feindlichen Partei [PPS-Lewica] sowie auch wegen Nichtabführung der ihm anvertrauten Parteigelder." LVZ v. 27. 09. 1930, vgl. LVZ v. 26. 09. 1930. Scheibler habe in der 'Republika' „seinen Austritt damit begründet, daß er mit der Kommunalpolitik der DSAP nicht einverstanden

selbst im „Radikalinskilager" Mißtrauen erweckten.[335] In dieser Zeit schrieb die DSAP den Namen ihres Gegenspielers Scheibler „Szajbel".[336] Hinweise auf eine jüdische Abkunft konnten nicht gefunden werden, er war lediglich mit einer Jüdin verheiratet.[337]

Ihre größte Aktivität entfaltete die DSAP-Linke in der Wahlkampfzeit, nämlich im Oktober und November des Jahres 1930. Mit der PPS-Linken bildete sie eine Wahlliste unter der Bezeichnung „PPS-Lewica" (Liste 23). Diese, für die Selbstbestimmung der völkischen Minderheiten und eine Arbeiter- und Bauernregierung eintretend[338], griff die Regierung und den zu ihr in Opposition stehenden „Centrolew" mit DSAP und PPS an.[339] Die Liste der „PPS-Lewica", die Scheibler als zweiten Abgeordnetenkandidaten führte, wurde von der Regierung als ungültig erklärt.[340] Die polnische Regierung betrachtete beide Parteien – die DSAP-Linke und die PPS-Linke – als „kryptokommunistisch"[341] und ging gegen sie vor.

Innerhalb weniger Wochen mußten Scheibler und seine Mitstreiter drei Untersuchungen ihres Parteilokals über sich ergehen lassen. Die dritte und letzte entschied über die Zukunft der Partei: sie sollte keine haben. Am 5. Januar 1931 organisierte die DSAP-Linke eine Versammlung, um sich gegen die Ankündigung verschiedener Fabrikbesitzer zu wehren, die größten sich als unrentabel erwiesenen Fabriken zu schließen. Die Orga-

---

sei". LVZ v. 27. 09. 1930. Die DSAP-Linke behauptete, Scheibler sei von besagter Vertrauensmännerkonferenz „außerhalb der Partei gestellt" worden, weil er in seiner oppositionellen Haltung einen „immer schärferen Ton" annahm, „die Partei in's Fahrwasser des kompromißlosen Sozialismus zu bringen". PA AA, Presseabteilung, Polen 3a, Bd. 351/2: 08. 10. 1930.

334 LVZ v. 28. 10. 1930.

335 Die meisten der Kommunisten seien gegen die Liste der PPS-Linken gewesen, weil dort zwei der DSAP-Linken aufgestellt waren. LVZ v. 01. 11. 1930.

336 LVZ v. 01. 11., 09. 11. und 13. 11. 1930.

337 Kieszczyński (1967: 97) weist auf eine Korrespondenz zwischen Scheibler und dessen Schwägerin, Ester Kiejzman, hin.

338 Tomicki 1982: 318. PA AA, Presseabteilung, Polen 3a, Bd. 351/2: 08. 10. 1930.

339 Cygański 1966: 160. Meissner 1973: 72. Tomicki 1982: 319. Szczerbiński 1986: 68. Die DSAP-Linke beurteilte das Wahlbündnis des „Centrolew" als „verräterische Arbeit", da in ihm Parteien der Mitte organisiert waren: „in Gesellschaft der blutigen Reaktionäre Witos u. Kiernik, in den Armen der chauvinistischen NPR-Leute." PA AA, Presseabteilung, Polen 3a, Bd. 351/2: 08. 10. 1930.

340 Kieszczyński 1967: 93. Dazu LVZ v. 17. 11. 1930. Der deutsche Konsul in Lodz, Luckwald, erklärte das schlechte Wahlergebnis sowohl der deutschbürgerlichen als auch der deutschsozialistischen Parteigruppen mit „Zersetzungserscheinungen" innerhalb der Parteien. Er wies darauf hin, daß die DSAP „einen empfindlichen Abstrom zur kommunistischen Partei zu verzeichnen [habe]" und erklärte: „Daß die intelligentere, d. h. deutsche Arbeiterbevölkerung bei der unsagbaren Not der arbeitenden Schichten in Lodz zum Kommunismus neigt, ist an sich für den, der diese Not auch nur flüchtig kennt, nicht unverständlich." PA AA, Geheimakten Polen 1920–1936, Bd. 7: Tgb. Nr. Geh. 120 v. 01. 12. 1930.

341 Meissner 1973: 72. Vgl. Heike 1969: 95.

nisierung eines Generalstreiks war geplant.[342] Die politische Polizei verhaftete „in Assistenz uniformierter Polizisten" alle siebzig teilnehmenden Personen, beschlagnahmte das gesamte Material und versiegelte das Lokal.[343] Zwei Tage später befanden sich noch 46 von diesen Personen unter dem Vorwurf staatsfeindlicher Tätigkeit in Untersuchungshaft, darunter die ehemaligen DSAP-Mitglieder Scheibler, Roman Liebig, Alexander Miller, Artur Linke, Rudolf Jentschke, Josef Folkman und Josef Gabara.[344]

Ebenso soll es dem früheren DSAP-Funktionär, dem seit den Lodzer Kommunalwahlen des Jahres 1927 mit Scheibler und fünf weiteren DSAP-Mitgliedern als Stadtverordneten agierenden Reinhold Hunker, ergangen sein; ihm wurden seit 1927 aufrechterhaltene Verbindungen zur „Moskauer kommun. Zentrale" nachgesagt.[345] Ein Prozeß gegen die Untersuchungshäftlinge fand im Oktober 1931 statt: 22 Personen wurden verurteilt, dabei Scheibler zu zwei Jahren Haft. Er legte Berufung ein, wurde für unschuldig erklärt und am 23. März 1932 freigelassen.[346]

Wie die PPS-Linke wurde die DSAP-Linke von Kommunisten geführt und zu einer legalen Abteilung innerhalb der KPP ausgebaut.[347] Nicht genau feststellbar ist, wann Scheibler der KPP beitrat; jedoch agierte er gleich nach seiner Haftentlassung im Jahr 1932 unter den Kommunisten. Das Auswärtige Amt setzt den Zeitpunkt seines Beitritts zur KPP bereits für das Jahr 1927 an.[348] Die aktivsten und idealistischsten Mitglieder der DSAP-Linken traten der illegalen KPP bei, die wenigsten gingen zurück zur DSAP.[349]

Kronig, Abspaltung nach rechts

Seine Ämter als Bezirksvorsitzender der DSAP Mittelpolens und Vorsitzender der Gesamtpartei legte Artur Kronig[350] Anfang 1934 nieder. Mit ihm traten Ludwig Kuk und Gustav Ewald aus dem Vorstand aus.

---

342 Kieszczyński 1969: 151.

343 LVZ v. 07. 01. 1931.

344 Die LVZ v. 08. 01. 1931 berichtete auch über eine andere Lodzer Zeitung, in der geschrieben worden sei, daß „die Verhafteten im Auftrage der 3. Internationale den Versuch unternommen hätten, die 'streiklustigen Arbeiter zu Streikaktionen und zur Ausübung von Terrorakten' zu zwingen". Bei dieser Versammlung habe es sich um eine Beratung des Streikkomitees gehandelt. Vgl. Strobel 1962: 92 f.

345 PA AA, Deutsches Konsulat Lodz, Presse 12/3 und 12/4, Bd. 2: Luckwald (Deutsches Konsulat Lodz) an AA v. 06. 01. 1931. Ibidem: Luckwald (Deutsches Konsulat Lodz) an deutsche Gesandtschaft Warschau v. 25. 03. 1931. Anlage. Zu Hunker vgl. Heike 1969: 83.

346 Kieszczyński 1967: 94.

347 Tomicki 1982: 319. Heike 1969: 95. Strobel 1962: 83.

348 PA AA, Deutsches Konsulat Lodz, Presse 12/3 und 12/4, Bd. 2: Luckwald (Deutsches Konsulat Lodz) an deutsche Gesandtschaft Warschau v. 25. 03. 1931. Anlage.

349 Cygański 1966: 160. Meissner 1973: 72. Tomicki 1982: 319. Vgl. Heike 1969: 95 und Kieszczyński 1958: 26.

350 Vgl. Kieszczyński: Artur Kronig.

Ausschlaggebend war die Entscheidung der Mehrheit des Lodzer Bezirksvorstandes, sich zu den bevorstehenden Stadtratwahlen 1934 nicht einer deutschbürgerlichen Einheitswahlfront anzuschließen, sondern im Wahlblock mit den polnischen und den jüdischen Sozialisten zu gehen. Ewald wirkte jedoch im Führungskomitee des durch August Utta gebildeten Deutschen Wahlausschusses der deutschen Fraktion.[351] Zu diesem Schritt soll er sich entschlossen haben, als die DSAP-Parteileitung auf die Niederlegung seines Stadtverordnetenmandates drängte. Ewald habe im Herbst 1933 gegenüber einer Jüdin „eine ironisch-scherzhafte Bemerkung gemacht", die diese beleidigend empfunden habe und deswegen gegen ihn prozessierte. Daraufhin kam eine große Pressekampagne gegen ihn ins Rollen. Er wurde des Antisemitismus beschuldigt und scharf angegriffen. Dieser Fall war der Partei zu weit in den Blickpunkt der Öffentlichkeit gerückt, um Ewald in der Partei verantworten zu können. Im Fall Ewald kann ein Zeichen für den „konsequenten Kampf der Führung der DSAP gegen das Aufkommen nationalistischer Tendenzen" gesehen werden.[352]

Der Deutsche Wahlausschuß, mit dem Kronig, Kuk und Ewald sympathisierten und in dem letzterer sich als Wahlleiter engagierte, beabsichtigte bei den anstehenden Kommunalwahlen, „völkisches Bewußtsein und Zusammengehörigkeitsgefühl zu wecken, den Marxismus und Liberalismus niederzuringen ... und wo es geht, aufrechte deutsche Männer in den Stadtrat zu bringen"[353].

---

351 Heike 1969: 171. PA AA, Geheimakten Polen 1920–1936, Bd. 8: Molly (Deutsches Konsulat Lodz) an AA v. 27. 04. 1934. Cygański 1966: 80. Vgl. Brief Heikes an die Verfasserin v. 26. 05. 1988.
Wie mir O. Heike mündlich mitteilte, war Kuk schon bei der DAP-Gründung dabei, driftete nach 1933 ins nationalistische Lager und vertrat eine antisemitische Politik. Die antisemitische Welle ausnützend, eröffnete er ein Textilwarengeschäft und schmuggelte von Juden billig aufgekaufte Ware ins Generalgouvernement. Kuk starb im Gefängnis Sieradz. Nach Cygański (1966 (x): 54 f.) war der Kaufmann Kuk ab November 1939 Berater der „Litzmannstädter Warenhandelsgesellschaft", die die jüdischen Handelsfirmen zu übernehmen hatte. Utta gehörte im Jahre 1922 zu den Gründern der DAP, distanzierte sich im gleichen Jahr von dieser politischen Richtung, um später den politisch rechts stehenden „Deutschen Volksverband" (DVV) ins Leben zu rufen.

352 Im Schritt Ewalds zum Deutschen Wahlausschuß sieht Heike (1969: 105) eine Protest- und Trotzhaltung, kein tatsächliches Umschwenken von der proletarischen auf die bürgerliche Linie. Nach Heikes späterer Erklärung konnte Ewalds Bemerkung, daß „es den Juden in Polen noch viel schlechter ergehen würde, wenn hier Hitler einmal an die Macht komme", nicht nur von einer Jüdin nicht als „ironisch-scherzhaft" aufgenommen werden. Brief Heikes an die Verfasserin v. 26. 05. 1988.

353 PA AA, Geheimakten Polen 1920–1936, Bd. 8: Molly (Deutsches Konsulat Lodz) an AA v. 27. 04. 1934. Molly schrieb diesen Brief aufgrund von Uttas Informationen, die er zum Teil wörtlich übernahm, ohne darauf eigens hinzuweisen. PA AA, Deutsches Konsulat Lodz, Deutschtum, Bd. 7: Die Stadtratwahlen in Polen, unterzeichnet von Utta. Molly schreibt wie Utta von deutschen, polnischen und jüdischen „Marxisten" – nicht von „Sozialisten", ferner von der „marxistischen", nicht „sozialistischen" deutschen Partei. Kuk und Ewald sollen große Geldsummen für den DVV gegeben haben. Kuk soll seit 1927 Spitzel des

Vom Zeitpunkt der Niederlegung der Parteiämter bis zum Parteiaustritt Anfang 1935 versuchte Kronig, zugunsten des deutschen nationalen Blocks, die Allianz der DSAP mit der PPS und dem Bund zu zerstören. Kuk und andere rechtsstehende DSAP-Mitglieder unterstützten ihn bei diesem Intrigenspiel. Hauptsächlich zwischen den Konferenzen vom 2. April bis 31. September 1934 versuchten sie, mit Drohungen und Erpressungen gegen die neue Parteiführung unter Zerbe und Oskar Seidler vorzugehen.[354]

Im Juli 1934 wurde Kronig vom DSAP-Parteigericht vorgeladen, weil er dem DSAP-Vorstandsmitglied Wilhelm Zinser „Gemeinheit, Stänkerei und Postenjägerei" vorwarf. Auch Zinser erhielt eine Vorladung, da er erklärte, „das Wort Stänkereien ... von Genossen Kronig oft gehört [zu haben]".[355] Zinser bestätigt Kronigs Streben, die Partei auf seine Seite zu ziehen. Da die Bemühungen Kronigs und seiner Anhänger nicht den erwünschten Erfolg brachten – sie sich also nicht gegen Zerbe, Seidler und Kociołek durchsetzen konnten –, entschlossen sie sich zum Parteiaustritt.[356]

Artur Kronig, ab 1934 im nationalsozialistischen Sog, warf Zerbe und dessen Partei „wesenlosen Internationalismus" vor, zu dessen Gunsten „das Verständnis für die wurzelhafte Gebundenheit der deutschen Arbeiterbewegung an das deutsche Volkstum und dessen Schicksal" geschwunden sei. Die kulturellen Eigenarten eines Volkes könnten nur gepflegt werden, wenn man – was Kronig bei Zerbe vermißte – „zuallererst dieses Volk in seiner nationalen Existenz [bejahe] und [fördere]". Daneben beschuldigte er Zerbe und die DSAP der „sektenhaften Absonderung vom Schicksal des Gesamtvolkes"[357].

---

deutschen Konsulats gewesen sein, Ewald Geheimagent des „Dritten Reiches". Cygański 1966: 171.

354 Cygański 1966: 80 f. Kieszczyński, Artur Kronig. Kieszczyński überließ mir in dankenswerter Weise dieses Manuskript, welches in der Reihe „Słownik biograficzny działaczy polskiego ruchu robotniczego" des Muzeum Historii Polskiego Ruchu Rewolucyjnego im Band 3 herausgegeben werden sollte. Neuerdings erfuhr ich, daß der Verlag im Rahmen der jüngsten politischen Ereignisse in Polen liquidiert werden mußte.

355 DSAP-Archiv, FES, A-d. 1. Nr. 59: DSAP Bezirk Lodz, Parteigericht, Vorladung v. 05. 07. 1934. Zinser, der im Vorstand der DSAP war, fragte, „wer denn ... in der Partei [stänkere], die Stellungnahme des Genossen Kronig [sei] verdächtig. Es [würde] noch untersucht werden müssen, was hier im Spiele [sei]."

356 Vgl. Cygański 1966: 81. Kieszczyński, Artur Kronig.

357 A. Kronig, An die Mitglieder der DSAP, in Heike 1969: 172 f. Heike schloß sich dem Vorwurf des „Internationalismus" an. In Gesprächen charakterisierte er Zerbe als „zu sehr Internationalist", als „zu klassenkämpferisch". Ihm selbst sei von der PPS und der „linksradikalen Gruppe um Zerbe" Nationalismus vorgeworfen worden. Heike beurteilte sich als „mehr national kulturell interessiert, im Klassendenken radikal, aber kein Ideologe, mehr Praktiker". Er fühlte sich eher zu Kronig als zu Zerbe hingezogen. Heike schildert Kronig als „rechts gestellt". Aufzeichnungen der Gespräche mit Heike (1901–1990) befinden sich bei der Verfasserin. Heike war bis Ende 1936 Mitglied des DSAP-

Zum Zeitpunkt dieser Vorwürfe war Kronig offiziell noch Mitglied der DSAP, konnte aber die Partei nicht auf seinen Kurs bringen. Die wenigen Verbleibenden standen hinter dem ursprünglichen Kurs, für den Zerbe weiterhin Garant blieb. Zerbe hatte seine Haltung nicht geändert und geriet dadurch ins Abseits. Man könnte es als „völkisches" Abseits bezeichnen. Kronig trennte sich mit einer Reihe von Anhängern Anfang 1935 von der Partei, deren Führer er einmal war. Er hatte sich ideologisch völlig entfremdet – griff die Partei an, die so blieb, wie er sie mithalf zu formen, und die sich in dieser Richtung fortentwickelte. Er behauptete, daß nicht er, sondern die Partei „den Boden verlassen [habe], dem die Wurzeln ihrer Existenz entsprossen [seien] ... sich fremden Einflüssen untergeordnet [habe], die dem deutschen Arbeiter und dem deutschen Volk zum Schaden [gereichten]". Kronig betonte, er brauche sich keine Vorwürfe zu machen, habe seine Parteiarbeit korrekt geführt und fürchte sich nicht vor einer Beurteilung dieser Arbeit.[358]

Das hatte Kronig schon einmal betont – sieben Jahre zuvor. Damals verteidigte er sich – und die DSAP – gegen Anwürfe des „Gesinnungswechsels und Verrats". Er rechtfertigte offensiv, warum sich die DSAP im Jahre 1928 für den Wahlblock mit der PPS und gegen die Teilnahme am Minderheitenblock entschied, nachdem sie im Jahre 1922 in diesem kandidierte und eine Koalition mit den polnischen Sozialisten ausschloß. In dem „Offenen Brief" aus dem Jahre 1928 dominiert die Überzeugung, nur mit einer polnischen Partei im polnischen Staat – den er ohne Wenn und Aber als den eigenen ansah – etwas erreichen zu können. Ihm war „ganz unverständlich, warum es ein Verbrechen und ein Verrat sein soll, wenn Deutsche mit Polen zusammengehen". Damals verwendete er das Wort „Absonderung" in einem anderen Kontext als im Jahre 1935. Es ging ihm im Jahre 1928 nicht um die „sektenhafte Absonderung" vom deutschen Volk, sondern um „die ständige Absonderung von den Polen", die „nicht im Interesse unseres [des deutschen, PB] Volkes [liegt]; denn sie bringt Entfremdung und erzeugt nationalen Haß"[359]. 1928 stellte Kronig die Zusammenarbeit mit dem polnischen Volk in den Mittelpunkt. Es ging ihm um das Erreichen von Fortschritten im polnischen Staat mit den Polen und als „Bürger des polnischen Staates", um ein „friedliches und freund-

---

Bezirksvorstandes, stand aber nicht mehr hinter der Taktik der Partei und übernahm dennoch das ihm übertragene Mandat. Er brachte nicht den Einsatz, der von ihm erwartet wurde, meinte aber, daß er „trotz [seiner] Abstinenz ebenso viel oder ebenso wenig leiste, wie manch anderes Mitglied des Bezirksvorstandes". Aus dem Bezirksvorstand trat Heike aus, da sein „Vertrauen zu führenden Parteigenossen ... vollkommen erschüttert [sei]". Heike 1969: 174 f. Nach Breyer (1955: 225) hätten die Sozialisten ihren „Standort außerhalb der Abwehrfront des Gesamtdeutschtums [bezogen]".

358 A. Kronig, An die Mitglieder der DSAP (wie Anm. 357): 173 f.

359 DSAP-Archiv, A.-e.1, Nr. 300: A. Kronig, Offener Brief des ehem. Sejmabgeordneten Artur Kronig an die deutschen Wähler! v. 1928.

schaftliches"[360] Verhältnis zu den Polen. In seinem Brief aus dem Jahr 1935 fiel das Wort „Polen" nicht einmal – in keiner Verbindung. Absolute Dominanz besaßen alle Kombinationen mit den Wörtern „deutsch" und „Volk". Es ging – um einige Beispiele zu geben – nur darum, „unser [das deutsche, PB] Volk kulturell und wirtschaftlich vor dem Untergang [zu] retten", um „gestaltende Volkskräfte", die „deutschen Volksmassen", das „deutsche Volkstum", den „deutschen Charakter", die „deutschen Aufgaben der Partei" und um die „umfassende deutsche Volksbewegung"[361].

Dieser zweite Gesinnungswandel Kronigs – bei dem der Jahre 1922 bis 1928 handelte es sich um eine nachvollziehbare gewachsene Erkenntnis nach harter Verständigungsarbeit, die den Charakter einer Evolution trug – erscheint unbegreiflich, vermittelt zwei konträre Weltbilder ein und desselben Menschen innerhalb von nur sieben Jahren.

Der Schritt Kronigs wird noch schwerer verständlich, zieht man einige Richtungskämpfe mit Zerbe in Betracht: Kronig habe sich anfangs mit der Benennung der Partei gegen den „marxistische Ideen" mitbringenden Parteiführer Zerbe durchgesetzt:[362] Somit sei das Wort „sozialistisch" nicht in den Parteinamen gekommen. Wenige Jahre später behauptete sich Kronig wieder. „In einem harten Kampf"[363] gegen Zerbe ging Kronig als Parteivorsitzender der DAP hervor. In dieser Ära erfolgte der Namenswechsel der DAP zur „Deutschen Sozialistischen Arbeitspartei Polens" (DSAP). Zum Sozialismus bekannte sich die Partei auch nominell, als Kronig den Parteivorsitz innehatte. Kronig trat damit offiziell für den Sozialismus ein. Unter seiner Regie erfolgte die Annäherung an die PPS, wurden Verhandlungen mit den polnischen, jüdischen, ukrainischen und weißruthenischen Sozialisten geführt und mit diesen ein „Zwischenparteiliches Komitee" gebildet.[364] Im Wahlblock mit der PPS trat die DSAP mit Kronig an der Spitze gegen den polnischen und den deutschen Nationalismus auf.[365] Nicht unter Zerbe, sondern unter Kronig schloß sich die DSAP der Zweiten Internationale an.[366] Nicht Zerbe, sondern Kronig fuhr zu deren Kongressen nach Marseille im Jahre 1925 und nach Brüssel im Jahre 1928. In Marseille verkündete er den Beitritt seiner Partei zur Zwei-

360 Ibidem.

361 A. Kronig, An die Mitglieder der DSAP (wie Anm. 357): 171–174.

362 Bierschenk 1970: 102.

363 Ibidem: 103.

364 Der Auslanddeutsche, Nr. 4, 1930, S. 123. Ibidem: Nr. 14, 1927, S. 489. Ibidem: Nr. 4, 1927, S. 88. Ibidem: Nr. 9, 1927, S. 294.

365 Der Auslanddeutsche, Nr. 5, 1928, S. 141. Bierschenk (1970: 105) vermerkt, daß in dem gemeinsamen Wahlaufruf für die kulturellen Belange der deutschen Minderheit eingetreten wurde und weiter: „Allerdings war auch von einem 'gemeinsamen Kampf gegen den polnischen und deutschen Nationalismus' die Rede." Der Preis für das Eintreten für die Minderheitenrechte sei deshalb hoch gewesen.

366 LVZ v. 27. 06. 1926 u. 01. 07. 1926. Heike 1969: 87. Lesiuk 1989: 216.

ten Internationale – festgehalten im Juni 1926 auf dem dritten Bezirksparteitag in den „Programmatischen Beschlüssen".[367]

Der Wandel Kronigs muß wohl mit der durch den Nationalsozialismus bedingten wachsenden antideutschen Stimmung in Polen erklärt werden.[368] Alles Deutsche wurde angegriffen – nur wegen des Deutschseins, ob nun dem Nationalsozialismus zugeneigt oder nicht. Die deutschen Sozialisten waren nicht ausgenommen. Die wenigsten machten einen Unterschied. Die Maßnahmen der Polen gegen die Deutschen veranlaßten viele nicht nationalsozialistisch Gesinnte, sich in diese Richtung zu entwickeln. Verfolgt wurden sie ohnehin. Für die anderen war „der Nationalsozialismus ... ein Faktor der Integration der Volksgruppen, vielfach sogar die Voraussetzung der Volksgruppenbildung", weswegen „die Sonderbestrebungen der antinationalsozialistischen Elemente als Störungen gegen eine historisch angelegte Entwicklung, als partikularistische ... Desintegration [erschienen]. Ihnen gegenüber erschienen die Wortführer der nationalsozialistisch gefärbten Integration, d. h. der 'Erneuerung' und Einigung, im Recht."[369] Die, die weiterhin Loyalität zum polnischen Staat auszeichnete, traf das doppelt. Sie gerieten ins Kreuzfeuer: die Polen feindeten sie wegen ihres Deutschseins an, die Deutschen wegen ihrer Loyalität zum polnischen Staat.[370]

Bierschenk macht sich sein Fazit zu einfach: „Auch Kronig und seine Gesinnungsgenossen waren gezwungen, ihre bisherige Einstellung zu den nichtdeutschen sozialistischen Parteien zu überprüfen." Diese verurteilten den Nationalsozialismus in aller Härte. Kronig und seine Anhänger wollten sich angeblich „nicht zwingen lassen, einen solchen antideutschen Kurs mitzumachen", da sie „in erster Linie Deutsche und erst in zweiter Linie Sozialisten"[371] gewesen sein sollen. Dieses Urteil ist zu undifferenziert, will aus Kronig den „guten Deutschen" machen, der er immer gewesen ist und der nur, um dem Deutschtum zu dienen, mit Polen und Juden paktierte. Anscheinend wurde aber dieses „jahrelange 'Ausbrechen der Sozialisten'" tatsächlich in gewissen Kreisen nur als „wahltaktisches Zusammengehen" beurteilt, und erst, als die Politik des „Dritten Reiches" scharf kritisiert wurde, „in einem merkwürdigen Zwielicht" gesehen, was „die deutschen Sozialisten in Polen nunmehr als national unsichere Ele-

367 LVZ v. 23. 08. 1925, v. 28. 08. 1925, v. 02. 09. 1925, v. 27. 06. 1926. Heike 1969: 124. Bierschenk 1970: 104. Wertheimer 1930: 104. Cygański 1966: 28. Kieszczyński, Artur Kronig.

368 Vgl. Bierschenk 1970: 107. Auch Breyer 1955: 249.

369 Dieses Urteil befindet sich in Breyer 1955: 226. Es ist gleichzeitig Zeugnis der damaligen Stimmung unter der Minderheit. Breyer ist in Sompolno aufgewachsen und war nach Heike mit der JDP verbunden. Brief Heikes v. 19. 03. 1990 an die Verfasserin.

370 Nach Breyer (1955: 226) war eine „Abkapselung" nicht möglich, allenfalls sei „die Vereinzelung und völkische Heimatlosigkeit zumeist eine Vorstufe der Umvolkung" gewesen. Es habe „die Gefahr ... des Verlustes der nationalen Existenz überhaupt [bestanden]".

371 Bierschenk 1970: 107.

mente"[372] erscheinen ließ. Kronig sei lediglich mit dem Gedanken in der sozialistischen Bewegung engagiert gewesen, die deutschen Sozialisten möglichst lange für das Deutschtum zu erhalten und das Schlimmste abzuwenden.[373] Von 1921 bis 1934 habe er sich verstellt – über Jahre so erfolgreich, daß das selbst den Hintermännern des Auswärtigen Amts verborgen blieb, die ihn in erster Linie als Sozialisten und erst in zweiter als Deutschen charakterisierten, für die er sogar ein „völkischer Unsicherheitsfaktor" war.[374]

Kronig soll die DSAP lediglich zum Schutz des Deutschtums aufgebaut haben. Es sei ihm dabei stets nur um das Wohl der ganzen Volksgruppe gegangen – für die er die DSAP eingespannt habe –, und zwar ganz legal: so, wie andere dafür *direkt* in nationalen Gruppierungen tätig waren. So gesehen, leistete Kronig einen viel schwereren Dienst als diese. Selbst beim Wahlbund mit der PPS, der ihm „von anderer Seite sehr [verübelt]" wurde, sei es ihm „nur um die Wahrung der Belange der deutschen Volksgruppe gegangen"[375]. Die Zusammenarbeit mit den polnischen Sozialisten sei nur unter dieser Hinsicht gesehen worden und „nicht etwa, um dem Marxismus zum Siege zu verhelfen". Auch habe er sich für den deutschen Arbeiter nicht etwa engagiert, „um einen Klassenkampf heraufzubeschwören", sondern um „über ein Instrument im Volkstumskampf zu verfügen". Sein Martyrium endete mit seinem Parteiaustritt 1935, nachdem er Zerbe im letzten Richtungskampf unterlegen war und die DSAP ihren Kurs beibehielt. Dies war nicht allein der von Zerbe vorgegebene Kurs, sondern der, den Kronig geprägt hatte. Somit verlieh doch Kronig dieser Partei sozialistischen Charakter, und genau den wollte sie beibehalten.

Kronig hatte sich verändert – war vom Sozialismus abgerückt. Mit seinem Austritt habe Kronig „Charakter und Anständigkeit" bewahrt und sei „sich selber treu" geblieben. Sicherlich könne man über die Methode Kronigs anderer Meinung sein, schließlich habe er „aber nur um der Sache willen"[376] gehandelt. Jede Spur „wahrer" Sozialismus oder gar Marxismus wird bei Kronig ausgeschlossen. Eine „Spur Sozialismus" soll ihm Mittel zum Zweck gewesen sein – Sozialismus im Auftrag des Nationalismus.[377]

---

372 Breyer 1955: 225. Vgl. Bierschenk 1970: 107 f.

373 Ibidem: 103, 107.

374 PA AA, Pol 5: Hoffmann-Fölkersamb (Generalkonsulat Lodz) an AA v. 24. 06. 1925.

375 Bierschenk 1970: 107.

376 Ibidem: 103–108.

377 Einen Gedankensprung enthält Bierschenks Begründung – etwas fehlt in der Argumentation. Sie ist zu einfach und zu eng mit der politischen Orientierung ihres Verfassers verbunden. Bierschenk stammt aus Sompolno und war in den mit dem Nationalsozialismus sympathisierenden Gruppierungen „Jungdeutsche Partei" (JDP), ab 1938 im „Deutschen Volksverband in Polen" (DVV) organisiert (Brief Heikes an die Verfasserin v. 19. 03. 1990). JDP und DVV standen in Gegnerschaft zur DSAP. Von daher versteht sich die Alibisuche Bierschenks für Kronig – vor dessen Verlassen der DSAP und danach.

Heikes Einschätzung der Beweggründe Kronigs fällt zurückhaltend aus: Kronig habe sich „einem allzu scharfen Kampf gegen den Nationalsozialismus widersetzt und in gewissen Fällen sogar eine positive Einstellung zu den Leistungen der nationalsozialistischen Regierung verlangt"[378]. Kronig wie Kuk hätten dem durch Zerbe vertretenen „offenen und konsequenten Kampf gegen den Nationalsozialismus" ablehnend gegenübergestanden.[379] Schon längere Zeit vor seinem Austritt soll sich Kronig „nationalsozialistischen Anschauungen genähert und daraus die Folgerungen gezogen"[380] haben. Er sei für seine „deutsch-nationalen und antisemitischen Sympathien"[381] bekannt gewesen.

Ende 1935 trat Kronig der JDP bei.[382] Dies wurde in der Presse berichtet.[383] Dementiert wurden diese Presseberichte vom Deutschen Konsulat in Lodz, wo Kronig nach wie vor als „völkisch ... völlig wertlos" galt.[384] Kronig wird als „äußerst jähzornig und unberechenbar" beschrieben. Aus der Partei sei er im Jahre 1935 aus persönlichen Gründen, wegen Differenzen mit Zerbe, ausgeschieden.[385] Diese Begründung wies Kronig jedoch in seinem Brief an die Mitglieder der DSAP aus dem Jahre 1935 zurück und erklärte den Bruch „durch den unüberbrückbaren Gegensatz der politischen Ansichten" in der Parteiführung.[386]

Die Abspaltung Kronigs war für die Parteiorganisation nicht ungefährlich und blieb nicht ohne Folgen. Nach dem Austritt des Vorsitzenden verließen viele DSAP-Mitglieder die Reihen ihrer Partei. Diese Abwanderung war eine Reaktion auf die Krise in der Führung der Lodzer DSAP.[387] Viele der in der DSAP Organisierten ließen sich von wirtschaftlichen und politischen Vorteilen leiten, die die nationalsozialistischen Gruppen offe-

---

378 Ibidem: 105. Heike 1985: 220 f.; 1989: 108–110. Heikes Urteil ist undifferenziert, er gehörte der Gruppe um Kronig an. Vgl. Brief Heikes an die Verfasserin v. 26. 05. 1988.

379 Brief Heikes an die Verfasserin v. 26. 05. 1988. Nach Breyer (1955: 227) habe die Einführung des „Feiertags der nationalen Arbeit" (1933), mit dem Hitler die Arbeiter für sich gewinnen wollte, auch „die Vorbehalte" gegen den Nationalsozialismus der deutschen Arbeiter in Polen „besänftigt".

380 Berliner Börsen-Zeitung v. 13. 02. 1935 in: PA AA, Generalkonsulat Posen, Bd. 7. Vgl. „Oberschlesischer Kurier" v. 07. 02. 1935 in: PA AA, Pol 25 Polen, Bd. 34, S. 225.

381 Cygański 1966: 80.

382 AAN, MSZ 2348/376, Sprawozdanie z życia mniejszości narodowych, IV/1935, S. 66 f. Nach Bierschenk (1970: 108) sei Kronig nicht mehr parteipolitisch tätig geworden nach seinem Austritt aus der DSAP, nur noch in Vereinen mit rein „geselligem" und „gemütlichem" Charakter aktiv gewesen. Er habe sich keiner nationalsozialistisch nahestehenden Organisation angeschlossen.

383 Berliner Börsen-Zeitung v. 13. 02. 1935. Der Oberschlesische Kurier v. 07. 02. 1935. PA AA, Pol 25 Polen, Bd. 34, S. 225.

384 PA AA, Pol 25 Polen, Bd. 34, S. 355: Deutsches Konsulat Lodz an AA v. 22. 03. 1935. Belegt wird dies mit dessen Weigerung, mit seinem Vater deutsch zu sprechen; dieser habe sich deswegen das Leben genommen.

385 Ibidem.

386 Heike 1969: 171.

387 Cygański 1966:80. Vgl. Breyer 1955: 249.

rierten. Ihre Entscheidung wurde einigen Zögerern durch Kronigs Verhalten erleichtert, gab ihnen eine fast „legitime" Rechtfertigung. Entschied doch der erste Mann selbst – der, dem Vertrauen entgegen gebracht werden konnte.

Im Jahre 1936 distanzierten sich zwei weitere Vorstandsmitglieder von der DSAP: Reinhold Klim und Otto Heike. Heike spielte eine größere Rolle, auch war seine politische Wirksamkeit hervorragender und stärker als die Kuks und Ewalds. Seit 1928 führte Heike die DSAP-Ortsgruppe Lodz-Chojny, war als Bezirksvorstandssekretär der DSAP und Redakteur der „Lodzer Volkszeitung" tätig gewesen.

Die Partei beauftragte ihn 1931 mit den Schulfragen der deutschen Minderheit.[388] Heike hielt am zweiten Parteitag der Gesamtpartei, im Februar 1935 in Bielitz, neben Glücksmann und Zerbe das dritte Referat, und zwar zur Schulfrage.

Überraschend kündigte er am 1. November 1936 seine Stellung als Redakteur der „Lodzer Volkszeitung", erklärte am 11. Dezember 1936 seinen Austritt aus dem Parteivorstand und legte danach alle Ämter nieder. Heike, zwar nicht mehr aktiv für die DSAP tätig, kündigte aber nicht die Parteimitgliedschaft auf. Seinen Entschluß, die Parteiämter niederzulegen, begründete er mit unüberbrückbaren Kontroversen mit dem Bezirksvorstand wegen unterschiedlicher Meinungen in der „Schulaktion". Zu einer seiner weiteren Erklärungen, „nach verschiedenen in der letzten Zeit gemachten Beobachtungen" kein Vertrauen mehr zur Parteiführung zu haben, gibt er keine Erläuterungen. Als zusätzlichen Grund nennt er Streitigkeiten „in bezug auf die Taktik", erklärt aber nichts zu seiner Taktik und zu der der anderen.[389] In seinen Memoiren nennt er die unterschiedliche taktische Einstellung zur PPS.[390] Da die DSAP-Parteiführung unter Zerbe für eine enge Zusammenarbeit mit der PPS optierte, dies besonders durch die ab 1934 gemeinsam geführten Kommunalwahlen zum Ausdruck kam, darf angenommen werden, daß dies nicht in Heikes Interesse lag.

Er will ausdrücklich verstanden wissen, daß sein Rückzug von der Partei nichts mit einer der Parteiführung entgegengesetzten Auffassung zum Nationalsozialismus zu tun hatte.[391]

---

388 Cygański 1966: 171. Heike 1969: 110; 1989: 110 f.

389 Heike (1969: 174 f., 110; 1989: 111 f.) wollte die private deutsche Volksschule ausbauen, weil er die staatliche als zu weit polonisiert beurteilte. Der Parteivorstand setzte sich für die staatliche deutsche Volksschule ein, hatte zwar Bedenken wegen möglicher Polonisierung, befürchtete aber mehr, daß in privaten Schulen der „hitlerische Geist herrschen" und „schlechten Einfluß auf die deutschen Kinder" nehmen könne. AAN, MSW 963, I/1936, S. 209. Die DSAP erhob Einspruch gegen Punkt 4 der deutsch-polnischen Minderheitenerklärung vom 05. 11. 1937, in der den Minderheiten das Recht auf die Einrichtung privater Volksschulen zugebilligt wurde, nicht aber die staatlicher. Heike 1985: 205.

390 Heike 1989: 111 f.

391 Heike 1969: 110.

Heikes Stellung war umstritten. Anfang 1937 drohte er mit dem Parteiaustritt.[392] Behauptet wird, er sei 1936 aus der Partei ausgetreten und habe nach 1939 betont, dies bereits 1934 getan zu haben. Von 1937 bis 1939 habe Heike mit dem dem Nationalsozialismus nahestehenden „Deutschen Volksverband" (DVV) zusammengearbeitet und in dessen „Lodzer Freien Presse" unter dem Pseudonym „Wilhelm Friedrich" publiziert. Sein Hauptthema sei die Vergangenheit des Lodzer Deutschtums gewesen, wobei er die Verdienste der Stadt einzig den Deutschen zugerechnet habe.[393]

Heike stand wirtschaftlich schlecht und übernahm deswegen im Jahr 1934 neben der Nachtredaktion der „Lodzer Volkszeitung" Übersetzungsarbeit für zwei deutsche Nachrichtendienste. Er bestätigt, in der „Lodzer Freien Presse" mit den beiden Vornamen seines Vaters „Wilhelm Friedrich" signiert zu haben. Nach eigenen Angaben veröffentlichte er vor allem „Heimatbeiträge". Anfang Januar 1939 wurde er zusätzlich in die Redaktion der „Neuen Lodzer Zeitung" berufen, die nicht wie die meisten anderen Zeitungen am 1. September 1939 schließen mußte, sondern erst am 5. September das letzte Mal erschien. Am 16. September 1939 wurde er Sekretär im Gemeindeamt Chojny und am 10. Januar 1940 in das Lodzer Stadtarchiv übernommen. Zu Beginn des Rußlandfeldzuges zog man ihn als Dolmetscher ein.[394]

Ähnliches bestätigt eine andere Quelle. Ihr zufolge habe Heike in der Besatzungszeit „Karriere" gemacht. Am 20. September 1939 sei er nach Unterstützung des nationalsozialistischen Selbstschutzes Gemeindesekretär in Chojny geworden und vom 28. Februar 1940 bis 31. September 1941 Leiter des Lodzer Stadtarchivs gewesen. Diese Stelle habe er mit Hilfe des NSDAP-Kreisleiters Ludwig Wolff bekommen. In dieser Tätigkeit habe er „Familien- und Sippenforschung" betrieben, besonders was die Abstammung der Lodzer Deutschen angehe. Klar ist nicht, ob sich Heike „prohitlerisch"[395] engagierte, obwohl seine Beziehung zu den Nationalsozialisten seine Tätigkeit in der NSDAP der Ortsgruppe Chojny und die

392 Breyer u. Korzec 1980: 349.

393 Cygański 1966: 171.

394 Diese Angaben teilte Heike mir persönlich mit. Die Aufzeichnungen befinden sich in meinem Besitz. Heike erklärte, die „Neue Lodzer Zeitung" habe „als polnisch unterwandert" gegolten. Diese Zeitung war zeitweise das Parteiorgan der „Bürgerlichen Deutschen Partei" und befand sich im Privatbesitz zweier deutscher bürgerlicher Familien. Auch die „Freie Presse" war eine bürgerliche Zeitung, und zwar die des „Deutschen Volksverbandes". Ab Mitte der dreißiger Jahre tendierten beide Blätter zu der den Nationalsozialismus bejahenden „Deutschen Vereinigung". AAN, MSW, Bd. 973, Niemieckie ugrupowania polityczne w Polsce, 01. 05. 1927. Heike 1955: 171 f.; 1989: 112. Die „Neue Lodzer Zeitung" vertrat phasenweise auch den DKuWB und die JDP. Bierschenk 1954: 52.

395 Cygański (1966 (x): 155) behauptet das. Vgl. Ludwig Wolffs Aktivitäten im Deutschen Volksverband in Polen (DVV) auf S. 62 dieser Arbeit.

Zusammenarbeit mit der „Deutschen Volksliste" dokumentiert haben soll.[396]

Heike stellte seine Tätigkeit für die DSAP im Jahre 1936 ein und versicherte, diese Entscheidung habe nichts mit seiner Haltung zum Nationalsozialismus zu tun. Obwohl er bei Kriegsausbruch bereits zweieinhalb Jahre nicht mehr für die DSAP gearbeitet hatte, habe sich „zum letztenmal ... noch eine Woche nach dem Beginn der Gestapoherrschaft in Lodz auch der Vorstand der Ortsgruppe Lodz-Chojny" in seiner Wohnung getroffen.[397] Angenommen werden kann, daß seine Wohnung vorher wiederholt als Treffpunkt dienen mußte. Unklar und nicht zu verstehen ist die Tätigkeit eines Sozialisten als Stadtarchivar in einer nationalsozialistisch besetzten Stadt – noch dazu, wenn dieser den Posten erst unter den Nationalsozialisten erhielt. Dagegen tauchten alle anderen DSAP-Führer unter, flüchteten, wurden verfolgt oder waren unter schwierigsten Bedingungen im Widerstand tätig.[398]

Die Absplitterungen nach rechts – besonders die Kronigs, der als Parteivorsitzender über großen Einfluß verfügte und eine Reihe einflußreicher Mitglieder mit sich zog – schwächten die Partei und leisteten den nationalsozialistischen Kräften Vorschub.

Kronigs Wandel bleibt rätselhaft, kann lediglich anhand von Indizien erfaßt werden. Würde eine Einteilung der Parteiführungsspitze nach den Kategorien Rechts- und Linkstendenzen sowie Zentrum erfolgen, könnte Kronig zusammen mit Kuk, Ewald, Klim und Heike den Rechtstendenzen, Zerbe, Kociołek und Seidler dem Zentrum und Scheibler den Linkstendenzen zugeordnet werden.[399]

Dessenungeachtet war die Grundhaltung aller sozialistisch. Besonders traf das für Kronig zu. Das geht aus allem hervor, was er vor 1933 tat. Deutlich kam dies in dem vom Sozialismus durchdrungenen Brief aus dem Jahre 1928 zur Geltung, als er sich entschieden für den Wahlblock mit der PPS einsetzte. Zwischen diesem und der Rechtfertigung seines Parteiaustritts aus dem Jahr 1935 liegen Welten, die lediglich im Raster des nationalsozialistischen Gleichschaltungsprozesses dergestalt übergangslos überwunden werden konnten.

---

396 Nur die Berufung zur Armee habe „die ehrenwerte Tätigkeit dieses 'Sozialisten' unterbrochen", schreibt Cygański (1966: 172).

397 Heike 1969: 117.

398 Heike beantragte am 12. 08. 1942 die Aufnahme in die NSDAP, die ihm am 01. 03. 1943 gewährt wurde. Er erhielt die Mitgliedsnummer 9541586 (BArch, ehem. BDC, Akte Otto Heike).

399 Kieszczyński (1967: 91) teilt die Leitung der DSAP in eine rechts- und eine linksorientierte Gruppe auf. Cygański (1966: 29) ordnet einer „Rechtsgruppe" Kronig, Kuk, Heike, Ewald und Klim zu und einer „Zentrolinksgruppe" Zerbe, Kociołek, Seidler, Hunker und Scheibler.

Kronig und Scheibler sind unter zwei Aspekten für die Beschreibung der Parteientwicklung wichtig:

1. als Personen, deren Entwicklung – von innen – auf die Partei und auf deren Mitglieder wirkte. Die Parteiführer übten großen Einfluß auf die Parteimitglieder aus. In dem Moment, als die Wirtschaftskrise da war und veränderte soziale Verhältnisse die Gesellschaft verunsicherten, gewannen die Meinungen der Parteiführer weiterhin an Stellenwert;
2. als Personen, die auf die politische Situation, die – von außen – auf die Partei und die Parteimitglieder wirkte, reagieren. Die Parteiführer spiegelten die Entwicklung innerhalb der Partei wieder. Ab Anfang der dreißiger Jahre war in der Gesellschaft die Tendenz zum Linksextremismus und zum Rechtsextremismus vorhanden. Diese Radikalismen wirkten unabhängig auf die Parteiführer und auf die Parteimitglieder. Heute sind die Entscheidungen der kleinen Parteimitglieder nicht mehr nachvollziehbar; die Entscheidungen der Parteiführer jedoch können ein Beweis dafür sein, was in der Partei geschah.

Nachhaltigere Wirkungen als die linken Strömungen der Jahre 1930/31 zeigten die rechten Tendenzen in den Jahren 1933 bis 1935. Sie schwächten die Partei in bedeutenderem Maße. War es nicht nach 1933 sicherer, vielleicht einfach bequemer, in erster Linie Deutscher zu sein und den Sozialismus hintanzusetzen? War die konkrete Angst von Kronig und vielen anderen vor Repressalien deutscherseits nicht elementarer, existentieller als ihre Sozialismusideologie? Die Verfolgung seitens der Polen war ihnen sicher, die deutsche konnte abgewendet werden. Die Unterstützung der PPS hatten sie, deren Anerkennung für ihr Festhalten am Sozialismus trotz der schwierigen Lage wäre ihnen sicher gewesen. Vielen muß die ideelle Unterstützung in Anbetracht der existentiellen Bedrohung nichtig erschienen sein. Sie genügte nicht. Vielleicht entschied Kronig, nach Hitlers Machtübernahme und dem sich abzeichnenden nationalsozialistischen Einfluß auf die deutsche Minderheit in Polen, aus wirtschaftlicher Not wie bloßer Existenzangst – und nicht parteiideologisch. Er lief mit dem Strom, wählte den einfacheren Weg und blieb damit kein Einzelfall, eingereiht im Heer der Gleichgeschalteten.

Welche Faktoren der polnischen Innenpolitik beeinflußten die deutschen Sozialisten in Polen? Der Einfluß der Kommunisten war in traditionell linksorientierten Territorien stark, wie z. B. in Lodz. Bereits bei den Lodzer Selbstverwaltungswahlen im Mai 1927 erzielten die Kommunisten 23 Prozent der Stimmen.[400] Scheibler war DSAP-Ortsgruppenleiter in Lodz.

Eine Linksradikalisierung wurde begünstigt durch:

1. die Enttäuschung der Linken über Piłsudski nach dessen Maiputsch;

---

400 Zieliński 1982: 220. Vgl. Strobel 1962: 81.

2. das Scheitern des Centrolew als legaler Opposition;
3. die 1929 beginnende Wirtschaftskrise, die den Arbeitern Arbeitslosigkeit brachte.

Die Wirtschaftskrise hatte auch eine andere Auswirkung. Der polnische Staat verlor zunehmend an Attraktivität, was bei dem konfliktreichen Verhältnis der Minderheiten zum polnischen Staat den Einfluß derer verringerte, die für eine Zusammenarbeit bereit gewesen wären. In der Praxis bedeutete das eine Verstärkung der Rechtstendenzen.

C. Ideologie und Wirklichkeit

1. Die Deutsche Sozialistische Arbeitspartei Polens (DSAP) und die Reichspolitik

Reichspolitik und die Bromberger

Die Bromberger deutschen Sozialisten sollten völlig in das Fahrwasser der Deutschbürgerlichen ihrer Region geraten und die entsprechende Politik des Reiches mittragen. Deswegen wird eine kurze Erklärung zur Intention dieser Art der Reichspolitik gegeben.

Die Reichspolitik wurde übergangslos nach 1933 gutgeheißen. Die Weimarer Republik sorgte für das Kontinuum, indem sie dem „Dritten Reich" „das deutschtumspolitische Instrumentarium des AA und auch die Organisationen der deutschen Minderheiten in Europa vererbte".[1] Der „Deutschtumsbund" als Instrument des Auswärtigen Amtes sollte wie „alle Deutschen insgesamt ohne Unterschied der Richtungen ... nicht das mindeste Interesse daran [haben], den polnischen Staat zu festigen und zu konsolidieren, [dürfte] es nicht haben, wenngleich wir [die Deutschen, PB] selbstverständlich nach außen hin als loyale Staatsbürger auftreten müßten"[2].

Das Auswärtige Amt negierte systematisch „die Problematik der scheinbaren Interessenidentität zwischen Großgrundbesitz und deutscher Volksgruppe"[3]. Das Reich ging nicht von „scheinbarer Interessenidentität" aus, sondern sah die Interessenidentität als gegeben. Andere politische Vorstellungen, ein „Arrangement" zwischen Deutschen und Polen, hatten keine Chance auf Realisierung. Nach außen stellte sich die Politik der Deutschen in den ehemals deutschen Ostgebieten so dar, wie sie erscheinen sollte und Graebe sie charakterisierte, nämlich als „mit der Reichspolitik"[4] übereinstimmend. Nur wenige entsprachen dieser Schablone nicht. Die Präsentation der Reichspolitik in Polen durch die dort lebenden Deutschen hatte ihren Preis. Das Reich ließ sich das etwas kosten. Die finanzielle Absicherung der deutschen Volksgruppe in Polen durch das Aus-

---

1 Krekeler 1973: 148. Ähnlich Potocki 1978: 105 f.

2 BArch, Dt. Stiftung, 6 Sti 1, 1066: Jamper (z. Zt. Danzig) an Krahmer-Möllenberg (Deutsche Stiftung) v. 23. 06. 1921.

3 Krekeler 1973: 56.

4 Graebe an Brüning v. 07. 01. 1931 (BArch, R 43 I/550. Zitiert bei Krekeler 1973: 132).

wärtige Amt – als wirksames Instrumentarium – sollte die Deutschen auf das Reich fixieren. Das Deutschtum sollte erhalten bleiben, um den Revisionsanspruch nicht hinfällig werden zu lassen und „später die Aufrollung der Frage der Grenzrevision zu erleichtern".[5] Die in den ehemaligen deutschen Gebieten lebenden Deutschen sollten eine Bastion bilden, auf die das Reich bauen könnte, wenn die Zeit „reif" genug sei. Im westpreußischen Gebiet gefährdete die ungeheure Deutschenabwanderung dieses reichsdeutsche Ziel.[6] Der Abwanderung sollte mit allen Mitteln entgegengetreten werden. Hermann Rauschning bewies in seiner wissenschaftlichen Studie aus dem Jahr 1927, „daß die Deutschen es hier nicht aushalten konnten", und verlangte, „daß sie es hier aushalten sollten". Das deutsche Generalkonsulat Posen gab bekannt, in der „gegenwärtigen Lage ... nur diese letzte Feststellung"[7] gebrauchen zu können. In dieser Situation hielt sich die nationale Stimmung innerhalb der deutschen Minderheit zu einem guten Teil durch den Einfluß der deutschen Reichspolitik. Um ihr oben geschildertes politisches Interesse zielstrebig durchzusetzen, schürte diese maßgeblich die antipolnische Stimmung.[8] Hier lag es wiederum von polnischer Seite aus nahe, die deutsche Minderheit als „Monolith zu traktieren". Außerdem fehlte der polnischen Regierung die Minderheitenpolitik, die dem entgegengewirkt hätte und einer Liquidierung des deutschen Irredentismus förderlich gewesen wäre.[9] Mit der strikt auf Assimilation und Unterdrückung ausgerichteten Minderheitenpolitik der Polen konnte nur das Gegenteil erreicht werden. Sie trieb die Deutschen zwangsläufig in die andere Richtung, arbeitete den reichsdeutschen Zielen unbeabsichtigt zu. Besonders die deutsche Minderheit in Polen diente als Spielball beider Regierungen, sollte jeweils für die eigenen politischen Ambitionen benutzt und ausgenutzt werden.

Eine solche minderheitenpolitisch äußerst ungeschickte Reaktion der polnischen Seite war, den „Deutschtumsbund" 1923 wegen staatsfeindli-

---

5 Aufzeichnung Min. Dir. Wallroth v. 05. 10. 1926 (ADAP, Bd. 2,2 S. 296. Zitiert bei Krekeler 1973: 73; vgl. 132 f., 59). Der deutschen Minderheit in Polen sei die Rolle der „Vor- und Horchposten" zugefallen. Hitler habe deren Repräsentanten im Frühjahr 1934 mitgeteilt, daß sie sich bereits wie im Kriege zu betrachten hätten. Ihre Aufgabe sei nicht mehr nur die Pflege und Erhaltung des Deutschtums, sondern ganz konkret sollte die Minderheit zu einer „Kampfgruppe" geschult werden. Potocki 1978: 105 f. Szefer 1971: 125. Wapiński 1963: 138 f. Alle drei zitieren die als Fälschung erwiesenen „Gespräche mit Hitler" (Rauschning 1940: 136 ff.), was aber keine spektakulären Neuigkeiten bringt.

6 Wajda 1986: 112, 114.

7 PA AA, Geheimakten, Pol. 25 Polen, Bd. 3: Deutsches Generalkonsulat Posen an Zechlin (AA) v. 17. 03. 1927. Vgl. zur Abwanderung, die unbedingt aufgehalten werden sollte: Potocki 1978: 104 f. Rauschning 1930.

8 Der deutsche Staat sei sogar bestrebt gewesen, alle ihm erreichbare Mittel dazu einzusetzen, schreibt Wapiński 1963: 41.

9 Wapiński 1963 41. Die DSAP kritisierte die Unterdrückung der Deutschen durch die polnische Regierung, die „von sich aus breite deutsche Volkskreise [abgestoßen]" und dadurch eine Irredenta begünstigt habe. Parteivorstand 1935: 12.

cher Tätigkeit aufzulösen und zu verbieten. Die politischen Geschäfte der Deutschen in diesem Gebiet übernahmen vorübergehend die „Büros der deutschen Sejmabgeordneten in Posen-Pommerellen". Mit der gleichen Besetzung wie der „Deutschtumsbund" wurde die „Deutsche Vereinigung im Sejm und Senat für Posen, Netzegau und Pommerellen" mit je einem Sitz in Bromberg und Posen neugegründet. Sie stand unter Vorsitz Kurt Graebes und des Juristen Eugen Naumann, war somit unter Leitung zweier Konservativer.[10]

Parallel zu der auf politischer Ebene als „Spitzenorganisation" bezeichneten „Deutschen Vereinigung" wurde auf wirtschaftlicher Seite 1924 als zweites wichtiges Instrument der „Fünfer-Ausschuß", später „Neuner-Ausschuß" gebildet. In diesem verfügten ebenfalls Graebe und Naumann über großen Einfluß.

Diese Organisation wurde die „oberste Spitze der Vereinigung sämtlicher deutscher Wirtschaftsverbände" und neben der politischen Spitzenorganisation „zur wichtigsten organisatorischen Zentrale des Deutschtums" in den an Polen gefallenen ehemaligen deutschen Ostgebieten.[11] Die Gelder aus dem Reich mit weniger Mitwissern diskreter und unauffälliger zu verteilen, war eine der Hauptaufgaben des „Fünfer-Ausschusses".

Artur Pankratz engagierte sich im höchsten Gremium der Interessenvertretung des Deutschen Reiches in Polen – im „Fünfer-Ausschuß". Das ließ die polnische Seite behaupten, Pankratz befände sich mit seiner Organisation unter Führung der „Deutschen Vereinigung".[12]

Im Februar 1927 beschwerte sich Pankratz bei Krahmer-Möllenberg, ungenau über die Arbeit des „Fünfer-Ausschusses" und des „Sejmbüros" informiert zu sein. Er wünschte größeren Einblick, um die Zusammenarbeit zwischen den Sozialisten und dem übrigen Deutschtum besser zu gestalten.[13] Sein Anliegen rechtfertigte er mit Schwierigkeiten, die ihm bei der Arbeit in den „Ausschüssen und Büros" entstünden, auf einige Partei-

---

10 Wertheimer 1930: 125 f., 109 f. AAN, MSW, 973, Niemieckie ugrupowania ... Thimm 1986: 99 f. Eugen Naumann (*1874 auf Rittergut Mikuszewo/Wreschen) entstammte einer sehr wohlhabenden typischen Familie des deutschen „Junkertums". Sein Großvater war Oberbürgermeister von Posen, sein Vater Pächter eines einem Prinzen gehörenden Gutes, seine Mutter entstammte dem Rittergut Chwalkowo/Schroda. Naumann studierte Jura in Lausanne, Freiburg, Berlin und Breslau. Er war Vorsitzender der deutschen Fraktion in Sejm und Senat. Wertheimer 1930: 94 f.

11 Krekeler 1973: 72.

12 AAN, Amb. RP w Berlinie 3872: Konsulat des polnischen Staates in Schneidemühl an polnische Botschaft in Berlin v. 12. 01. 1932, S. 340. Vgl. dazu Kowalak 1971: 129.

13 Zu diesem Zweck forderte er, „bei der Entscheidung über die Verwendung etwa zu gewährender Beihilfen und bei der Kontrolle über die Verwendung dieser Gelder" mitbestimmen zu können. PA AA, Geheimakten, Pol. 25 Polen, Bd. 3: Krahmer-Möllenberg an Geheimrat Soehring, Geheimrat Zechlin, Geheimrat Graf Schwerin von Krosigk v. 23. 02. 1927: Aktenvermerk über ein Gespräch mit Pankratz v. 22. 02. 1927.

genossen stark Rücksicht nehmen zu müssen, „um die deutsche Sache nicht zu gefährden“[14].

Wohl waren nicht alle Bromberger Sozialisten mit der Tätigkeit Pankratz' einverstanden; und er war nicht in der Lage, alles zu verheimlichen. Er forderte eine Gegenleistung für die ihm entstehenden Unannehmlichkeiten. Pankratz ließ nicht unerwähnt, allein durch seine Mitwisserschaft „in der Lage zu sein, sich seine Wünsche zu erfüllen“[15]. Seine Gegenüber sollten wissen, daß er die nötigen Druckmittel in Händen habe, um nachzuhelfen. Wahrscheinlich verfügte er über wenig Einfluß in diesen Gremien und wollte dies ändern. Er wußte genug, um in gewissen Kreisen Unbehagen hervorzurufen. Zwar bildeten die Sozialisten die schwächste Gruppe; aber auch sie stärkten die deutsche „Einheitsfront“ Posen-Pommerellens, und das sollte so bleiben.

Krahmer-Möllenberg hielt das Anliegen Pankratz' für vermessen. Graebe berichtete dem früheren Generalkonsul von Danzig, Geheimrat von Dirksen, Krahmer-Möllenberg versuche im „Fünfer-Ausschuß“, die „sozialistischen Kreise [Pankratz]“ gegen die bürgerlichen auszuspielen.[16] Sicher war, daß die Sozialisten – lediglich Pankratz saß im „Fünfer-Ausschuß“ – die Schwächeren sein würden.

Die Haltung des Auswärtigen Amts zur Deutschen Arbeitspartei Polens und die Sejm- und Senatswahlen 1922

Die DAP – der erste politische Zusammenschluß der Deutschen Kongreßpolens in der Zwischenkriegszeit überhaupt – erhielt ihre sozialistische Prägung von ihren beiden Führern, von Zerbe und Kronig.[17]

Im Parteiprogramm zeigte sich der sozialistische Tenor deutlich, obwohl diese Haltung nicht unbedingt aus ihrem Parteinamen geschlossen werden müßte. Hier heißt es: „Da die politische Freiheit die unentbehrlichste Vorbedingung zur ökonomischen Befreiung der arbeitenden Klasse ist, kämpfen wir für die Abschaffung der Klassenherrschaft und der Klassen überhaupt und für gleiche Rechte aller“[18].

---

14 PA AA, Geheimakten, Pol. 25 Polen, Bd. 3: Deutsches Generalkonsulat Posen an Erich Zechlin (AA, Abteilung IV, Referat Polen) v. 17. 03. 1927. Dieser Brief bezieht sich auf die Unterredung „Pankratz/Krahmer-Möllenberg“ v. 22. 02. 1927. Vgl. dazu ibidem: Krahmer-Möllenberg an Geheimrat Soehring, Geheimrat Zechlin, Geheimrat Graf Schwerin von Krosigk v. 23. 02. 1927.

15 Ibidem.

16 PA AA, Geheimakten, Pol. 25 Polen, Bd. 3: Graebe an Geheimrat von Dirksen in Berlin v. 17. 03. 1927.

17 Vgl. Kapitel B.2. dieser Arbeit.

18 „Die Arbeit“, S. 5.
Heike meint, die Begründer der DAP hätten sich die englische „Labour Party“ zum Vorbild genommen, die mit ihrer sozialistischen Grundlage im Einvernehmen mit der evangelischen Kirche stehen sollte, der in Kongreßpolen die meisten Deutschen angehörten.

Die Namensgebung der neuen Partei beschäftigte das Auswärtige Amt und bewog es, den Begründern Unaufrichtigkeit vorzuwerfen. Ermittlungen wiesen der Partei „einen stark sozialistischen Einschlag" nach, obwohl eine entsprechende Bekanntgabe offensichtlich umgangen werden sollte. Unterlassen wurde dies, vermutete das Auswärtige Amt, „in der Hoffnung, auf diese Weise die Stimmen von nicht sozialistischen deutschen Arbeitern ... sowie von Angestellten und Angehörigen des Kleinbürgerstands zu fangen". „Anständiger und ehrlicher" sei gewesen, wenn die Organisation „mit offenem Visier hervorgetreten wäre und sich als sozialdemokratische Partei bezeichnet hätte. Auch ist nicht zu verkennen, daß manches für eine solche Gründung spricht", da zu befürchten sei, sonst eine hohe Anzahl sozialistisch gesinnter deutscher Arbeiter an die PPS zu verlieren. Bisher habe sich weder ein deutscher Sejmabgeordneter noch ein Stadtverordneter Arbeiterproblemen angenommen. Weil von den Deutschen im Lodzer Gebiet die meisten Arbeiter seien, habe man nichts gegen eine sozialdemokratische deutsche Partei, unterstütze das in der Hoffnung, die Arbeiter dadurch für das Deutschtum zu erhalten. Den deutschen Sozialisten sollte gestattet werden, „ruhig in wirtschaftlichen Fragen mit ihren polnischen Parteigenossen [zu] gehen, wenn sie nur in nationalen Dingen zuverlässig[19] seien.

Die deutsche Regierungsseite zeigte sich tolerant. Sie versprach sich von der neuen Partei, die deutschen Arbeiter von der polnischen Partei fernzuhalten und die, die sich ihr bereits angeschlossen hatten, zurückzuholen. Gerade im Lodzer Industriegebiet durften die Arbeiter, die „bei weitem in der Mehrzahl" waren, nicht ignoriert werden. Das wäre politisch nicht vertretbar gewesen, da sie sonst in die Reihen der PPS getrieben worden wären. Mitgliedschaft bei der PPS galt als „für das Deutschtum verloren". In diesem Falle urteilte man, daß die Arbeiterinteressen „entschieden Anspruch auf Berücksichtigung"[20] hätten. Mit dem kleineren Übel, der sozialistischen, aber deutschen Partei, versuchte das Auswärtige Amt dem größeren, dem Verlust für das Deutschtum, entgegenzutreten.

Zu den Sejm- und Senatswahlen im November 1922 trafen sich die deutschen Sozialisten Mittelpolens und Westpreußens mit den bürgerli-

---

Die sozialistische Tendenz habe sich durchgesetzt, was dem Einfluß der Gruppe ehemaliger SDKPiL-Mitglieder zuzuschreiben sei. Geäußert habe sich dies in der Namensänderung der Partei von „Deutsche Arbeitspartei Polens" in „Deutsche Sozialistische Arbeitspartei Polens" (DSAP) im Jahre 1925. Heike 1985: 187. Die Namensänderung erfolgte im Einklang mit der Kattowitzer Gruppe, die in ihrer Bezeichnung das Wort „sozialdemokratisch" führte. Früher nannten sich, jeweils unabhängig voneinander, die Bielitzer, Bromberger und Kattowitzer „sozialdemokratisch". Die Namensänderung geht eher auf die zurück, die sich im Jahre 1925 durchsetzten und nicht auf die gleich nach der Gründung im Jahre 1922 zur DAP gestoßenen ehemaligen SDKPiL-Mitglieder.

19 PA AA, Politik 25 Polen, Bd. 9: Winkler (Deutsche Paßstelle Lodz) an AA v. 06. 02. 1922.

20 Ibidem.

chen Deutschen, den Juden, Ukrainern und Weißrussen im „Minderheitenblock", der sich gebildet hatte wegen der für kleine Parteien ungünstigen und für die Minderheiten ungerechten Wahlordnung. Diese Entscheidung dürfte das AA befriedigt haben. Es sah seine Hoffnung bestätigt, daß die Sozialisten, trotz ihrer klassenkämpferisch ausgerichteten Partei, für das Deutschtum erhalten bleiben könnten und in wichtigen nationalen Fragen zu den bürgerlichen Deutschen stehen würden. Für das AA bedeutete ein starker Minderheitenblock überdies eine Destabilisierung des polnischen Staates. Deshalb förderte es die Wahlkampfbewegung des Minderheitenblocks finanziell sehr stark.[21]

Die oberschlesischen deutschen Sozialisten hatten sich nicht dem Minderheitenblock angeschlossen, stellten aber auch keine eigenen Wahllisten auf. Ein mit den unabhängigen polnischen Sozialisten geplanter Wahlblock war überraschend gescheitert; und es blieb keine Zeit, sich anderweitig zu organisieren. Jedoch legte die oberschlesische Parteileitung ihren Wählern nahe, im Bielitzer Bezirk für die PPS einzutreten und erteilte für den Kattowitzer Bezirk die Parole „Wahlenthaltung".[22]

Daß gerade in Oberschlesien der erste Schritt der Zusammenarbeit unternommen wurde, verwundert in Anbetracht der dort latent vorhandenen Nationalitätenkonflikte. Andererseits spielte der Einfluß der Sozialisten des ehemals zu Österreich gehörenden Teils Ostoberschlesiens eine bedeutende Rolle. Sie waren weniger auf das Deutsche Reich und mehr auf die sozialistische Kooperation ausgerichtet. Die für beide Gebiete herausgegebenen unterschiedlichen Wahlempfehlungen weisen auf einen praxisnäheren Sozialismus der ostoberschlesischen Partei hin. Schließlich hätte die Parole ebenso „Eintreten für den Minderheitenblock" heißen können. Mit den unabhängigen polnischen Sozialisten hätte man sich eine Koalition vorstellen können – mit der PPS nicht.[23]

Ein Wahlblock mit der PPS kam im Jahr 1922 nicht in Frage, weil die polnischen Sozialisten aus nationalen Gründen nicht dazu bereit gewesen wären. Sie wollten offiziell nichts mit den Minderheiten zu tun haben, um vor der Regierung nicht als verräterisch zu gelten.[24]

Der Minderheitenwahlblock ließ allen beteiligten Parteien politische Handlungsfreiheit. Die Deutschen kandidierten innerhalb der „Deutschen

---

21 Korzec 1975: 207; 1977: 112 f.

22 PA AA, Pol 5 Oberschlesien, Bd. 1, Po 17887 v. 14. 12. 1922. Ibidem, Bd. 4: Erklärung zur Parteitagsresolution der DSAP, ohne Datum, S. 3. Vgl. dazu Polonsky 1972: 73. Korzec 1975: 209.

23 Die unabhängigen polnischen Sozialisten, eine kleine und schwache Partei, verfügten über keinen politischen Einfluß und konnten es sich leisten, ihre klassenkämpferische Ideologie radikaler zu vertreten als die PPS, sich früher für Minderheitenrechte stark zu machen (im Rahmen ihrer begrenzten Möglichkeiten) und ihre Unterstützung den sozialistischen Minderheitenparteien anzubieten.

24 PA AA, Pol 5 Oberschlesien, Bd. 1: Frank an AA v. 12. 06. 1923. Korzec 1977: 77.

Vereinigung" und bildeten mit 17 Mandaten nach den Juden und den Ukrainern die drittstärkste Fraktion innerhalb des Minderheitenblocks. Drei der 17 Mandate entfielen auf die Sozialisten, auf Artur Kronig, Emil Zerbe und Artur Pankratz. Der Minderheitenblock gewann 87 Mandate. Bei insgesamt 444 zu vergebenden Sitzen bedeutete dies einen großen Erfolg. Die Rechte, der Christliche Verband der Nationalen Einheit (Chrześcijańska Jedność Narodowa, allgemein „Chjena" – Hiena = Hyäne genannt), hielt zusammen mit der Mitte (hier hatte die rechtsgerichtete Volkspartei „Piast" die Mehrheit) die knappe Mehrheit mit 223 Sitzen. Die PPS erhielt 10 Prozent der Sitze.

Bei den Wahlen zum Senat schnitt der Regierungsblock noch besser ab: Von 111 Sitzen erhielt die „Chjena" 48, die Piast 17, die Bauernpartei „Wyzwolenie" 8, die PPS 7, die Nationale Arbeiterpartei 3 und von den Minderheiten die Juden 14, die Ukrainer 6, die Deutschen 5 und die Weißrussen 2. Ein Senator war parteilos. Die deutschen Sozialisten gingen leer aus.[25]

Pankratz, Kronig und Zerbe blieben bis zur Auflösung von Sejm und Senat am 28. November 1927 durch Piłsudski im Deutschen Parlamentsclub. Anfang 1927 wurde Kronig zum gesamtdeutschen Budgetredner des Innenministeriums bestimmt, Zerbe zu dem des Arbeitsministeriums und Pankratz als solcher des Justiz- und Militärwesens beauftragt.[26]

Bis Ende 1927 bestand in national-kulturellen und auch in vielen allgemein staatlichen Fragen eine enge Zusammenarbeit zwischen den deutschen Sozialisten und den Deutschbürgerlichen: Im März 1927 wandte sich Kronig im Namen der deutschen Abgeordneten gegen die vom Regierungsblock geplante Beschneidung der Minderheitenrechte infolge der im Sinne der Regierung eingebrachten Wahlordnungsänderung. Er kritisierte bereits undemokratische Formen an der bestehenden Wahlordnung. Diese begünstige die großen und schwäche die kleinen Parteien, besonders die Minderheitenparteien, und zwar durch die „künstliche Einteilung des Staats in Wahlbezirke" und das unterschiedliche Vorgehen bei der Mandatsverteilung, dem „Wahlquotienten".[27]

Theoretisch sah die Wahlordnung die Prinzipien allgemeiner, gleicher, direkter, geheimer und proportionaler Wahlen vor. Jedoch erließ die polnische Regierung zusätzliche Regelungen, die parlamentarische Vertretung der nationalen Minderheiten „maximal" zu begrenzen. Die drei wichtigsten Einschränkungen dieser Art waren:

---

25 Wertheimer 1930: 97 ff. Korzec 1975: 203, 209, 211 f.

26 Wertheimer 1930: 104.

27 Ibidem: 111–113. Vgl. Anm. 247 in Kapitel B.4. dieser Arbeit, wo zwar die Zusammenarbeit mit den Bürgerlichen nicht ausgeschlossen, jedoch dezidiert auf das gemeinsame Vorgehen mit dem polnischen Proletariat in national-kulturellen Belangen hingewiesen wird.

1. Die „Wahlquotientenregelung", bei der in Gebieten, die überwiegend polnisch besiedelt waren, nur 40.000 Stimmen für ein Mandat genügten, wohingegen in den polnischen Ostgebieten, die vor allem national gemischt waren, 80.000 Stimmen auf ein Mandat entfielen. Wie willkürlich diese Regelung getroffen war, zeigt besonders, daß in dem fast ausschließlich von Ukrainern bewohnten Kreis Łuck (Wolhynien) sogar 110.000 Stimmen für ein Mandat benötigt wurden.
2. Die polnisch besiedelten Gebiete wurden in kleine Wahlkreise mit wenig Mandaten eingeteilt, um die Minderheiten zu verstreuen, und die Gebiete mit überwiegend nichtpolnischer Bevölkerung in große Wahlkreise mit vielen Mandaten, um die Polen zu begünstigen.
3. Von den 444 Sitzen im Sejm wurden 72 über die „Staatsliste" vergeben, also nicht durch Direktwahl. Diese Mandate wurden den Parteien, die in mindestens sechs Wahlkreisen Mandate gewonnen hatten, proportional zu ihren in den Wahlkreisen errungenen Sitzen zugeteilt.[28]

Bei Anwendung dieses Wahlrechts gingen viele Stimmen verloren. In Polen wurde im Jahr 1922 und im Jahr 1928 ein eingeschränktes Verhältniswahlrecht praktiziert.

Wie die Regierung schlug auch Kronig eine Änderung der Wahlordnung vor, jedoch keine reaktionäre, die die Abgeordnetenzahl der Minderheiten reduziere und „einen Verstoß gegen die Verfassung, einen unerhörten Anschlag auf die Rechtsstellung der Minderheiten" darstelle. Kronig verlangte eine dem Minderheitenanteil entsprechende parlamentarische Vertretung und eine Änderung der Staatslistenregelung. Mit der Staatsliste sollten „sämtliche Stimmenreste und die in den Bezirken nicht verbrauchten Stimmen" aufgefangen und zur Grundlage der Mandatsverteilung werden.

Die Entscheidung über diesen Antrag wurde hinausgezögert und verlor infolge weiterer parlamentsnegierender Maßnahmen des Piłsudskiregimes an Bedeutung.[29]

Bis Ende des Jahres 1927 konnten die Lodzer deutschen Sozialisten ihre anfangs schlechtere Position gegenüber den oberschlesischen Sozialisten ausgleichen und einen Vorsprung ausbauen. Die Lodzer waren durch zwei Delegierte im Warschauer Sejm vertreten. Die Oberschlesier entsandten lediglich zwei Abgeordnete in den Schlesischen Sejm. Den Lodzern kam die Möglichkeit politischer Einflußnahme auf einer höheren parlamentarischen Ebene zugute. Dies war nicht zuletzt eine Imagefrage. Selbst das Bromberger Mandat im Warschauer Sejm, das Oberschlesien zuzurechnen ist, änderte nichts am Kräfteverhältnis.

---

28 Korzec 1975: 202 f.

29 Wertheimer 1930: 111–113.

Zur Beurteilung dieser Frage wird die Meinung eines Vertreters des deutschen diplomatischen Dienstes herangezogen, weil dieser als Repräsentant der deutschen Reichspolitik Einfluß auf die Politik der deutschen Minderheit in Polen nahm oder nehmen wollte.

Der deutsche Konsul in Lodz, Hoffmann-Fölkersamb, wies in den Jahren 1924 und 1925 darauf hin, die polnische Sozialdemokratie lasse die nationalen Forderungen der deutschen Sozialisten unberücksichtigt. Die Politik der deutschen Sozialisten erachtete er als in erster Linie auf sozialistische Ziele gerichtet und ihr Engagement für die deutsch-kulturellen Ziele als „Mittel zum Zweck", die deutschen Arbeiter in ihren Reihen zu halten und mit Hilfe dieses Potentials die sozialistischen Intentionen durchzusetzen. Hoffmann-Fölkersamb warnte, sich durch Zerbes und Kronigs Eintreten für kulturelle Angelegenheiten der deutschen Minderheit im Sejm täuschen zu lassen.[30]

Er charakterisierte die Politik der Sozialisten im Schwarz-Weiß-Raster: Bei den deutschen Sozialisten habe der Sozialismus Priorität, das Deutschtum sei Nebensache. Die PPS sei „in erster Linie polnisch, erst in zweiter Linie sozialistisch".[31] Sein Fazit: „Der Deutsche ist eben ... in erster Linie Sozialist oder bürgerlich, erst in zweiter oder noch später Deutscher, der Pole in erster Linie Pole."[32] Damit qualifizierte er auch das Nationalbewußtsein der Bürgerlichen ab.

Da sich die Lodzer Deutschen durch die russische Herrschaft „völkisch sozialpolitisch gespalten" hätten, schien ihm fraglich, ob „die Arbeiterscharen überhaupt noch imstande seien, in erster Linie völkisch und erst in zweiter Linie sozialistisch zu denken". Im Dezember 1924, ein halbes Jahr vor Gründung der DSAP, beurteilte er den geplanten Zusammenschluß der deutschen Sozialisten: „Wert für das Deutschtum fraglich, da sozialpolitisches Ziel völkischem Ziele vorgeht, letzteres möglicherweise sogar nur Vorspann leisten soll."[33]

Der von der DSDP geäußerten Hoffnung, „den Kampf für die Verwirklichung der Minderheitsrechte, im Einvernehmen mit den Bruderparteien Polens"[34] zu bestreiten, prognostizierte Hoffmann-Fölkersamb „Versagen, wie ja wohl zu erwarten [stünde]" und bezeichnete sie als „Utopie"[35]. Seine Einschätzung der sozialistischen Politik sei die „richtige". Um dies zu untermauern, nannte er eine „bezeichnende" DAP-Tagung (Ende November 1924 in Lodz), bei der „unter 11 Programmpunk-

30 PA AA, Pol 5 Pol, Bd. 7: Hoffmann-Fölkersamb an AA v. 16. 12. 1924.
31 Ibidem: Hoffmann-Fölkersamb an AA v. 24. 06. 1925.
32 Ibidem: Hoffmann-Fölkersamb an AA v. 14. 05. 1925.
33 Ibidem: Hoffmann-Fölkersamb an AA v. 16. 12. 1924.
34 LVZ v. 14. 12. 1924 und DSAP-Archiv A-b.1 Nr. 210.
35 PA AA, Pol 5 Pol, Bd. 7: Hoffmann-Fölkersamb an AA v. 16. 12. 1924.

ten auch nicht einer sich mit völkischen Minderheitsfragen beschäftigte, sondern alle sozialpolitischen und Organisationsfragen gewidmet waren"[36]. Da in der letzten Novemberwoche nur eine Tagung stattfand, muß die am 30. November 1924, die dritte Einberufung des Parteirats der DAP, gemeint sein. Hier standen elf Punkte zur Debatte. Der sechste Punkt galt ausschließlich dem Minderheitenproblem. Die Volkszeitung vom 3. und vom 5. Dezember 1924 berichtete ausführlich über diese Diskussion.

Im Jahr 1925 versäumte die PPS in Lodz, die deutschen und jüdischen Sozialisten zur Maidemonstration einzuladen. Angeblich soll das Sekretariat vergessen haben, die Einladungen abzusenden, worüber die Lodzer Stadtverordneten der PPS und die Warschauer PPS-Abgeordneten entrüstet waren. Vor der Maifeier sei im „Robotnik" angekündigt worden, daß die PPS mit den Minderheitssozialisten die Demonstrationen veranstalte. Die deutschen Sozialisten verkündeten, daß „das 'Versehen' in Lodz [hoffentlich] zum letzten Mal [passierte]"[37]. Dieser Vorgang schien dem deutschen Diplomaten wichtig genug, um mehrere Berichte zu schreiben.

Zweifellos unterstrich dieses Ereignis sein Statement. Aus dem in der Lodzer Volkszeitung in einfachen Anführungszeichen gesetzten 'Versehen' machte er eines mit doppelten, damit keiner fehlgehe, das „Versehen" als ein imaginäres zu konstatieren. Er prophezeite, daß dies kein Einzelfall bleiben würde.[38]

Hoffmann-Fölkersamb erinnerte an einen Beschluß des zweiten Parteitages der DAP über das Verhältnis zu den anderen sozialistischen Parteien: „Die Schaffung arbeitsfähiger Beziehungen zwischen den einzelnen sozialistischen Parteien Polens ist die notwendige Vorbedingung einer dauernden proletarischen Einheitsfront"[39].

Dazu meinte er, daß die Deutschen ständig hinter der „polnischen 'Bruderpartei'" herlaufen würden und diese lediglich die nationalen Ziele im Sinn hätte. Den deutschen Sozialisten fehle die deutsche Gesinnung.[40]

In einem seiner Berichte an das Auswärtige Amt befindet sich eine Randbemerkung – signiert mit „R" –, die acht Tage nach Abfassung erfolgte. „R" bemerkte zu Hoffmann-Fölkersambs Behauptung, daß die DAP eine „erfolglose Anbiederung" an die PPS „einem Zusammenschluß mit bürgerlichen deutschen Parteien [vorziehe]": „Das ist sachlich falsch. Ein Zusammenschluß ist behördlich nicht möglich. Ein Zusammengehen ist vorhanden, die Abg[eordneten] der Arbeitspartei sind Mitglieder der

36 Ibidem: Hoffmann-Fölkersamb an AA v. 24. 06. 1925.
37 LVZ v. 03. 05. 1925.
38 PA AA, Pol 5 Pol, Bd. 7: Hoffmann-Fölkersamb an AA v. 14. 05. 1925.
39 LVZ v. 08. 05. 1925.
40 PA AA, Pol 5 Pol, Bd. 7: Hoffmann-Fölkersamb an AA v. 14. 05. 1925, vgl. auch ibidem: Hoffmann-Fölkersamb an AA v. 24. 06. 1925.

Deutschen Fraktion. Im übrigen hat die Arbeitspartei große Verdienste um die national gefährdete deutsche Arbeiterschaft in Lodz."[41]

Dies zeigt, daß nicht alle Angehörigen des Auswärtigen Amts die Politik der deutschen Sozialisten so einseitig bewerteten, sondern differenziertere Ansichten zutage traten.[42]

Hoffmann-Fölkersamb vertrat die Meinung, die von ihm erwartet wurde und woran sich in den folgenden Jahren nichts ändern sollte. Der Standpunkt der politisch maßgeblichen Stelle lohnt, mit dem Urteil einer inoffiziellen Stelle verglichen zu werden.

Die Ostoberschlesierin Maria Jaekel ging in ihrer Studie über die kultur- und volkspolitische Wirksamkeit der deutschen Presse in Ostoberschlesien zwischen 1919 und 1932 der Frage nach, ob für die DSAP der Sozialismus oder das deutsche Volkstum entscheidender gewesen war. Sie untersuchte das Streben der deutschen Sozialisten, mit der PPS zusammenzuarbeiten.

In ihrer 1933 veröffentlichten Dissertation schrieb die Autorin, die deutschen Sozialisten hätten proklamiert, sozialistische Angelegenheiten mit der PPS, das Volkstum berührende mit der deutschen Bourgeoisie anzugehen. Sie hätten ausdrücklich keinem Priorität eingeräumt. Aus dem, was sie tatsächlich machten, gehe hervor, daß ihnen „die Sicherung ihrer sozialistischen Forderungen mehr am Herzen zu liegen schien als die ihrer national-kulturellen"[43].

Besonders hätten sie sich für die deutsche Schule engagiert. Im Vergleich mit den anderen deutschen Parteien soll die „deutsche Sache" auf Kosten der Annäherung an die PPS zurückgeblieben sein. Das Deutschtum sei bei den Sozialisten nicht tief verwurzelt gewesen. Ein Zeichen dafür seien die fehlenden „programmatischen Erklärungen über das Deutschtum". Die bürgerlichen Deutschen sprachen vom „Primat des Deutschtums". Die Sozialisten hätten sich mit der Problematik, „welcher Platz dem Volkstum ... gebührt", nicht auseinandergesetzt und lediglich gesagt, sie wollten sich die deutsche Kultur erhalten, „weil wir [sie, PB] Deutsche sind". Bei der DSAP habe der Klassenkampf an erster Stelle gestanden.[44]

Die Beurteilung, den deutschen Sozialisten sei ihre Ideologie wichtiger gewesen als ihr Volkstum (sie sich dieses aber erhalten wollten), klingt realistischer als die einseitige Formulierung Hoffmann-Fölkersambs. Das Statement weist eindeutig in eine Richtung: Die DSAP konnte ihr

---

41 Ibidem: Hoffmann-Fölkersamb an AA v. 14. 05. 1925. Die DAP ging im Jahr 1922 im Minderheitenblock zusammen mit den deutschen bürgerlichen Parteien zu den Sejmwahlen. Über einen geplanten „Zusammenschluß" ist jedoch nichts bekannt.

42 „R" muß im AA in Berlin tätig gewesen sein, da er seine Randnotiz mit dem 22. 05. datierte und der Bericht den Eingangsstempel des AA vom 18. Mai 1925 trägt.

43 Jaekel 1933: 63. Bereits 1924 proklamierte die DSAP, ihre Forderungen mit der PPS realisieren zu wollen. 1929 grenzte sie die Bürgerlichen deutlich aus.

44 Ibidem: 30, 38, 62–64.

„Deutschsein" und ihren „Internationalismus" verbinden und dabei der „sozialistischen Einheitsfront" näher kommen. Das eine ging aber auf Kosten des anderen.

Der Generalkonsul von Kattowitz als Vertreter der Reichspolitik gegenüber dem deutsch-polnischen sozialistischen Wahlblock 1927

Die Rolle, die der Konsul in Lodz Hoffmann-Fölkersamb spielte, entsprach der des Generalkonsuls von Grünau in Kattowitz. An der Reichspolitik hatte sich innerhalb zweier Jahre nichts geändert. Das Auswärtige Amt stand einer Annäherung deutscher und polnischer Sozialisten weiter ablehnend gegenüber.

Interessant wäre zu wissen, auf welcher Basis eine Zusammenarbeit zwischen von Grünau und Kowoll verlief. Sie müssen – trotz verschiedener politischer Einstellungen – ein vertrautes Verhältnis zueinander gehabt haben. Unklar ist, wieweit Kowoll wußte, was von Grünau in seinen Dienstberichten aus gemeinsamen Gesprächen verwendete und ob Kowoll Gegenleistungen erhielt.

In einer Aufzeichnung des Generalkonsuls vom Januar 1927 über einen Überfall auf Kowoll, an welchem Vertreter des Polnischen Zentralverbandes und der PPS beteiligt waren[45], kam von Grünaus reichstreue Einstellung zum Ausdruck.

Kowoll erlitt schwere Verletzungen, als Aufständische, PPS-Mitglieder und Vertreter des Polnischen Zentralverbandes eine DSAP-Versammlung sprengten, auf der eine neue Ortsgruppe der Partei und der Gewerkschaft in Bielschowitz gegründet werden sollte.

Von Grünau vertrat wie Konsul Hoffmann-Fölkersamb den Standpunkt, der polnische Sozialist sei „in erster Linie Pole", gehe mit polnisch-nationalen Kreisen gegen das Deutschtum vor – ohne Rücksicht darauf, ob es sich um Klassengenossen handele. Als „ungemein charakteristisch" beurteilte er, „daß bei einem solchen Akt der Gewalt Aufständische und Mitglieder der PPS einmütig zusammenarbeiteten, wenn es galt, das Deutschtum und eine konkurrierende Gewerkschaft zu bekämpfen."[46] In Oberschlesien zeigte die sozialistische Zusammenarbeit wenig positive

45 VW v. 01. 02. 1927: „Ein bestialischer Überfall auf den Sejmabgeordneten Kowoll". PA AA, Pol IV O/S, Pol 5 Nr. 1, Bd. 12: von Grünau an AA v. 31. 03. 1927. Von Grünau schrieb seinen Bericht einen Tag bevor der VW-Artikel erschien und legte diesen bei. Dazu bemerkte er, daß „der Bericht aus der Feder des Abgeordneten Kowoll selbst [stammt]". Diese Information hatte von Grünau von Kowoll, da dieser Text im VW nicht signiert war. Daß er den Bericht einen Tag vor Erscheinen verwendete, läßt auf Zusammenarbeit „Kowoll-von Grünau" schließen. Hierauf verweist deren Gespräch, das mit Aufzeichnung vom 17. 03. 1926 festgehalten wurde.

46 PA AA, Pol IV O/S, Pol 5 Nr. 1, Bd. 12.: von Grünau an AA v. 31. 01. 1927. Der Satz „Der Arbeiter hat keine Heimat" galt in Polen nur für den deutschen Arbeiter. Kopeć 1981: 108.

Resultate. Die Wirtschaftskrise war hier größer, was den Irredentismus der Deutschen und den Nationalismus der Polen förderte; dabei zeigte sich, daß der Internationalismus der polnischen Sozialisten nicht ausgeprägt war.

Einerseits verurteilte von Grünau diese Tat gegen das Deutschtum, andererseits kam sie ihm, der „verordneten" Politik, gelegen: Er meinte, daß die „schon in bedrohliche Nähe gerückte Bildung einer sozialistischen Einheitsfront" gestört worden sei; und „in dieser im deutschen Interesse liegenden Hemmung des Zusammenschlusses sollte man ... einen politischen Ausgleich für den sonst so bedauerlichen Schlag gegen das Deutschtum sehen."[47]

Der Geheimrat im Auswärtigen Amt, Leiter der Abteilung 4 (Ost), Erich Zechlin, ein enger Mitarbeiter Stresemanns, reichte den Kowollartikel vom 1. Februar 1927 an sechs verschiedene Adressen. Darunter war die deutsche Botschaft in London. Zechlin bat, „in geeigneter Form Sir Robert Donald" auf den „Fall Kowoll als Fall unter den zahlreichen neueren Terrorfällen in Oberschlesien" aufmerksam zu machen. Donald arbeitete an einer Abhandlung über das oberschlesische Problem nach der Teilung und über das Minderheitenproblem. Er beurteilte die Teilung als Rechtsverletzung und einen „der schwärzesten Schandflecke im Nachkriegseuropa", trat für die Revision der Grenze und eine erneute Volksabstimmung „unter neutraler Kontrolle" ein.[48] Der Überfall auf Kowoll wurde für die deutsche Propaganda gegen die deutsch-polnische sozialistische Annäherung und, im Falle Donald, überhaupt gegen Polen und die oberschlesische Entscheidung benutzt.

Ein weiteres Mal wurde von Grünaus Haltung zur „sozialistischen Einheitsfront" deutlich, als im Jahre 1927 die Wahlblockbildungen zum Warschauer Sejm zur Debatte standen. Die deutschen Sozialisten entscheiden während ihres dritten Parteitages im April 1927 nicht, sich an einem sozialistischen Minderheitenblock (mit der PPS) zu beteiligen oder in den Minderheitenblock zu gehen. Von Grünau berief sich auf ein Gespräch mit Kowoll und dessen Aufzeichnung über die Bedeutung der am dritten Parteitag gefaßten Resolution, in der die Wahlblockbildung diskutiert wurde. Daß enge Zusammenarbeit zwischen dem Sozialistenführer und dem Vertreter des Auswärtigen Amts bestehen mußte, wurde mit diesem Bericht von Grünaus bestätigt.[49] Kowoll nahm in der Aufzeichnung für von Grünau eine unentschiedene Haltung ein: Er neigte zur Beteiligung im Minderheitenblock, nicht zum Wahlblock mit der PPS, und

---

47 PA AA, Pol IV O/S, Pol 5 Nr. 1, Bd. 12: von Grünau an AA v. 31. 01. 1927.

48 PA AA, Pol IV O/S, Pol 5 Nr. 1, Bd. 12, zu Po 1404 v. 17. 02. 1927. Donalds Veröffentlichung „The Polish Corridor and the consequences", London 1929, S. 242 f. zitiert bei Höltje 1958: 143.

49 PA AA, Pol 5 Pol, Bd. 15: von Grünau an AA v. 25. 05. 1927, und ibidem, Politik 5 O/S, Bd. 4: von Grünau an AA v. 25. 05. 1927.

schloß den der sozialistischen Minderheiten aus, weil ihn die weißrussischen und ukrainischen Sozialisten ablehnten.[50] Die PPS hielt zwischenzeitlich nach „polnischeren" Koalitionspartnern Ausschau, wollte keinen „rücksichtslosen Kampf gegen Marschall Piłsudski" betreiben und distanzierte sich von den sozialistischen Minderheitenparteien. Enttäuscht forcierten diese Parteien die Bildung eines Blocks der sozialistischen Minderheiten – gerichtet gegen den Block der nationalen Minderheiten und nicht zuletzt gegen die PPS.[51]

Die Konferenzteilnehmer der Tagung der sozialistischen Minderheiten am 4. April 1927 (DSAP, weißruthenischer Bauernverband „Białaruskij Sialański Sajuz", ukrainische Bauernvereinigung „Selan'skyj Sojuz", ukrainische sozialistische Bauern- und Arbeitervereinigung „Sel-Rob", ukrainische sozialistisch-radikale Partei „USRP", „Bund", Poale Syjon „Rechte" und „Linke") beschlossen die Bildung eines Minderheitenblokkes. Hervorgehoben wurde, daß dieser Block „eine ständige Institution in der Form einer sozialistischen Internationale in Polen sein solle und nicht etwa ein Gebilde nur zu Wahlzwecken"[52].

Darüber informierte Kowoll den Generalkonsul nicht. Er machte ihm Hoffnungen auf einen Wahlblock innerhalb des allgemeinen Minderheitenblocks mit den deutschen Bürgerlichen. Von Grünau war überzeugt, daß die deutschen Sozialisten von ihrem klassenkämpferischen Gedankengut abrückten, um sich ihrer Nationalität zu besinnen.[53] Von Grünau nahm an, daß ein Wahlbündnis der DSAP mit den anderen deutschen Parteien gelänge, wenn ein Bündnis mit der PPS nicht zustande käme. Aussichtsreich erschien ihm das besonders wegen der PPS-Politik in Oberschlesien: „Die ausgesprochen nationalistische Haltung der PPS eröffne günstige Perspektiven, da sie ein Wahlbündnis zwischen ihr und den deutschen Sozialisten ... unwahrscheinlich mache und damit deren Zusammengehen mit den anderen deutschen Gruppen ... zwangsläufig herbeiführe". Als Beweis des unwahrscheinlich gewordenen sozialistischen Wahlbündnisses nannte er eine Veröffentlichung im „Volkswillen" über

---

50 Ibidem. Für diese galt die PPS als „Staatspartei", „die eine Anzahl leitender Staatsbeamten stelle, deren Tätigkeit bezüglich der Entnationalisierung sich in keiner Hinsicht von den reinen Nationalisten unterscheide".

51 Vgl. Korzec 1977: 102 f.

52 VW v. 06. 04. 1927. Vgl. Wertheimer 1930: 104. Kowoll gehörte zu den Teilnehmern dieser Tagung. BVZ v. 10. 04. 1927.

53 Von Grünau hielt es für „unbestreitbar, daß auf dem Parteitag starke Tendenzen bestanden hätten, diese anderen Möglichkeiten [Koalition mit bürgerlichen Gruppen, PB] stärker zu betonen – wie denn auch in Parteikreisen das Bedürfnis nach stärkerer Betonung des Deutschtums viel mehr hervortrete, als von den offiziellen Parteiinstanzen aus grundsätzlichen Gesichtspunkten heraus zugestanden werden könnte –; die taktischen Gründe, warum eine deutlichere Fassung unterblieb, seien durchaus einleuchtend". PA AA, Pol 5 Pol, Bd. 15: von Grünau an AA v. 25. 05. 1927. Vgl. Korzec 1977: 103.

die Konflikte zwischen den Sozialisten beider Nationen mit der Überschrift „Westmarkenverein-Politik der PPS"[54].

Die Grundhaltung des Auswärtigen Amts zur Koalition zwischen deutschen und polnischen Sozialisten war eindeutig. Sie hielt – den politischen Ambitionen des deutschen Staates verpflichtet – eine Annäherung für „verhinderungswürdig" und strebte ein Bündnis aller deutschen Parteien innerhalb des Minderheitenblocks an. Von Grünau legte dem AA nahe, den DSAP-Führern „durch die Berliner Parteiinstanzen bedeuten zu lassen, daß das Vertreten sozialistischer Ideengänge im abgetretenen Gebiet in den Interessen des Deutschtums seine Grenze fände"[55]. Das „Deutschtum" sollte übergeordnet sein. Im Gegensatz zu Hoffmann-Fölkersamb sah von Grünau die Problematik etwas differenzierter. Er sprach den deutschen Sozialisten nicht jegliches Deutschtum ab.

Die Rolle, die Kowoll im untersuchten Zeitraum zukam, bleibt undurchsichtig. Er, der den Sozialismus repräsentieren sollte, wirkt unglaubhaft. Er gab streng vertrauliche Informationen an eine Stelle, von der er wußte, wie sie dort Aufnahme fänden. War das eine inszenierte Rolle, sich absichtlich so opportunistisch zu verhalten? Trieb er sein Spiel mit dem Auswärtigen Amt? Wollte er die finanzielle Hilfe für den „Volkswillen" und die Wahlkampfbewegung nicht riskieren – die Zahlungen durch unklare Entscheidung hinausziehen? Wollte er die Beziehungen zu von Grünau lieber später belasten als früher? Von Grünaus Zuspruch hatte Kowoll wiederholt zu verdanken, finanzielle Unterstützungen zu beziehen. Ein Abhängigkeitsverhältnis bestand: wie weit es ging, ist schwer überprüfbar.

Die auf Zusammenarbeit mit dem polnischen Proletariat hinzielende Politik der DSAP arbeitete der Reichspolitik entgegen. Offensichtlich wurde, daß es den deutschen Sozialisten mit der sozialistischen Ideologie ernster war als den polnischen und die polnischen oft am Mißlingen der Zusammenarbeit die Hauptschuld trugen. Besonders schlecht war die Zusammenarbeit in Oberschlesien, wo der Internationalismus innerhalb der polnischen Sozialisten am wenigsten ausgeprägt war. Dies kam der Reichspolitik sehr entgegen.

---

54 PA AA, Pol 5 Pol, Bd. 15: von Grünau an AA v. 25. 05. 1927. Im VW v. 19. 05. 1927 wurde über einen oberschlesischen PPS-Führer geschrieben, der im Westmarkenverein tätig war. Er verstoße gegen die Direktiven der Sozialistischen Internationale und des PPS-Hauptvorstandes. Daß „durch solche unverständlichen Methoden die deutschen und polnischen nationalistischen Rechtsparteien, sogar der Faschismus immer mehr an Einfluß gewinne, [liege] auf der Hand".

55 PA AA, Politik 2 Polen D, Bd. 18: von Grünau an AA v. 09. 01. 1927.

Am 28. Juni 1933 bat der Jugendführer des Deutschen Reiches das Auswärtigen Amt um Stellungnahme zu dem in Schlesien kursierenden Gerücht, „das Auswärtige Amt oder eine sonstige Reichsstelle unterstütze das in Oberschlesien erscheinende sozialdemokratische Blatt 'Volkswille' auch heute noch", obwohl diese Zeitung „weiterhin Greuellügen über die nationalsozialistische Revolution [verbreite]"[56]. Er schien über die Subventionen der auslandsdeutschen Presse nicht unterrichtet zu sein und erbat einschlägige Informationen, um solchem Gerede entgegentreten zu können.

Diese Anfrage gelangte auf den Schreibtisch des für dieses Gebiet verantwortlichen Mannes, des ehemaligen Graudenzer Bürgermeisters Max Winkler. Winkler war der Begründer der der „Deutschen Stiftung" zugeordneten Tarngesellschaft „Konkordia Literarische Anstalt GmbH". Diese unterstand dem Auswärtigen Amt und setzte für die Abwicklung ihrer Geschäfte selbst eine Tarnorganisation ein, die „Cautio Treuhandgesellschaft". Sie war für das Pressewesen der deutschen Minderheit in den abgetrennten Gebieten mit dem Ziel der Erhaltung des Deutschtums zuständig. Nach ursprünglichem Konzept sollte die Parteizugehörigkeit keine Rolle spielen.[57]

Winkler antwortete am 7. Juli 1933, daß der „Volkswille" sein Erscheinen mit dem 1. Juli eingestellt habe. Zugleich sei die verantwortliche Druckerei „Vita" stillgelegt und der Zuschußzahlung ein Ende gemacht worden. Ein Zugeständnis habe man insofern gemacht, daß der „Volkswille", bis die „restlose Trennung" erfolge, „für eine gewisse Übergangszeit" in der Kattowitzer Buchdruckerei und Verlags A. G. als Wochenschrift hergestellt werden könnte.[58]

Interessant ist, daß eine sozialistische Zeitung noch nach dem SPD-Verbot vom 23. Juni 1933 finanziell durch die Deutsche Stiftung unterstützt und ihr begrenzt die Drucklegung erleichtert wurde. Die Subventionierung der auslandsdeutschen Presse war eines der bestgehüteten Geheimnisse des Auswärtigen Amts. Nur wenige wußten über die Arbeit Winklers Bescheid; und diese verhielten sich ruhig, um nicht den Verlust der Subventionen zu riskieren.[59]

Wie das im Falle des „Volkswillen" aussah, soll nunmehr erörtert werden, nämlich seine Abhängigkeit von den Berliner Zuschüssen und der

---

56 PA AA, Presse Abt. Polen 3a, Bd. 2, S. 5348 v. 28. 06. 1933.

57 Koszyk 1972: 271–273. Vgl. Potocki 1978: 103. Fiedor in Szefer 1989: 67. Tomaszewski 1985: 223. Zur Rolle der „Deutschen Stiftung": Gentzen 1971: 30–33.

58 PA AA, Presse Abt. Polen 3a, Bd. 2, S. 5694 v. 07. 07. 1933. Dazu WAP Katowice, Dyr. Pol. Kat. 365, S. 64 v. 03. 07. 1933. Dies belegt die in Kapitel 3.1. dieser Arbeit erwähnte Umwandlung der Tageszeitung in eine Wochenschrift.

59 Koszyk 1972: 274.

Zerfall der Partei. Dazu ist auf den September des Jahres 1923 zurückzugreifen. Beim damaligen Konsul des Generalkonsulats in Kattowitz, Frank, sprach „ein zuverlässig deutschgesinntes angesehenes Mitglied der deutschsozialdemokratischen Partei, das nicht genannt sein [wollte]“[60] vor. Er stärkte die Befürchtungen des Auswärtigen Amts, die deutschen freien Gewerkschaften könnten sich den polnischen anschließen und damit dem Deutschtum verlorengehen. Der namentlich unbekannte Sozialist schlug vor, für die gewerkschaftlich Organisierten ein Organ zu schaffen, das sie für das Deutschtum erhalte. Mehr sollte über die wirtschaftlichen Gegebenheiten Ostoberschlesiens als über die des Reiches aufgeklärt werden. Deshalb schlug der Gewährsmann in Kattowitz vor, dem „Volkswillen“ eine gewerkschaftliche Beilage zu schaffen und ihm dafür Zuschüsse zu geben.

Gleichzeitig sei dem in finanziellen Schwierigkeiten steckenden „Volkswillen“ geholfen; er könne sich anders nicht länger halten. Das Eingehen des „Volkswillen“ würde großen Schaden anrichten und „der letzte Zusammenhang der auf freiheitlichem Boden stehenden Arbeiter verlorengehen“[61]. Ein Bericht darüber erreichte den Leiter der Deutschen Stiftung Krahmer-Möllenberg, der ihn Winkler weitergab. Winkler hielt einen Ausbau des „Volkswillen“ als Gewerkschaftszeitung mit eigenen Rubriken als erstrebenswert, erklärte sich mit einer in Berlin redigierten gewerkschaftlichen Beilage zum „Volkswillen“ einverstanden und gleichzeitig bereit, entsprechenden Zuschuß zu zahlen.[62]

Einen Monat später berichtete der Gewährsmann des Generalkonsuls, die Gefahr einer Verschmelzung der deutschen mit den polnischen Gewerkschaften sei gebannt. Der Generalkonsul teilte dem Auswärtigen Amt mit, daß der „Volkswille“ in letzter Zeit mehr als 1.000 neue Abonnenten zu verzeichnen habe.[63] Aufgrund dieses Berichtes informierte Krahmer-Möllenberg Winkler, den Generalkonsul von Kattowitz veranlaßt zu haben, die „führenden Persönlichkeiten des Volkswillen“ über den „Weg, den sie zu beschreiten haben“, aufzuklären.[64]

---

60 BArch, Dt. Stiftung, 61 Sti 1, 597/1, S. 637: Frank (Deutsches Generalkonsulat Kattowitz) an AA v. 03. 10. 1923. Dazu vgl. Kowalak 1971: 123. Möglicherweise handelte es sich um Kowoll.

61 BArch, Dt. Stiftung, 61 Sti 1, 597/1, S. 641: dieses Protokoll wurde von dem ungenannten führenden deutschen Sozialisten für den Generalkonsul von Kattowitz angefertigt.

62 Ibidem: 613, Winkler an Krahmer-Möllenberg v. 20. 11. 1923. Vgl. dazu Kowalak 1971: 123.

63 BArch, Dt. Stiftung, 61 Sti 1, 597/1, S. 596: Frank an AA v. 07. 12. 1923. Winkler nennt die Information, der „Volkswille“ habe über 1.000 neue Abonnenten, „etwas optimistisch“ und stellt richtig, daß es 300 waren (aber inzwischen nur noch 200). Er stand dieser Sache skeptisch gegenüber, da der „Volkswille“ mit hohem Defizit arbeitete und viel investiert werden mußte. Alles vor Ort zu überprüfen, hielt er für angebracht. Ibidem: 959: Winkler an Krahmer-Möllenberg v. 08. 01. 1924.

64 Ibidem: 595: Krahmer-Möllenberg an Winkler v. 19. 12. 1923.

Der „Volkswille“ erhielt nun bis zum Jahr 1928 jährlich zwischen 55.000,– bis 60.000,– RM Zuschüsse von Winklers Literarischer Anstalt Konkordia, monatlich etwa 5.000,– RM.[65] Die oberschlesischen Sozialisten bekamen eine höhere finanzielle Unterstützung als die Bielitzer, Bromberger und Lodzer Sozialisten. Für die „Lodzer Volkszeitung“ wurde nur kurze Zeit monatlich etwa 2.000,– RM gezahlt.[66] Für die Bielitzer „Volksstimme“ konnte lediglich eine einmalige Zahlung in Höhe von 2.000,– RM für August 1929 ermittelt werden.[67] Die Bromberger erhielten für ihre „Volkszeitung“ bis Juni 1928 monatlich 500,– RM, danach eine Erhöhung auf monatlich 1.000,– RM, wobei ihre dem Auswärtigen Amt genehme Politik eine Rolle spielte. Das Auswärtige Amt sprang hier wiederholt für Schuldentilgung in Höhe von bis zu 8.000,– RM ein.[68]

Inzwischen erschien die „Gewerkschaftliche Rundschau“ innerhalb des „Volkswillen“, um die freien Gewerkschaften für das Deutschtum zu erhalten. Der Generalkonsul von Kattowitz beschreibt die Haltung der freien Gewerkschaften im Januar 1924 noch als indifferent. Man wisse nicht, was von ihnen zu halten sei. Dafür spreche die Äußerung Kowolls, in den freien Gewerkschaften niemanden zu kennen, mit dem man vertrauenswürdige Gespräche führen könnte.[69]

Kowoll wollte eine vermittelnde Rolle zwischen den freien Gewerkschaften und dem Auswärtigen Amt spielen, jedoch einen Erfolg nicht schnell erzielen, um die finanziellen Unterstützungen für den defizitären „Volskwillen“ möglichst lange beanspruchen zu können.

Die Erteilung der Subventionen war von einer dem Auswärtigen Amt entsprechenden Haltung abhängig. Die Lage der deutschen Sozialisten in Polen war kompliziert. Sie wollten weder ihre sozialistische Idee verraten, noch ihr Deutschtum verleugnen. So blieben ihnen Zu- und Eingeständnisse nicht erspart. Erschwert wurde ihre Situation durch die finanzielle Abhängigkeit vom deutschen Staat, der sie in seine Richtung drängen wollte, um sich stark und einheitlich präsentieren zu können.

Vor dem Wahlkampf zu den Parlamentswahlen 1928 wies das Auswärtige Amt darauf hin, den Sozialisten weitere Subventionen nur zu gewähren, wenn „eine geeignete Haltung“ eingenommen würde.[70] Die deut-

---

65 PA AA, Presse Abt. Polen 3a, Bd. 1, Geh. 68: Winkler an Presseabteilung der Reichsregierung beim Auswärtigen Amt v. 16. 04. 1928.

66 Ibidem, Geh. 82: Aufzeichnung zur „Lodzer Volkszeitung“ v. 02. 05. 1928.

67 PA AA, Generalkonsulat Kattowitz, Po 12, 38/9, Bd. 2: Korrespondenz zwischen Weichmann und Kaufmann v. 20. 07., 26. 07., 06. 08. 1929.

68 PA AA, Presse Abt. Polen 3a, Bd. 1: Winkler an Presseabteilung der Reichsregierung des AA v. 05. 06. 1928.

69 BArch, Dt. Stiftung, 61 Sti 1, 597, S. 133: Frank (Generalkonsul von Kattowitz) an AA v. 20. 12. 1924.

70 PA AA, Presse Abt. Polen 3a, Bd. 1, zu P. Geheim 268: Notiz von Gesandtschaftsrat Roth v. 05. 12. 1927.

schen Sozialisten neigten zum Wahlblock mit der PPS, weniger zu dem mit den bürgerlichen Deutschen innerhalb des Minderheitenblocks. Dennoch beantworteten sie die Frage nach der Beteiligung am Minderheitenblock zweideutig, um eine „direkte" Lüge zu vermeiden: Sie seien lediglich noch „in Verhandlung wegen der Verteilung der Mandate". Die Subventionen wurden für sechs Monate bewilligt und das Auswärtige Amt erfuhr zu spät, daß der Pakt mit der PPS beschlossene Sache war. Die Konsequenz war die, daß Winkler den Lodzer Sozialisten das Geld sperren und die Kattowitzer „zwar unter Druck setzen, aber erst nach den Wahlen auffliegen lassen"[71] wollte. Rauscher lenkte ein. Beiden wurde das Geld nicht gestrichen, weil das Auswärtige Amt Nachteile für den Wahlkampf befürchtete, da die Subventionierung des Kattowitzer „Volkswillen" und der „Lodzer Volkszeitung" und deren Quelle bekannt war. Sie würden sich alleine nicht halten können. Im Wahlkampf hätte das mit Sicherheit Verwendung gefunden. Als einzige Gegenmaßnahme schlug das Auswärtige Amt Ende 1927 vor, „gelegentlich das deutsche sozialistische Blatt aus Bromberg in einigen tausend Exemplaren in Oberschlesien zu verbreiten", um den deutschen Arbeitern zu demonstrieren, daß Sozialismus ebenfalls mit dem Minderheitenblock möglich gewesen wäre.[72]

Dem folgenden Antrag auf Zuschüsse für den „Volkswillen", im April 1928, wurde wieder stattgegeben, obwohl Rauscher einräumte, die Entscheidung hänge vom Verhalten der beiden ins Parlament gewählten deutschen Sozialisten ab. Auch nachdem sich Kronig und Zerbe der PPS-Fraktion und nicht dem Deutschen Parlamentarischen Klub anschlossen, überzeugte die Argumentation aus Kattowitz: Generalkonsul von Grünau, Ulitz und Pant warnten, das Erscheinen des „Volkswillen" einzustellen, da dies „dem nationalpolitischen Gesamtinteresse [zuwiderlaufe]"[73]. Von Grünau fürchtete, das Deutschtum innerhalb der Arbeiterschaft durch die Herausgabe einer von der PPS geplanten deutschsprachigen Ausgabe der „Gazeta Robotnicza" zu gefährden. Er hielt den Sozialisten eine im „Volkswillen" vertretene und nicht zu beanstandende Haltung in Minderheitenfragen zugute.[74]

---

71 Ibidem, Geheim 268: Roth an Rauscher v. 20. 12. 1927.

72 Ibidem: Aus dem Aktenvermerk auf diesen Brief geht hervor, daß Rauscher einlenkte. Damals distanzierten sich die Bromberger bereits von den anderen. Der Inhalt ihres Presseorgans mußte den Ansprüchen des Auswärtigen Amts entgegenkommen.

73 PA AA, Generalkonsulat Kattowitz, Po 12, 38/8, Bd. 1, Geh. 68: Winkler an Presseabt. der Reichsregierung des AA v. 16. 04. 1928. Dem folgenden Antrag wurde erneut stattgegeben, er wurde von der Gesandtschaft Warschau und dem Generalkonsulat Kattowitz „warm befürwortet". Auch Pant hielt die Förderung für „unbedingt" notwendig. PA AA, Presseabt. Polen 3a, Bd. 1: Roth an AA v. 12. 06. 1928. Ibidem: AA an Winkler v. 29. 06. 1928. Ibidem: Schwebel (Presseabt.) an Legationskasse v. 10. 07. 1928. Winkler an Presseabt. (AA) v. 23. 07. 1928.

74 PA AA, Generalkonsulat Kattowitz, Po 12, 38/8, Bd. 1, J. Nr. 1266: von Grünau an AA v. 20. 05. 1928.

Die Argumentation für die Existenz des „Volkswillen" wog schwerer als die Klagen über den „unhaltbaren Zustand, daß ein deutschsprachiges Organ im abgetretenen Gebiet, das alljährlich Zuschüsse aus Berlin [erfordert], sich dauernd in den gehässigsten Ausfällen gegen die deutschen bürgerlichen Parteien [ergeht]"[75].

Ab 1. Juli 1929 erhielten die oberschlesischen Sozialisten einen monatlichen Zuschuß für den „Volkswillen" von 3.300,– RM und die Bromberger für ihre „Volkszeitung" einen in Höhe von 900,– RM; leer gingen die Lodzer von Mai 1928 bis April 1930 aus. Von April bis Dezember 1930 wurde den Lodzern ein Zuschuß von 10.500,– RM gewährt; im Jahr 1931 bekamen sie nichts, und für das Jahr 1932 sagte das Auswärtige Amt monatlich 500,-- RM zu. Ab Januar 1933 wurden die Zahlungen für die Lodzer „Volkszeitung" eingestellt.[76]

In Anbetracht der Geschehnisse in Deutschland sind die weiteren Zahlungen für den „Volkswillen" vom 1. April bis 30. Juni 1933 verwunderlich.[77] Im Mai 1933 probierte Kowoll vergeblich, beim SPD-Vorstand und bei der Sozialistischen Arbeiter-Internationale Mittel zu bekommen.[78] Von einem Antrag an eine andere Stelle ist nichts bekannt.

Auf der Bezirksvorstandssitzung der DSAP am 24. Juni 1933 in Kattowitz verkündete Kowoll, alle Versuche, erneut Subventionen für den „Volkswillen" zu gewinnen, seien gescheitert. Kowoll war Entgegenkommen angeboten worden, im Falle er den „marxistischen Charakter" aus der Zeitung fernhalte und Hitler nicht angreife, sondern lobe. Er weigerte sich; ab 1. Juli 1933 erschien der „Volkswille" bar jeglicher Mittel als Wochenschrift.

Kowoll war daran gelegen, daß die Zeitung ihren „rein marxistischen" Charakter behält. Er hoffte, sie nach Deutschland und Danzig verkaufen zu können, da dort keine sozialistische Presse mehr bestand.[79] Dadurch den „Volkswillen" zu stützen, gelang ihm nicht. Gleichfalls

75 Ibidem, Po 6 adh. 2a, Bd. 1: Illgen an von Saucken (AA) v. 07. 01. 1930.

76 PA AA, Presseabt. Polen 3a, Bd. 2: AA an Winkler v. 20. 06. 1929. Ibidem: von Saucken an AA – Abteilung IV Polen v. 14. 02. 1931. Ibidem: von Saucken an von Moltke (Deutscher Gesandter in Warschau) v. 12. 09. 1931. Ibidem: Schwebel an von Saucken v. 05. 01. 1932. Ibidem: Winkler an Meyer-Heydenhagen, AA – Presseabt. v. 06. 01. 1932. Ibidem: Luckwald an AA v. 19. 01. 1932. Ibidem: Notiz von Meyer-Heydenhagen v. 03. 12. 1931. Ibidem: von Saucken an Generalkonsul Crull v. 03. 10. 1932. Ibidem: Molly (Deutsches Konsulat Lodz) an AA v. 13. 04. 1932.

77 Der „Volkswille" wurde mit monatlich 2.000,– RM, die Bromberger „Volkszeitung" mit monatlich 600,– RM unterstützt – je zur Hälfte von der Presseabteilung des Auswärtigen Amts und von Winkler. Ibidem: Winkler an Presseabt. (AA) v. 01. 03. 1933.

78 WAP Kattowitz, Dyr. Pol. Kat. 365, S. 50 v. 29. 05. 1933.

79 Ibidem: 55 f. v. 27. 06. 1933. Ibidem: 64 v. 03. 07. 1933. Vgl. Kowalak 1971: 266. Die Versuche, den „Volkswillen" nach Danzig und nach Deutschland zu transferieren, schlugen fehl. Lediglich die Verbreitung in Deutschoberschlesien gelang, und zwar auf Eigeninitiative einzelner Parteimitglieder, da sich die Parteileitung keiner Gefahr aussetzen wollte. Ibidem: 268.

zerschlug sich sein Plan, mit einer Gruppe einflußreicher Juden eine deutschsprachige jüdische Zeitung herauszugeben und die Erwartung, mit Inseraten jüdischer Kaufleute die finanzielle Lage des „Volkswillen" aufzubessern. Lediglich einige neue Abonnenten konnten in jüdischen Kreisen geworben werden.[80]

Die Gewinne standen in keiner Relation zu den Verlusten. Der „Volkswille" fristete sein Dasein bis zur Gründung der „Volkszeitung" in Lodz am 1. Mai 1935, dem Parteiorgan der Gesamtpartei, je nach Liquidität als Wochenzeitung oder zwei-, dreimal in der Woche erscheinend.

2. Einheitsfrontbestrebungen

Voraussetzungen

Die Voraussetzungen für die Zusammenarbeit der deutschen mit den polnischen Sozialisten waren, wie bereits gesagt, in Oberschlesien andere als in Mittelpolen.

Durch die Aufstände hatten sich in Oberschlesien die Fronten verhärtet, die sozialistische Idee befand sich in einem Vakuum. So „[untergrub] die unglückliche Plebiszitzeit jedes moralische Fühlen und zerriß völlig das beiderseitige Verhältnis"[81].

Obwohl auch bei den deutschen Sozialisten nationale Ideen eine Rolle spielten, versuchten sie, das nationale Moment aus ihrer Begründung herauszuhalten. Sie wollten dem oberschlesischen Arbeiter auf politischer und wirtschaftlicher Ebene die Vorteile des Verbleibs bei Deutschland vor Augen führen. Ihre Vorwürfe richteten sich gegen das Verhalten der PPS, die nicht das Erreichen der sozialistischen Ziele im Auge habe, sondern ausschließlich das der nationalen.[82] Durch den Anschluß Oberschlesiens an Polen sahen die polnischen Sozialisten gewährleistet, daß Deutschland „von künftigen Revanchekriegen" absehen würde.[83] Den deutschen Sozialisten warf die PPS stärker als den bürgerlichen Deutschen „Germanisierungspolitik"[84] vor.

In Lodz stand die gesamte Arbeiterschaft im Kampf zusammen gegen die russische Unterdrückung. Die Jahre 1905/06 des proletarischen Befreiungskampfes gegen den Zarismus wurden zur Basis des weiteren Zusammenwirkens.

---

80 WAP Kattowitz, Dyr. Pol. Kat. 365, S. 50 v. 29. 05. 1933; S. 42 v. 03. 04. 1933.

81 PA AA, Generalkonsulat Kattowitz, Po 12 38/8, Bd. 1: Gazeta Robotnicza Nr. 82 v. 10. 12. 1927.

82 Vogel 1931: 123.

83 Ibidem: 123 f.

84 Hawranek 1979: 109.

Vor dem Ersten Weltkrieg unterstützte die SPD die legal bestehende PPS in Oberschlesien finanziell und ideell. Die deutschen und polnischen Arbeiter wirkten teilweise zusammen, aber in einem anderen Verhältnis als in Lodz, wo alle drei – Deutsche, Polen und Juden – den Russen und den Klassenkampfgegnern gegenüberstanden. In Schlesien sah sich der polnische Proletarier mit dem Deutschtum und dem Klassenkampfgegner, der deutsche nur mit letzterem konfrontiert.

Der Deutsche agierte in seinem eigenen Staat, gehörte zur Mehrheit – wohingegen der Pole in einem fremden Staat in der Minderheit war. Dadurch gestaltete sich die Zusammenarbeit unterschiedlich und entwickelte sich in Oberschlesien bereits vor dem Krieg unausgewogener als in Lodz. Der deutsche Arbeiter strebte nach dem Krieg danach, seinen Besitzstand zu wahren; der polnische Arbeiter trachtete nach Verschmelzung mit dem wiederentstandenen Polen.

Im eigenen Staat änderte sich auch die Rolle der PPS. Sie gehörte zu den staatstragenden Parteien. Bei den Wahlen zum verfassunggebenden Sejm (Konstituante) am 26. Januar 1919 erhielt sie 12,5 Prozent der Wählerstimmen, zu den Sejmwahlen 1922 10,3 Prozent, 1928 dann 13,1 Prozent der Stimmen. Die PPS hatte, auch dank ihrer bedeutenden parlamentarischen Vertreter – wie I. Daszyński, F. Perl, H. Diamand, H. Liebermann, M. Niedziałkowski, N. Barlicki, M. Malinowski, J. Moraczewski, R. Jaworowski und B. Limanowski – großen innenpolitischen Einfluß.[85] Zur Geltung kam das bei dem von ihr initiierten Generalstreik, der den Transport regierungstreuer Truppen nach Warschau vereitelte und dadurch den Erfolg des Piłsudskiputsches ermöglichte.[86] Ihr Programm war „den polnischen Bedürfnissen angepaßt und oft stark national". Im Vordergrund stand, „daß der polnische Arbeiter seine polnische Herkunft nicht vergessen [dürfe]"; und es wurden „in jeder Situation ... die nationalpolitischen Ziele an die Spitze gestellt, ... die unabhängige polnische Republik".[87] Die PPS war „durchaus eine nationalbewußte Partei", die „sich jedoch erheblich von den extremen polnischen Nationalisten [unterschied]" und „keinesfalls ... ohne sonstige politische Prinzipien ihre Handlungsweise allein von nationalen Gesichtspunkten aus bestimmte".[88] Die PPS war eine reformistische Partei. Wichtige Stellen nahmen in ihrem Parteiprogramm auf wirtschaftlicher Ebene der Ausbau der Sozialgesetze und des Arbeitsschutzes ein. Sie wandte sich gegen die Arbeit von Minderjährigen und Kindern, forderte gleichen Lohn für gleiche Arbeit, Streikrecht, Freiheit der Arbeiterbewegung und ein festgesetztes Existenzminimum. Sie verlangte die Vergesellschaftung einiger der wichtigsten Industriezweige, die

85 Zieliński 1982: 133 f.
86 Lexikon 1981: 487.
87 Styra 1936: 10–15.
88 Broszat 1958 (a): 383 ff.

Verstaatlichung der Banken, der Wälder und Seen, ferner die Enteignung der Großgrundbesitzer. Außenpolitisch wollte sie den polnischen Staat aufrechterhalten. Innenpolitisch forderte die PPS, daß die Minderheiten unbeschränkt ihre Sprache benutzen können, und für die auf geschlossenem Gebiet wohnenden Minderheiten Autonomie. Allgemein trat sie für die nationalkulturelle Autonomie der Minderheiten ein.[89] Hier verlangte sie auch das „Einkammersystem, geheimes Wahlrecht ohne Benachteiligung des Geschlechts nach dem Proportionalsystem. Unbeschränkte Volksrechte. Anerkennung der Arbeitskammern der Arbeiterschaft durch die Konstitution. Breite lokale Selbstverwaltung. ... Volksmiliz und Abrüstung. Trennung von Kirche und Staat." Sie wollte die bürgerlichen Rechte erweitern, die „Sicherstellung der persönlichen Freiheit, der Rede, Versammlung, Presse, Gewissens- und Vereinsfreiheit" und forderte „gleiches Recht für alle Bürger ohne Rücksicht auf Religion oder nationale Überzeugung". Im Gesundheitswesen trat sie für „kostenlose Ärzte für die Bevölkerung, Mutter- und Kinderschutz. Kampf mit der Prostitution und den ansteckenden Krankheiten" ein. Auf schulischem Bereich forderte sie die „allgemeine Schulpflicht. Kostenlosen Unterricht auf allen Schulen. Staatsschutz für Kinder, die höhere Schulen besuchen wollen und geldliche Unterstützung brauchen. Fortbildungsschulen. Unabhängigkeit der Schullehrer von der Politik".[90]

Wichtigstes Publikationsorgan der PPS war ihr in Warschau erscheinendes Zentralorgan, der „Robotnik". In Krakau erschien „Naprzód", in Lemberg „Dziennik Ludowy", in Kattowitz „Gazeta Robotnicza", in Biala „Wyzwolenie Społeczne" und in Lodz der „Łodzianin". Große Autorität genoß die Partei bei den „Klassengewerkschaften", der stärksten gewerkschaftlichen Organisation in Polen.[91]

Im Programm der DSAP standen neben den für die deutsche Minderheit aufgestellten Forderungen – wie Benutzung der deutschen Muttersprache; Erhaltung deutscher Schulen, deutschsprachiger Zeitungen, deutscher Kinos und Theater – die der Klasseninteressen. Letztere nahmen den größten Raum ein und standen somit an erster Stelle. Diese, um dem Arbeiter im polnischen Staat – unabhängig von dessen Nationalität – eine bessere Stellung zu erkämpfen, waren unterteilt in Forderungen hinsichtlich politischer bzw. sozial-wirtschaftlicher Interessen und solcher des Gerichts- und des Schulwesens.[92]

Auf sozialer Ebene verlangten die deutschen Sozialisten für die gesamte Arbeiterschaft Polens:

---

89 Ibidem: 383. Styra 1936: 16.
90 Styra 1936: 16 f.
91 Zieliński 1982: 133 f. Styra 1936: 17.
92 „Die Arbeit" v. 25. 03. 1922, S. 5.

1. Eine Wohnbauförderung, die den Bau billiger, „gesunder und luftiger Arbeiterwohnungen" berücksichtigt;
2. Die Schaffung von Erziehungs-, Pflege- und Wohlfahrtsämtern, die z. B. die Betreuung der Kinder übernehmen sollten, deren beide Elternteile berufstätig waren und die Unterstützung von Armen, Waisen und Invaliden; den Bau von Kinderheimen und Krankenhäusern;
3. Jugendschutz und Jugendrecht;
4. Kommunale Einrichtungen wie Badeanstalten;
5. In bezug auf das Arbeitsverhältnis: bei Festlegung des Kündigungstermins, des Urlaubs, der Entschädigung im Falle der Entlassung und von Krankheit müßten auch die Arbeitnehmer berücksichtigt werden; Lohnsteigerung angepaßt an die Preissteigerung; Beachtung des Achtstundentags;
6. Verbesserungen in bezug auf die gesetzliche Versicherung bei Krankheit, Tod, Arbeitslosigkeit, Arbeitsunfähigkeit und Altersversicherung;
7. Die Einrichtung von Gesundheitsämtern, um insbesondere die Schwindsucht, die Säuglings- und Kindersterblichkeit zu bekämpfen;
8. Eine gerechte Steuerverteilung;
9. Aufrechterhaltung und Verbesserungen der Mieterschutzgesetze;
10. Daß die Preise der Grundnahrungsmittel nicht angehoben werden dürften.[93]

Es fällt auf, daß nur im Programm der Lodzer DAP vom Jahr 1922, weder in dem der oberschlesischen DSPP aus dem Jahr 1924 noch im Programm der Gesamtpartei des Jahres 1935, die sozialen Forderungen ausformuliert werden. Angesprochen wird diese Problematik aber in den Parteiorganen und besonders in den Wahlaufrufen. Die deutschen Sozialisten schlossen sich bei den sozialen Forderungen ihren polnischen Klassenkampfgenossen an, was sie mehrfach in ihrem Parteiprogramm festhielten.[94]

Polen hatte eine Reihe von Sozialgesetzen:

Das Dekret vom 23. November 1918 sicherte den Achtstundentag und die 46-Stundenwoche. Nach dem Gesetz vom 2. Juni 1919 war der Jugendschutz geregelt. Den Jugendlichen wurde die Möglichkeit auf Weiterbildung zugestanden, ebenso ärztliche Pflege und Arbeitszeitbegrenzung. Bestimmte Berufe sowie Nachtarbeit und Überstunden waren nach dem

93 DSAP-Archiv: A.-e.1 Nr. 254–257, 262, 284, 285, 289, 290, 311, 327, 333. LVZ v. 28. 08. 1927.

94 Die DSAP-Führung war der Meinung, daß „soziale Gestaltung und Lebensbedingungen im wesentlichen davon ab[hängen], welche Rolle die polnische Arbeiterklasse in diesem Staate spielen werde. Von ihrem Los ist auch das Dasein des deutschen Arbeiters abhängig, und aus dieser Zwangsläufigkeit ergibt sich selbstverständlich auch die Zusammenarbeit der deutschen und polnischen Arbeiter zur Sicherung der Existenz". Parteivorstand 1935: 7, vgl. auch 13, 15.

Gesetz vom 2. Juni 1919 für Frauen und Jugendliche verboten. Ein „Mutterschutz" bestimmte, daß die Frau sechs Wochen vor der Geburt und sechs Wochen danach zu Hause bleiben könne und innerhalb dieser Zeit nicht vom Arbeitgeber entlassen werden dürfte. Acht Wochen von dieser Zeit bekam sie 100 Prozent ihres Gehalts, vier Wochen 60 Prozent. Eine Urlaubsregelung vom 16. Juni 1922 legte für manuell Arbeitende in den ersten zwei Arbeitsjahren einen Urlaub von acht Tagen fest, danach konnten 15 Tage beansprucht werden. Für geistige Arbeiter wurde generell ein Monat Urlaub festgelegt. Ab 19. Mai 1920 gab es eine allgemeine Krankenversicherung. Der Arbeitgeberanteil betrug 3/5, der Arbeitnehmeranteil 2/5. Bei Krankheit zahlte die Versicherung 26 Wochen lang 60 Prozent des Gehalts.

Wie die Krankenversicherung zeigte sich auch das Arbeitslosengesetz vom 18. Juni 1924 als nicht arbeitnehmerfreundlich. Bei Arbeitslosigkeit erhielt der Betroffene 13 Wochen lang eine Unterstützung, davon Alleinstehende bis 30 Prozent und Verheiratete bis 50 Prozent ihres Gehalts. Hier zahlte jeweils zur Hälfte der Staat und der Arbeitgeber.

In den dreißiger Jahren ist noch eine Verschlechterung eingetreten (keine Zahlenangaben). Damals wurde auch das Streikrecht stark begrenzt.

Bei allen Gesetzen wurden dem Kopfarbeiter bessere Bedingungen zugestanden als dem manuell Arbeitenden, vor allem in bezug auf die Pension und die Arbeitslosenunterstützung.

Die Gesetzgebung war für die damalige Zeit nicht schlecht, obwohl sie große Mängel im Hinblick auf Arbeitslosigkeit und Krankheit der Arbeiter zeigte. Dazu wurden die Regelungen oft mißachtet. Besonders betroffen war das Gebiet „Polen B", die schlecht entwickelten Ostgebiete Polens (im Gegensatz zu den besser entwickelten „Polen A"-Gebieten), ferner der unqualifizierte Arbeiter, die Textilindustrie (Lodz, Bielitz, Białystok) und die Landwirtschaft. Ebenso traf dies für kleine und veraltete Betriebe zu. Sehr oft wurden die Arbeitszeitregelungen verletzt. Die Gerichte, die für solche Fälle zuständig waren, nahmen diese Angelegenheit in der Regel nicht ernst. Die Arbeitgeber versuchten, die Samstagarbeit auf acht Stunden zu verlängern. Die formalrechtliche Begrenzung der Überstundenzahl erwies sich in der Praxis als nicht erfolgreich. Die Urlaubsregelung wurde oft negiert. Lediglich in der Schwerindustrie waren die einschlägigen Bestimmungen eingehalten worden.[95]

Verstärkt durch die hohe Arbeitslosigkeit und die wirtschaftliche Schwäche Polens, fanden die Arbeitgeber gute Argumente, die Löhne nach unten zu drücken und die Arbeitnehmer in jeder Hinsicht auszunutzen. Die Arbeiter ertrugen in der wirtschaftlich schwierigen Situation viel. In solcher Lage waren die Forderungen der deutschen Sozialisten trotz der

95 Ryszka 1968: 254–305.

vom Anspruch formal bestehenden Absicherungen des Arbeiters durch den polnischen Staat, in Anbetracht der praktizierten Wirklichkeit, durchaus berechtigt.

Ausschlaggebend für die Entscheidung der Sozialisten, sich jeweils den nationalen Lagern anzuschließen, waren unterschiedliche Einsichten: Bei den deutschen Sozialisten beruhte dieser Entschluß neben den nationalen Belangen stark auf wirtschaftlich-sozialer Erkenntnis[96], bei den polnischen auf durch jahrelange Unterdrückung der nationaleigenstaatlichen Idee besonders stark ausgeprägtem nationalem Empfinden. Die polnischen Sozialisten stellten die Nation über den Internationalismus.

Die polnischen Sozialisten schwenkten ins nationale Lager, arbeiteten mit dem polnischen Kleinbürgertum zusammen und distanzierten sich von der „sozialistischen Solidarität", um der „nationalen Solidarität" zu huldigen.[97] Die Ursache dieser Haltung resultierte aus ihrer Entwicklungsgeschichte – weitgehend auf illegaler Grundlage aufgebaut – und lag in ihrer historischen Vergangenheit. Die PPS setzte ganz andere Prioritäten als die deutschen Sozialisten. Die polnischen Sozialisten vertraten die Meinung, das unterdrückte Polen müsse als Staatswesen auferstehen. Keine Rolle spielte dabei, ob ihr Stammland Preußen, Kongreßpolen oder Galizien war. Sie verschrieben sich dem Internationalismus in dieser Frage nur insofern, als es ihrer Hauptforderung, der Auferstehung Polens, Rechnung trug.[98]

Die deutschen Sozialdemokraten des abgetrennten schlesischen Gebietes erklärten sich nach Bekanntwerden der neuen Gegebenheiten loyal zu ihrem neuen Staat, distanzierten sich von jeder Irredenta und vom Nationalismus. Vorrang hatte wieder der proletarische Klassenkampfgedanke, nicht das nationale Moment.[99] In ihrer Resolution zur Gründung der DSDP im März 1922 legten sie fest, „getreu den alten Grundsätzen sozialistischer Solidarität das Zusammenwirken aller sozialistischer Parteien zur Einheitsfront des Proletariats"[100] zu erstreben. Vielleicht kam die „sozialistischere" Haltung der deutschen Sozialisten von deren besserer Schulung und Organisation. Sie konnten auf eine längere Tradition bauen. Sie wollten zwar auch Forderungen speziell der deutschen Arbeiter durchsetzen, jedoch „nicht, um Nationalitätenhaß zu schüren und Unfrieden zu stiften", sondern um „diesen Haß aus der Welt zu schaffen und ge-

96 Hawranek 1979: 113.
97 Ibidem: 109.
98 Vgl. dazu Rojahn 1979: 51 f.
99 Sie erklärten, daß nur „dem kapitalistischen System der Kampf [gelte]". Volkswille v. 29. 03. 1922 u. v. 04. 04. 1922.
100 VW v. 29. 03. 1922.

genseitiges Verständnis an dessen Stelle [zu] setzen"[101]. Sie erklärten sich „vollkommen solidarisch" mit der polnischen Arbeiterschaft.[102]

In der zweiten Nummer ihres Publikationsorgans „Freiheit" proklamierten sie, „daß im Kampfe gegen die Verelendung die Arbeiter ohne Unterschied der Organisationen und Richtungen zusammenstehen [müßten]." Ihnen schwebte keine Einheitsfront „von oben" vor, sie sollte „unten" gebildet werden.[103] Diesem Anspruch konnten sie nicht gerecht werden. Wortführer blieben die Funktionäre der Parteien.

Die später zu verschiedenen Gelegenheiten gebildeten „Zwischenparteilichen Komitees" setzten sich ohne Ausnahme aus den Parteiführern Zerbe, Kronig, Kowoll, Glücksmann auf der einen und Czapiński, Niedziałkowski, Diamand auf der anderen Seite zusammen. Eine Einheitspartei lehnten die deutschen Sozialisten kurz nach Gründung ihrer Organisation im Jahre 1922 entschieden ab. Sie sahen sich „gezwungen", ihre (durch den Minderheitenstatus bedingt) spezifischen Probleme in einer eigenen Partei zu lösen. Auch beurteilten sie, „die Interessenverschiedenheit der polnischen 'Linksparteien' ... [sei] derart groß, daß ein Zusammengehen auf die Dauer undenkbar [wäre]"[104]. Ihre Entscheidung, sich nicht der polnischen sozialistischen Organisation anzuschließen, sollte jedoch „keine Zersplitterung der Kampfreihen der Arbeiterklasse"[105] bedeuten. Innerhalb der eigenen Partei könne der sozialistische Gedanke den deutschen Arbeitern besser nahegebracht werden.

Kronig hielt die eigene Partei für wichtig. Auch für die erwünschte Einheitsfront sei die Selbständigkeit erforderlich, weil „[es ihr] durch die Stärkung ihrer eigenen Organisation möglich sein [würde], ihren Einfluß zur Erreichung der Einheitsfront aller proletarischen Parteien geltend zu machen". Die Einheitsfront sei in Polen notwendig und die DAP unternehme alles, um ihre Solidarität mit der ganzen Arbeiterschaft zu demonstrieren. Ausdruck fänden diese Bemühungen in den engen Verbindungen zu den deutschen Arbeitern Posen-Pommerellens, Oberschlesiens und Teschener-Schlesiens sowie in den Bemühungen, eine Arbeitsgemeinschaft mit den ukrainischen und weißrussischen Sozialisten in die Wege zu leiten.[106]

---

101 „Die Arbeit" v. 25. 03. 1922, S. 4.

102 „Freiheit" Nr. 3 v. 30. 07. 1922, S. 3. Die „Freiheit" war das Nachfolgeorgan der „Arbeit". Nur wenige Nummern wurden herausgegeben. Bis Oktober 1923 publizierte die DAP in der BVZ.

103 „Diese Arbeit muß von der Erkenntnis getragen sein, daß die Einheitsfront nicht durch Vereinbarungen der Führer geschaffen werden kann, sondern sich im täglichen Kampfe der Massen um ihre Lebensnotwendigkeiten bilden wird." („Freiheit", Nr. 2 v. 23. 07. 1922, S. 2). Die „Freiheit" Nr. 2 war die direkt auf das als Nr. 1 herausgegebene Exemplar „Die Arbeit" folgende Nummer.

104 BVZ v. 12. 04. 1923.

105 „Freiheit", Nr. 2 v. 23. 07. 1922, S. 3.

106 BVZ v. 01. 05. 1923.

Trotz selbständiger Organisationen sollten die der Arbeiterklasse gemeinsamen Forderungen „einheitlich" durchgesetzt werden.[107] Die polnischen und jüdischen Arbeitervertreter rief Kronig zur Unterstützung der Forderungen der deutschen Minderheit auf. In dieser Entschließung aus Anlaß der Lodzer Stadtverordnetenversammlung brachte die DAP ihre Hoffnung auf gute Zusammenarbeit mit der polnischen und der jüdischen Arbeiterklasse zum Ausdruck.[108]

Bereits in den ersten beiden Jahren ihres Bestehens wandte sich die DAP immer wieder an die polnische Partei. Dabei vollzog sich aber ein grundlegender Wandel: Aus dem Ziel der Einheitsfront wurde das der einheitlichen Organisation. Die deutschen Sozialisten erwarteten viel von der Zusammenarbeit mit den polnischen Sozialisten, überschätzten aber dabei die Rolle der PPS.

Während des 19. Kongresses der PPS – Anfang 1924 – sagte Kronig, daß „die PPS das zukünftige Staatsleben gestalten würde". Der polnische Nationalismus rufe als Gegenreaktion den Nationalismus der nationalen Minderheiten hervor und verhindere das Schaffen einer einheitlichen sozialistischen Partei. Kronig hoffte, daß sich die Beziehungen der Nationalitäten auf der Grundlage gegenseitiger Beachtung bessern würden und die Organisation der deutschen Sozialisten in Polen nur eine vorübergehende Gruppierung sei.[109]

Die DSDP bedauerte im März 1922, daß die PPS den sozialistischen Minderheitenparteien gegenüber „ebenso feindlich gesinnt [sei], wie das kapitalistische Bürgertum: Von dieser Seite haben unsere berechtigten Forderungen wohl selten Unterstützung zu erwarten."[110]

Diese sozialistischen Forderungen bezogen sich auf politische Freiheiten, Bürgerrechte, wirtschaftliche Vorteile und soziale Gesetzgebung, die sich der Arbeiter in Deutschland bereits erkämpft hatte. Zaghaft wurde gefragt, ob Polen dem Arbeiter diese Rechte bieten könne und wolle, ferner ob diese Rechte im neuen Staat bewahrt werden könnten.

Obwohl die DAP mehrfach von der PPS enttäuscht wurde, versuchte sie, sich an die PPS anzulehnen. Sie erkannte, daß ein gemeinsamer Kampf effektiver zu führen sei. Nach Kronig war die PPS noch nicht zu dieser Erkenntnis gekommen. Er beurteilte die polnische Partei als „für eine wirk-

---

107 Sie wollten „gemeinsam mit dem polnischen arbeitenden Volke gegen Reaktion und Unterdrückung sowie gegen jeden nationalen Chauvinismus, von welcher Seite er auch komme, gemeinsam ankämpfen". „Freiheit", Nr. 2 v. 23. 07. 1922, S. 3. Vgl. auch A., Kronig in BVZ v. 22. 03. 1923.

108 Nach BVZ v. 12. 4. 1923 sollte „im neuen Stadtrat eine gemeinsame Front aller Vertreter der arbeitenden Bevölkerung gegen jegliche Ausbeutung und Unterdrückung [geschaffen]" werden.

109 Gazeta Robotnicza v. 04. 01. 1924.

110 VW v. 29. 03. 1922.

lich internationale Bewegung nicht reif genug"[111]. Weiter würde die PPS die deutschen Arbeiter als „szwaby" bezeichnen, mit deren Beiträgen und Stimmen rechnen, nicht aber mit deren Problemen. Nichts hätte die PPS-Führung unternommen, um den Chauvinismus der polnischen Arbeiter gegenüber den deutschen abzubauen, geschweige denn eine Annäherung zu erreichen.

Der Gedanke erregte Besorgnis, jetzt „Bürger zweiter Klasse" sein zu müssen. Gerade als Arbeiter und einer nationalen Minderheit angehörend, befürchteten sie, besonders verfolgt zu werden. In den „besonderen Schutz" der Genfer Konventionen wurde nicht viel Vertrauen gesetzt.[112] Von der PPS fühlten sie sich im Stich gelassen; sie erklärten auf ihrer Bezirkskonferenz am 10. Dezember 1922 in Kattowitz, sich zwar mit ihrem Minderheitenstatus abgefunden zu haben, Polen sei für sie aber ein Nationalitätenstaat. Die PPS müßte sich für die Minderheiten einsetzen, mache das jedoch nicht und „leugne die Minderheitenfrage in Polen ab".

Die deutschen Sozialisten verstanden zwar den geschichtlichen Hintergrund der Haltung ihrer polnischen Genossen[113], nicht jedoch, daß diese nach der Konstituierung Polens nicht vom nationalistischen Gedanken abrückten, um zu den sozialistischen Klassenkampfgedanken zurückzufinden. Die PPS sollte ihnen „mit einem sozialistischen Programm entgegenkommen und erst einmal ihren nationalistischen Fimmel aufgeben".[114] Den Klassenkampfgedanken stellte die PPS Anfang der zwanziger Jahre völlig in den Hintergrund. Sie wollte ein unabhängiges Polen, im besonderen die „Einverleibung Oberschlesiens in den polnischen Staat", um sich anschließend wieder dem sozialistischen Gedanken zuwenden zu können.[115]

Anfang der zwanziger Jahre wurde auf die schlechte Atmosphäre zwischen den deutschen und polnischen Sozialisten hingewiesen. Obwohl viele einem Zusammengehen mit der PPS skeptisch gegenüberstanden, wurden positive Erwartungen an die Zukunft geknüpft. Die deutschen Sozialisten erstrebten eine Annäherung an die PPS und hofften auf deren Unterstützung. Sie meinten, der Minderheitenschutz ginge nicht nur die Minderheiten an, sondern ebenso die PPS.

In der PPS herrschte unter der Führung von Diamand, Czapiński, Liebermann, Niedziałkowski und Ziemięcki eine gute Stimmung für die deutschen Sozialisten.[116] Daß in der Parteiführung und auf höchster Parteiebene Sympathie für eine Zusammenarbeit zu finden war, praktisch aber

---

111 BVZ v. 01. 05. 1923.

112 Ibidem.

113 Daß die PPS „so nationalistisch sei, läge an der historischen Vergangenheit. Das Kapital habe schon gegenseitig Anschluß gefunden über die nationalen Gegensätze hinweg. Demgegenüber müsse sich auch die Arbeiterschaft zusammenschließen."

114 VW v. 13. 12. 1922.

115 Hawranek 1979: 113 f.

116 Hawranek 1982: 183.

wenig umgesetzt wurde, läßt auf fehlende Übereinstimmung zwischen Parteiführung und Parteibasis schließen. Die Mehrheit der Parteimitglieder war wahrscheinlich gegen eine Zusammenarbeit mit den Deutschen.

Während des 19. Kongresses der PPS – Anfang 1924 – sagte Kronig, die Unterstützungen der PPS seien nicht selbstlos: Die PPS denke lediglich vor den Wahlen an die deutschen Arbeiter, wende sich dann sogar in ihrer Muttersprache an sie. „Stimmvieh" werde benötigt. Mit Ende der „Mandatenjagd" seien auch die Versprechen vergessen. Als Beispiel könnten die Wahlen zum verfassunggebenden Sejm 1919 in Lodz dienen. Der größte Teil der 50.000 deutschen Arbeiter des Lodzer Industriegebietes stimmte für die PPS, aber „die PPS [habe es] nicht für nötig befunden, auch nur den Finger zu rühren, um die der deutschen Arbeiterschaft zustehenden Rechte zu wahren und für ihre politische Aufklärung und kulturelle Hebung in ihrer Muttersprache zu sorgen"[117]. Daß die anderen Parteien ihre Wahlversprechen nicht hielten, beurteilten sie als nicht so schlimm. Daß aber die PPS „über ihre eigenen programmatischen Grundsätze stolpere", sei „vom sozialistischen Standpunkt aus direkt unverzeihlich"[118]. Der Vorwurf vom „Mohren, der seine Schuldigkeit getan habe"[119], wurde laut. Als Reaktion auf diese Enttäuschung bestritt die DAP die Wahlen zum Sejm und Senat im Jahr 1922 innerhalb des Minderheitenblocks. Sie erwog damals die Möglichkeit eines Wahlblocks mit der PPS nicht und wäre wahrscheinlich auf Ablehnung gestoßen.

Kronig hatte recht mit seinen Vorwürfen: Die polnischen Sozialisten benötigten die Stimmen der deutschen Sozialisten, orientierten sich aber stark an der antideutschen Stimmung in Polen. Diese ließ sie nicht intensiv für die Rechte der deutschen Minderheit eintreten, da ihnen mehr Unterstützung verloren zu gehen drohte, als zu gewinnen war. Nach Neugründung Polens hatte für die PPS die Durchsetzung kultureller Forderungen der deutschen Minderheit nur zweitrangige Bedeutung. Sie setzte ganz andere Prioritäten, nämlich nationalistische.

Für die deutschen Sozialisten stellte sich anfangs die Frage, wo sie besser „aufgehoben" seien, und zwar als deutsche Minderheit und als Sozialisten. Sie blickten in die Reihen der deutschen Bürgerlichen und in die der sozialistischen Partei des Staatsvolks. Der Klassenunterschied wog zunehmend schwerer und ließ die Sozialisten und ihre bürgerlichen Volksgenossen nicht immer für gleiche kulturelle Forderungen kämpfen, beispielsweise im Hinblick auf das Zeitungswesen, die Auswahl der

---

117 BVZ v. 12. 02. 1923. Die Wahlen zum verfassunggebenden Sejm wurden nur in Kongreßpolen und in Westgalizien durchgeführt, weil zu dieser Zeit die Grenzen noch nicht festgelegt waren.

118 Ibidem. Styra (1936: 10) schreibt, daß von der PPS „in verschiedenen prinzipiellen Fragen die Minderheit unterstützt worden ist. Meist wurde jedoch ein durchaus gegenteiliger Standpunkt eingenommen, wenn es sich um reine Parteiinteressen handelte."

119 BVZ v. 01. 05. 1923.

Kinofilme, die Erziehungsziele in den Schulen. Die deutschen Sozialisten tendierten mehr zu den polnischen Sozialisten, weil ihre ideologischen Ziele übereinstimmten.

Zweifellos zeigte die DAP als Minderheitenpartei ein größeres Interesse an Zusammenarbeit. Die DAP verfügte im Vergleich zur PPS über wenig Mitglieder. Sie hatte keinen politischen Einfluß, um selbständig irgend etwas zu bewirken. Sie war als kleine Partei bestrebt, Beistand einer starken, ihrem ideologischen Standpunkt nahe kommenden Partei zu suchen. Die PPS wollte sich bei der Durchsetzung ihrer Ziele von den deutschen Sozialisten unterstützen lassen. Sie war als sozialistische Partei des Staatsvolks bedeutender und nicht in dem Maße an der Zusammenarbeit interessiert wie die DAP. Die Unterstützung für die deutschen Sozialisten ging nicht so weit, deswegen ein Risiko einzugehen.

Die Einheitsfront sollte etappenweise erreicht werden, „eine Einigung zunächst der nationalen Minderheiten, soweit sie Sozialisten sind [herbeigeführt], aus der sich vielleicht künftig eine polnische Einheitspartei entwickeln könnte"[120]. Danach sollte der Zusammenschluß mit der PPS erfolgen, ungeachtet dessen, daß diese die Deutschen „noch ... kühl ablehnte"[121]. Diese Pläne entstanden im Jahr 1922, lange bevor eine Einigung der deutschen Sozialisten Polens teilweise gelang. Die „sozialistische Front" mußte sich – selbst längerfristig – als unerreichbar erweisen. Allein die deutschen Sozialisten kämpften untereinander, um einen gemeinsamen Weg zu finden. Dennoch galt die Einheitsfront als politisches Ziel; und man ging davon aus, daß alle Sozialisten – zwar mit unterschiedlicher Vorgehensweise – für die gleiche Sache kämpften.[122]

Die Voraussetzungen für die Gründung einer gesamtsozialistischen Partei waren in Polen nicht gegeben, obwohl Kowoll davon ausging, „daß die reaktionären Strömungen im polnischen Staatswesen schon dazu beitragen würden, die Einheitsfront der Arbeiterschaft in Polen zu schaffen".[123] Man kann die Verhältnisse in Polen und Österreich-Ungarn nicht miteinander vergleichen. Die Donaumonarchie galt als Vielvölkerstaat, Polen war als Nationalstaat konzipiert. Österreich beispielsweise ließ den Polen in Galizien Autonomie zukommen, die ihnen eigene Schulen, Verwaltung und politische Parteien erlaubte. Polen wollte, daß sich seine Minderheiten assimilierten. Österreich versah seine Völker mit ganz anderen Rechten als die Polen. In Österreich arbeiteten Angehörige nationaler

120 VW v. 20. 04. 1922.

121 VW v. 13. 12. 1922.

122 Dies sollte „nach dem Vorbild der ehemaligen österreichischen Gesamtpartei, an deren Begründung Daszyński mitgearbeitet [habe]" und in der die sozialistischen Parteien des Staatsvolkes und der Minderheiten organisiert wären, erfolgen. VW v. 19. 04. 1922.

123 „Gerade die sozialistische Arbeiterschaft müsse es vermeiden, den Selbstzerfleischungsprozeß in ihre Reihen zu tragen, dies könne nur zum Nutzen der nationalistischen Arbeiterparteien in Polen ausschlagen." VW v. 01. 05. 1922.

Minderheiten in der Regierung – in Polen nicht. Fraglich ist, ob die Minderheiten unter einem sozialistischen Banner mit den Sozialisten des Staatsvolks ausgekommen wären. In Österreich scheiterte der Versuch. Als sicher gilt, daß „so unterschiedlich wie die ostmitteleuropäischen 'Staatsvölker' ... so verschieden waren auch die nationalen Minderheiten Ostmitteleuropas voneinander, selbst dort, wo es sich um Angehörige desselben Volkstums handelte“[124]. Bei verschiedenen Minderheiten traf man auf unterschiedlich ausgeprägtes Nationalbewußtsein. Manche assimilierten sich, einige lebten geschlossen zusammen, andere im ganzen Staat verstreut. Es gab separatistische Minderheiten unter den Ukrainern, den Weißrussen und den Deutschen. Besonders die in Galizien lebenden Ukrainer gehörten dazu, die sich aus der „Ukrainischen Militärorganisation“ (UVO), der „Ukrainischen Arbeiter- und Bauernvereinigung“ (Sel-Rob – Związek Chłopów i Robotników), der ukrainischen „Arbeitspartei“ und anderen irredentistischen Gruppen zur „Organisation Ukrainischer Nationalisten“ (OUN) zusammengeschlossen hatten, die aber der weitaus größeren, sich mit dem polnischen Staat arrangierenden Gruppe der bürgerlichen und antisowjetischen „Ukrainischen Nationaldemokratischen Organisation“ (UNDO) gegenüberstanden.[125] Bei den Weißruthenen gab es zwei nationalistische Gruppierungen, die sozialrevolutionäre antipolnische „Hramada“ (Gemeinschaft) und die bürgerliche „Christliche Demokratie“. Beide wurden bis Ende der zwanziger Jahre vom andere Nationalismen nicht duldenden polnischen Nationalismus zerschlagen. Eine Gruppe der „Versöhnler“, die zu Verhandlungen mit dem polnischen Staat bereit war, verfügte über eine geringe Anhängerschaft.[126]

Im Herbst 1921 trafen sich Vertreter der deutschen Sozialisten aller Teilgebiete mit Vertretern der PPS. Regional fanden zwei weitere Gespräche statt: Auf einer Parteikonferenz der Bromberger deutschen Sozialisten nahm im September 1921 ein PPS-Repräsentant teil. Fragen der Zusammenarbeit standen auf einer von PPS und deutschen Sozialisten Teschener-Schlesiens in Bielitz im Dezember 1921 einberufenen Konferenz zur Debatte. Am 15. Mai 1922 empfahl der Oberste Parteirat der PPS, Kontakte mit den sozialistischen Parteien der nationalen Minderheiten aufzunehmen – erfolglos. Ein Jahr später wiederholte er diese Empfehlung.[127]

Im April 1922 fand eine gemeinsame Konferenz der drei Internationalen in Berlin statt, auf der gemeinsame Demonstrationen für den 20. April und den 1. Mai 1922 verabredet wurden.[128] Vielleicht entstand der Versuch

---

124 Michaelsen in Hinrichs 1985: 98.

125 Lexikon 1981: 493 f. Roos 1959: 51.

126 Roos 1959: 51. Lexikon 1981: 477 f. Nach Styra 1936: 77 habe die polnische Minderheitenbehandlung Polenfeinde aus den Weißrussen gemacht; ein besonderes Merkmal der Weißrussen seien separatistische Bestrebungen.

127 Więch 1987: 237.

128 Ibidem: 222.

gemeinsamer Wahlen in diesem Jahr in bezug auf diese auf höchster politischer Ebene proklamierten Einigung.

Von kurzer Dauer erwies sich die in Oberschlesien am 21. August 1922 zwischen der DSDP und der Polnischen Unabhängigen Partei vereinbarte sozialistische Arbeitsgemeinschaft zwecks Aufstellung gemeinsamer Kandidaten für die Wahlen zum Schlesischen und zum Warschauer Sejm.[129]

Zu den schlesischen Sejmwahlen am 24. September 1922 ging die DSDP mit den polnischen Unabhängigen unter der Bezeichnung „Deutsche Sozialdemokratische Partei" und errang zwei Mandate von insgesamt 48 Abgeordnetenmandaten, und zwar für Johann Kowoll und für Karl Buchwald.[130] Noch vor den Warschauer Sejmwahlen, die am 5. November 1922 stattfanden, zerbrach die Koalition: Die Unabhängigen zogen ihre Kandidatenliste im Auftrage ihres Führers, Bolesław Drobners, zurück, weil sie den Beitritt Kowolls und Buchwalds als Hospitanten zum Deutschen Club im Schlesischen Sejm nicht akzeptierten und den „Vertrag als gebrochen"[131] ansahen. Der Vollzugsausschuß der Polnischen Unabhängigen Partei verlangte die für Wahlzwecke gezahlten 98.000 Mark von den deutschen Sozialisten zurück.[132] Diese stellten deshalb keine Kandidaten zu den Warschauer Sejmwahlen. Die DSDP fühlte sich von den polnischen Unabhängigen betrogen und erklärte, diesen Anschluß nur gesucht zu haben, weil ihre finanziellen Mittel nicht ausreichten.[133]

Das Scheitern dieser Wahlkoalition brachten die deutschen Sozialisten nicht in Zusammenhang mit oben genanntem Geschehen. Bezeichnenderweise wurden Kowolls und Buchwalds Beitritt (als Hospitanten) zum Deutschen Club aber als Fehler deklariert.[134] Beide Abgeordnete handelten mit ihrem damaligen Entschluß sogar gegen den Willen der Parteiexekutive, die „mit dem Eingehen der Hospitantur beim Deutschen Club nicht einverstanden war, aber das Verbleiben vorläufig gebilligt hatte"[135]. Sie wurden in der Resolution der oberschlesischen Bezirkskonferenz mit dem

---

129 PA AA, Pol 5 Oberschlesien, Bd. 1, Po 11783 v. 24. 08. 1922.

130 Ibidem, Po 17887 v. 14. 12. 1922. Rechowicz 1971 (b): 314 f. Die Deutschen erlangten insgesamt 14 Mandate: 6 Mandate entfielen auf die „Deutsche Katholische Volkspartei" (DKVP), 6 auf die „Deutsche Partei" (DP). Vgl. Heike 1985: 180 f.

131 Kattowitzer Zeitung v. 17. 10. 1922. Vgl. dazu Tomicki 1982: 175. Am 06. 06. 1923 traten Kowoll und Buchwald aus dem Deutschen Club im Schlesischen Sejm als Hospitanten aus. Äußerlich bekundeten sie ihren Entschluß, indem sie andere Sitzplätze im Sejm einnahmen: Ihre Plätze neben den Abgeordneten des Deutschen Blocks gaben sie auf, um sich hinter die polnischen Sozialisten zu setzen. PA AA, Pol 5 Oberschlesien, Bd. 1: Frank (Deutsches Generalkonsulat Kattowitz) an AA v. 12. 06. 1923.

132 PA AA, Pol 5 Oberschlesien, Bd. 1, Po 14895 v. 17. 10. 1922.

133 VW v. 13. 12. 1922: Bericht der Bezirkskonferenz.

134 PA AA, Pol 5 Oberschlesien, Bd. 1, Po 17887 v. 14. 12. 1922 und VW v. 13. 12. 1922.

135 Kowoll erklärte, dieser Schritt sei „nur aus parlamentarischen Gründen [geschehen]; [bot ihnen] aber nicht das, was [sie] erwarteten". VW v. 13. 12. 1922.

Hinweis entlastet, „der Anschluß an den Deutschen Club hätte vermieden werden können". Unterstrichen wurde, daß in Zukunft „wo die Möglichkeit [bestehe], Listenverbindungen mit sozialistischen Parteien angestrebt werden [sollten]. Unter allen Umständen sei eine sozialistische Kandidatur zu unterstützen, wo keine selbständige Liste und keine Listenverbindung möglich sei"[136]. Wahlbündnisse mit den Bürgerlichen wurden ausgeschlossen: jedoch fehlte der Hinweis, ob das gleichermaßen für parlamentarische Blocks zutreffe.

Den Beschluß, lediglich mit sozialistischen Parteien Wahlbündnisse abzuschließen, faßte die DSDP bereits auf ihrer Landeskonferenz am 20. August 1922 in Kattowitz. In einem Bericht des Deutschen Generalkonsulats Kattowitz vom 24. August 1922 dazu heißt es, daß die DSDP dies „und zwar trotz der ablehnenden Haltung, welche die polnische sozialistische Partei ihr gegenüber [einnehme]" vertrete.[137] In Frage gestellt wurde, „ob diese Resolution den Tendenzen der Mehrheit der Parteigenossen gerecht werde. Vielleicht bedeutet sie auch nicht viel mehr als eine Verbeugung vor den Unabhängigen Sozialisten, denen seinerzeit der Beitritt der DSP zum deutschen Sejmklub den Anlaß zum Bruche mit der DSP gegeben hatte."[138] Letzteres wurde während eines Gespräches mit dem deutschen Generalkonsul von Kattowitz, Frank, im Juni 1923 durch Kowoll bestätigt. Kowoll beschrieb die PPS als „vorläufig noch viel zu abhängig von der polnischen Regierung" und unterstützte die Annäherung an die Drobnersche Unabhängige Sozialdemokratie.[139]

Aus der Konfusion ihrer „Parteistrategie" machte Glücksmann kein Geheimnis.[140] Die Taktik der Partei sei noch nicht festgelegt gewesen und „von vielen Argumenten, die (zwar nicht zur Rechtfertigung) aber zur Erklärung dieses Umstandes angeführt werden könnten, sei wohl jenes das stichhaltigste, daß wir eine junge Partei waren, die kurz nach ihrem Entstehen vor schwierige Probleme und Aufgaben gestellt wurde, die aus eigener Erkenntnis und durch eigene Erfahrungen unter schwierigsten Bedingungen die richtigen Wege suchen mußte."[141] Anders als die sprunghafte Handlungsweise, einesteils mit den polnischen Unabhängigen Sozialisten zu paktieren, anderenteils mit den deutschen Bürgerlichen im Deutschen Club zu kooperieren, nicht zu verstehen.

---

136 PA AA, Pol 5 Oberschlesien, Bd. 1, Po 17887 v. 14. 12. 1922.

137 Ibidem: Po 11783 v. 24. 08. 1922. Die deutschen Sozialisten gaben sich damals abwechselnd die Bezeichnung DSDP, DSPP und DSP, abgeleitet von der gleichen Bezeichnung: „Deutsche Sozialdemokratische Partei Polens".

138 Ibidem: Po 17887 v. 14. 12. 1922.

139 Ibidem: Frank an AA v. 12. 06. 1923.

140 Er bekannte, „daß diese verschiedenen Taktiken ein und derselben Partei unhaltbar seien und eine Vereinheitlichung als unbedingte Notwendigkeit erscheine". Glücksmann o. J.: 5.

141 Ibidem.

Anscheinend kam für die oberschlesischen deutschen Sozialisten die Möglichkeit, im Minderheitenblock mit den deutschen Bürgerlichen zu den Warschauer Sejm- und Senatswahlen zu gehen, nicht in Betracht. Der Weg, den die Lodzer und Bromberger deutschen Sozialisten einschlugen, hätte ihnen gleichfalls offengestanden. Die Oberschlesier bewiesen in dieser Frage Konsequenz.

Die Bromberger verkündeten nach der am 20. September 1922 erzielten Einigung zwischen SPD und USPD in Deutschland diese Einigkeit als Ziel, das „sich die in Polen bestehenden sozialistischen Parteien nur ins Stammbuch schreiben [könnten]". Sie unterstrichen, daß die PPS „als größte sozialistische Partei für die Einigung überhaupt keinen Finger gerührt [habe]"[142].

Es ist wahrscheinlicher, daß ihnen kurz vor dem Zusammenschluß mit den oberschlesischen deutschen Sozialisten, unmittelbar nach der Abtrennung deutscher Gebiete, nicht viel an einem Zusammengehen mit der PPS gelegen war. Sie konnten die polnischen Sozialisten für das Nichtzustandekommen eines gemeinsamen Wahlblocks verantwortlich machen, ohne etwas in dieser Richtung unternommen zu haben. Im Gegenteil: die Bromberger Gruppe distanzierte sich anläßlich der Warschauer Sejmwahlen im Jahr 1922 vom Beschluß der schlesischen Gruppe. Die Oberschlesier unterstützten eine sozialistische Kandidatur, wo keine eigenen Listen aufgestellt werden konnten und schlossen Wahlbündnisse mit Bürgerlichen aus. Die Bromberger zogen im Minderheitenblock mit den Bürgerlichen in den Wahlkampf und errangen ein Abgeordnetenmandat für ihren ersten Mann, für Pankratz.[143]

Im Juli 1923 kam der erste Vertrag zwischen DAP, DSDP, PPS und jüdischem „Bund" zustande. Die vier Parteien beschlossen, einen einheitlichen Kampf gegen den Kapitalismus wie gegen den Nationalismus zu führen. Beide hätten die Kontakte zwischen den Nationalitäten verschlechtert, Polen sei zur „Arena unaufhörlicher nationaler Kämpfe" geworden.[144] Die vier Parteien entschieden, ständig Kontakt zu halten und zu guter Zusammenarbeit zu kommen. Mit diesem Vertrag zog sich die PPS den Ruf des „Vaterlandsverräters" zu.[145] Die deutschen Sozialisten überschätzten die Vereinbarungen und sahen darin bereits die Einheitsfront[146].

---

142 BVZ v. 29. 09. 1922.

143 Heike 1969: 82, 86; 1985: 187 f. Taktischen Charakter hatte die zwei Monate vor den Wahlen zum Warschauer Sejm verkündete Erwartung der Bromberger, daß der Zusammenschluß der Sozialisten Polens „eine kleine sozialistische Internationale [ergebe]". BVZ v. 29. 09. 1922.

144 PA AA, Pol 5 Pol, Bd. 5, Po 13214 v. 16. 08. 1923; vgl. dazu PA AA, Pol 5 Pol, Bd. 6, Po 035 v. 15. 10. 1923.

145 PA AA, Pol 5 Pol, Bd. 5 Po 13214 v. 16. 08. 1923. Vgl. dazu BVZ v. 07. 09. 1923: Deutsche Zeitung Dirschau v. 17. 08. 1923. Vgl. auch Meissner 1973: 65 und Szczerbiński 1986: 25.

146 BVZ v. 07. 09. 1923.

Erlich, der Vorsitzende des jüdischen sozialistischen „Bund", nannte den Vertrag einen Pakt zur „gemeinsamen Bekämpfung des Chauvinismus und Antisemitismus". Anderthalb Jahre später bedauerte er, und er wurde darin von Zerbe unterstützt, daß die PPS nichts getan hatte, um die Vereinbarungen einzuhalten und „der Vertrag ein Fetzen Papier geworden [war] und deshalb gekündigt werden [müsse]"[147].

Der „Bund" wurde Ende des 19. Jahrhunderts gegründet. Seine Führer waren Henryk Erlich, Wiktor Alter und Maurycy Orzech. Nahe stand ihm die Jugendorganisation „Cukunft". Einfluß hatte er in Gewerkschaften und Sportvereinen. Wie die DSAP forderte der „Bund" für die Juden die national-kulturelle Autonomie mit jiddischer Sprache. Als klassenkämpferische Partei lehnte er das religiöse und das nationale Programm sowie die Palästina-Idee streng ab. Sein linker Flügel hatte prokommunistische Sympathien. Mehrmals arbeitete er mit der PPS zusammen.[148] In seinem Programm propagierte er die proletarische Einheitsfront mit den polnischen Sozialisten, was sich jedoch als völliger Fehlschlag erweisen sollte.[149]

Trotz dieses Mißlingens wollten die deutschen Sozialisten auf eine sozialistische Zusammenarbeit hinarbeiten.[150] Auf dem 19. Kongreß der PPS unterstrich Kronig, die deutschen und die polnischen Sozialisten verbinde ein gemeinsames Ziel: Der „Sieg des Sozialismus" – erreichbar durch gemeinsamen Klassenkampf und die Solidarität aller Arbeitenden. Die deutschen Arbeiter wollten „Hand in Hand mit der polnischen Arbeiterschaft den Kampf um ihre Befreiung führen." Betont wurde, daß der deutsche Sozialist die einheitliche Organisation anstrebe und die eigene „als vorübergehende" ansehe.[151]

Im Dezember 1924, auf dem zweiten Parteitag der „Deutschen Sozialdemokratischen Partei Polens" in Bielitz, stellten die deutschen Sozialisten die politische Wirksamkeit der „Sozialistischen Arbeiter-Internationale" in Frage.[152] Sie erfülle nicht die in sie gesetzten Erwartungen.

Glücksmann bemängelte die Zusammenarbeit der Sozialisten und daß oftmals „die Energie im Bruderkampfe aufgerieben würde". In Polen seien

147 LVZ v. 14. 12. 1924.

148 Nach Michowicz (1982: 338) war der „Bund" die stärkste jüdische Partei in Polen. Nach (Beranek 1959: 122) war der „Bund" neben den linken Zionisten, „Poalej Zion", die stärkste und einflußreichste jüdisch-sozialistische Gruppierung.

149 Mendelsohn 1979: 11.

150 Glücksmann o. J.: 4.

151 LVZ v. 06. 01. 1924.

152 Sie sollte „die sicherste Gewähr des Friedens, der Schranken gegen die Ausbeutung der Arbeiterschaft und gegen die Drangsalierung der Minderheitsnationen sein", weise hingegen „nicht jene innere Konsolidierung und Schlagfertigkeit auf, die gemäß der internationalen Solidarität und der obligaten historischen Aufgaben zwecks Abwehr der Anschläge der internationalen Reaktion und zur Vorwärtsentwicklung der Arbeiterbewegung erforderlich wäre." LVZ v. 14. 12. 1924.

mehrere in der „Internationale" organisierten sozialistischen Parteien nebeneinander tätig und sähen sich als Gegner. In dieser Uneinigkeit erkannten die deutschen Sozialisten eine Unterstützung des Nationalismus und der Klassengegner.[153]

Glücksmann kritisierte, daß die PPS als größte sozialistische Partei Polens nicht die Initiative ergreife, alle anderen sozialistischen Parteien um sich zu scharen und sich für die Rechte der Minderheiten zu engagieren. Das habe die deutsche Sozialdemokratie als Partei der „herrschenden Nation" in Österreich getan.[154] In dem „Abwehrkampf gegen die Anschläge auf die Verfassung, Wahlordnung und soziale Gesetzgebung" sah die DSPP das größte Problem Polens. Eine Besserung hänge davon ab, ob alle sozialistischen Parteien einen gemeinsamen Weg finden könnten.[155]

Auf dem zweiten Parteitag der DSDP wurde diskutiert, wie die „proletarische Einheitsfront" funktionieren sollte. Alle Parteien sollten handlungsgleichberechtigt sein, keine auf ihre Taktik, Programm oder Ideale verzichten. Geplant sei „keine Verschmelzung sondern ein Zusammenarbeiten", ein gemeinsamer „Kampf für gewisse konkrete Forderungen, die im Interesse der ganzen Arbeiterschaft liegen z. B.: Kampf gegen Nationalismus, Reaktion, Faschismus, Kampf für die Erhaltung des 8-Stundentages u. a. sozialer Errungenschaften. In dieser Kooperation müssen alle zusammenwirkenden Parteien gleichwertige Glieder bilden."[156]

Zerbe sprach vom „Muß" der Einheitsfront, selbst wenn einige Parteien Zugeständnisse zu machen hatten. Auf die spezifischen Verhältnisse in Lodz wies er hin. Dort habe die DAP wiederholt erfolgreich mit der PPS zusammengearbeitet.[157]

Große Schuld an den Schwierigkeiten, zu einer Zusammenarbeit zu kommen, sah Glücksmann bei der PPS, von der keine Anstrengung zur Kooperation unternommen würde. Jedoch meinte er, daß sich das ändern könnte. Voraussetzung sei die Gleichberechtigung aller beteiligten Parteien und das Ziel, daß nur Postulate aufgestellt werden sollten, die alle als ihre ansähen. Keine Partei dürfe die Vorherrschaft haben.[158]

Der PPS-Abgeordnete Czapiński und Drobner von den Unabhängigen Sozialisten wollten mit den deutschen und anderen sozialistischen Minderheitenparteien zusammenarbeiten. Der Warschauer Stadtverordnete

---

153 Ibidem.

154 Glücksmann o. J.: 4.

155 Ibidem.

156 Ibidem: 22. Die DSDP erklärte „die organisatorische Einheit oder zumindest die Kooperation (proletarische Einheitsfront) auf der Basis der Gleichberechtigung der zusammenwirkenden sozialistischen Parteien" als vorrangigste Aufgabe.

157 LVZ v. 14. 12. 1924.

158 Glücksmann o. J.: 23.

Erlich vom „Bund" stimmte der „alle nationalen Richtungen [umfassenden]" Einheitsfront zu und warnte vor Nationalismus.[159]

Die deutschen Sozialisten, die PPS und der „Bund" verstanden in dieser Zeit unter dem Begriff Einheitsfront eine enge Zusammenarbeit aller sozialistischen Parteien Polens.[160] Die Kommunisten wurden ausgegrenzt, weil diese die Hegemonie beanspruchen würden.[161] In Anbetracht der Stärke der KPP war diese Befürchtung eine Übertreibung.

Trotz aller Vorsätze blieben die Bekundungen vom Dezember 1924 ebenso erfolglos wie die des Juli 1923.

In Oberschlesien kann das Scheitern der Einheitsfront am Mißtrauen der PPS gegenüber der DSPP gelegen haben. Viele deutsche Sozialisten waren gleichzeitig Mitglieder des „Deutschen Volksbundes".

Anfangs hatte Kowoll Sitz in den höchsten, für die Gestaltung aller Aktivitäten der deutschen Minderheit in Schlesien richtungsweisenden Gremien des Volksbundes.[162] Kowoll argumentierte, daß jeder deutsche Sozialist dem Volksbund beitreten könne, solange dieser ausschließlich kulturelle Ziele verfolge. Anders sähe es aus, wenn dieser „dazu übergehen [sollte], Politik zu treiben, dann müsse ihn die Partei bekämpfen"[163].

Der Volksbund war formal apolitisch. Seine wahren Ziele hielt er im Geheimen. Er soll das Deutschtum in Schlesien mit dem Gedanken organisiert haben, später leichter die Möglichkeit einer Wiedervereinigung mit dem Reich zu schaffen. Materielle Hilfe erhielt der Volksbund vom Reich, wovon er die ihm nahestehenden Parteien, die „Deutsche Katholische Volkspartei" (DKVP), die „Deutsche Partei" (DP) und die DSPP unterstützte. Die Parteien waren offiziell nicht im Volksbund organisiert, die Entscheidung für einen Beitritt stand den Parteimitgliedern offen. Da ein erheblicher Teil der Sozialisten im Volksbund organisiert war, sei die Politik der DSDP partiell an die Idee der „Deutschen Einheit" des Volksbundes gebunden gewesen. Die deutschen Sozialisten wollten diese Verbindung wegen finanzieller Vorteile nicht abbrechen, probierten aber, ihre eigene Stellung zu stärken.[164]

Trotz Ungereimtheiten im Hinblick auf den „Volksbund" verkündete die PPS ihren Willen zur Zusammenarbeit. Auf der Tagung ihres Parteirates in Warschau am 17. Januar 1925 nahm der Hauptvorstand Czapińskis Antrag an, mit den sozialistischen Parteien der Minderheiten zusammenzuarbeiten.[165] Ebenso fand Diamands Eingabe Zustimmung, nur Abma-

---

159 LVZ v. 14. 12. 1924.

160 Tomicki 1980: 20.

161 Glücksmann o. J.: 23.

162 Grünberg 1963: 33 f.

163 PA AA, Politik 5 Oberschlesien, Bd. 1, Po 17887 v. 14. 12. 1922 und VW v. 13. 12. 1922.

164 Walczak 1979: 35.

165 Auf einer Wählerversammlung der PPS in Krakau – im Februar 1925 – wiederholte er, daß „die Arbeiterschaft dem Bündnis der Kapitalisten ein Bündnis der Arbeiter aller Na-

chungen mit den der „Londoner Internationale" angeschlossen Parteien zu treffen.[166] Im Jahr 1925 gehörten der Londoner, der „II. Internationale", nur die PPS, die „Unabhängige Sozialistische Partei" und die DSDP an.[167] Diamands Voraussetzung für eine Zusammenarbeit bedeutete eine erhebliche Einschränkung der möglichen Beteiligten.

Auf Initiative der PPS kam im März 1925 eine gemeinsame Front zwischen PPS, „Bund" und DAP zur Verteidigung des gleichen Wahlrechts für Lodz und den Lodzer Kreis zustande. Die Verbündeten beschlossen, ein Komitee mit den Klassenfachverbänden zu bilden, um durch gemeinsame Versammlungen und Massendemonstrationen sowie Herausgabe von Flugblättern den „Anschlag der Reaktion" abzuwehren.[168] Einen am 3. April 1925 veröffentlichten Aufruf konfiszierte die Lodzer Staatsanwaltschaft, obwohl die Arbeiter lediglich aufgefordert wurden, in Form von Versammlungen und Demonstrationen für die Rechte der Arbeiterschaft zu protestieren. Eine Interpellation des PPS-Abgeordneten Bronisław Ziemięcki in Sachen Konfiszierung blieb unberücksichtigt. Diese geplante Aktivität verlief im Sande.[169] Anscheinend unternahmen die betroffenen Parteien selbst nicht viel, um ihre Aktion zu retten.

Manchmal lag ein Gelingen gemeinsamer Aktionen nicht an den betreffenden Parteien, sehr viele Impulse wurden nämlich vom Staat im Keim erstickt. Aber auch die Parteien standen einer schnelleren Entwicklung im Wege und bremsten ihre „Einheitsfronttatkraft" mit Verstößen gegen das Wertgefühl der anderen Partei.

Ein Fall wurde bekannt, in dem im Juli 1925 die PPS zur Bürgermeisterwahl in Eichenau bei Kattowitz mit dem für seine Deutschfeindlichkeit berüchtigten „Westmarkenverein" (später „Westverband") koalierte. Dessen Presseorgan hieß bezeichnenderweise „Strażnica Zachodnia" (Westwacht). Die PPS mißachtete das Abkommen mit der DSDP, bei allen kommunalen Wahlen gemeinsam vorzugehen.[170]

---

tionalitäten Polens entgegenstellen [muß]". Ernüchterung wird in dem darauf folgenden Wunsch der deutschen Sozialisten deutlich, daß die PPS diesen Worten endlich Taten folgen lassen sollte. LVZ v. 15. 02. 1925.

166 LVZ v. 23. 01. 1925.

167 LVZ v. 28. 06. 1925.

168 LVZ v. 25. 03. 1925.

169 LVZ v. 17. 04. 1925. Unterzeichner dieses Aufrufes waren PPS, DAP, Lodzer Komitee des „Bund", Frauenabteilung der PPS, Bezirkskomitee der Klassenverbände und der Klassenverband der Textilindustrie.

170 Freie Presse v. 25. 06. 1925. PA AA, Pol 5 Pol, Bd. 7, Po 203 v. 26. 06. 1925. Der Westmarkenverein wurde am 01. 10. 1921 zum Schutz der Polen in Deutschland durch Mitglieder des „Komitees für die Verteidigung Schlesiens" gegründet. Die „Erhaltung und Vergrößerung des polnischen Besitzstandes" gehörte zu seinen Aufgaben. Am aktivsten war er in Schlesien und in Pommern. Er arbeitete mit dem „Związek Polaków" in Deutschland und mit der polnischen Gemeinde in Danzig zusammen. Wielka Ilustrowana Encyklopedia Powszechna 1967. Zum „Westmarkenverein" vgl. Breyer 1955: 265–268. Bierschenk 1954:

Solche Konflikte zwischen deutschen und polnischen Sozialisten wurden besonders aus Oberschlesien bekannt. Sie zeugen für die Nationalitätenprobleme.

Die erste sozialistische Verständigungskonferenz

Nach der 1925 zustandegekommenen Einigung der deutschen Sozialisten erstrebten diese den Zusammenschluß aller sozialistischen Parteien Polens.[171] Sie nannten die einheitliche deutsche Organisation eine „Etappe zur Verschmelzung aller sozialistischer Parteien Polens"[172].

Im Januar 1926, am Parteitag der PPS, verkündete Kronig, daß der deutsche Arbeiter zur Zusammenarbeit mit dem polnischen Arbeiter bereit sei.[173] Ein PPS-Mitglied forderte die Schaffung einer Internationale der sozialistischen Parteien Polens. Zerbe versicherte, daß die Deutschen diesem Ziele zustrebten; jedoch müßte der Arbeiter, „um diese 'Internationale Polens' zu erreichen, ... die uns von der herrschenden Klasse eingeimpften chauvinistischen Bazillen in seinem Inneren töten"[174].

Der deutsche, polnische und jüdische Arbeiter treffe auf die gleichen ökonomischen und politischen Bedingungen, wäre ebenso von Arbeitslosigkeit, schlechten Löhnen oder Hunger betroffen. Das „zwinge" zur gemeinsamen Arbeit und helfe, die nationalen Gegensätze zu überwinden. Es käme nur auf den Sozialismus, nicht auf die Nationalität an, argumentierte Zerbe. Noch bestünde eine Kluft zwischen dem deutschen, polnischen und jüdischen Arbeiter. Die Parteien müßten dem entgegenwirken.[175]

Auf Initiative der PPS kam am 12. März 1926 die erste „Verständigungskonferenz" zwischen DSAP und PPS zustande. Der PPS-Abgeordnete M. Niedziałkowski hatte eine Versammlung angeregt, um die „kulturellen und gewerkschaftlichen Forderungen der deutschen Werktätigen in Polen" zu erörtern. Die DSAP wollte vorher die Mißhelligkeiten zwischen beiden Parteien beseitigen, um eine Verhandlungsbasis zu schaffen. Zu diesem Zwecke kam die Verständigungskonferenz zustan-

---

93 ff. Nach der polnischen Bezeichnung wurde der „Związek Obrony Kresów Zachodnich" (ZOKZ) auch „Okazistenverein" genannt.

171 VST v. 11. 09. 1925.

172 BVZ v. 14. 08. 1925. Vgl. dazu auch Sprawy Narodowościowe, Nr. 2 v. März/April 1927, S. 117.

173 LVZ v. 03. 01. 1926.

174 LVZ v. 05. 01. 1926. Daß der Nationalismus lähmende Wirkung auf den Verständigungsprozeß zwischen DSAP, PPS und „Bund" habe, wurde auf dem 3. Parteitag der DSAP in Lodz im Juni 1926 wiederholt. Dem pflichtete die oberschlesische DSAP bei. LVZ v. 27. 06. 1926.

175 Ibidem.

de.[176] Der Grund für die Initiative der PPS war vielleicht darin zu finden, daß sich diese Verständigung wegen der Nationalitätenkonflikte, insbesondere wegen der Auseinandersetzungen in Oberschlesien, problematisch gestaltete.

In Oberschlesien war das Verhältnis zwischen den beiden sozialistischen Parteien gespannt. Dazu kam die persönliche Feindschaft der Parteiführer, der Streit zwischen Kowoll und den oberschlesischen PPS-Funktionären Biniszkiewicz und Rumpfelt. Das größte Problem sei jedoch in Oberschlesien der Nationalismus. Kowoll wollte nicht entscheiden, auf welcher Seite ab dem Plebiszit die größten Fehler gemacht worden seien.[177] Nationalismusvorwürfen der PPS entgegnete er, ob es nicht unter den polnischen Sozialisten Personen gäbe, „und zwar sogar in unmittelbarer Nähe des Vorstandes, die sich vielleicht auch lieber mit polnischen Nationalisten vom reinsten Wasser als mit einem deutschen Genossen verbrüderten? Die sich zwar theoretisch für die Internationale begeisterten, praktisch aber den sozialistischen Staatsbürger Polens mit Mißtrauen beobachteten, sobald er einer fremden Nation angehöre?" Die PPS sei eine Partei mit „ausgesprochen polnisch-nationaler Tradition". Sie sei ein „starker Eckpfeiler" des neuen Polens und deswegen „ihre Haltung verzeihlich und begreiflich"[178]. Heute sei schwer zu verstehen, daß die PPS sich immer noch „so stark mit einem Staate verbunden fühlen könnte, in dem sie eigentlich doch nicht viel zu sagen" habe.

Kowoll und Zerbe argumentierten, daß der Arbeiter den richtigen Feind, den Klassenkampfgegner, nicht als solchen erkenne und die Arbeiter gegeneinander vorgingen, sich selbst schadeten. Kowoll betonte, „der polnische Arbeiter und Sozialist [stehe] dem deutschen Arbeiter und Sozialisten bedeutend näher als der deutsche Bürger".[179] „Weniger Bedeutung habe das Wort 'Deutsch' oder 'Polnisch', mehr die gemeinsame sozia-

---

176 LVZ v. 13. 03. 1926. Protokoll der Verständigungskonferenz zwischen der polnischen Sozialistischen Partei und der Deutschen Sozialistischen Arbeitspartei Polens vom 12. März 1926 im Lokale des Verbandes der Beamten gemeinnütziger Betriebe in Lodz, Piotrkowska 5 – einschließlich „Zusatzprotokoll". Eine Kopie befindet sich im Besitz der Verfasserin und im Archiv der DSAP in der FES. Vgl. zur Konferenz, Hawranek 1982: 183.

177 VW v. 04. 08. 1926.

178 VW v. 31. 07. 1926.

179 „Von dem deutschen Bürger trennt uns eine ganze Weltanschauung. Von dem polnischen Arbeiter trennt uns eigentlich nur eine recht schwache Grenze. Von dem polnischen Genossen aber trennt uns nichts als der Unverstand, der freilich noch auf beiden Seiten erheblich reichlich vorhanden ist." (Ibidem). Während einer politischen Versammlung in Lipnik unterstrich Kowoll, daß die polnischen und die deutschen Arbeiter des Bielitz-Bialaer Gebietes gemeinsam für ihre Rechte kämpfen, wohingegen in Oberschlesien von einem „Hexenkessel" zu sprechen sei: „Die nationalen Leidenschaften werden von den Chauvinisten bis zur Siedehitze angefacht. Durch Inszenierung dieser nationalen Hetzen wollen die herrschenden Kreise die Aufmerksamkeit der Arbeitermassen von den Angriffen der Reaktion auf die Arbeiterrechte ablenken." VST v. 26. 03. 1926.

listische Weltanschauung."[180] Vielen leuchte diese Problematik nur in der Theorie ein.

Schuld für die schlechte Atmosphäre gab Kowoll weniger den Mitgliedern als vielmehr den Parteiführern. Kowoll appellierte an die Vernunft der deutschen und der polnischen Sozialisten. Entscheidender als die persönlichen Auseinandersetzungen der Parteiführer seien die Interessen der oberschlesischen Arbeiter, auf deren Kosten die Uneinigkeit ginge.[181] Kowoll lehnte aber das Zustandekommen genannter Verständigungskonferenzen ab, obwohl er im August 1925 das „Manifest der vereinigten DSAP" unterzeichnete und sich dazu bekannte, für die Befreiung des deutschen Arbeiters lediglich die PPS und die sozialistischen Parteien der anderen Minderheiten als Verbündete zu sehen.[182]

In einem Gespräch mit dem deutschen Generalkonsul in Kattowitz, Freiherr von Grünau, über die geplante Verständigungskonferenz soll Kowoll erklärt haben, daß „nun der Eindruck [besteht], daß polnischerseits wieder einmal auf ein engeres Zusammenarbeiten zwischen polnischen und deutschen Sozialisten hingearbeitet wird". Kowoll sei besorgt gewesen, daß „die Deutschen – vielleicht unter dem Einfluß gewisser über die polnischen Verhältnisse wenig orientierter Berliner Parteikreise – den polnischen Sozialisten entgegenkommen würden. Er würde eine derartige Entwicklung als schädlich für das Deutschtum ansehen." Kowoll soll vorgeschlagen haben, die Berliner Parteiinstanzen über die Lage in Polen zu informieren; er wollte sich mit Otto Wels in Verbindung setzen.[183]

Kowoll warf der PPS vor, nicht an einer Zusammenarbeit interessiert zu sein und die „Verständigung" für die Propaganda „aus internationalen Prestigegründen" zu arrangieren. Kowoll ließ den eigenen Nutzen unerwähnt – das öffentlich mitgeteilte Loyalitätsbekenntnis und das „Festnageln" der PPS, sich mit der Minderheitenproblematik auseinanderzusetzen. Seine demonstrative Abwesenheit bei der Konferenz spricht dafür,

---

180 VW v. 04. 08. 1926.

181 VW v. 31. 07. 1926 u. v. 04. 08. 1926.

182 BVZ v. 14. 08. 1925. Biniszkiewicz war Mitglied des polnischen Plebiszitkommissariats, dort einer der Stellvertreter Korfantys und Mitglied der Aufstandsbehörden des dritten schlesischen Aufstands. Rumpfelt war während des Kampfes um Oberschlesien sozialistischer Führer, aktiv in der Abstimmungsaktion und Mitglied der Aufstandsbehörden. Rechowicz 1971 (b): 350.

183 In der ersten Fassung dieses Briefes wurde darauf verwiesen, daß von Grünau lediglich Kowolls Ansicht unterstütze: „Ein deutsches Entgegenkommen gegenüber den polnischen Sozialisten läuft unserem Interesse zuwider; unsere Politik muß darauf ausgehen, die Reibungsflächen zwischen den Nationalitäten nach Möglichkeit nicht zu vermindern." In zweiter abgemilderter Fassung äußerte der Verfasser, noch keine Klarheit zu haben, wie diese Problematik angegangen werden müsse: „In welchem Sinne, das wird ja sehr stark von der allgemeinen Politik Polen gegenüber abhängen, die wir jetzt nach Genf zu verfolgen haben werden." Für dieses „Problem" schlug man politische Anpassung vor. PA AA, Politik 25 O/S, Bd. 5: von Grünau (Deutsches Generalkonsulat Kattowitz) an AA v. 17. 03. 1926.

daß er dieses Gespräch mit von Grünau geführt hat. Das Nationalitätenproblem muß in Oberschlesien akut gewesen sein, so daß Kowoll keine Perspektive sah. Daß er gesagt habe, die „Reibungsflächen zwischen den Nationalitäten" sollten nicht verringert werden, kann als eine im Affekt geäußerte Bemerkung aufgrund persönlicher Konflikte mit einem PPS-Funktionär gedeutet werden. Sie lagen tatsächlich vor. Anderenfalls müßte an dem Sozialisten Kowoll gezweifelt werden, an seinem Verständigungswillen. Es ist möglich, daß er Stereotypen und Vorurteile übernahm, die in Oberschlesien besonders ausgeprägt waren.

In dem Zusatzprotokoll der Konferenz über die „Auswirkung der Verständigung zwischen den deutschen und polnischen Sozialisten" tauchten Vorbehalte gegen Absichten auf, die mit dieser Konferenz tatsächlich verfolgt wurden. Die Verhandlungen seien aus „rein taktischen Fragen" zustandegekommen. Die PPS wollte „ein Argument in der Hand gegenüber der sozialistischen Arbeiter-Internationale haben, daß sie auf die Lösung der Minderheitenfrage dränge, während die deutschen Sozialisten die Verständigung als einen Beweis anführten, auf dem Boden der polnischen Staatlichkeit zu stehen und ferner, um die PPS durch das Abkommen zu zwingen, der Minderheitenfrage ein größeres Interesse entgegen zu bringen."[184]

Die PPS bekundete jetzt öffentlich, auf die Minderheitenproblematik zu achten. Die DSAP hatte die polnische Partei gewissermaßen verpflichtet, sich damit auseinanderzusetzen. Dazu soll die DSAP bei Abfassung des Protokolls auf dem Passus bestanden haben, daß die Konferenz nicht auf ihre Initiative einberufen worden sei, sondern allein „auf Wunsch der PPS aus internationalen Prestigegründen."[185] Schon diese Frage warf Konflikte auf.

Von der Konferenz wurde wenig erwartet, „nicht mehr wie einen Burgfrieden ... da es unmöglich erscheint, daß die scharfen Gegensätze, die zwischen den Führern der PPS und der DSAP herrschen, sobald ausgeglichen werden. Es dürfte als einziges Resultat vorerst nur die Einstellung der persönlichen Polemik zwischen den beiden Parteien zu verzeichnen sein."

Im Verlaufe des Treffens zeigte sich, wie ernst die Differenzen im oberschlesischen Gebiet waren. Aus Oberschlesien erschien lediglich der Sejmabgeordnete und Vorsitzende der freien Gewerkschaften, Karl Buchwald. Beide Hauptpersonen der deutschen Sozialdemokratie nahmen von der Teilnahme Abstand – Glücksmann „aus unbekannten Gründen"[186], wohl aus Solidarität zu Kowoll –; und über Kowolls Abwesenheit verlor niemand ein Wort. Seine Person war Gegenstand heftiger Diskus-

---

184 Protokoll der Verständigungskonferenz (wie Anm. 176).
185 Ibidem.
186 VW v. 17. 03. 1926.

sionen, woraus sein Ausbleiben erklärbar wurde. Mit Buchwald nahmen von der DSAP noch Zerbe, Kronig, Pankratz und Kociołek teil; von der PPS Norbert Barlicki, Kazimierz Pużak, Mieczysław Niedziałkowski, Kazimierz Czapiński, Józef Biniszkiewicz, Wiktor Rumpfelt und Antoni Szczerkowski – also außer dem dem Parteizentrum zuzurechnenden Szczerkowski nur Repräsentanten der PPS-Parteilinie.[187]

Es überrascht nicht, daß sich die meisten Anfeindungen der PPS während dieser Konferenz auf Kowoll bezogen. Rumpfelt warf ihm einen Artikel in der „Volksstimme" vor, in dem von der „besonderen Mission" der Deutschen in Oberschlesien die Rede war. Buchwald kritisierte die Angriffe gegen Kowoll. Kronig konterte auf Rumpfelts Angriff, („solange Kowoll sei", würde der Streit fortdauern), daß „es keine Verständigung gäbe, solange die PPS nicht eine wirkliche sozialistische Politik, nicht nur in Worten, sondern in Taten betreibe."

Die alten Beschuldigungen tauchten auf: Rumpfelt machte Kowoll und Buchwald ihre Hospitation im Deutschen Club zum Vorwurf. Buchwald warf Biniszkiewicz vor, im Westmarkenverein (ZOKZ) aktiv zu sein und sich in dessen hetzerische Linie gegen die Deutschen eingereiht zu haben. Kronig beanstandete, die PPS sei nicht gegen die nationalistische Hetze vorgegangen, habe sie „wie im Falle Biniszkiewicz im Westmarkenverein mitgemacht".[188] Auf von der PPS gezogene Vergleiche zwischen Westmarkenverein und Volksbund erwiderte Zerbe, solche Parallelen seien unangebracht, weil der Volksbund auf Grund der Genfer Konventionen entstanden sei. Er wies auf die Verständigungsbereitschaft der Deutschen hin, verlangte das gleiche von den Polen und appellierte, daß „der bisherigen Politik der PPS in Oberschlesien ein Ende bereitet werden muß, nur dann werden die Früchte der heutigen Konferenz nicht ausbleiben".

Biniszkiewicz behauptete, „der Unversöhnlichste" zu sein. Er und Rumpfelt ließen die Anwesenden wissen, *keine Hoffnung* auf eine Verständigung zu haben. Biniszkiewicz erklärte, zum Befremden Buchwalds, die PPS habe „mit allen Polen das Plebiszit durchgeführt" und sich dann von den anderen distanziert. Entschieden verwies er auf die Einstellung seiner Partei – auf die Zugehörigkeit Oberschlesiens zu Polen. Er versuch-

---

187 Szczerkowski gehörte wie Zygmunt Zaremba, Adam Ciołkosz und Jan Kwapiński dem Zentrum der PPS-Politik an. Die PPS-Parteilinie vertraten Barlicki, Arciszewski, Niedziałkowski, Czapiński, Pużak und Bronisław Ziemięcki. Die Parteilinke vertraten Bolesław Drobner, Jan Kawalec und Oskar Lange. Tomicki 1982: 263–265. Später gehörten dem linken Parteiflügel Barlicki und Zaremba an. Strobel 1962: 78 f. Drobner kam erst Mitte 1928 wieder zur PPS. Früher gehörte er der PPSD, dann der vereinigten PPS an und führte die NSPP (Niezależna Socjalistyczna Partia Pracy), die Unabhängigen Sozialisten bis Mitte 1928. Tomicki 1982: 170–196. Vgl. Strobel 1962: 76.

188 Die PPS müsse „ihr Verhalten radikal ändern. Sie muß sich in die Front mit uns gegen alle nationalistischen Gruppen stellen, wenn ihr das auch Schwierigkeiten bereitet."

te zu zeigen, daß die deutschen Sozialisten in Oberschlesien auf Deutschland und auf die deutschen Bürgerlichen fixiert seien, nannte: die Mitgliedschaft Kowolls im Volksbund; die Sejmwahlen, zu denen sie nicht mit der PPS gegangen seien; einen Aufruf im Volkswillen, „Deutsch heißt Kultur". Biniszkiewicz war sicher, daß die deutschen Sozialisten Geld aus Deutschland bezögen.

Als Ursache der Schwierigkeiten in Oberschlesien nannte Buchwald die Plebiszitzeit. Da sich an den Terrormaßnahmen während der Aufstände polnische Sozialisten beteiligten, seien die Deutschen mißtrauisch. Die Lage hätte sich noch nicht entspannt, weil die PPS weiter an nationale Organisationen gebunden sei. Ganz wurde das für die Deutschen auch nicht ausgeschlossen.[189]

Kociołek monierte Biniszkiewiczs Aussage, noch „den gleichen Standpunkt einzunehmen" wie in der Plebiszitzeit. Dies zu betonen, wäre nicht nötig gewesen, „da man heute auf Grund von Tatsachen verhandle". Kociołek sagte, daß Biniszkiewicz in Wirklichkeit eine andere Politik betreibe, als er vorgebe zu verfolgen. Die sich wiederholenden Versicherungen, „gute sozialistische" Politik zu machen, bewies eher das Gegenteil. Zusätzlich deutete Kociołek mit seinen Worten „auf Grund von Tatsachen" auf die „Tatsache", daß das Schicksal über Ostoberschlesien im Jahre 1926 bereits entschieden war, daß es zu Polen gehörte und die deutschen Sozialisten loyal zu ihrem neuen Staat standen.[190]

Auf polnischer Seite zeigte sich der PPS-Führer Szczerkowski am verständnisvollsten. Ihm war „die Gemeinsamkeit der Interessen der polnischen wie der deutschen Arbeiter" vorrangig. Er hoffte, mit dieser Konferenz einer einheitlichen Organisation näher zu kommen. Die vielen Unstimmigkeiten beruhten „auf einer nicht eingehend internationalen, rein sozialistischen Betrachtungsweise der Probleme auf beiden Seiten". Buchwald unterstützte wie Szczerkowski, eine einheitliche Organisation zu schaffen. Er hielt jedoch wegen großer Reibungsflächen in Oberschlesien die „Doppelorganisation" für notwendig. Scharfe Angriffe auf die DSAP wurden von Niedziałkowski wegen der Zusammenarbeit mit den unabhängigen polnischen Sozialisten geführt. Die Möglichkeiten der Füh-

---

189 „Die Taktik, wie sie bisher gepflegt wurde, wird und kann nicht anders gedeutet werden, als daß Biniszkiewicz und Genossen sich vor den nationalen Karren spannen ließen." Buchwald hob hervor, daß „eine Verständigung möglich [ist]; doch [muß] das Haupthindernis: die Arbeitsgemeinschaft mit nationalen Organisationen aufgegeben werden". Protokoll der Verständigungskonferenz (wie Anm. 176). Die Urteile über Biniszkiewicz waren gerechtfertigt, zieht man in Betracht, daß er zwei Jahre später die nationale regierungstreue „Schlesische Sozialistische Partei" gründen und damit die PPS schwächen sollte. Vgl. Rechowicz 1971 (b): 330.

190 Daß Biniszkiewicz „den gleichen Standpunkt [einnehme] wie zur Zeit des Plebiszits", kann auch darauf hinweisen, wieder oder immer noch eine nationalistische Politik zu betreiben.

rung der PPS waren begrenzt durch die Notwendigkeit, mit der oberschlesischen PPS vorsichtig umzugehen. Auch spielten innerparteiliche Auseinandersetzungen eine Rolle – zwei Jahre später kam es zur Parteiabsplitterung in Oberschlesien.

Die deutschen Sozialisten waren sich Anfang der zwanziger Jahre sicher, daß sich die PPS nicht für die deutschen Arbeiter und für die Minderheiten einsetzen werde.[191] Bis Mai 1926, als die PPS mit den liberaldemokratischen und den Zentrumsparteien im parlamentarischen System zusammenarbeitete, ging sie nur begrenzt auf die Bestrebungen der sozialistischen Minderheiten ein. Sie vertrat einen rechtsorientierten Sozialismus und wurde des Nationalismus bezichtigt.

Der NSPP-Führer Drobner vertrat eine sozialistisch-internationale Politik. Er stand links von der PPS, verfügte über gute Kontakte zu deutschen und österreichischen Sozialistenführern und spielte in der Sozialistischen Arbeiter-Internationale eine im Vergleich zu seinem Einfluß in Polen überproportionale Rolle. Die NSPP wurde zum großen ideologischen Konkurrenten der PPS[192]. Das erklärt, weshalb die PPS der DSAP nahelegte, die Kooperation mit der NSPP abzubrechen. Die Anlehnung der deutschen Sozialisten an die NSPP war zu verstehen. Sie fühlten sich ideologisch und parteipolitisch von Drobner vertreten und rechneten mit Unterstützung ihrer Forderungen. Die PPS war bis 1926 nicht bereit, sich ernsthaft für Minderheitenrechte zu engagieren. Wahrscheinlich paßte dies nicht zur gegenwärtigen politischen Konstellation Polens. Sie wollten kein Risiko eingehen und nicht auffallen, da die politischen Voraussetzungen in dieser Frage nur wenige Chancen boten. Die PPS dachte pragmatisch – wollte nicht angefeindet werden, ihre Kräfte nicht unnütz verschwenden und hielt sich weitgehend an die Regierungsrichtlinien.

In Polen lebten unterschiedliche nationale Minderheiten. Die slawischen Minderheiten, die in den schlechter entwickelten Gebieten Polens wohnten, gehörten zu den weniger Gebildeten, zu den Ärmeren. Die wirtschaftliche Lage der Deutschen war eine ganz andere, sie gehörten zu den Reichsten und bekamen Unterstützungen aus Deutschland. Die Minderheitenpolitik Polens sah entsprechend verschieden aus.

In bezug auf die slawischen Minderheiten gab es zwei Strömungen. Die eine kam aus den Kreisen um die Bauernpartei „PSL-Wyzwolenie" und PPS, sie war durch Toleranz und Liberalität bestimmt. Die andere, aus Richtung Endecja und Militärkreisen kommend, war durch einen scharfen nationalistischen Kurs gekennzeichnet. Letztere dominierte, was sich besonders in den dreißiger Jahren zeigte.[193]

---

191 AAN, Amb. RP Berlin, 3870, S. 44–47: Außenministerium an Polnische Botschaft Berlin v. 15. 01. 1923.

192 Tomicki 1982: 176 f.

193 Zieliński 1982: 169.

Die polnische Minderheitenpolitik für die Deutschen wurde einheitlich gehandhabt. Von Anfang an und mit fortschreitender Konsolidierung der Deutschen verstärkt, wurde versucht, die wirtschaftliche Stärke und den nationalen politischen Einfluß, der aus Deutschland überschwappte, zu begrenzen. Dem polnischen Staat waren die hohen finanziellen Subventionen des Deutschen Reiches für seine Minderheit nicht verborgen geblieben.

Die Deutschen antworteten auf die Unterdrückungsmaßnahmen des polnischen Staates – Konflikte um die deutschen Schulen, die Optanten und das Liquidationsgesetz – ihrerseits mit Nationalismus. Der polnische Staat bot den Deutschen, die länger als zehn Jahre in dem Polen zugefallenen Gebiet wohnten, die Option für Polen an. Die sich für Deutschland entschieden, konnten ihr mobiles Vermögen innerhalb einer festgesetzten Frist transferieren. Grundstücke und Häuser unterlagen dem berüchtigten „Liquidationsgesetz", was besagte, daß diese Immobilien in kürzester Zeit zwangsverkauft werden mußten. Unter welchen Bedingungen das ablief, ist umstritten. Es sei „problematisch" geblieben – und entfachte nationale Spannungen. Die polnische „Agrarreform" baute in der Hauptsache auf die Enteignung deutschen Eigentums, „erschöpfte" sich sogar darin. „Eine ursprünglich sozialreformerische Zielsetzung war in nationalen Gegensätzen untergegangen". Eine gezielte „Entdeutschungspolitik" wurde gleichfalls mit den deutschen Schulen betrieben.[194]

Diese Maßnahmen trafen die Deutschen tief und trieben selbst viele Unentschlossene zur Abwanderung nach Deutschland. Die in Polen verbliebenen Deutschen konsolidierten sich nach anfänglicher politischer Lethargie schnell. Sie hatten einen höheren Bildungsstand als die Polen und die anderen Minderheiten, kulturell ein höheres Niveau und ein höheres nationalbestimmtes Selbstbewußtsein. Zur Assimilierung waren sie nicht geneigt. Das Verhältnis des polnischen Staates zur deutschen Minderheit und umgekehrt stand in direkter Abhängigkeit zu den deutsch-polnischen Beziehungen.[195]

Von Grünau beurteilte die Verständigungskonferenz als sinnlos. Er berief sich auf einen Artikel des „Goniec Śląski"[196], in dem über diese Verständigungskonferenz polemisiert wurde, „daß wohl die Art und Weise, wie der deutsche Sozialist Herr Kowoll dauernd die Kommunisten schüt-

---

194 Schulz 1983: 160.

195 Vgl. Korzec 1977: 79 f.

196 Der „Goniec Śląski" wurde 1920 während der Plebiszitzeit in Kattowitz von zwei lokalen Journalisten gegründet. Anfangs unterstützte ihn Tadeusz Jentis, Direktor des „Lewiatan" (Centralny Związek Polskiego Przemysłu, Górnictwa, Handlu i Finansów – Zentralverein der Polnischen Industrie, des Bergbaus, des Handels und der Finanzen). Der „Goniec" galt als sehr nationalistisch – als Endecjablatt. Im Jahre 1926 übernahm ihn gemeinsam mit dem „Goniec Krakowski" die Chadecja. Vgl. Paczkowski 1980: 38 f.

ze, die Plattform der Verständigung gewesen sei"[197]. Allein propagandistisch konnte dieser Vorwurf nicht gemacht worden sein. Dafür spricht, daß den deutschen Sozialisten Oberschlesiens wiederholt vorgeworfen wurde, die kommunistische Bewegung zu tolerieren.[198] Kowoll veröffentlichte im „Volkswillen" am 15. September 1925 den Artikel „Das Urteil von Łańcucki", griff den Sejm wegen der Aufkündigung der Immunität des kommunistischen Sejmabgeordneten Łańcucki an und stellte das Gerichtsurteil in Frage. Wegen dieses Artikels hatte er sich im Schlesischen Sejm zu verantworten.[199] Glücksmann vertrat als Anwalt oft kommunistische Funktionäre.[200] Die Verbindungen der oberschlesischen deutschen Sozialisten zu den Kommunisten waren aber nicht so intensiv, um die Beziehung zur PPS zu belasten.

Viele standen dieser Konferenz aus unterschiedlichen Gründen skeptisch gegenüber. Anscheinend fehlten die Voraussetzungen für eine Verständigung. Die gegenseitigen Beschuldigungen – den nationalistischen Organisationen nahe zu stehen, dem Nationalismus näher als dem Sozialismus – waren erdrückend. Eine Ursache der Streitigkeiten könnte in der unterschiedlichen Auffassung von Nationalgefühl gelegen haben.[201] Differenzen und Vorwürfe wurden vorgebracht, Gemeinsamkeiten schien es nicht zu geben.

Es ist kaum vorstellbar, daß nach der massiven Kritik eine Entspannung in Oberschlesien eintreten könnte. Tagungsthema war die Lage in Oberschlesien. Bielitz und Bromberg wurden wenig zur Sprache gebracht, Lodz schien bei Gegenüberstellung mit Oberschlesien nicht erwähnenswert. Kompromißbereitschaft zeigte am ehesten die deutsche Seite. Sie traf nur bei Szczerkowski auf Gehör.

Dennoch einigten sich PPS und DSAP auf der Konferenz mit dem Ziel, ein besseres Verhältnis untereinander zu schaffen. Sie wollten zusammenarbeiten, Polemik und Angriffe gegeneinander in Presse, Parlament, Kommunalparlamenten und Versammlungen ausschalten und in Parlamenten und Kommunalvertretungen, in Arbeiterfragen sowie in Fragen des Schutzes der Demokratie und des Kampfes gegen den Nationalismus gemeinsam vorgehen.[202]

---

197 PA AA, Politik 25 O/S, Bd. 5: von Grünau an AA v. 13. 04. 1926.

198 Protokoll der Verständigungskonferenz (wie Anm. 176).

199 Rechowicz 1971 (b): 117.

200 Ibidem: 334.

201 Kopeć 1981: 108.

202 PA AA, Deutsche Botschaft Warschau: Rauscher (Deutsche Gesandtschaft Warschau) an AA (J.Nr. A 72/26) v. 19. 03. 1926. Vgl. Hawranek 1982: 183. Ein Punkt der Resolution lautete: „Die Konferenz verurteilt sämtliche Bedrückung wie Schikane, gerichtet gegen die deutsche Minderheit und ihre legalen Organisationen in Polen, im besonderen in Polnisch-Oberschlesien und ruft beide Parteien auf zu gemeinsamem und einigem Bekämpfen sämtlicher Übergriffe durch sämtliche nationalistische Organisationen beider Völker." VW v. 17. 03. 1926. Kronig beantragte für diesen Punkt im Namen der deutschen Delegier-

Abwarten wollte die DSAP, ob die PPS in Oberschlesien die vereinbarte Erklärung öffentlich in der „Gazeta Robotnicza" abgäbe, die Politik der Aufständischen und des Westmarkenvereins zu verurteilen und ob Biniszkiewicz persönlich mitteile, „daß weder er noch die Mitglieder der PPS zur ZOKZ in irgend welcher Verbindung stünden"[203]. Diese Erklärung dürfte Biniszkiewicz schwer gefallen sein. Das Nationalgefühl des polnischen Arbeiters war stark. Etwa 40 Prozent der Mitglieder des „Westmarkenvereins" waren Arbeiter.[204] Die PPS verpflichtete sich, in ihrem Zentralorgan „Robotnik" die Tätigkeit des Westmarkenvereins (ZOKZ) zu verdammen. Buchwald erklärte für die oberschlesische DSAP, daß „kein Mitglied des Vorstandes dem Volksbunde angehören darf"[205].

Wie die Stimmung der deutschen Sozialisten im Anschluß an diese Konferenz aussah, zeigt die Resonanz in den Parteiorganen:

Der „Volkswille" druckte lediglich den Text der Resolution der Verständigungskonferenz ab.[206] Eine Beurteilung brachte die „Lodzer Volkszeitung". Sie informierte über die Auseinandersetzungen im oberschlesischen Gebiet.[207] Einzig die „Bromberger Volkszeitung" zeigte sich optimi-

---

ten zwischen „Organisationen" und „beider" die Einfügung „ a szczególnie Z.O.K.Z." (und besonders des Westmarkenvereins) und die Weglassung der Worte „obie partie" (beide Parteien). Beide gewünschten Abänderungen lehnte die Kommission ab. Protokoll der Verständigungskonferenz (wie Anm. 176).

203 Protokoll der Verständigungskonferenz (wie Anm. 176).

204 Kopeć 1981: 108.

205 Protokoll der Verständigungskonferenz (wie Anm. 176). Kowoll war im Juni 1923 aus dem Volksbund ausgetreten, seine Partei vom Volksbund abgerückt. PA AA, Politik 5 O/S, Bd. 1: Frank (Deutsches Generalkonsulat Kattowitz) an AA und Durchdruck an Gesandtschaft Warschau v. 12. 06. 1923. Im Oktober 1928 berichtete von Grünau, daß Kowoll von der „Polska Zachodnia" angegriffen wurde, da er sich „im nationalistischen Fahrwasser des Volksbundes befände". PA AA, Politik 12 O/S, Bd. 2: von Grünau an AA und Durchdruck an Gesandtschaft Warschau v. 01. 10. 1928. Vgl. Übersetzung aus „Polska Zachodnia" v. 13. 09. 1928. Illgen berichtete im Dezember 1928, Kowoll sei scharf gegen den Volksbund aufgetreten. PA AA, Politik 4 Völkerbund 53. Tg., Bd. 2: Illgen (Deutsches Generalkonsulat Kattowitz) an AA und Durchdruck an Gesandtschaft Warschau v. 19. 12. 1928. In der „Polonia" v. 20. 12. 1928 wurde geschrieben, Kowoll bekämpfe den Volksbund. BArch, Dt. Stiftung, 61 Sti 1, 5840: Übersetzung aus „Polonia" v. 20. 12. 1928. Kowoll sei gegen den Volksbund und seinen Führer Otto Ulitz aufgetreten. BArch, Dt. Stiftung, 61 Sti 1, 574 v. 14. 06. 1934. Über den VW wird später von der „Polska Zachodnia" geurteilt, daß er „fast in jeder Nr. nicht nur Vorwürfe moralischer Natur, sondern sogar krimineller an die Adresse des VB" richte. BArch, Dt. Stiftung, 61 Sti 1, 588: Übersetzung aus „Polska Zachodnia" v. 21. 08. 1934. Jaekel (1933: 63) vermerkt für das Jahr 1928, daß der VW den Volksbund „immer schon gern bekämpfte und in diesem Augenblick erst recht". Sie meinte in diesem Zusammenhang den Warschauer Sejmwahlkampf.

206 VW v. 17. 03. 1926.

207 In der LVZ v. 13. 03. 1926 wurde ausgeführt, daß „die Abstimmungszeit dort zwischen den Deutschen und Polen eine Kluft geschaffen [hat], die nicht nur schwer zu überbrükken, sondern die Quelle eines unverständlichen Hasses und einer Wut [ist], die nach so vielen Jahren schon längst verebbt hätte sein können. Aber den verschiedenen Nationalisten scheint diese Atmosphäre gerade willkommen zu sein."

stisch, und ihr Bericht klang nach geringfügigen Differenzen. Der Eindruck entsteht, alle Mißhelligkeiten seien ausgeräumt.[208] Skeptisch zeigten sich gerade die Bielitzer deutschen Sozialisten, obwohl in deren Bezirk kaum Verständigungsschwierigkeiten existierten. Sie begründeten ihre Haltung mit der gescheiterten Konferenz zwischen PPS, „Bund" und deutschen Sozialdemokraten vom Juli 1923. Die „viel zu schmale Basis" dieser Vereinbarungen riefen sie in Erinnerung. Damals waren nur drei Parteien beteiligt – die Mehrzahl der sozialistischen Parteien Polens stand außerhalb. Schon diese Konferenz habe ihre Aufgabe nicht erfüllt.

Von der neuen erwarteten sie noch weniger, da nur zwei Parteien beteiligt waren. Eine Verständigung aller sozialistischen Parteien Polens müßte angestrebt werden, die einzelner Parteien könne „nur halbe Arbeit" sein und „mehr schaden, als nützen".

Die Rolle der PPS wurde als zu dominant verurteilt. Dieses Ungleichgewicht sollte beseitigt werden. Alle sozialistischen Parteien Polens sollten zusammenarbeiten, eine Übereinkunft im taktischen Vorgehen erreicht werden und alle mitverantwortlich sein.[209] Die Diskussionen der Verständigungskonferenz, die Einstellung einzelner Teilnehmer und Abwesenden unterstützen das „Zusatzprotokoll", in dem vermerkt wurde, die Konferenz sei lediglich aus taktischen Gründen einberufen worden. Unversöhnlich zeigte sich die oberschlesische PPS. Die Vertreter aus Warschau hielten sich zurück und unterstützten dadurch Biniszkiewicz und Rumpfelt. Die Versuche der DSAP fanden nur schwache Resonanz. Es war keine Verständigungskonferenz – nur die Differenzen wurden aufgedeckt, keine Perspektiven geboten. Sie brachte nur die Problematik an die Öffentlichkeit.

Die zweite sozialistische Verständigungskonferenz

Die zweite sozialistische Verständigungskonferenz fand zwischen PPS, „Bund" und DSAP am 12. Januar 1927 in Warschau statt. Die DSAP wollte die Zusammenarbeit der polnischen, jüdischen und deutschen Sozialisten des Lodzer Bezirks auf Oberschlesien und Teschener-Schlesien

---

208 Die BVZ v. 19. 03. 1926 schreibt: „So ist zum 1. Male in Polen von den Vertretern zweier großer Parteien gezeigt worden, daß eine Zusammenarbeit beider Völker bei gutem Willen möglich ist. Mögen sich die Nationalisten bekämpfen, die Sozialisten zeigen einen besseren Weg."

209 VST v. 23. 03. 1926.
Die PPS [beschließe] eine Taktik, wie sie nach ihrer Ansicht den Interessen des polnischen Proletariats [entspreche]: Allein die Taktik der PPS, möge sie diese oder jene sein, übe naturgemäß ihren Einfluß auf alle anderen sozialistischen Parteien Polens aus. Es grenze an Monstrosität, es sei doch Tatsache, daß die anderen sozialistischen Parteien Polens für die Taktik einer einzigen Partei die Mitverantwortung tragen müßten, mit oder gegen ihren Willen. Die Behebung dieser Sachlage liege im elementarsten Interesse der sozialistischen Bewegung Polens."

erweitern.[210] Die Zusammenarbeit der polnischen und deutschen Sozialisten in Lodz funktionierte besser als in Oberschlesien. Nach Kowoll sei in Lodz die DSAP „mit den polnischen Genossen in ein erträgliches Verhältnis [gekommen], so mußten in Schlesien erst einige Leute aus der PPS hinausfliegen"[211]. Kowoll meinte seine Widersacher Biniszkiewicz und Rumpfelt.

Der Lodzer Stadtpräsident und PPS-Abgeordnete Bronisław Ziemięcki konnte auf dem Vereinigungsparteitag 1929 verkünden, in seiner Stadt sei die Kooperation der Arbeiterschaft nicht nur Propaganda, sondern Wirklichkeit. Er erinnerte an die Tradition der Zusammenarbeit der Juden, Polen und Deutschen in Lodz, an „die blutigen konspirativen Kämpfe gegen den Zarismus und dann in anderen Formen nach dem Wiedererstehen des polnischen Staates. Diese Kämpfe wurden von der Arbeiterschaft der drei Völkerschaften immer gemeinsam geführt."[212]

Die Konferenz befaßte sich mit der politischen bzw. wirtschaftlichen Lage Polens und der Minderheitenfrage.[213] Das politische Hauptthema war der Piłsudskiputsch vom Mai 1926. Alle drei Parteien bezogen anfangs unterschiedliche Standpunkte zum Piłsudskiregime.

Der Vorsitzende des Zentralexekutivkomitees der PPS Barlicki äußerte vorsichtig, „das gegenwärtige Regime zu bezeichnen ist äußerst schwer. Es ist schwer zu sagen, ob es ein demokratisches oder ein anderes sei." Ähnlich zurückhaltend war Niedziałkowski.

Die PPS erstrebte lediglich eine „Änderung der gegenwärtigen Regierungspolitik im Sinne der Berücksichtigung der Interessen der werktätigen Bevölkerung" und wollte, wenn das nicht gelänge, in „rücksichtslose" Opposition gehen.[214] Glücksmann erklärte die „grundsätzliche" Opposition der DSAP zur Piłsudskiregierung. Erlich verkündete, daß der „Bund" in schärfster Opposition zur Regierung stehe, die sich aus Tatsachen herleite und nicht irgendwelchen Gefühlen entspringe"[215].

Barlicki plädierte für die Zusammenarbeit der Sozialisten, wenn „ernstere Kämpfe" notwendig würden. Wie die Äußerungen Barlickis und Niedziałkowskis zeigen, beurteilte die PPS die Lage als noch nicht so

---

210 Vgl. Szczerbiński 1986: 34.
Nach Heike und Wurbs war diese Konferenz die erste dieser Art. Heike 1969: 89 und BArch, Ost-Dok. 6 Nr. B 1/1. Wurbs 1083: 80.

211 PA AA, Politik 5 O/S, Bd. 5, J. Nr. 294 v. 27. 01. 1928. Biniszkiewicz und Rumpfelt spalteten sich 1928 von der oberschlesischen PPS ab und spielten nach 1930 keine wichtige Rolle mehr. Rechowicz 1971 (b): 151, 330, 350.

212 LVZ v. 06. 10. 1929.

213 Vgl. BVZ v. 16. 01. 1927, VST v. 17. 01. 1927, LVZ v. 13. 01. 1927 und VW v. 15. 01. 1927. Vgl. zu dieser Konferenz auch AAN, Kons. Monachium 142: Außenministerium an Generalkonsulat der Republik Polen v. 23. 06. 1927, Sprawozdanie z życia mniejszości narodowych, 12/1926 – 3/1927, S. 3.

214 VST v. 17. 01. 1927 und LVZ v. 13. 01. 1927.

215 VW v. 15. 01. 1927.

dramatisch. Glücksmann setzte für das Gelingen einer Kooperation eine vereinheitlichte Taktik in wichtigen Fragen voraus.[216] Erlich erklärte seine das Piłsudskiregime ablehnende Haltung mit der Situation der Juden, „wandte sich ... gegen die Bestrebungen, den jüdischen Arbeiter von den Werkstätten zu verdrängen und forderte Gleichberechtigung bei der Zuweisung von Arbeit der jüdischen Arbeiter, was heute leider nicht der Fall [ist]". Er verlangte die Unterstützung der PPS.[217]

Das gleiche wollte Kronig. Die PPS sollte die Forderungen der DSAP „zu den eigenen machen"[218]:

- „Weitgehende territoriale Autonomie für die slawischen Minderheiten, die geschlossen die einzelnen Territorien bewohnen;
- für die deutsche Minderheit kulturelle Autonomie, nach dem Muster wie sie grundsätzlich schon vor 20 Jahren Gen. O. Bauer bearbeitet hat;[219]
- Die Abschaffung des ungeschwächt weiter betriebenen Polonisierungssystems in allen möglichen Formen;
- Für Oberschlesien die vollständige Einhaltung der Genfer Konvention;
- Für Lodz die Belassung des Lehrerseminars mit deutscher Unterrichtssprache;
- für Bielitz – die Wiedereröffnung der deutschen Abteilungen an der dortigen Gewerbeschule."[220]

Die drei Parteien beschlossen „infolge der immer stärker werdenden faszistischen Strömungen die Notwendigkeit einer engeren Zusammenarbeit". Dazu wurden zwei Delegierte jeder Partei als „zwischenparteiliche Kommission" gewählt. Diese sechs Personen sollten in ständigem Kontakt zueinander stehen.[221] Die Wirksamkeit dieser Kommission blieb umstrit-

---

216 LVZ v. 13. 01. 1927 und VST v. 17. 01. 1927.

217 VW v. 15. 01. 1927

218 LVZ v. 13. 01. 1927.

219 Wurbs (1983: 80) geht von der Verwirklichung dieses Postulats aus. Er behauptet, daß die Verhandlungen mit den polnischen Sozialisten „aller nationaler Volksgruppen" durchgeführt worden seien und nennt in diesem Zusammenhang die jüdischen, ukrainischen und weißrussischen. Eine Konferenz in dieser Besetzung fand am 3. April 1927 in Warschau statt, worüber Wurbs jedoch kein Wort verliert und somit keine Verwechslung vorliegen kann. Dort beteiligten sich neben der DSAP: die weißrussische Bauernvereinigung „Selańskij Sojuz", die „Ukrainische Radikale Partei", die „Ukrainische Bauern- und Arbeitervereinigung (Sel-Rob), der „Bund" und „Poalej Syjon", linke und rechte. Die Teilnehmer planten einen Wahlblock der Minderheitensozialisten. Eine bestätigende Konferenz fand nicht statt. LVZ v. 04. 04. 1927 und VST v. 08. 04. 1927. Die DSAP mußte darüber informiert gewesen sein, daß „Sel-Rob" eine kommunistisch beherrschte Partei war; dennoch wurde mit ihr verhandelt.

220 LVZ v. 13. 01. 1927 und VST v. 178. 01. 1927. Vgl. Heike 1969: 89 f. BArch, Ost-Dok. 6 Nr. B1/1. Hawranek 1982: 182.

221 BVZ v. 16. 01. 1927. Die Schreibweise von „Faszismus" ist auf das polnische „faszyzm" zurückzuführen; sie wurde häufig verwendet.

ten, da „alle diese Überlegungen durch das zunehmend diktatorische Vorgehen des Piłsudskiregimes in Polen illusorisch [wurden]"[222].

Diese Konferenz brachte die Sozialisten Polens näher; sie deckte nicht nur Konflikte der Parteien untereinander auf, sondern ging auf parteiinterne und spezifische Probleme ein. Alle drei Parteien bezogen oppositionelle Stellung zur Regierung, deren undemokratisches Vorgehen sie verurteilten. Die politische Situation erzwang das. Diese Allianz stützte sich jedoch auf die Opposition gegen den Piłsudskiputsch, nicht auf ein gemeinsames Programm, und konnte deswegen keine Basis für eine engere Zusammenarbeit sein.

Die Erfolglosigkeit der Verständigungsversuche veranlaßte die DSAP zum Nachdenken über die Gestalt der „kleinen sozialistischen Internationale" in Polen. Das war das wichtigste Thema des dritten Parteitags der DSAP Oberschlesiens im April 1927.

Die erste Frage bezog sich auf die Form der Zusammenarbeit. Die kleine Internationale in Österreich habe „der Sozialdemokratie so ungeahnt raschen Aufschwung gebracht"[223], bestätigte Glücksmann. Wenn ihre Verwirklichung trotz Bemühungen der DSAP und des „Bund" nicht möglich sei, sollte eine „Kooperation zwecks Kampfes für gewisse aktuelle, konkret formulierte Aufgaben"[224] geschaffen werden. Unter „Kooperation" verstand man die Vorstufe zur sozialistischen Einheitsfront, zur „Gesamtpartei". Die „Einheitsfront" wurde auf einer höheren Ebene angesiedelt und mit dem Ausdruck „Gesamtpartei" identisch.

Früher unterschied man nicht zwischen den Ausdrücken „Einheitsfront" und „Kooperation", verstand darunter „noch keine Verschmelzung sondern ein Zusammenarbeiten, einen gemeinsamen Kampf für gewisse konkrete Forderungen". Der Begriff „Kooperation" behielt diese Inhalte. Da vorerst lediglich das Erreichen der „Kooperation" angestrebt wurde, formulierten die deutschen Sozialisten, was sie damit meinten: Keine der beteiligten Parteien sollte ihre organisatorische Selbständigkeit verlieren, keine auf ihre eigene Sprache oder die besonderen national-kulturellen Interessen verzichten, sondern jede Autonomie bewahren.

Alle Parteien sollten auf ein gemeinsames Ziel hinarbeiten, was „bei einer Zersplitterung der proletarischen Massen keinesfalls erreicht werden könnte. Diese Form der Kooperation würde eine Vorstufe für das Organisationsideal: eine Gesamtpartei auf föderativer Grundlage bilden."[225] Dennoch wurde der „organische Zusammenschluß" als Ziel, zumindest

---

222 Heike 1969: 90. Matull 1973: 522. Hawranek 1982: 183. Szczerbiński 1986: 34. Wie Heike vergißt Szczerbiński bei den Konferenzteilnehmern Pankratz. In allen DSAP-Parteiorganen wird er aber als Teilnehmer aufgeführt. Dieses Vergessen könnte auf ein Ressentiment Heikes gegen Pankratz zurückzuführen sein.

223 VW v. 20. 04. 1927, ebenso VST v. 22. 04. 1927.

224 VW v. 13. 04. 1827.

225 Ibidem.

die „Kooperation der sozialistischen Parteien Polens“[226], in der Resolution dieses dritten Parteitages festgehalten.

Die DSAP erkannte, daß sie von der „Gesamtpartei“ noch weit entfernt war und gab einer Kooperation eher Erfolgschancen. Für die Umsetzung sollte das „zwischenparteiliche Komitee“ sorgen. Sollte diese Kooperation nicht gelingen, befürchtete Glücksmann das Ende der sozialistischen Idee.[227]

Die zweite Frage betraf die Beteiligung der Kommunisten an der Zusammenarbeit. Kam für die deutschen Sozialisten die Mitwirkung der Kommunisten bei der Einheitsfront in Frage? Unter der Bedingung, daß sie sich von ihrem Hegemonialanspruch distanzierten – ja. Die KPP hatte ihre eigenen Vorstellungen, ihre Vorherrschaft erachtete sie als unverzichtbare Grundvoraussetzung.

Unter dieser Bedingung, so urteilte die DSAP, wolle keine sozialistische Partei die Einheitsfront mit den Kommunisten.[228] Diese „[betrachteten] die Einheitsfront nicht als Mittel zur Kräftigung des proletarischen Kampfes, sondern zur Verstärkung ihrer Einflüsse, der Einflüsse einer Partei (also der Parteihegemonie)“[229]. Von der Teilnahme der Kommunisten distanzierte sich Glücksmann im Jahr 1927 entschieden, weil die „jede unserer [der DSAP, BP] Aktionen für ihre eigenen strategischen Zwecke ausbeuten würden“[230].

Die DSAP wollte, daß alle Parteien gleichberechtigt sein sollten. Die KPP schließe das aus und verlange die dominierende Rolle.[231] Die Kommunisten müßten sich davon distanzieren, die Leitung an sich zu reißen, „was in vulgärer Sprache als Diktatur bezeichnet werden [muß]“. Sie müßten erkennen, daß ihre Einheitsfront „in Wirklichkeit Zerstörungsarbeit“ bedeute.

Die DSAP schloß eine Zusammenarbeit nicht aus und sah dann eine Möglichkeit, falls sich die Kommunistische Partei von ihrer „von unten gebauten Einheitsfront“[232] distanzierte. Der DSAP mußte bewußt gewesen sein, daß die KPP nicht zu diesem Schritt bereit war. Das wäre mit einer vollkommenen Änderung ihrer Politik einhergegangen. Hier eine Entscheidung zu treffen, lag gar nicht in ihrem Kompetenzbereich. Verantwortlich für diese Frage blieb die Dritte Internationale.

Den Kommunisten gab die DSAP einen Großteil der Schuld am Nichtzustandekommen der Einheitsfront. Die allgemeine politische

---

226 VW v. 20. 04. 1927. PA AA, Pol 5 Pol, Bd. 15, Po 104 v. 25. 05. 1927.

227 „Dann werden die sozialistischen Parteien als Spielball der zahlreichen Gegner zersplittern.“ VW v. 20. 04. 1927 und VST v. 22. 04. 1927.

228 VW v. 12. 04. 1927.

229 Glücksmann o. J.: 20.

230 VW v. 20. 04. 1927. PA AA, Pol 5 Pol, Bd. 15, Po 104 v. 25. 05. 1927.

231 Vgl. Glücksmann o. J.: 22.

232 VW v. 12. 04. 1927.

„Tätigkeit der kommunistischen Partei und ihres Anhanges, ... desorientiere und desorganisiere die Arbeitermassen".

Die KPP beteiligte sich nicht an Konferenzen mit den Sozialisten, hatte jedoch Einfluß auf einen Teil der Arbeiter. Dieser Einfluß erklärt sich aus ihrer Strategie, die auf Zerstörungsarbeit und destruktive Kritik angelegt war, dabei keine aufbauenden Ideen brachte. Fraglich bleibt, ob die sozialistische Einheitsfrontbewegung ohne die störende Tätigkeit der KPP zu mehr Erfolg geführt hätte. Die DSAP konnte die KPP für das Nichtzustandekommen der Einheitsfront verantwortlich machen und ihr die Schuld geben; sie trug aber hierbei selbst ein gewisses Maß an Mitverantwortung.

Der gemeinsame Wahlblock

Der Wahlblock zwischen DSAP und PPS in Lodz, Kattowitz und Bielitz zu den Warschauer Sejm- und Senatswahlen 1928 kam zustande. Er galt als „1. praktischer Erfolg"[233], als „erster Schritt zur Verwirklichung der proletarischen Einheitsfront"[234]. Obwohl beide früher in Verhandlungen mit dem jüdischen „Bund" standen, wurde dieser ausgegrenzt. Die nationalistische PPS habe, obwohl in Opposition, aus Rücksicht auf die polnische Regierung, auf deren Antisemitismus, „keinen offiziellen Block" mit den Juden bilden wollen. Lediglich in Białystok kam ein Wahlblock zwischen „Bund" und PPS zustande, in Warschau und Wilna zwischen „Bund" und der schwachen „Unabhängigen Polnischen Sozialistischen Partei".[235]

Die Piłsudski treuen Parteien hatten sich zum BBWR, dem Regierungsblock (Bezpartyjny Blok Współpracy z Rządem – Parteiloser Block der Zusammenarbeit mit der Regierung), zusammengeschlossen und erhielten bei den Warschauer Sejmwahlen 2.399.032 Stimmen (125 Mandate); die PPS mit DSAP 1.481.279 Stimmen (64 Mandate); der Minderheitenblock 1.438.725 Stimmen (55 Mandate – 19 davon entfielen auf den Deutschen Parlamentarischen Klub); die Kommunisten 217.298 Stimmen (5 Mandate); der „Bund" 80.219 Stimmen; die Nationaldemokraten 925.744 Stimmen (38 Mandate).

Ähnlich sah das Ergebnis der Senatswahlen aus. Der BBWR erhielt mit 1.842.537 Stimmen 48 Mandate, die PPS mit 714.956 Stimmen 10 Mandate, der Minderheitenblock mit 1.415.911 Stimmen 24 Mandate (davon 5 Deutsche), die Nationaldemokraten mit 589.905 Stimmen 9 Mandate.[236]

---

233 VST v. 16. 12. 1927.

234 VW v. 13. 12. 1927.

235 Korzec 1977: 101 ff. Der „Bund" ging alleine zu den Wahlen. Ein Anschluß an den nationalen Minderheitenblock, den „schwarzen Block", wäre für ihn aus parteiideologischen Gründen, wie bereits 1922, nicht in Frage gekommen.

236 Korzec 1977: 108 ff. Wertheimer 1930: 114 ff.

Ein klarer Linksruck war feststellbar.[237] Besonders traf das für die Stadt Lodz zu, wo der BBWR 44.000 Stimmen (1 Mandat) erhielt, die PPS mit DSAP 74.100 (3 Mandate), der „Bund" 12.500, der Minderheitenblock 31.900 (1 Mandat), die Kommunisten 49.200 (2 Mandate), der Deutsche Bürgerblock 6.300 und andere 39.200 Stimmen.[238]

In Mittelpolen sicherte die PPS der DSAP aussichtsreiche Listenplätze zu. In Lodz brachte sie ihre beiden Abgeordneten wieder in den Sejm. Artur Kronig gelang das auf Platz 3 des Wahlbezirks Lodz-Stadt und Emil Zerbe auf der Staatsliste Platz 2 des Wahlkreises Lodz-Land. Die oberschlesische Gruppe besaß erneut keine Vertretung im Warschauer Sejm, was gegenüber den Lodzern Einflußverlust bedeutete. Die Bromberger deutschen Sozialisten zogen dem Wahlblock mit der PPS den Minderheitenblock vor.

Die DSAP hoffte mit Hilfe der PPS, „eine der brennendsten Fragen des staatlichen Lebens, die Nationalitätenfrage, in erster Linie die Frage der deutschen Minderheit in Polen"[239] zu lösen. Ihre Forderungen konnte sie nur mit einer starken polnischen Partei durchsetzen, die sie auf ihre Probleme aufmerksam machte. Die politische Grundeinstellung wies auf die Partei mit der gleichen ideologischen Wertvorstellung. Sie entschied sich für die PPS, weil sich neben ihr nur die linksorientierte Bauernpartei „PSL-Wyzwolenie" für Minderheitenprobleme einsetzte.[240]

Am 1. Januar 1928 veröffentlichte die PPS ein Manifest gegen die antidemokratische Einstellung der Regierung und des Endecjalagers. Sie forderte die territoriale Autonomie und, wie von den Minderheiten gewünscht, die national-kulturelle Freiheit für die nationalen Minderheiten.[241] Ein gemeinsam von DSAP und PPS im Jahre 1928 und 1930 herausgegebenes Wahlmanifest war der „sichtbarste Ausdruck" der deutsch-polnischen Kooperation. Die PPS verpflichtete sich, für die national-kulturellen Rechte der deutschen Minderheit zu kämpfen „und sie gesetzlich zu verankern"[242].

---

237 Korzec 1977: 108.

238 PA AA, Pol IV, Pol 5, Bd. 17: Luckwald (Deutsches Konsulat Lodz) an AA v. 08. 03. 1928 und ibidem, Deutsches Konsulat Lodz, Deutschtum, Bd. 2: Luckwald an Presseabteilung und Gesandtschaft Warschau v. 08. 03. 1928.

239 LVZ v. 12. 02. 1928. „Die von dem Gedanken der Verständigung zwischen dem polnischen Mehrheitsvolk und den Minderheiten getragene Zusammenarbeit mit der Polnischen Sozialistischen Partei hat unbeirrbar darauf hingezielt, die Unterstützung der polnischen Sozialisten für die deutschen kulturellen Belange zu gewinnen." Heike 1969: 90.

240 VST v. 16. 12. 1927. Die „Polnische Volkspartei 'Wyzwolenie'" („Polskie Stronnictwo Ludowe 'Wyzwolenie'" = Befreiung) war „streng national", „minderheitenfreundlich" lediglich aus propagandistischen Gründen. Styra 1936: 17.

241 Tomicki 1983: 294. Szczerbiński 1986: 43. VW v. 05. 01. 1928.

242 Heike 1969: 90; 1985: 189. Die PPS stellte zuerst „die Forderung auf Autonomie für territorial zusammenwohnende Minderheiten auf". Dann setzte sich die Zentrale der PPS für die Forderungen der Deutschen ein. Zerbe sagte, daß „das gemeinsam mit der PPS erlas-

Nach den Wahlen 1928 gaben die „Gazeta Robotnicza" und der „Volkswille" die Gründung eines „Zwischen-Partei-Komitees" beider Parteien in der schlesischen Wojewodschaft bekannt. Während ihrer Konferenz am 3. April 1928 in Kattowitz betonten sie, daß „die während der Wahlperiode begonnene Zusammenarbeit die Plattform für ein ständiges Zusammenwirken der beiden Bruderparteien ... werden mußte". Sie beschlossen, eine Fraktion im Schlesischen Sejm zu bilden, ferner eine engere Zusammenarbeit in der politischen und gewerkschaftlichen Bewegung, die Veranstaltung gemeinsamer Demonstrationen (insbesondere die Maikundgebung) und die Herausgabe zweisprachiger Maiaufrufe. Von der PPS sollten Tadeusz Reger, Józef Machej, Henryk Sławik und Antoni Czajor, von der DSAP Kowoll, Glücksmann, Eugen Peschka und Johann Kandziora für die Durchführung sorgen.[243] Die Wahlen im Block mit der PPS brachten für beide Parteien nicht die erwarteten Resultate (13 Prozent aller abgegebenen Stimmen, 14,4 Prozent aller Mandate), trugen aber zur Intensivierung der Zusammenarbeit in Oberschlesien bei.

Die PPS hatte im Jahr 1927 versucht, zuerst mit den beiden linksorientierten Bauernparteien „PSL-Wyzwolenie" und „Stronnictwo Chłopskie" zusammenzuarbeiten. Davon versprach sie sich mehr Erfolg und vermutlich die „Zustimmung" der Regierung. Sie stieß bei den Bauernparteien auf Widerstand. Darauf – nicht aus Idealismus – schloß sie sich mit der DSAP zusammen.

Die DSAP bedauerte, daß nur ein Wahlbündnis zwischen ihr und der PPS zustande kam und „10 andere Parteien, die den Sozialismus auf ihr Banner geschrieben haben, außerhalb dieser Front stünden"[244]. Vermutlich hätte der von Deutschen, Juden und Ukrainern propagierte „Gesamtsozialistische Wahlblock" größere Schlagkraft gehabt. Viele sozialistische Stimmen gingen infolge getrennter Listen verloren. Die PPS stand einem solchen Block im Weg. Den Sozialisten gelang trotz ihres erklärten Internationalismus das nicht, was den nationalistischen Parteien trotz deren Antagonismen gelang.[245]

Der im März 1928 gewählte Sejm sollte der letzte sein, in dem um demokratische Mittel gekämpft wurde. Piłsudski rechnete mit der absoluten Mehrheit, um auf „legalem" Wege seine Diktatur durchzusetzen. Das gelang ihm mit 21 Prozent aller abgegebenen Stimmen und 28,2 Prozent der Mandate nicht. Piłsudski griff zu anderen Mitteln. Knapp drei Wochen nach den Wahlen, am 27. März 1928, verübte er einen brutalen Anschlag auf kommunistische, ukrainische und weißruthenische Abgeordnete. Da-

---

sene Manifest eine Feststellung [ist], die uns voll befriedigen kann und wird in unserem weiteren Kampfe die Richtschnur sein müssen". LVZ v. 07. 10. 1929. Vgl. Wurbs 1983: 82.

243 Gazeta Robotnicza Nr. 81 v. 06. 04. 1928. VW v. 06. 04. 1928. Hawranek 1982: 185.

244 Ibidem.

245 Korzec 1977: 105, vgl. 101–103.

durch verstärkte sich im besonderen der Irredentismus der Ukrainer und der Nationalismus im allgemeinen. Die ambitiösen Aktionen des „Marschalls von Polen" in Richtung Auflösung von Sejm und Senat endeten zwei Jahre später mit der Verhaftung der Oppositionsführer – „Brest Litowsk".[246]

Weitere Verständigungsversuche der Sozialisten

Trotz der Mißverständnisse bei den Wahlen 1928 hielt die DSAP an den alten Einheitsideen fest.[247] Die alte Formel über den „Zusammenschluß aller sozialistischen Parteien Polens auf der Basis der Gleichberechtigung und in der Form der Föderation" wurde im neuen Parteiprogrammentwurf auf dem Vereinigungsparteitag 1929 wiederholt.[248]

Kowoll verlangte, „sich nicht immer nur auf das Kommunistische Manifest zu berufen", sondern danach zu handeln. Für die Gegensätze zwischen PPS und DSAP erklärte er beide Seiten verantwortlich. Falsch sei, „wenn sich nur die Parteileitungen zusammensetzten und den Massen lediglich Direktiven gäben". Kowoll schlug Aufklärungsarbeit an der Basis vor, diese in Entscheidungen miteinzubeziehen, wiederholte also seine frühere Warnung vor der Verständigung „von oben". Skeptisch sprach auch Glücksmann, daß „es nicht genüge, wenn ein Vertreter der PPS ... sage, wir wollen uns mit Euch verständigen, wenn nicht aus ideellen, so aus egoistischen Gründen."[249]

Der PPS-Abgeordnete Niedziałkowski teilte mit, daß die Probleme der deutschen Sozialisten die der polnischen seien und daß die Deutschen, neben den allgemeinen Aufgaben, ihre besonderen Rechte, die deutschen Schulen und die national-kulturellen Belange, zu verteidigen hätten. Die PPS sehe diese Forderungen als die ihrigen an.[250] Auch Diamand betonte, daß die Nationalitätenfrage gelöst werden müsse: „Wir wollen den Nationalitätenhaß auf ein Minimum herabmindern ... nicht alle in der PPS sind meiner Meinung. Aber ich kann Ihnen sagen, daß die Mehrheit mit mir einig ist."[251]

Die PPS hielt ihre Versprechungen nicht. Es ist fraglich, ob die Mehrheit der PPS zu einer Zusammenarbeit bereit war. Der Verständigungswille hing manchmal davon ab, was die Unterstützung einer Minderheiten-

---

246 Vgl. Korzec 1977: 107 und 111.

247 Auf dem Vereinigungsparteitag der DSAP im Oktober 1929 in Lodz wurde die Errichtung der „proletarischen Einheitsfront" (VW v. 15. 10. 1929. LVZ v. 09. 10. 1929. VST v. 12. 10. 1929. DSAP-Archiv, A b 1 Nr. 28) und der „kleinen sozialistischen Internationale" (LVZ v. 07. 10. 1929 und VST v. 05. 10. 1929) proklamiert.

248 VW v. 15. 10. 1929. LVZ v. 09. 10. 1929. VST v. 12. 10. 1929. DSAP-Archiv A b 1 Nr. 28.

249 LVZ v. 07. 10. 1929.

250 Landbote Nr. 41 v. 12. 10. 1929. LVZ v. 06. 10. 1929.

251 LVZ v. 07. 10. 1929.

partei bringen könnte. Nicht selten schloß diese Überlegung damit, daß sich das nicht lohne. Die polnischen Sozialisten waren in der Praxis nur in begrenztem Rahmen zu einer Minderheitenpolitik bereit, und die war eher auf kurzfristige als auf langfristige Ziele ausgerichtet.

Das Auswärtige Amt verfolgte den Vereinigungsparteitag mit Interesse. Der deutsche Gesandte in Warschau, Ulrich Rauscher, selbst Sozialdemokrat, berichtete über den Verlauf.[252] Er spielte auf die Präsenz „hervorragender Vertreter" der PPS – Diamand und Niedziałkowski – an, was „für die Taktik der neuen Partei ... charakteristisch" sei. Darauf wurde auf eine enge Bindung zwischen deutschen und polnischen Sozialisten geschlossen. Rauscher berichtete, daß die Zusammenarbeit in Lodz und in Oberschlesien seit längerer Zeit praktiziert würde. Jedoch sei noch keine Organisationsgemeinschaft vertraglich festgelegt. Die Zusammenarbeit bewertete der deutsche Diplomat – anhand des Besprochenen – als gewichtig.[253] Nach außen sah die Kooperation konfliktloser und produktiver aus, als sie war. Jeder proklamierte seinen Willen zur Zusammenarbeit: und alle gaben zu, den Nationalismus noch nicht überwunden zu haben.

Tatsächlich bestand der einzige Beschluß darin, Ende des Monats eine sozialistische Konferenz einzuberufen, um Einigungsbeschlüsse zu fassen. Auf dieser Konferenz, die die PPS Ende Oktober 1929 mit DSAP, „Bund" und der Zentralkommission der Gewerkschaften nach Warschau einberief, versuchte man, gemeinsame Ziele auszuarbeiten. Dazu wurde eine permanent praktizierende Verständigungskommission berufen, bestehend aus je zwei Vertretern jeder Partei. Die Verständigungskommission rekrutierte sich aus den DSAP-Abgeordneten Zerbe und Kronig, Niedziałkowski und Zaremba von der PPS, Erlich und Emanuel Nowogródzki vom „Bund". Zerbe, Zaremba und Nowogródzki bildeten den allwöchentlich zusammentretenden Ausschuß.

Als vordringlichste Aufgabe nannte Kronig „die Notwendigkeit der Beseitigung der gegenwärtigen diktatorischen Regierungsformen und die Erringung der Demokratie". Den ersten Erfolg der Zusammenarbeit in diesem Bereich bildeten die Demonstrationen gegen die polnische Regierung im November 1929, die dazu beitrugen, „daß die Regierung des 'scharfen Kurses' gestürzt und die unmittelbare Gefahr eines faschistischen Staatsstreiches beseitigt wurde"[254].

---

[252] Er sprach bewundernd von den Vertretern der PPS. Rauscher wurde 1920 von Ebert in den diplomatischen Dienst berufen – zuerst in Georgien tätig, dann von 1922 bis zu seinem frühen Tod im Jahre 1930 in Warschau. Dazu Doß 1984.

[253] PA AA, Politik 5 O/S, Bd. 7: Rauscher (Deutsche Gesandtschaft Warschau) an AA v. 10. 10. 1929.

[254] LVZ v. 09. 01. 1930. Der „scharfe Kurs" bezog sich auf die Politik von Bartels Vorgänger, auf Kazimierz Świtalski, einen Anhänger der antiparlamentarischen Methoden der Regierung. Der „Centrolew", dem PPS, DSAP und Bauernparteien angeschlossen waren, be-

Zwei weitere Ziele formulierte Niedziałkowski:

1) Ein gemeinsames Programm zur Minderheitenfrage;
2) die Regelung der organisatorischen Zusammenarbeit der beteiligten Parteien zwecks gemeinsamer Aktionen und Klärung der internen Konflikte.[255]

Als dringendste Aufgabe wurde ein gemeinsames Minderheitenprogramm angesehen. Die drei Parteien wollten, „alle kulturellen, politischen und wirtschaftlichen Bedürfnisse sämtlicher Minderheitsnationen in Polen befriedigen und somit die Grundlage für eine friedliche Gestaltung der Nationalitätenverhältnisse bilden“[256]. Die Lösung dieser Aufgabe, die auf der Konferenz nicht erreicht wurde, sollte nicht allein der zwischenparteilichen Kommission obliegen, sondern innerhalb einer größeren Konferenz zur Diskussion stehen. Eine solche Entscheidung zeigt, daß man keine gemeinsame Linie der Minderheitenpolitik ausgearbeitet hatte, die die Arbeit der zwischenparteilichen Kommission bestimmen konnte.

Die Verständigungskonferenz, die darüber und über die Durchsetzung der Vereinigung entscheiden sollte, fand schon am 19. Januar 1930 in Warschau statt. Dieser Termin kam aufgrund des vom Obersten Parteirat der PPS in der Sitzung vom 13. bis 14. Oktober 1929 verkündeten Beschlusses zustande, möglichst schnell den Zusammenschluß mit den sozialistischen Minderheitenparteien zu erreichen.[257] Teilnehmer der DSAP waren Zerbe, Kronig, Kuk, Kociołek und Dr. Glücksmann.[258] Zaremba, Kronig und Erlich hatten den Vorsitz. Geplant war, die Konferenz im Januar 1930 zweizuteilen. Deswegen wurde immer vom ersten Verhandlungstag gesprochen – der zweite, an dem die Ergebnisse verkündet wer-

---

trachtete diese kleine Veränderung in der Regierungspolitik als großen Erfolg. Buszko 1978: 320–323.

255 Landbote Nr. 44 v. 03. 11. 1929. LVZ v. 27. 10. 1929. VW v. 27. 10. 1929. VST v. 29. 10. 1929. Vgl. Heike 1985: 170. Diese Forderungen wurden in der Resolution festgehalten.

256 LVZ v. 09. 01. 1930.

257 Głowacki 1979: 91.

258 Kowoll nahm wegen einer in Kattowitz am 19. 01. 1930 tagenden Vertrauensmännerkonferenz nicht teil. VW v. 21. 01. 1930. Vgl. „Der Auslanddeutsche“, Nr. 4 v. Februar 1930, S. 117. Szczerbiński gibt einmal den 1. Januar als Zeitpunkt der in Warschau und in Kattowitz stattfindenden Konferenzen an und vermerkt, daß Kowoll auf der Kattowitzer Konferenz eine Rede hielt, weswegen er in Warschau nicht anwesend sein konnte. Szczerbiński meinte den 19. Januar – dafür sprechen die Inhalte der Warschauer Konferenz und die Tatsache, daß am 01. 01. 1930 weder in Warschau noch in Kattowitz eine Konferenz stattfand, sondern nur gleichzeitig am 19. 01. 1930. (1986: 65 f.) Weiter schreibt er über eine Konferenz vom 19. 01. und begründet Kowolls Abwesenheit mit dessen Vorbehalten gegen die PPS (Ibidem: 194). Als Quelle nennt er den „Auslanddeutschen“, „Nr. 4, 1930, S. 117–123“ und ein Aktenstück vom 22. 04. 1930 aus dem Zentralarchiv des polnischen Innenministeriums. Letzteres konnte ich nicht nachvollziehen, da ich keinen Zutritt zu diesem Archiv bekam. „Der Auslanddeutsche“ schreibt auf S. 123, daß „die oberschlesischen deutschen Sozialisten durch die Teilnahme an einer Parteikonferenz in Kattowitz am Erscheinen verhindert [waren]“.

den sollten, fand nie statt[259]. Wahrscheinlich betrachtete die PPS die Unterschiede in bezug auf „Centrolew" als unüberbrückbar und distanzierte sich von einem weiteren Verhandlungstag.

Die politischen Ereignisse in dieser Zeit überschlugen sich. Die Regierung bekam am 5. Dezember 1929 das Mißtrauensvotum vom Centrolew ausgesprochen. Im Juni 1930 fand in Krakau ein großer Centrolewkongreß statt. Wahrscheinlich ist, daß die PPS die DSAP in diese Aktion einschalten wollte. Die DSAP war jedoch gegen die Verbindung mit dem Centrolew, weil sie dadurch die Handlungsfreiheit der PPS beeinträchtigt sah.[260]

Erlich kritisierte, daß von der deutschen, polnischen und jüdischen Gesellschaft gesprochen werde. Es könne lediglich von einer Gesellschaft, geteilt in „Bourgeoisie" und „Arbeiterklasse", die Rede sein. Die jüdischen Arbeiter gehörten zum „Gesamtproletariat" und sähen ihre kulturellen Forderungen nicht als nationalistische. Am wichtigsten sei die „Erfüllung der kulturellen Forderungen", da die sozialistische Bewegung nur durch eine höhere kulturelle Bildung fortentwickelt werden könne. Erlich verwies auf den Unterschied zwischen bürgerlichen und sozialistischen Juden. Deutlich werde das bei den Forderungen der Bürgerlichen auf Zulassung des Hebräischen, bei den jüdischen Arbeitern auf Zulassung des Jiddischen in den Gemeinden, sozialen Institutionen und bei den Gerichten. Der jüdische Arbeiter werde nicht von der PPS unterstützt; kein Gesetzesentwurf zur Regelung der jüdischen Minderheitenfrage existiere, nur die geschlossen ein Territorium bewohnenden Minderheiten und die deutsche Schulfrage fänden Berücksichtigung.[261] Erlich und Lichtenstein bedauerten, daß selbst die polnische Arbeiterschaft Vorurteile gegen den jüdischen Arbeiter hege und der wirtschaftliche Boykott der Polen gegen die Juden stärker denn je sei. Das Recht auf Arbeit für den jüdischen Arbeiter bestehe selbst in den sozialistisch geführten Stadtverwaltungen nur auf dem Papier.

Der jüdische Arbeiter befand sich in schlechterer Lage als der deutsche. Scheiterte eine Zusammenarbeit zwischen polnischen und deutschen Sozialisten oft am fehlenden Internationalismus der Polen, so berücksich-

---

259 Der „Kurjer Śląski", das Organ der politisch im Zentrum angesiedelten „Nationalen Arbeiter Partei" (NPR), schrieb am 23. 01. 1930 über diese Konferenz, daß „so schön und so lange geredet worden [ist], daß nach mehrstündigen Beratungen die Konferenz auf einen anderen Tag vertagt werden mußte". PA AA, Generalkonsulat Kattowitz Po 6 adh. 2a, Bd. 1: Polnische Pressestimmen Nr. 11 v. 24. 01. 1930. Übersetzung aus „Kurjer Śląski" v. 23. 01. 1930. Der Redakteur folgerte: „Marx hat recht, die 'theoretischen' Konferenzen in Warschau haben auch recht."

260 VW v. 26. 04. 1932 und LVZ v. 01. 05. 1932. Nach Głowacki (1979: 201) war für die PPS die Verbindung mit dem Centrolew wichtiger als die mit den sozialistischen Minderheitenparteien.

261 LVZ v. 21. 01. 1930 und VST v. 25. 01. 1930.

tigten die polnischen Sozialisten bei der Zusammenarbeit mit den jüdischen zudem den Antisemitismus in Polen.

Grundforderungen der deutschen Minderheit waren „das Recht zur vollen und freien Entwicklung der eigenen Kultur, sowie die vollkommene und tatsächliche Gleichberechtigung der deutschen Minderheit auf sämtlichen Gebieten des Rechts, des staatlichen, kommunalen und des täglichen Lebens". Zerbe verlangte für die Deutschen das Recht, die deutsche Sprache bei allen Behörden gebrauchen zu können. Außerdem sollten die Schutzverträge – Genfer Konvention und Minderheitenschutzvertrag – eingehalten werden. Ein Erfolg sei der gemeinsam von PPS und DSAP eingebrachte Gesetzesentwurf zur Regelung des deutschen Schulwesens, obwohl wenig Aussicht auf Durchsetzung bestünde. Immerhin zeige das, daß die PPS hinter den deutschen Sozialisten stehe. Die bürgerlichen Minderheitenparteien fänden keine Unterstützung in der polnischen Gesellschaft.[262]

Damit identifizierte sich Kowoll auf der am gleichen Tag stattfindenden Vertrauensmännerkonferenz in Kattowitz, in der auch die „Verständigung" im Mittelpunkt stand. Die Parteileitung der oberschlesischen DSAP unterstrich, daß nur die Zusammenarbeit mit der PPS die Lage für die Arbeiter bessere. Die deutschen Arbeiter distanzierten sich vom deutschen Bürgertum. Kowoll sagte, daß „das Vertrauen zum Deutschtum wesentlich nachgelassen [hat] und dazu vielfach die Deutschen selbst beigetragen hätten.[263] Dabei bekannte sich die oberschlesische DSAP nachdrücklich zum Deutschtum und differenzierte, daß „deutsch sein, noch lange nicht ein Nationalist zu sein", bedeute.[264]

---

262 Ibidem. Bereits während des Vereinigungsparteitages wies Zerbe auf diesen „großen Vorteil" gegenüber den bürgerlichen Minderheitenparteien hin. LVZ v. 07. 10. 1929.

263 Der VW v. 21. 01. 1930 schreibt, daß „eine noch reichlichere Scheidung zwischen deutschem Bürgertum und der deutschen Arbeiterklasse" vollzogen werden sollte. Kowoll dementierte die Volksbundpropaganda, daß „die gesamte deutsche Minderheit heute fester denn je hinter dem Volksbunde [steht]. PA AA, Politik 4 Völkerbund 53. Tg., Bd. 2: Illgen (Deutsches Generalkonsulat Kattowitz) an AA v. 19. 12. 1928. Nach dieser Vertrauensmännerkonferenz teilte Kowoll dem SPD-Funktionär Franz Furtwängler mit, daß die DSAP gegen das „bürgerliche Deutschtum im harten Kampf stehe", dieses hauptsächlich in der „sogenannten Spitzenorganisation", dem Volksbund, organisiert und mit „ungeheuren Geldmitteln" ausgestattet sei. Der Volksbund verfüge nur wegen des Geldes über Einfluß, seine Politik würde von vielen nicht für gut befunden. Historische Kommission Berlin, NB 93, S. 22: Kowoll an Furtwängler v. 15. 02. 1930. Die DSAP hatte sich vom deutschen Bürgertum distanziert, woran der Kommunalwahlkampf schuld sei. Hier habe sie eine „scharfe Stellung" zum Bürgertum bezogen und „sogar oft das Maß des Angängigen" überschritten (ibidem). Illgen beurteilte es als „Versäumnis" des deutschen bürgerlichen Lagers, die DSAP nicht „dazu bewogen zu haben, sich unter Zurückstellung interner Gegensätze der gemeinsamen deutschen Abwehrfront anzuschließen." PA AA, Politik 4 Völkerbund 53. Tg., Bd. 2: Illgen an AA v. 19. 12. 1928. Nach Potocki (1978: 109) habe ein deutscher Minderheitenführer in Polen gesagt, daß es für die Deutschen in Polen „'keine proletarische Politik, sondern nur eine Politik des Deutschtums gibt'".

264 Ibidem. „Der Auslanddeutsche", Nr. 4 v. Februar 1930, S. 117.

Für die PPS wies Szczerkowski darauf hin, daß diese berechtigten Forderungen schwer durchzusetzen seien.[265] Die PPS machte ihren Bruderparteien nicht viel Hoffnung. Zaremba sprach vom vorhandenen Bewußtsein der PPS über die Diskrepanz zwischen verfassungsmäßig verankerter Gleichberechtigung der Minderheiten und tatsächlicher Tagespolitik. Vermutlich bedeutete die Zusammenarbeit mit dem „Bund" ein noch größeres politisches „Risiko" als die mit der DSAP. Womöglich ging die PPS einer Konfrontation mit dem Antisemitismus aus dem Weg, war nicht befreit davon. Die jüdische Problematik wurde jedenfalls nicht aufgenommen.

Als berechtigt erschienen Kowolls Worte auf der erwähnten Konferenz der oberschlesischen DSAP: „Wir stehen zum Sozialismus und wir haben dafür genügend Beweise geliefert und müssen auch verlangen, daß die PPS-Genossen dasselbe tun. Wenn sie zu uns kein Vertrauen haben und ihre nationalen Belange höher bewerten, so sind auch wir unseren Verpflichtungen der PPS gegenüber entbunden. Wir haben uns für den Sozialismus bis zur Selbstverleugnung geopfert ... Wir sind Sozialisten und werden es bleiben; aber wir wissen auch, daß eine polnische Front besteht, die die Vernichtung des Deutschtums, des deutschen Arbeiters, anstrebt, und wir können uns nicht vernichten lassen."[266]

Der zweite Verhandlungstag dieser Verständigungskonferenz war für den 24. Januar 1930 angesetzt. Die Lodzer Volkszeitung informierte am 2. Februar über einen neuen Termin der abschließenden Beratung für den 5. Februar 1930. Angekündigt wurde eine gemeinsame Stellungnahme von PPS, DSAP und „Bund" über das Minderheitenproblem in Polen in Form von Grundthesen. Hohe Vertreter der drei Parteien waren für die Diskussion vorgesehen[267], die kommentarlos nicht stattfand. Vermutlich lag es an den am 3. Februar in Warschau beginnenden Budgetberatungen, die bis zum 8. Februar dauerten. Die Presse berichtete, daß alle „hohen Vertreter" ihre Arbeit im Sejm vereinnahmte.[268] Wochen später brachte die Lodzer Volkszeitung drei „Beiträge zur Diskussion in den zwischenparteilichen Konferenzen der sozialistischen Parteien Polens"[269], die nach der Redaktion eine Einleitung zur breiteren Diskussion bilden sollten.[270]

Die Schlußresolution zur vierten Verständigungskonferenz blieb aus. Die Resultate, wenn es welche gab, wurden nie veröffentlicht. Vielleicht waren der PPS die Forderungen der jüdischen und deutschen Sozialisten zu unbequem; und sie hielt sich zurück, weitere Versprechungen einzuge-

---

265 LVZ v. 21. 01. 1930 und VST v. 25. 01. 1930.

266 Ibidem. „Der Auslanddeutsche", Nr. 4 v. Februar 1930, S. 117.

267 LVZ v. 02. 02. 1930.

268 LVZ, VW und VST v. 04. bis 10. 02. 1930.

269 LVZ v. 23. 02. 1930, v. 26. 02. 1930 und v. 02. 03. 1930.

270 LVZ v. 23. 02. 1930. Die Aufsätze wurden mit „Imk" gezeichnet, woraus auf das DSAP-Vorstandsmitglied Israel M. Kociołek als Verfasser geschlossen werden kann.

hen, die nicht gehalten werden konnten. Die PPS hatte bisher erst einen Gesetzesentwurf zur deutschen Schulfrage und einen, die geschlossen ein Territorium bewohnenden Minderheiten (Ukrainer und Weißrussen) betreffend, eingebracht. Der zur Regelung der wichtigsten Frage der deutschen Minderheit, der Forderung nach nationaler Kulturautonomie, stand trotz der Erklärung der PPS im Wahlmanifest von 1928 noch aus. Auf einen entsprechenden Gesetzesentwurf hofften auch die Juden.

Dennoch beurteilte die DSAP den Stand der Zusammenarbeit als „erfolgreich". Nach „zäher Arbeit" sei es gelungen, die PPS für die Probleme der Deutschen zu interessieren. Die Versprechungen der PPS, sich für „verschiedene andere kulturelle Forderungen"[271] der Deutschen einzusetzen, wurden hoch eingeschätzt. Unberücksichtigt blieb, daß den „Versprechungen" keine Gesetze folgten.

Beide Konferenzen vom 19. Januar 1930 brachten die sozialistische Zusammenarbeit nicht voran. Mit Recht legte Kociołek im Mai 1930 dar, daß das Verhältnis zwischen DSAP und PPS „zwar keine Verschlechterung erfahren [hat], so [treten] dennoch mancherlei Dinge zutage, mit denen wir [die DSAP, PB] nicht ohne weiteres einverstanden sein können."[272]

Als schwierig erwies sich, in die Praxis umzusetzen, was schon in der Theorie nicht einfach war. Die DSAP distanzierte sich vom Bürgertum und gab der Bindung an die polnischen Klassengenossen den Vorzug. Die nationalen Ressentiments der polnischen Sozialisten jedoch waren sehr stark, so daß sich die deutschen Sozialisten zu Konsequenzen gezwungen sahen, wenn das Ganze nicht auf ihre Kosten gehen sollte. Die deutschen Sozialisten fühlten sich von den polnischen enttäuscht, die die „Nation" über den „Internationalismus" stellten und von den Deutschen das Umgekehrte verlangten. Sie blieben deswegen mit Verschiebungen bei ihrer Politik zwischen „Volkstum" und „Internationalismus".

Im Februar 1930 rollte Kowoll die „heiß umstrittene Frage ... ob 'Deutsch' oder 'International' im Ausland als Deutsche" abermals auf. Ein Teil der Partei und der Gewerkschaften wolle den Trennungsstrich zwischen bürgerlichen und sozialistischen Deutschen nicht so eng ziehen, da beide zur gleichen „Kulturgemeinschaft" gehörten. Der andere Teil setze sich „für restlose Trennung und eine Bekämpfung des bürgerlichen Deutschtums bis aufs Messer" ein. Kowoll hielt beide Richtungen für politisch unklug und schlug den Kompromiß vor: „Wollen wir uns indessen behaupten, so muß ein Mittelweg gesucht werden."[273] Die deutschen Sozialisten unterschieden in der Praxis also weiter zwischen der parteitaktischen Vorgehensweise für sozialistische und das Volkstum betreffende Fragen: Bei den sozialistischen wollten sie mit dem „internationalen Prole-

271 Heike 1985: 189.
272 LVZ v. 18. 05. 1930.
273 Historische Kommission Berlin, NB 93, S. 22, Kowoll an Furtwängler v. 15. 02. 1930.

tariat, also an der Seite der polnischen Sozialisten" gehen, bei den nationalen, „weil wir [sie, PB] Deutsche sind, mit den bürgerlichen Parteien der deutschen Minderheit"[274]. Daß daran trotz gegensätzlicher Proklamationen im Parteiprogramm von 1929[275] lange festgehalten wurde, war bestimmt zum Großteil Reaktion auf die nationalistische Politik der PPS.

Die sozialistische Zusammenarbeit war an dem Punkt, über gute Vorsätze nicht hinaus zu kommen.

Die Wahlen 1930

Nachdem der schlesische Wojewode Grażyński Anfang 1929 bei den Wahlen zum Wojewodschaftsrat gescheitert und das Regierungslager nicht mehrheitsfähig war, löste er den Schlesischen Sejm im Februar auf, ohne entsprechend den Bestimmungen des Organischen Statuts einen Termin für Neuwahlen bekanntzugeben. Bald danach löste er den Wojewodschaftsrat auf, um uneingeschränkt den Warschauer Direktiven folgen zu können. Die Ende 1929 angesetzten Gemeindewahlen fanden unter den Terrormaßnahmen Grażyńskis statt, wodurch der polnischen Seite zur Mehrheit verholfen wurde. In Kattowitz konnten die Deutschen nur 24 Vertreter, 22 der Deutschen Wahlgemeinschaft und 2 Sozialisten, in den Gemeinderat schicken, gegenüber 36 polnischen. Noch zu den Gemeindewahlen 1926 war das Verhältnis umgekehrt gewesen. Bei den polnischen Vertretern handelte es sich hauptsächlich um Anhänger Korfantys, direkte Gegner Grażyńskis. Vermutlich wurden wegen dieser neuerlichen Niederlage des Regierungsblocks die Neuwahlen zum Schlesischen Sejm forciert und mit Terrormaßnahmen auf die Ausschaltung der oppositionellen polnischen und deutschen Parteien hingearbeitet.[276]

Zu den Wahlen zum zweiten Schlesischen Sejm am 11. Mai 1930 gingen DSAP und PPS getrennt. Ursache könnte gewesen sein, daß die PPS – durch die Abspaltung Biniszkiewiczs stark geschwächt[277] – keine Erfolgsaussichten hatte und nur eigenen Leuten Listenplätze versprechen konnte. Kowoll habe „in der Zusammenarbeit mit der PPS eine Bedrohung seines Abgeordnetenmandats erblickt". Darin sah der „Kurjer Śląski" einen Beweis, daß sich die sozialistische Solidarität in der Praxis nur „als eine Seifenblase erweise"[278].

Die DSAP errang einen Sitz; Glücksmann zog für die deutschen Sozialisten in den Sejm, Kowoll verlor sein Mandat. Insgesamt gab es 48 Sitze, von denen die „Deutsche Wahlgemeinschaft" (Deutsche Katholische

---

274 VW v. 16. 11. 1927. Jaekel 1933: 38, 62.

275 VST v. 12. 10. 1929 und LVZ v. 07. 10. 1929.

276 Vgl. Wertheimer 1930: 130–133.

277 Rechowicz 1971 (b): 151. Vgl. dazu Hawranek 1982: 185.

278 PA AA, Generalkonsulat Kattowitz Po 6 adh. 2a, Bd. 1: Polnische Pressestimmen Nr. 11 v. 24. 01. 1930, Übersetzung aus „Kurjer Śląski" v. 23. 01. 1930.

Volkspartei und Deutsche Partei) 15 erhielt, die PPS 4, die Kommunisten 2, die NPR (Nationale Arbeiterpartei) 3, die Partei Korfantys 13 und die zum Wojewoden Michał Grażyński gehörende Partei nur 10.

Lediglich die sozialistische Opposition wurde eingeschränkt, nicht die Korfantys, geschweige denn die der Deutschen Wahlgemeinschaft, der stärksten Fraktion im Schlesischen Sejm. Grażyński war gescheitert, er konnte das schlesische Parlament nicht nach seinem Willen zusammensetzen.[279] Als Reaktion wurde der zweite Schlesische Sejm auf unbestimmte Zeit vertagt – verkündet am 1. Juli 1930.

DSAP und PPS riefen gegen die Beschneidung dieses parlamentarischen Mittels auf. Sie veranstalteten am 7. Juli 1930 eine Protestkundgebung gegen den gesetzlosen Zustand.[280] Referenten waren Glücksmann und Kowoll, von der PPS die Sejmabgeordneten Józef Adamek, Emil Caspari und der Wojedwodschaftsrat Janta. 1.500 Personen waren anwesend.

Glücksmann dementierte die Behauptung der polnischen Regierung, daß „der Sejm wegen der Demagogie Korfantys vertagt werden mußte" mit der Feststellung, Korfanty sei durch die Regierungspolitik sogar zum Demokraten geworden. Außer Zweifel stand, daß der Sejm wegen der Kontrolle geschlossen wurde, die bei dieser Zusammensetzung gefährdet gewesen wäre. Wenn die Volksvertreter im Sejm keine Möglichkeit hätten zu sprechen, müßten dies die Wähler tun, erklärte Glücksmann.[281] In der Resolution wandten sich die Sozialisten gegen die Unterdrückung von Demokratie und Parlamentarismus. Die Regierung solle wegen der Wirtschaftskrise und der Arbeitslosen besser mit der Volksvertretung zusammenarbeiten.[282]

Die Fronten verhärteten sich: In der Nacht vom 9. auf 10. September 1930 führte die Regierung auf Befehl Piłsudskis eine Aktion gegen die Opposition durch und verhaftete 18 ihrer Führer, darunter sechs PPS-Abgeordnete. Zwei Wochen später folgte diesen der Führer der nationalen Opposition, Wojciech Korfanty, ohne Haftbefehl in das Festungsgefängnis Brest Litowsk.[283] Am 26. September 1930 wurde der zweite Schlesische Sejm aufgelöst und die Neuwahlen für den 23. November 1930 angesetzt – zeitgleich mit denen zum Warschauer Sejm.

Die PPS und die DSAP Oberschlesiens bildeten unter der Bezeichnung „Block der Sozialisten" einen Einheitsblock mit eigenen Wahllisten.[284] Glücksmann und Kowoll erhielten Sitze im dritten Schlesischen Sejm, von der PPS nur Józef Machej. In Oberschlesien verliefen die Wahlen begleitet

---

279 Rechowicz 1971 (b): 318–320. Heike 1985: 180 f. Keitsch 1982 107 f. Wertheimer 1930: 341 f.

280 Vgl. dazu Szczerbiński 1986: 198 f.

281 VW v. 09. 07. 1930.

282 VW v. 08. 07. 1930. Vgl. dazu Szczerbiński 1986: 198.

283 Zieliński 1982: 210. Vgl. Heike 1985: 180, 200 f.

284 Rechowicz 1971 (b): 226 f.

von stärksten Terrormaßnahmen und vielfach mit Listenfälschungen und -streichungen, so daß die deutschen Bürgerlichen nur sieben Sitze errangen und das Kräfteverhältnis endlich dem Geschmack der Regierung entsprach.[285] Auf parlamentarischer Ebene konnten die deutschen Bürgerlichen nichts mehr erreichen. Auch PPS und DSAP waren machtlos.

Die deutschen Sozialisten Polens wollten im Jahre 1930 den Wahlkampf zum Warschauer Sejm und Senat wieder mit der PPS bestreiten. Sie entschlossen sich aber, da die Möglichkeit einer Wahlfront aller sozialistischer Parteien wie die eines Wahlblocks DSAP-PPS ausschied, mit der PPS im „Centrolew" zu gehen. Die PPS sah im Wahlblock mit den Bauernparteien mehr Chancen, legte darauf größeren Wert als auf die Zusammenarbeit mit den sozialistischen Parteien der Minderheiten, die keine politische Bedeutung hatten.[286]

Die Wahlen des Jahres 1930 erfüllten nicht die Hoffnungen des Centrolew, besonders nicht die der DSAP. Die deutschen Sozialisten verloren beide seit 1922 innegehabten Sitze. Zerbe und Kronig sollte der Sprung ins Parlament nie mehr gelingen. In Oberschlesien kam kein „Centrolew" zustande. Die deutschen Sozialisten gingen wie zu den Parlamentswahlen 1928 im Wahlblock mit der PPS und blieben mit 52.000 Stimmen (8,6 % aller Stimmen in Oberschlesien, 0,4 % in Polen) erfolglos.

Insgesamt erhielt der Centrolew 17,7 Prozent aller Stimmen, der Regierungsblock 46,8 Prozent, die Endecja 12,7 Prozent, die nationalen Minderheiten 14,3 Prozent, die Chadecja 3,8 Prozent und die Kommunisten 2,1 Prozent.

Der Stimmenverlust der DSAP wurde auf die Linksabspaltung der Gruppe Scheibler und auf die teilweise Ausschaltung Zerbes und Kronigs in der Wahlkampfzeit zurückgeführt. Gegen Zerbe wurde prozessiert.[287] Kronig wurde durch Einberufung als Reserveoffizier aus dem Verkehr gezogen; seine Tätigkeiten wurden scharf überwacht, er mußte seiner Truppe „patriotische Vorträge über Polens Geschichte ... halten"[288].

Wie diese Schikanen zeigen, wurden die der Regierung nicht genehmen Kandidaten ausgeschaltet. Besonders beschleunigte der Wahlterror den Mißerfolg der Linken, sowohl bei den Wahlen zum Warschauer und mehr noch zum Schlesischen Sejm.

Die Regierung arbeitete, anfangs scheinbar demokratische Mittel wahrend, auf die Beseitigung verhaßter demokratischer und parlamentari-

---

285 Ibidem: 322 ff. Heike 1985: 180 f. Keitsch 1982: 108 f.

286 Tomicki 1982: 10. Głowacki 1979: 201.

287 Er wurde zu sechs Monaten Gefängnis verurteilt, weil er ein Jahr zuvor mit einem Spitzel der Kriminalpolizei in Konflikt geraten war, dem er den Zutritt zum Vereinigungsparteitag verweigerte.

288 PA AA, Deutsches Konsulat Lodz, Deutschtum, Bd. 5: Luckwald (Deutsches Konsulat Lodz) an AA, Presseabteilung, Gesandtschaft Warschau, Konsulat Posen, Generalkonsulat Kattowitz v. 28. 10. 1930 u. 01. 12. 1930.

scher Formen hin, um das auf den Mussolinibewunderer Piłsudski zugeschnittene System – die „Piłsudskidiktatur" – zu verwirklichen. Ende 1930 stand diesem Ziel nichts mehr im Wege.[289]

Die oppositionellen Parteien waren im Jahre 1930 einer Terrorwelle der polnischen Regierung ausgesetzt, die Presse- und Versammlungsfreiheit eingeschränkt, viele der sozialistischen Politiker „kaltgestellt". Unter den schlechten innenpolitischen Bedingungen und angesichts der weltweiten Radikalisierung der Arbeiterbewegung erlitt die PPS nach links gerichtete Absplitterungen[290]. Sie befand sich in einer inneren Krise und mußte sich den Gegebenheiten stellen, was unter Umständen parteipolitische Umorientierung bedeutete.

Vor diesem Hintergrund rüstete die PPS zu ihrem 22. Parteikongreß, der in Krakau vom 23. bis 25. Mai 1931 stattfand. Er folgte dem Leitgedanken, eine andere Taktik zu finden und damit dem diktatorischen Regierungssystem Widerstand zu leisten. Die deutschen Sozialisten Polens ersahen daraus, daß „sich die polnisch-sozialistische Bewegung in einem Stadium des Verfalls befände". Die sozialistischen Parteien Polens müßten dies bedenken, „denn das Schicksal der Landesorganisation ... ist mehr oder weniger der Motor der sozialistischen Bewegung in diesem Staat überhaupt, mit dem Dasein der PPS ist Bestand und Leben der Sozialisten der Minderheitsnationen auf das innigste verknüpft".

Da das Schicksal der PPS auch das ihre sei, erhofften alle Sozialisten einen guten Ausgang der Beratungen. Die deutschen Sozialisten erwarteten Verstärkung durch die PPS. Auf der Krakauer Tagung sollte das Verhältnis „PPS-sozialistische Minderheitsparteien" besprochen werden. Deswegen zeigte die DSAP besonderes Interesse und erwähnte, die PPS sei die einzige Partei, die respektiere, „daß die polnische Wirklichkeit nicht über die Fremdstämmigen der polnischen Republik hinweggehen [kann], sondern mit ihnen, zum Wohl und Bestand der polnischen Republik, ein erträgliches Dasein schaffen [muß]"[291].

Lange sei der Standpunkt der PPS unausgegoren gewesen, sie habe „sich im Bewußtsein der Staatsverantwortung sehr oft mehr von nationalen Gefühlen, denn von sozialistischen Thesen leiten lassen."[292] Doch auch ihre nationalen Tendenzen seien weder für das nationale noch für das Regierungslager ein Hindernis gewesen, die PPS zu bekämpfen und ihre Vernichtung zu fordern. Der Vorwurf, den Klassenkampfgegner nicht zu erkennen und der eigenen Sache zu schaden, traf und forderte die PPS zur

---

289 Ibidem: Luckwald (Deutsches Konsulat Lodz) an AA und an Gesandtschaft Warschau v. 20. 11. 1930. Ibidem: Politik 5 O/S, Bd. 8: Illgen an AA v. 10. 12. 1930. Korzec 1977: 87, 111.

290 Nach Strobel (1962: 75 f.) lag das nahe, da die PPS, besonders nach dem Verbot der KPP, zum „Sammelbecken auch linksextremer, sogar kommunistischer Elemente" geworden, darum kämpfte, eine homogene parteiideologische Linie zu finden.

291 VW v. 23. 05. 1931.

292 Ibidem. Vgl. Strobel 1962: 78 f.

Taktikänderung. Die deutschen Sozialisten verlangten nach eindeutiger klassenkämpferischer Haltung ihrer Genossen.[293] Die DSAP versuchte, die schwierige Situation der PPS zu benutzen und diese zur Wende zu zwingen. Sie übersah, daß die PPS selbst unter diesen Umständen „ihre traditionelle national-patriotische" Linie nicht aufgeben wollte, denn dieser „Nationalismus" machte ihren eigentlichen Einfluß beim polnischen Arbeiter aus.[294] Klassenkämpferische Parolen kamen beim polnischen Arbeiter überhaupt nicht an.[295]

Die PPS sprach sich für eine Konsolidierung der Arbeiterbewegung mit Hilfe der Minderheitssozialisten aus. Die deutschen Sozialisten fragten, wann diese Konsolidierung erfolgen solle.[296] Kronigs Zusicherung, daß die Minderheitssozialisten die gleichen Ziele wie die polnischen Genossen hätten, läßt an der tatsächlichen Zusammenarbeit zweifeln. Erhärtet werden diese Zweifel durch Erlichs Plädoyer für „eine sozialistische Internationale zwischen dem polnischen Proletariat und den Minderheiten"[297].

Die PPS war durch die politische Situation gedrängt, ihren Nationalismus zu begrenzen, vergaß aber nie „das Staatswohl, das sie mit dem Problem der Eigenstaatlichkeit eng koppelte"[298]. Die PPS bediente sich der Unterstützung der Minderheitenparteien und engagierte sich nur im nicht mit dem Nationalen kollidierenden Rahmen für sie. Das Nationale stand bei ihr vor dem Internationalen.

Die Zehn-Jahres-Feier der DSAP Kongreßpolens im Januar 1932 stand ganz im Zeichen der sozialistischen Zusammenarbeit. Dafür sprachen sich von der PPS der Abgeordnete Hermann Liebermann und der Lodzer Stadtpräsident Ziemięcki aus, vom „Bund" der Warschauer Stadtverordneten, Rechtsanwalt Erlich, und von der DSAP Kronig und Zerbe.

Ziemięcki lobte die Kooperation im Lodzer Gebiet, in den Versicherungsinstituten und den städtischen Selbstverwaltungen. Er sprach von gelungener „harmonischer Zusammenarbeit" in ganz Polen, die „auf internationalem Gebiete zwischen den Sozialisten verschiedener Ländergruppen"[299] möglich sei. Liebermann sprach neben „sozialistischer Solidarität" von „herzlicher Freundschaft" und stellte heraus, daß viele ver-

---

293 VW v. 23. 05. 1931.

294 Strobel 1962: 78 f.

295 Kopeć 1981: 108

296 VW v. 24. 05. 1931.

297 VW v. 27. 05. 1931. Von Skepsis zeugt die Stellungnahme der DSAP im Anschluß an den PPS-Kongreß: „Wir sind weit davon entfernt, schöne Worte als bare Münze zu nehmen. Aber eine Erkenntnis ist wohl deutlich zum Ausdruck gekommen, die Notwendigkeit der Zusammenarbeit mit den Minderheitssozialisten und die Sorge um die Minderheitsprobleme selbst, die nicht nur Parteitagsresolutionen bleiben, sondern praktische Durchführung erheischen." VW v. 29. 05. 1931.

298 Strobel 1962: 79.

299 LVZ v. 26. 01. 1932. Ähnlich sprach Kronig (LVZ v. 26. 01. 1932).

schiedene Nationalitäten innerhalb der Sozialisten eher verbindend als trennend wirkten.[300]

Die Proklamationen weisen auf Probleme der Vergangenheit hin. Der Eindruck könnte entstehen, daß die Zusammenarbeit in Mittelpolen reibungslos ablief. Das war sicher nicht ganz so. Sie funktionierte aber besser als die in Oberschlesien und hätte für diese eine Art Vorbildfunktion sein können. Das betrifft z. B. die Arbeit im Stadtrat. In Oberschlesien schien die DSAP von der in Lodz proklamierten Einigkeit nicht überzeugt. Es zeigten sich auch Unterschiede zwischen Kowoll und Glücksmann.

Glücksmann wies auf die Zersplitterung der Arbeiterklasse hin, daß in Polen ein Dutzend sozialistischer Parteien nebeneinander bestünden und sich manchmal bekämpften. Ob die Einigung möglich sei und in welcher Form, sei fraglich. Eine zentralistische Organisation müsse wegen der unterschiedlichen Geschichte der Parteien ausgeschlossen werden. Die Kooperation der selbsttätig bestehenden Parteien schien möglich, jedoch nicht in Form der „Verständigungskomitees". Dies hätte sich „wegen der losen organisatorischen Form und der mangelnden Exekutive"[301] nicht bewährt. Glücksmann schlug die „Föderation der sozialistischen Parteien" vor, die ihre Richtlinien gemeinsam ausarbeiten und eine Exekutive als Führung wählen sollte.

Neben der Form der Einigung sei die „ideeische Einstellung" der Parteien wichtig, der Austausch der Ideengänge müßte erfolgen. Bei allen Beteiligten träte ein innerer Konflikt auf, der auf zwei gegensätzlichen Ansprüchen hinauslaufe, die die Parteien zu erfüllen suchten:

„1. Die Erhaltung des gegenwärtigen Zustandes, der Demokratie und der sozialen Errungenschaften, vor allem aber der Regierungstradition.
2. Eine Politik, die den Volksmassen als direktes Ziel den Sozialismus hinstellen würde."

Die sozialistischen Parteien seien bisher der ersten These gefolgt, was sich in Regierungskoalitionen und Respektierung bürgerlicher Regierungen zeigte. Machteinbußen seien in Kauf genommen worden.

Eine Kombination beider Thesen schließe sich aus. Mit dem Kampf um Sozialismus könne nicht These 1 verfolgt werden. Aber genau auf eine solche Kombination – auf reformistischen Sozialismus – stützten sich die sozialistischen Parteien.

Zur uneingeschränkten Verfolgung von These 2 seien die Sozialisten nicht reif genug. Deshalb sei die Frage, ob die Einigung möglich sei, mit „nein" zu beantworten. Die konsequente Verfolgung der These 2 hieße,

---

300 Ibidem. Liebermann sei nach dem Brester Prozeß noch volkstümlicher geworden. PA AA, Deutsches Konsulat Lodz, Deutschtum, Bd. 6: Deutsches Konsulat Lodz an AA v. 27. 01. 1932.

301 VW v. 04. 12. 1932. Diese Diskussion ziehe ich dem vorher stattgefundenen Bezirksparteitag der DSAP-Oberschlesiens vor, da auf diese Weise die Problematik klarer wird.

sich vom Sozialismus zu verabschieden.[302] Glücksmann rückte nach links, näherte sich kommunistischen Ideen.

Eine andere Meinung als Glücksmann hatte Kowoll, der eine zwischen beiden Thesen taktierende Haltung zeigte.[303]

Für eine Kombination beider sprach er sich nicht aus, sondern daß die erste und die zweite zum Ziele führe. Explizit legte er sich für keine fest, ließ seine Unentschiedenheit spüren, womit er die Parteihaltung repräsentierte. Sicherlich mochten bei Kowolls Öffnung zu den Bürgerlichen die geringen Fortschritte der „proletarischen Einheitsfront" mitgespielt haben. Er verkündete, auf die Bürgerlichen sei kein Verlaß; jedoch sei nicht an ihnen vorbeizukommen, wenn „reale Politik, ohne Zerstörung der heutigen Werte [betrieben]"[304] werden solle. Kowoll stimmte mit der PPS überein, die davon ausging, Koalitionen mit der Bourgeoisie – mit demokratischen, kleinbürgerlichen Parteien – eingehen zu müssen.[305] Er hielt eine Zusammenarbeit mit den Bürgerlichen für unumgänglich. Doch ergäben sich daraus Verpflichtungen, „die davor warnten, politische Experimente zu treiben". Gleichzeitig seien da die „linksradikalen Freunde", die zu politischen Experimenten aufforderten. Man sollte sich weder von rechts noch von links zu „Experimenten" hinreißen lassen. Kowoll vertrat die reformistische Konzeption, sprach vom „verschwindenden Kapitalismus als Herrschaftsform im Staat" und befand sich beim nächsten Atemzug inmitten Glücksmanns „These 2": „Der Weg zum Ziel könne aber wesentlich abgekürzt werden, wenn sich die Arbeiterklasse entschlösse, eine gemeinsame Front zu bilden, um das Bürgertum und seine politische Machtposition zu beseitigen."[306]

Kowoll suchte nach einer Kombination beider Thesen. Die „These 1" diskutierte er ausführlicher, woraus auf seine Wahl geschlossen werden könnte. Nicht deutlich wird, wo dazwischen sein Standpunkt anzusiedeln ist.

Versuche sozialistisch-kommunistischer Zusammenarbeit

Wichtig ist der Standpunkt der PPS gegenüber den Kommunisten, insbesondere wegen einer bei der DSAP feststellbaren Wandlung.

In ihrer Parteitagsresolution 1931 proklamierte die PPS die rücksichtslose Bekämpfung der kommunistischen Bewegung, weil sie „die Arbeiter-

302 Ibidem.
303 Es geschah während der Bezirkskonferenz der DSAP Oberschlesiens im April 1932. Ich bleibe im folgenden bei Glücksmanns Bezeichnungen „These 1" und „These 2".
304 VW v. 26. 04. 1932 und LVZ v. 01. 05. 1932.
305 Walczak 1980: 62.
306 VW v. 26. 04. 1932 und LVZ v. 01. 05. 1932.

bewegung zersplittert und demoralisiert"[307]. Dabei zeigten die deutschen Sozialisten ansatzweise Solidarisierung mit den Kommunisten.[308]

Auf dem VII. Parteitag der DSAP Kongreßpolens im Juni 1931 wurde beklagt, „besonders schwer lastet auf dem Kampf der Arbeiterklasse die Zersplitterung der proletarischen Kräfte. Der Faschismus hat leichtes Spiel, weil die beiden großen Teile der Arbeiterbewegung, Sozialdemokraten und Kommunisten, sich in erbittertster Weise bekämpfen."[309] Beide müßten ihrem „Bruderkampf" ein Ende machen, um sich „nicht zu gegenseitiger Aufreibung [zu] verurteilen". Der Hauptvorwurf wurde der Führung der Kommunisten gemacht, die nur an ihrer Macht interessiert sei und jeden Einigungsversuch im Sande verlaufen ließ. Das wollten sie den kommunistischen Arbeitern mitteilen, damit sie auf ihre Führung einwirkten, „ihren Kampf gegen die Sozialdemokratie aufzugeben und die Schärfe ihres Kampfes gegen Faschismus und Reaktion zu richten". Die DSAP strebte eine „straffe Konsolidierung aller Kräfte der Arbeiterklasse" an. Die Sozialistische Arbeiter-Internationale sollte Kontakt mit der Kommunistischen Internationale aufnehmen.[310]

Ein Jahr zuvor sprachen die deutschen Sozialisten nur polemisch von den Kommunisten. Sie müßten sich gegen Titulierungen wie „Sozialfaschisten", „Arbeiterverräter" oder „Volksverräter" zur Wehr setzen. Die DSAP warf den Kommunisten vor, nicht zu wissen, was nach einem Umsturz zu unternehmen sei, um „etwas besseres" zu schaffen. Sie fragten, ob „etwa eine Diktatur Stalins mit Milch- und Brotkarten"[311] geplant sei. Sie grenzten sich von der „kommunistischen Diktatur" ab, bei der eine Person bestimme, und stellten dem das „Selbstbestimmungsrecht der Arbeiterklasse" entgegen.

Dies war ihre Meinung, als sich Scheibler ins linke Lager schlug, und sie beurteilt wurden, selbst keine Kommunisten zu sein, aber den Kommunismus und, in den eigenen Reihen, kommunistische Splitter zu tolerieren.[312]

---

307 VW v. 27. 05. 1931.

308 Der VW v. 03. 06. 1931 schreibt, daß „die Kommunisten keine Engel [sind], aber ein hungriger Mensch fragt nicht viel nach Kommunismus. Packe ihn die Verzweiflung, so sei er ... 'Kommunist'. Früher waren das die Sozialisten und jetzt sind es die Kommunisten."

309 LVZ v. 03. 06. 1931.

310 Das Ziel lautete: „Zusammenwirken aller kämpfenden Kräfte des Proletariats." (Ibidem).

311 Der VW v. 06. 07. 1930 schreibt, die Kommunisten wollten die Arbeiter „in das 'gelobte Land' führen, in welchem die Zäune aus guter Krakauer Wurst geflochten sind, Schinken auf den Bäumen wächst, gebratene Tauben in den Lüften fliegen und die Ströme voll Milch und Honig fließen". Der Vorwurf wiederholte sich, daß „die Kommunisten alles verwerfen. Sie bauen nichts auf, sondern zerstören alles. Auf dem Trümmerhaufen wollen sie eine kommunistische Diktatur aufrichten, die, ähnlich wie die faschistische Diktatur, über den Arbeiter gestellt wird." VW v. 21. 11. 1930. Vgl. Parteivorstand 1935: 21.

312 „Der Auslanddeutsche", Nr. 20 v. 2. Oktober 1930, S. 749 f.

Die DSAP verzeichnete während ihrer Versammlung mit der Arbeiterwohlfahrt am 25. Juli 1930 in Königshütte ein beunruhigendes Anwachsen der kommunistischen Bewegung. Man höre viel über Rußland und den Kommunismus, besonders bei den Arbeitslosen. Seit Mai 1930 war die KPP mit zwei Sitzen im zweiten Schlesischen Sejm vertreten. Kowoll wies auf die Abgeordneten Paweł Komander und Józef Wieczorek hin, deren demagogische Reden im Sejm niemand berücksichtige. Noch vor kurzem hätten sie keine Anhänger gehabt, jetzt viele Arbeitslose hinter sich. Der Erfolg sei zeitweilig – sobald die Leute Arbeit hätten, würden sie sich distanzieren. Trotz dieser Misere unternehme Grażyński nichts, der Arbeitslosigkeit entgegenzuwirken. Kowoll verkündete, sich im Sejm dafür auszusprechen. Die Kommunisten betrachtete er als temporäre Erscheinung, die „überall als Marionetten anerkannt [sind]"[313].

Es ließ sich aber nicht vermeiden, daß die politischen Veränderungen eine Radikalisierung auch in den Reihen der DSAP-Führung herbeiführte. Am 20. März 1932 referierte Glücksmann vor einem 600köpfigen Publikum aus DSAP, freien Gewerkschaften, Bund für Arbeiterbildung und Metallarbeiterjugend über die Erfolge der russischen Wirtschaft. Sie sei wegen des dort vorhandenen Arbeitskräftemangels empfehlenswert. Um die kommunistische Wirtschaft zu erreichen, „sollten die Kommunisten und die Sozialisten sich in der ganzen Welt vereinen, um die Macht zu gewinnen"[314].

Kowoll sprach auf der Bezirkskonferenz der oberschlesischen DSAP im April 1932 davon, daß Sozialisten und Kommunisten „an Stelle der heutigen bürgerlichen Gesellschaftsordnung die sozialistische setzen wollen", jedoch von unterschiedlichen Vorgehensweisen bestimmt werden. Die Politik der Kommunisten sei „Katastrophenpolitik", ein Zusammengehen mit den Kommunisten unvorstellbar. Kowoll hielt das russische Modell wegen der anderen Voraussetzungen nicht auf Europa und Polen anwendbar.[315]

Ein Irrtum der Kommunisten sei, daß sie ihren Gegner bei den Sozialisten, weniger beim Bürgertum sähen und so der Arbeiterklasse schadeten. Solange dieser Fehler nicht erkannt und „unerfüllbare" Forderungen gestellt würden, sei keine Zusammenarbeit möglich.

Kronig erklärte, in Lodz erfolglos eine Annäherung an die Kommunisten versucht zu haben. Der mit den Kommunisten liebäugelnde Glücks-

---

313 WAP Katowice, Dyr. Pol. Chorzów 330, S. 162 v. 26. 07. 1930. Wieczorek war früher im „Spartakus" organisiert, Komander in der KPD. Rechowicz 1971 (b): 339, 353.

314 WAP Katowice, Dyr. Pol. Chorzów 330, S. 130, 130a v. 21. 03. 1932.

315 Davon abgesehen „[gibt] es in Rußland weder einen sozialistischen Aufbau, und das Land der kommunistischen Partei ist das Land ohne Kommunismus. Das ist eine Tatsache, die kein bewußter Kommunist leugnen wird." VW v. 26. 04. 1932 und LVZ v. 01. 05. 1932. Dennoch gab es in Oberschlesien Versuche der Zusammenarbeit. Einer scheiterte im August 1932 mit an Kowoll. Kałuża u. Rechowicz 1962: 35.

mann kritisierte, daß die Kommunisten sich nicht zu den Sozialisten hin öffneten. Sie wüßten, daß die Sozialisten von den Rechten bekämpft werden. Dennoch würden sie ihnen „Handlangerdienste für den Faschismus" vorwerfen. Die Sozialisten kritisierten die Kommunisten, verleumdeten sie aber nicht. „Es hat nicht an Versuchen gefehlt, mit links eine Einheit zu schaffen, aber alle Versuche sind mißglückt"[316].

Glücksmann zeigte sich besonders interessiert an dieser Problematik. Sein Ruf, der Marxist der sozialistischen Bewegung zu sein, verfestigte sich. Er verfocht klassenkämpferische Ideen, trat für die proletarische Einheitsfront mit den Kommunisten ein, war Vorkämpfer der sozialistisch-kommunistischen Kooperation und stieß damit auf Kowolls Widerstand. Im Verlauf der Festigung des Piłsudskiregimes schlossen sich ihm alle in der DSAP verbleibenden Funktionäre an.

Glücksmann hielt die Zusammenarbeit mit den Kommunisten für notwendig, sah jedoch auch die Probleme. Sozialisten und Kommunisten unterschieden sich so stark wegen ihrer Taktik. Dies auszugleichen, sei schwierig und nur „durch die höchsten Instanzen beider Internationalen" erreichbar. Eine gemeinsame Basis müsse gefunden werden, wozu die einzelnen Parteien jede für sich Voraussetzungen schaffen sollten.[317] Glücksmann erörterte die Unterschiede in der Taktik, nicht den Führungsanspruch der Kommunisten.

Anfang des Jahres 1933 galt in KPP-Führungskreisen die Zusammenarbeit mit Sozialisten, die „Einheitsfront von oben", als „Kapitulation vor dem 'Sozialfaschismus'". Am 5. März 1933 bot das Exekutivkomitee der Kommunistischen Internationale (EKKI) den sozialistischen Parteien und Gewerkschaften Zusammenarbeit an. Am 7. März 1933 folgte die KPP mit ihrem Angebot an PPS, „Bund", DSAP und Klassengewerkschaften. Vorausgegangen war dem Vorschlag der Kommunisten das für Deutschland und Österreich konzipierte Einheitsfrontangebot der Sozialistischen Arbeiter-Internationale (SAI) vom 19. Februar 1933.[318]

Dem Beispiel der SAI folgend – zeitgleich mit dem Angebot der KPP – riefen am 5. März 1933 die Klassengewerkschaften und die sozialistischen Parteien – DSAP, PPS, „Bund" – in Lodz zu Demonstrationsversammlungen mit dem Thema „Die sozialen Forderungen der Arbeiterklasse" auf.[319] Der Vorsitzende des Lodzer Parteibezirkskomitees, Antoni Purtał, sprach für die PPS; Szczerkowski als Vorsitzender der Bezirkskommission der Klassenverbände; Samuel Milman im Namen des „Bund"; Kronig für die DSAP. Eine Resolution wurde angenommen, die auf Versammlungen der sozialistischen Parteien ganz Polens zur Verabschiedung stand.

---

316 LVZ v. 01. 05. 1932.

317 VW v. 06. 12. 1932.

318 Strobel 1962: 88. Głowacki 1979: 204.

319 VW v. 04. 03. 1933.

Die Unterzeichnenden erklärten sich für eine einheitliche Front aller Arbeiter in Polen.[320] Sie stießen auf Kontroversen innerhalb ihrer Parteien, besonders die PPS.[321] Die PPS-Führung antwortete nicht auf das KPP-Einheitsfrontangebot vom 7. März 1933 und lehnte es damit ab.[322] Trotz konsequenter Ablehnung unterhielt der linke PPS-Parteiflügel Kontakt zur KPP und schloß verschiedentlich, entgegen den Weisungen der Parteiführung, regional auf niedrigerer Parteiebene Volksfrontabkommen mit der KPP ab. Die sozialradikale Haltung des linken Parteiflügels ging an der Politik der Gesamtpartei nicht ergebnislos vorüber. Dies wirkte sich nachhaltend „stark" aus, die ganze Partei wurde von diesem Linksdrall „mitergriffen".[323]

Nach Szczerkowski besaßen weder die polnische Regierung noch die Bürgerlichen oder die Sejmmehrheit ein Programm, Polen aus der Wirtschaftskrise zu führen. Die Einheitsfront der Arbeiterklasse hatte einen Plan: die Kontrolle der Industrie. Milman wies auf den Kapitalismus, der zur letzten Waffe – dem Faschismus – greife, um „mit brutaler Roheit die Arbeiterklasse niederzuhalten"[324]. Kronig plädierte, „in diesem Kampfe muß die Arbeiterschaft ... einig und geschlossen vorgehen, in diesem Kampfe darf es keinen Unterschied geben zwischen Kommunisten und Sozialisten, denn der Kapitalismus schlägt uns alle gleich"[325]. Einigkeit herrschte, daß „die gegenwärtige Krise nur durch vollständigen Umbau der Weltordnung behoben ... werden" könne, mit der „Arbeiter- und Bauernregierung"[326].

In Bielitz trat Glücksmann auf einer Protestversammlung im März 1933 für die Errichtung der Arbeiter- und Bauernregierung ein. Er kritisierte die wirtschaftliche Situation, die Herabsetzung der Krankenkassenleistungen, die niedrige Altersrente und das Arbeitslosenproblem. Allein in Oberschlesien seien über 140.000 registrierte Arbeitslose, lediglich 6.000 erhielten Unterstützung.

Der Bielitzer Parteisekretär der DSAP, Lukas, mahnte die Unentschlossenen, ihre Gleichgültigkeit aufzugeben und sich zu organisieren. Ausdrücklich warnte er vor dem Anschluß an bürgerliche Kreise, was einer Stärkung des Kapitalismus entspräche.[327] Die DSAP urteilte über die

---

320 Meissner 1973: 89 f. LVZ v. 06. 03. 1933.

321 Meissner 1973: 91.

322 Głowacki 1979: 204 f.

323 Strobel 1962: 78–81.

324 LVZ v. 07. 03. 1933. Vgl. auch Meissner 1973: 90.

325 Ibidem.

326 LVZ v. 06. 03. 1933. Die Arbeiter wurden aufgerufen, sich zu organisieren, da „die Übernahme der politischen Macht und die Inangriffnahme des großen Werkes des Umbaus der gegenwärtigen Gesellschaftsordnung allergrößte Kraftanstrengung und Zusammenfassung aller Arbeiterkräfte [erfordern]".

327 VW v. 08. 03. 1933.

März-Protestdemonstrationen, daß sie „den maßgebenden Stellen gezeigt [haben], daß die Arbeiterschaft bereit ist, ihre Rechte ... zu verteidigen"[328].

Ab Frühjahr 1933 war die DSAP bestrebt, die Einheitsfront mit den Kommunisten zu bilden.[329] Die Radikalisierung der DSAP sollte im Zusammenhang mit den politischen Ereignissen in Deutschland gesehen werden.[330] Die deutschen Sozialisten Polens hatten aufgehört, die Kommunisten bei ihren Debatten über die Einheitsfront auszuklammern.

Bereits auf dem Bezirksparteitag der Lodzer DSAP am 31. Mai 1932 waren radikale Parolen laut geworden[331]; und auf dem Bezirksparteitag vom 1. und 2. Juli 1933 wurde der Hitlerputsch im Deutschen Reich als „faschistische Konterrevolution" bezeichnet. Der Sieg des Faschismus in Deutschland zwinge die Arbeiterklasse, mit der reformistischen Taktik zu brechen.[332] In der Parteitagsresolution vom 2. Juli heißt es, daß „die heutige Situation beweist, daß die Realisierung des Sozialismus nicht mit demokratischen Mitteln erreicht werden könne, sondern nur durch Übernahme der ganzen Macht durch die Arbeiterklasse"[333].

Auf diesem Bezirksparteitag wurde der Nationalsozialismus in Deutschland, dessen Auswirkungen auf die Deutschen in Polen und die Konsequenzen, die die Arbeiterbewegung daraus ziehe, zur Sprache gebracht und von einer „tiefen Rückwirkung auf die gesamte Arbeiterbewegung"[334] geredet. Die Taktik müsse geändert, den Arbeitern eine situationsangepaßte „klare Kampfeslinie" gezeigt werden. Die DSAP erklärte den Sieg des Nationalsozialismus als Auslöser der Taktikänderung der Sozialisten. Mit dem Sieg des Nationalsozialismus verbinde sich die Niederlage der Arbeiterbewegung. Zerbe behauptete, die Kommunisten und Sozialisten trügen erhebliche Schuld an dieser Entwicklung, weil sie ständig in der Defensive blieben und dem Nationalsozialismus das Feld kampflos überlassen hätten. Das den Arbeiterführern fehlende Siegesbewußtsein der nationalsozialistischen Anführer habe ein gerütteltes Maß dazu beigetragen, daß diese die Massen überhaupt indoktrinieren konn-

---

328 LVZ v. 03. 07. 1933.

329 Auf dem 9. Parteitag der DSAP Kongreßpolens im Juni 1933 wies Zerbe darauf hin, daß lediglich die „einheitliche Geschlossenheit aller Werktätigen in der sozialistischen Front" die Befreiung vom Kapitalismus ermögliche. Er setzte auf die Einheitsfront mit den Kommunisten. LVZ v. 01. 07. 1933.

330 Kopeć 1973: 26. Vgl. Szefer 1967: 81; Tomicki 1980: 20; Meissner 1973: 78.

331 Vgl. LVZ v. 07. 06. 1932. Gesprochen wurde vom „Sturz" des kapitalistischen Systems, von der „Aufrichtung der sozialistischen Planwirtschaft" oder von der Einheitsfront der Kapitalisten, der die „Kampfesfront der Arbeiter" gegenübergestellt werden müsse.

332 Meissner (1973: 78) zitiert aus der Resolution dieses Parteitages die LVZ v. 02. 07. 1933. Da diese Aufgabe konfisziert wurde, mir nur Teile dieser Nummer – ohne Resolution! – zugänglich waren, verweise ich auf Meissner: 1973. Vgl. Tomicki 1980: 20. Vgl. Breyer 1955: 225.

333 LVZ v. 02. 07. 1933 zitiert nach Meissner 1972: 78. Vgl. dazu Tomicki 1980: 20.

334 LVZ v. 03. 07. 1933.

ten. Der Arbeiterbewegung wurde Passivität, Unentschlossenheit und Lethargie vorgeworfen; sie sei mitverantwortlich für den Sieg des Gegners.[335] Die DSAP – nach der PPS ausgerichtet – machte sich die charakteristische kommunistische „Phraseologie“ zu eigen, der besonders der linke Flügel der PPS anhing.[336]

Die Mehrheit der deutschen Sozialisten distanzierte sich von der reformistischen Konzeption, womit eine andere Einstellung zu den Kommunisten einherging. Eine weitere Ablehnung der Kommunisten hätte, nach Ergreifen der „kommunistischen“ Taktik, unglaubhaft gewirkt. Prinzipiell steckten die Sozialisten eine doppelte Niederlage ein, die der Arbeiterbewegung und die der eigenen Grundgedanken (vielleicht die ursächlichere?). Die grundsätzlichen taktischen Veränderungen bedeuteten zwar ein großes Zugeständnis, aber sie erschienen den Sozialisten als zwingend erforderlich.

Auf dem Bezirksparteitag der Lodzer DSAP im Jahre 1933 sprach Kociołek vom Nationalsozialismus in Deutschland und den Konsequenzen für die Arbeiterbewegung. Die gegenwärtige Situation zeige den Arbeitern die Hinfälligkeit ihrer bisherigen Taktik, beweise den „Bankerott des Reformismus“. Die Internationale müsse eine einheitliche Taktik bestimmen, der Kampf mit einheitlichen Methoden gegen den Kapitalismus geführt werden. Neu bestimmt werden müsse der Begriff der „Einheit der Arbeiterbewegung“, wobei „von dem Grundsatz der völligen Loslösung vom Bürgertum [auszugehen]“ sei. Kociołek schloß, daß „ein klarer Weg des Klassenkampfes die einzige reale Möglichkeit zur Herstellung der Einheit des Proletariats“[337] biete.

Eine Einheit der Arbeiter käme erst zustande, wenn „eine gemeinsame Plattform“ zwischen der Sozialistischen und der Kommunistischen Internationale (Komintern) geschaffen sei.[338] Die DSAP trat für die Zusammenarbeit beider Internationalen und in den einzelnen Ländern für die der sozialistischen und kommunistischen Parteien ein.[339] Sie vertrat einen anderen Standpunkt als die SPD-Führung, die die Zusammenarbeit mit den Kommunisten kategorisch ablehnte, um nicht in Abhängigkeit von Moskau zu geraten. Das heißt nicht, daß sich nicht auch dort ein linker Flügel für die Einheitsfront stark gemacht hätte.[340]

---

335 Zerbe verlangte von „[jeder] Arbeiterpartei, ihre Massen mit revolutionärem Kampfeswillen zu beseelen, in ihnen das Siegesbewußtsein zu stärken. Nur dann wird in der Arbeiterschaft der Glaube an die Überwindung des Faschismus, an den kommenden Sieg des Sozialismus entstehen.“ LVZ v. 04. 07. 1933.

336 Strobel 1962: 80.

337 LVZ v. 04. 07. 1933.

338 Ibidem. Vgl. Strobel 1962: 79.

339 Parteivorstand 1935: 21. Tomicki 1982: 437.

340 Vgl. Grasmann 1976: 22, 28, 137.

Die SPD-Führung strebte einen Nichtangriffspakt mit den Kommunisten an, suchte aber keine weitgehende Verständigung.[341] Das Sopade-Vorstandsmitglied Friedrich Stampfer appellierte im Februar 1933 an die kommunistischen Arbeiter: „Man spricht vom gemeinsamen Kampf. Gut, schaffen wir die Voraussetzungen für ihn! Truppen, die gemeinsam gegen einen gemeinsamen Feind kämpfen sollen, dürfen nicht aufeinander schießen." Er schlug vor, von allen „gehässigen, zersetzenden und organisationsschädigenden [Kämpfen] beiderseits" abzusehen. Gegenseitige Kritik solle „in anständigen kameradschaftlichen Formen geschehen"[342].

Die DSAP kritisierte den Antikommunismus der Sozialdemokratie und zeigte sich radikaler als die SPD.[343] Hier bestand ein Unterschied zur PPS-Führung, die einen ähnlichen Standpunkt einnahm wie die SPD-Führung. Die PPS wollte keine einheitlichen Aktionen mit den Kommunisten. Der Oberste Rat der PPS teilte die Auffassung der Exekutive der Sozialistischen Internationale, „daß eine Einheitsfront mit den Kommunisten nur durch direkte Verhandlungen der beiden Internationalen angestrebt werden könne ... und lehnte die Paktangebote der Kommunisten in einzelnen Ländern als taktisches Manöver ab"[344]. Nur dem Beschluß der höchsten Ebene wollte die PPS sich unterwerfen.[345]

Maßgeblich bei der Entscheidung der PPS-Führung war die künstlich hochgespielte Angst, eine „staatspolitische Gefahr" in der Zusammenarbeit mit der KPP zu sehen. Angestachelt wurde dies durch die Parolen der KPP (die, was kein Geheimnis war, als Sektion der Komintern arbeitete – wohl der Hauptgrund der Ablehnung) vom Selbstbestimmungsrecht der Minderheiten und der Angliederung Polens an die Sowjetunion. Darauf reagierte die PPS empfindlich.[346]

Einigkeit herrschte bei der DSAP, der Einheitsfront nähergerückt zu sein, indem sie sich vom Reformismus entfernt habe. Sie würde ihr Ziel erreichen, wenn sie „mit der Faust dreinzuschlagen"[347] verstünde.

Glücksmann analysierte die Problematik anhand seines Parteiprogrammentwurfs von 1929.[348] Damals griff er auf das Linzer Programm zurück: einesteils den revolutionären Kampf nicht ablehnend – andererseits die demokratischen Mittel als Maßstab setzend.[349] Die gegenwärtige Si-

---

341 Meissner 1973: 84. Grasmann 1976: 28.

342 LVZ v. 14. 02. 1933.

343 Tomicki 1982: 436. Meissner 1973: 97.

344 LVZ v. 05. 04. 1933. Meissner 1973: 88. Vgl. Strobel 1962: 79. Anders die DSAP (Parteivorstand 1935: 21).

345 Strobel 1962: 79.

346 Ibidem: 79, 90.

347 LVZ v. 04. 07. 1933.

348 VW v. 04. 11. 1933. Er fragte, ob die Sozialdemokraten „die Macht auf dem Wege der Demokratie oder des revolutionären Kampfes erobern" könnten.

349 Vgl. Walczak 1980: 63.

tuation vor Augen, verwarf er diesen Teil und nannte das „eine reine Illusion, ... daß die Sozialdemokratie mit den Mitteln der Demokratie die Macht erobern könnte." Das Abweichen der Sozialisten von den „taktischen Weisungen" Marx' sei bedauerlich, ihnen diese „Korrektur" zum Verhängnis geworden. Den Sozialisten sei „keine Wahl zwischen Demokratie und Revolution gegeben. Unser Klassengegner schließt den Weg der Demokratie aus. Er diktiert uns und drängt uns auf den Weg, der uns von Marx so klar vorgezeichnet wurde."[350]

Im Jahr 1933 sei eine neue Epoche der Arbeiterbewegung angebrochen. Die Sozialisten entschieden sich für eine neue Methode und mußten sich eingestehen, daß „die Kluft zwischen den Sozialisten und den Kommunisten, die unüberbrückbar erschien, bereits an mehreren Punkten der Kampffront überbrückt worden"[351] sei. Glücksmann hatte keine Zweifel – auch der Reformist Kowoll befürwortete eine taktische Veränderung.[352]

Trotz der Annäherung an die Kommunisten hielt die DSAP eine Trennung der sozialistischen Bewegungen weiter für nötig. Äußerungen wie über die PPS, daß ihr einerlei sei, ob der Arbeiter in der deutschen oder polnischen Partei organisiert sei, sind hier nicht zu finden. Die DSAP forderte von den Arbeitern – die Zusammenarbeit nicht ausschließend – eine Entscheidung: Sozialismus oder Kommunismus?[353]

Mit den polnischen Sozialisten verband die DSAP die gleiche Ideologie, obwohl die Nationalität dabei keine unbedeutende Rolle spielte. Zwischen den polnischen Kommunisten und den deutschen Sozialisten lag das Problem „Nationalität" und „Ideologie". Als die Sozialisten einen ähnlichen Weg einschlugen, sich die Stimmung im allgemeinen radikalisierte, kam die Angst auf, die Konturen könnten verschwimmen und die Massen, den gewissen Unterschied nicht erkennend, zu den Kommunisten überlaufen.

Dennoch war die Tendenz zur Zusammenarbeit bei der DSAP-Führung ausgeprägter als bei PPS- und SPD-Führung. Die Erfolgsaussichten veranschlagte die DSAP als nicht besonders hoch; sie wollte sich zunächst für die sozialistische Einigung engagieren. Angesichts der ernster

350 VW v. 04. 11. 1933.

351 Glücksmann 1934: 14. Diese fünfzehnseitige Broschüre konnte lediglich in der „Deutschen Bücherei" in Leipzig ermittelt werden. Nachforschungen in Bielitz und Kattowitz – den Orten dieser Bewegung – verliefen negativ.

352 VW v. 20. 09. 1933.

353 Der VW v. 31. 10. 1933 schreibt: „Wollt ihr weiter links, dann bitte zu den Kommunisten, ganz ehrlich; wollt ihr einen Zwischenweg, entschuldigt, dann ist es ein neuer Betrug an der Arbeiterschaft. Wir glauben, in unseren Reihen ist Raum genug für euch alle, auch für jede Opposition, wenn sie ehrlich gemeint ist ... Bitte, grundsätzlich für die sozialistische Opposition, frei, ohne jeden Hinterhalt, aber in offener Feldschlacht in unseren Reihen, den deutschen und polnischen Sozialisten ... aus ehrlicher Überzeugung, weil es die sozialistische Klärung bedarf. Entweder Sozialisten oder Kommunisten, jedes Zwischending ist Verrat."

werdenden Lage setzte auch der „Bund", im Gegensatz zur PPS und stärker als die DSAP, auf den gemeinsamen Kampf mit den Kommunisten.[354]

Vorher redeten Sozialisten und Kommunisten über das gleiche Ziel und verurteilten die taktischen Vorgehensweisen der jeweils anderen. Jetzt ließ die Sozialisten ihre Erkenntnis, nichts erreicht zu haben, in taktisch wichtigen Fragen die Haltung der Kommunisten annehmen. Ein einheitlicher Anspruch, ein angenäherter Weg – so sollte dem einheitlichen Kampf nichts mehr entgegenstehen. Die DSAP übersah die Tatsache, daß die Kommunisten auf internationaler Ebene bis 1935 keine Einigkeit mit den Sozialisten suchten. Außer einem Angebot der KPP im März 1933 und einem kurzzeitig gültigen vom Sommer 1934 war wenig kommunistisches Entgegenkommen zu verzeichnen.[355] Die als „Sozialfaschisten" titulierten Sozialisten wurden weiterhin angegriffen. Bis zu diesem Zeitpunkt war auf keiner Konferenz der DSAP ein Kommunist anwesend, der über die die Sozialisten so beschäftigenden Fragen mitdiskutiert hätte; und auf höchster Parteiebene bestand keine Verbindung zur KPP.

Die Kommunisten Oberschlesiens waren in den Jahren 1934/35 vom Einheitswillen der DSAP überzeugt, nannten sie „stark einheitsfrontwillig".[356] Aus dieser Überzeugung schlugen im Sommer 1934 die Kommunisten in Bielitz die Einheitsfront mit PPS und DSAP vor. Dem vorausgegangen war Ende August 1934 das Zugeständnis der KPP, die zur Sozialistischen Arbeiter-Internationale gehörenden Parteien als „revolutionäre Klassenparteien" anzuerkennen. Damit hatte sich die KPP gegen die Komintern aufgelehnt. Später, unter dem Druck der Komintern, distanzierte sie sich von der Aussage und machte die Verhandlungsbasis zunichte.[357]

Die DSAP stimmte dem Einheitsfrontvorschlag für Altbielitz zu, zog sich aber – ihrerseits unter Druck der PPS-Führung, die das generell ablehnte – wieder zurück. Ein Jahr darauf wiederholte sich das gleiche; und obwohl die DSAP an der Entscheidung der PPS zweifelte – Glücksmann die Resolutionen des 7. Kongresses der Komintern guthieß –, wurde die Einheitsfront abgelehnt.[358]

Die Entscheidung der DSAP gegen die Einheitsfront im Bielitzer Bezirk erfolgte lediglich wegen der PPS. Eindeutig sei sie bereit gewesen, habe zu diesem Zeitpunkt in Bielitz „Einheitsfrontstimmung" in der DSAP geherrscht.[359] Die DSAP fügte sich mehr als alle anderen sozialistischen

---

354 Vgl. Strobel 1962: 84 f. Über die Einstellung Wiktor Alters: LVZ v. 04. 11. 1933; Meissner 1972: 90. Nach Strobel (1962: 85) lehnte Alter die „kommunistische Volksfrontkonzeption" ab.

355 Strobel 1962: 85, 88.

356 Rechowicz 1958: 69. Nach ihm Grünberg 1963: 198. Vgl. Tomicki 1980: 20.

357 Strobel 1962: 85.

358 Kopeć 1987: 259; 1971: 213.

359 Kopeć 1971: 213; 1973: 26. Vgl. Grünberg 1963: 197.

Minderheitenparteien der PPS-Führung.[360] Dafür spricht, daß sie sich im Bielitzer Gebiet, trotz großer Sympathien für die Kommunisten, bei dem Vorgehen der PPS gegen die Kommunisten beteiligte.[361] Die deutschen Sozialisten befürchteten, die Unterstützung der polnischen Sozialisten zu verlieren. Da die PPS die einzige Partei in Polen war, die sich der Forderungen der deutschen Sozialisten annahm, ist diese Verhaltensweise verständlich. Die Verbindung mit den Kommunisten bedeutete, die Unterstützung der PPS aufs Spiel zu setzen.

Die PPS-Führung sprach sich gegen einheitliche Aktionen mit den Kommunisten aus. Auf ihrem 23. Parteikongreß in Warschau vom 2. bis 4. Februar 1934 lehnte sie den Antrag ihres linken Flügels ab, in die Parteitaktikentschließung die kommunistische Losung „Diktatur des Proletariats" aufzunehmen. Auch die Forderung, zur Verständigung mit den Kommunisten eine Einheitsfront zu bilden, wurde mit 69 gegen 36 Stimmen zurückgewiesen.[362] Auf der Bezirkskonferenz der PPS am 30. September 1934 in Warschau unterlagen die Befürworter der Einheitsfront in ähnlicher Weise, 37 stimmten für und 64 gegen die Einheitsfront. Auf ihrer Landeskonferenz im Oktober 1934 lehnte die PPS die Einheitsfront mit den Kommunisten erneut ab, sprach sich jedoch in der Resolution für die Beilegung des Kampfes zwischen PPS und KPP aus.[363]

Auf internationaler Ebene befürwortete die Sozialistische Arbeiter-Internationale die Verständigung zwischen Sozialisten und Kommunisten nicht, erteilte aber den einzelnen Ländern freie Hand, sich selbst zu entscheiden.[364] Zu diesem Zugeständnis bereit, erklärte sich die Sozialistische Internationale nach der Niederlage und dem Verbot der sozialistischen Parteien Deutschlands und Österreichs und dem Einsetzen der brutalen nationalsozialistischen Verfolgungen, von denen auch die Sozialisten betroffen waren.

Selbst bei Kowoll hatte sich der ideologische Wandel bis ins Jahr 1934 gefestigt. Das DSAP-Mitglied Raiwa wunderte sich, daß Kowoll von der Notwendigkeit der einheitlichen Front überzeugt sei. Über mehrere Jahre habe niemand den Mut gehabt, ihm gegenüber davon zu sprechen.[365] Kowoll legte sich ein „klassenkämpferisches" Vokabular zu. Er sprach vom „Marxismus", zitierte Marx bei jeder Gelegenheit und meinte: „Niemals

---

360 Strobel 1962: 83.
361 Kopeć 1973: 27.
362 LVZ v. 05. 02. 1934. Nach Meissner (1973: 89), der Kalicka (1962: 243) zitiert, sei die „dyktatura mas pracujących" in das Programm der PPS aufgenommen worden. Nach der LVZ v. 04. 02. 1934 wurde diese These lediglich in den linken Kreisen um Drobner in den Vordergrund geschoben, aber nicht angenommen. Auch nach Strobel (1962: 80) wurde der Antrag, diese „Argumentierungsgleichheit" mit den Kommunisten, abgelehnt.
363 Meissner 1973: 89.
364 Ibidem: 80.
365 WAP Katowice, Dyr. Pol. Kat. 365, S. 195 v. 25. 09. 1934.

war der Lehrsatz eines Karl Marx wichtiger als in der Stunde des allmächtigen Zusammenbruchs der heutigen kapitalistischen Herrschaft. ... Die kommenden Kämpfe des Proletariats werden Machtkämpfe zwischen Kapital und Arbeit sein."[366] Alles hänge an der jetzigen Entscheidung – „Sein oder Nichtsein?"[367].

Auf der Bezirkskonferenz am 23. September 1934 beantragte Kowoll eine Konferenz aller marxistischer Parteien, um eine einheitliche Front des Proletariats zu bilden. Darunter sei keine Vereinheitlichung der Parteien, sondern die Schaffung eines 'Wspólny Blok Robotniczy' („Gemeinsamer Arbeiterblock") zu verstehen. Raiwa (DSAP, Klein Dombrowa) und Miszor (DSAP, Neudorf) unterstützten Kowoll, weil man mit diesem Block den „faschistischen Gelüsten" Paroli bieten könne. Der Antrag wurde angenommen und sollte dem Parteihauptvorstand vorgelegt werden, damit dieser sofort Schritte unternehme. Der geplante Kongreß kam indessen nicht zustande.[368]

Auf dem zweiten Parteitag der Gesamtpartei im Februar 1935 in Bielitz sprach Kowoll über die fehlende Übereinstimmung von Theorie und Praxis des Marxismus. Die Einheit der Partei sei in diesem Punkt noch nicht erreicht. Über das Ziel herrsche Einmütigkeit, „über die Form müßten die Bezirke selbst entscheiden". Kowoll hielt die Einheitsfront für möglich, die Mitwirkung der Kommunisten aber wieder für fraglich und schlug vor, sich auf die Kreise zu konzentrieren, die tatsächlich interessiert seien.[369] Er ging auf Distanz, was die Kommunisten betrifft.

Auch Glücksmann setzte sich während des 2. Parteitages distanzierter oder differenzierter mit der zu wählenden Taktik – demokratisch oder revolutionär – auseinander. Er vertrat nicht mehr nur einen Weg. Eine sozialistische Partei könne sich nicht auf eine Methode festlegen. Je nach politischem Erfordernis sollte die eine oder andere einsetzbar sein. Der demokratische Weg wurde nicht verworfen – für die bürgerlichen Staaten als anwendbar befunden, in denen „um die noch bestehenden Positionen der Demokratie" gerungen werde. „In den Ländern hingegen, in denen der

---

366 Ibidem: 157 v. 18. 04. 1934.

367 Ibidem: 155 v. 18. 04. 1934. Kowoll sagte, „innerhalb der Arbeiterklasse konsolidiert sich der Gedanke der Einheitsfront, der Marxismus ist in voller Aktivität; er ist zwar zur unterirdischen Arbeit verurteilt, aber er lebt stärker denn je und wartet auf die Machtübernahme und eine Generalabrechnung mit seinen Gegnern".

368 WAP Katowice, Dyr. Pol. Chorzów 330, S. 67a v. 25. 09. 1934. Vgl. LVZ v. 01. 10. 1934. Einem Bericht des zweiten Parteitages der Gesamtpartei zufolge, der am 2. und 3. Februar 1935 in Bielitz tagte, wurde obiger Antrag des Kattowitzer Bezirks angenommen. (LVZ v. 03. 02. 1935). In einem anderen wurde diese „Entschließung des Kattowitzer Bezirks zur Kenntnis genommen" und festgestellt, daß „ein solcher Kongreß der Kulminationspunkt vorhergehender erfolgreicher Verhandlungen in der Einheitsfrage wäre". LVZ v. 07. 02. 1935.

369 VW v. 09. 02. 1935; auch WAP Katowice, Dyr. Pol. Chorzów 330, S. 59 v. 09. 02. 1935.

Faschismus gesiegt habe, ... könne der Kampf aller Arbeiterparteien logischerweise nur ein revolutionärer sein.[370]

Glücksmann schränkte seinen Radikalismus, den er in den Jahren 1933/34 bedingungslos vertrat, ein und besann sich auf den Programmentwurf des Jahres 1929. Erklärt werden können diese Sprünge mit dem in der Machtergreifung Hitlers eskalierenden Faschismus in Deutschland und in Italien sowie den Niederlagen der Arbeiterbewegung. Die Sozialisten sahen die einzige Möglichkeit, den Faschismus abzuwehren, in einer „Gegenrevolution". Infolgedessen zeigte sich eine allgemeine Radikalisierung, eine Annäherung an die Kommunisten. Man rechnete damit, daß der Faschismus durch nichts mehr aufzuhalten sei – vor keinem Land Halt mache. Unter diesem Schock entschieden sich die Sozialisten für die revolutionäre Taktik. Jedoch erwies sich, daß andere Länder dem Faschismus auch nach dem Jahre 1933 mit Hemmungen gegenüberstanden – dort Demokratien möglich waren und damit die Anwendung demokratischer Mittel Sinn zu haben schien. Zwar distanzierte sich Glücksmann von der *ausschließlich* revolutionären Methode, im Gegensatz zu Kowoll hielt er im Jahre 1935 aber an der Einheitsfront mit den Kommunisten fest.[371]

In beiden Parteien hatte sich eine innere Wandlung vollzogen, die sie sich näherkommen ließ. Sie seien „zum taktischen Zusammenschluß" bereit. Die Sozialisten hätten sich mit der revolutionären Methode arrangiert, die Kommunisten seien noch nie so sehr zur Zusammenarbeit bereit gewesen. Ein Abkommen zwischen Sozialisten und Kommunisten mit folgenden Vereinbarungen war geplant:

„I. Gegenseitiger Nichtangriffspakt.
II. Kampf gegen den Faschismus.
III. Kampf gegen die Kriegsgefahr.
IV. Kampf für die sozialen Errungenschaften.
V. Kampf für die Befreiung der eingekerkerten Sozialisten und Kommunisten."[372]

Weiter schlug die DSAP vor, auch andere Gruppen in die Einheitsfront aufzunehmen. Sie dachte an den Mittelstand, „das große Reservoir der politischen Indifferenz, aber auch reaktionärer und gleichzeitig sozialistischer Energien". Der Mittelstand habe manchmal eine wichtige Rolle gespielt, seine Parteinahme sich oft entscheidend ausgewirkt. Er sollte für die sozialistische und kommunistische Idee gewonnen werden. Pragmatismus kann man diesem Vorschlag nicht absprechen.[373]

---

370 Parteivorstand 1935: 20.

371 Trotz deren Intoleranz forderte er die Sozialisten auf, „um der bedrohten Sache der Arbeiterbewegung willen mit den Kommunisten eine Einheitsfront [zu] schließen, die auf marxistische Einsicht und gegenseitiges Vertrauen gegründet sei". Ibidem: 21.

372 Ibidem: 22. Vgl. Tomicki 1982: 437.

373 Der Parteivorstand (1935: 22) erklärte, daß „die unsichere Lage dränge".

Glücksmann entwickelte eine weitergehende Vorstellung von „Einheitsfront" und schlug eine Erweiterung der „Programmlosungen" und der „einzugliedernden Gesellschaftsschichten" vor. Das politische Programm sollte durch ein wirtschaftliches ergänzt und in die Einheitsfront alle das kapitalistische Wirtschaftssystem bekämpfenden Gesellschaftsgruppen aufgenommen werden. Die rein „sozialistische Kampfesgemeinschaft" wurde ausgeschlossen.[374]

Glücksmann kam den Resolutionen des 7. Kongresses der Kommunistischen Internationale im Juli 1935 in Moskau nahe. Dort wurde die Schaffung der Volksfront beschlossen, um den Faschismus zu bekämpfen. Koalitionen sollten mit Sozialisten und allen „demokratischen Kräften" gebildet werden. Die Kommunisten waren bereit, „eine bürgerliche Koalitionsregierung zu unterstützen, um die Demokratie zu sichern"[375]. Nach dem Kongreß der Komintern sprach Glücksmann von einem sichtbaren Umbruch innerhalb der kommunistischen Bewegung.[376] Möglich, daß sich Glücksmann bei seinem „Einheitsfrontprogramm" an den Volksfrontideen der Kommunisten orientierte.

Infolge des zweiten Gesamtparteitages, an dem die Frage der Einheitsfront mit oder ohne Kommunisten diskutiert wurde, kamen Gespräche mit den Kommunisten in Gang. Die Mehrheit der DSAP-Führung mit Zerbe und Kowoll an der Spitze sprach sich gegen die Zusammenarbeit aus. Sie berief sich wie die PPS-Führung auf die durch die Illegalität der KPP begründete Gefahr des Parteiverbots. Dieses Argument wurde von der KPP respektiert.[377]

Die DSAP setzte sich durch die Erwägung einer gemeinsamen Front mit der KPP einem großen Risiko aus. Auch erwiesen sich die Auffassungen Zerbes und andererseits Glücksmanns und Kowolls als so unterschiedlich, daß selbst die DSAP zu keinem Konsens kam.

In Lodz stellte sich die Parteiführung gegen die Zusammenarbeit mit den Kommunisten. Man könnte vermuten, daß das aufgrund der guten Zusammenarbeit mit der PPS geschah. In Bielitz bestand nur eine kurzfristige Annäherung an die Kommunisten. Unter Einfluß der PPS entzog sich die DSAP sogar einer bereits erteilten Zusage.

Die Linkselemente in Lodz liefen größtenteils zur illegalen KPP, in prokommunistische oder kryptokommunistische Parteien über. Einige blieben und versuchten, sich in der Lodzer Parteiführung für die Zusammenarbeit mit den Kommunisten einzusetzen und Einfluß auf die DSAP auszuüben. Darunter waren Oskar Seidler, Otto Dittbrenner und Eduard

---

374 Ibidem: 23. Vgl. zu diesem Programm Meissner 1973: 95 ff.

375 Grasmann 1976: 27 f. LVZ v. 09. 10. 1935. Vgl. Strobel 1962: 91.

376 LVZ v. 09. 10. 1935. Meissner 1973: 101.

377 WAP Katowice, Dyr. Pol. Chorzów 330, S. 27a v. 23. 07. 1935. Cygański 1966: 82. Vgl. Szefer 1967: 81. Strobel 1962: 81.

Ganzke, letzterer ein geheimer Bevollmächtigter der KPP. Sie konnten sich nicht gegen die Parteiführung unter Zerbe durchsetzen. Ende des Jahres 1936 weiteten sich die divergierenden Meinungen zwischen den linken Kreisen um Ganzke und dem Zentrum um Zerbe zu einem scharfen Konflikt aus, aufgrund dessen Ganzke aus der Partei verstoßen wurde. Nur den KPP-Instruktionen und nicht der DSAP-Führung zu folgen, wurde ihm vorgeworfen. Der Plan der KPP, wie Ende 1930 durch Scheibler, eine Spaltung in der DSAP auszulösen, hatte sich zerschlagen.

Unter Glücksmann trat der Bielitzer Bezirk zeitweise entschieden für die Zusammenarbeit mit den Kommunisten ein. Kowoll stimmte vorübergehend zu, distanzierte sich aber wieder bald darauf. In Bielitz und in Kattowitz ging die Annäherung an die Kommunisten von der lokalen DSAP-Parteiführung dagegen, die Anstöße kamen hier von unten.

Ein einheitliches Urteil für die Gesamtpartei kann insofern gegeben werden, daß zwar die Annäherung an die Kommunisten lokal unterschiedlich erfolgte, diese DSAP-Anhänger sich jedoch alle aus gleichem Grund distanzierten. Sie wollten ihr Verhältnis zur PPS und SPD nicht gefährden.

Die Sopade-Führung in Prag war im Jahre 1935 weiterhin gegen eine Verständigung mit den Kommunisten und nannte „prinzipielle Unterschiede zwischen KPD und SPD in den Ansichten über die bürgerliche Demokratie"[378] als Begründung. Eine Unterredung der Sopade-Vorstandsmitglieder Vogel und Stampfer mit den KPD-Vertretern Ulbricht und Dahlem am 23. November 1935 endete ergebnislos.[379] Im Laufe des nächsten Jahres verständigten sich SPD und KPD teilweise. Im Dezember 1936 wurde eine „konkrete Abmachung" zwischen KPD und einigen sozialdemokratischen Linksaktivisten abgeschlossen und zur Bildung einer deutschen Volksfront aufgerufen. Der Sopade-Vorstand blieb bei der kategorischen Ablehnung. Die Verhandlungen erreichten allenfalls einen Burgfrieden.[380]

Ähnlich sah es bei der PPS aus. Ihr linker Flügel präsentierte im Juli 1935 zur Sitzung des Obersten Parteirats einen vorab mit den Kommunisten „abgestimmten" Antrag, das Einheitsfrontabkommen einzugehen. Die PPS-Führung lehnte ab. Der Einfluß des linken Parteiflügels verringerte sich zwar, doch behielt die Partei einen linken Kurs. Ebenso entschied der Oberste Parteirat der PPS im Mai und im November 1936 über die Volksfront und ein Nichtangriffsabkommen. Er wandte sich gegen die Zusammenarbeit mit den Kommunisten, warf ihnen unaufrichtiges und feindliches Verhalten gegenüber den Volksfronten und besonders den Sozialisten vor. Die Kommunisten würden wie bisher Zersetzungsarbeit verrichten,

378 Meissner 1973: 86. Vgl. LVZ v. 08. 12. 1935.

379 Grasmann 1976: 27 f.

380 Ibidem: 32. Mehr zur Problematik „Verständigung SPD – KPD" bei Meissner 1973: 79–87.

versuchen, „die Autorität der sozialistischen Organisationen und ihrer Führung zu untergraben“[381]. Die PPS stellte sich gegen die Losung der „Einheitsfront“ mit den Kommunisten, weil durch diese „die politische Spaltung der Arbeiterklasse in der Praxis aufrechterhalten bleibe“[382].

Die im Sommer 1936 einsetzenden Moskauer Schauprozesse und die stalinistische Säuberungswelle in der Sowjetunion gaben den Ausschlag, daß viele Sozialisten, die linken Kreise der PPS und der SPD, die Idee der Volksfront mit den Kommunisten endgültig fallenließen. Das wirkte sich entscheidend auf die DSAP aus.

Gleichzeitig verschärfte sich die Stimmung in der Gesellschaft. Im März 1936 kam es in Krakau zum Streik, zu Demonstrationen und zu Zusammenstößen mit der Polizei. Einen Monat später endeten ähnliche Ereignisse in Lemberg mit blutigen Straßenkämpfen. Solche Vorfälle ereigneten sich ebenso in Tschenstochau, Thorn und Gdingen. In den Jahren 1936/37 brachen auf dem Land Unruhen aus. Diese Radikalisierung verursachte das Anwachsen der Linkselemente in der PPS.

Trotz dieser Eskalationen übernahm die PPS die Entschließungen des Obersten Parteirates vom November 1936 auf ihrem 24. Parteikongreß Anfang 1937 in Radom fast unverändert. Nicht die „Einheitsfront“ mit den Kommunisten strebte sie an, sondern die „Demokratische Front“. Darunter wurde die Zusammenarbeit mit den sozialistischen Parteien der nationalen Minderheiten und mit der bäuerlichen Volkspartei verstanden.[383]

Die Annäherung zwischen Sozialisten und Kommunisten ging schleppend voran. Zu viele Vorurteile von beiden Seiten, aber nicht nur Vorurteile, auch grundverschiedene Ansichten und „berechtigte“ Urteile, komplizierten die Fühlungnahme.[384]

In den dreißiger Jahren trugen die Kommunisten die Hauptschuld. Ihre These des „Sozialfaschismus“ bedeutete eine Offensive gegenüber den Sozialisten und verstärkte die Konflikte innerhalb der Arbeiterbewegung. Die KPP stand mit ihrer „wenig loyalen“ Haltung einer Annäherung an den linken Flügel der PPS am meisten im Wege.[385] Vielfach richteten sich die Vorwürfe gegen die Kommunisten, daß deren Handlungsweise nicht mit dem übereinstimme, was sie in der Theorie vertreten würden. Die kommunistische Taktik war „ein politisches Zweckmanöver“, ein reines „Lippenbekenntnis mit Hintergedanken“. Die Parteitaktik wurde so häu-

---

381 LVZ v. 11. 11. 1936. Vgl. Strobel 1962: 79.
382 LVZ v. 11. 11. 1936.
383 LVZ v. 03. 02. 1937. Vgl. Strobel 1962: 81.
384 Vgl. Meissner 1973: 81.
385 Strobel 1962: 78 f. Tomicki 1982: 436. Vgl. LVZ v. 20. 05. 1934.

fig gewechselt, daß sich anscheinend die KPP-Funktionäre selbst nicht mehr auskannten.[386]

Im Juni 1934 gaben in Lodz die Kommunisten ihre Stimmen zu den Stadtratwahlen den Nationalisten, der Endecja, um den Sozialisten zu schaden. Ein Wahlflugblatt richtete sich sogar hauptsächlich gegen die DSAP.[387] Kowoll berichtete auf der Bezirkskonferenz in Königshütte am 23. September 1934, daß die Kommunisten in Polen zwar den Vorschlag der einheitlichen Front unterbreiteten; als die DSAP- und die PPS-Vorstände jedoch ihre Bevollmächtigten vorstellten, ein Sonderflugblatt gegen die PPS-Führer herausgaben. In Polen könne keine Rede von der einheitlichen sozialistischen Front sein.[388]

Die deutschen Sozialisten Polens zweifelten an der Ernsthaftigkeit des Einheitswillens der Kommunisten. Auf einer Mitgliederversammlung am 19. Juli 1935 in Königshütte erklärte Kowoll, gegen diese Einheitsfront zu sein: Die Kommunisten kämen mit Vorschlägen zur DSAP und zu anderen oppositionellen Parteien, die antifaschistische Front zu errichten. Den legalen Parteien drohe damit als antistaatliche die Auflösung[389]; dennoch sprachen sich die DSAP-Vorstandsmitglieder Siegert, Parczyk und Foryta für die Einheitsfront aus. Ihrer Überzeugung nach könne eine legale Partei nicht wegen der Bildung einer Einheitsfront mit den Kommunisten aufgelöst werden. Andere Diskussionsteilnehmer meinten, den Kommunisten stünde die Möglichkeit offen, einer legalen oppositionellen Partei beizutreten.[390]

Im Oktober 1935, auf der Bezirkskonferenz in Bielitz, erklärte Kowoll, jeder Sozialist wolle die Einheitsfront mit den Kommunisten; aber zeitweilig sei die aller Sozialisten Polens wichtiger.[391] Er beschränkte dies auf die der Zweiten Internationale angehörenden sozialistischen Parteien. Die Voraussetzungen für die Einheitsfront mit den Kommunisten seien noch nicht gegeben. Die Schuld für die Zerrissenheit innerhalb der Arbeiterklasse gab Kowoll den Kommunisten, denen er Unehrlichkeit vorwarf.

Die Suche nach neuen Lösungen

Im Jahre 1936 stand die DSAP-Führung einer breiteren Verständigung zweifelnd gegenüber. Kowoll kritisierte die Uneinigkeit unter den Soziali-

---

386 Kociołek kritisierte – wohl eine taktische Finte der Kommunisten – deren Methoden bei den Verhandlungen, „den ständigen Wechsel der Unterhändler ... sodaß man nicht wisse, mit wem man es zu tun habe". VW v. 09. 02. 1935.

387 LVZ v. 12. 06. 1934.

388 WAP Katowice, Dyr. Pol. Kat. 365, S. 195 v. 25. 09. 1934.

389 WAP Katowice, Dyr. Pol. Chorzów 330, S. 27a v. 23. 07. 1935. Strobel nennt diese Argumentation einen „geschickten Einwand"

390 WAP Katowice, Dyr. Pol. Chorzów 330, S. 27a v. 23. 07. 1935.

391 Meissner 1973: 101. LVZ v. 09. 10. 1935.

sten in der Einheitsfrontfrage.[392] Glücksmann erörterte das früher „proletarische Einheitsfront", jetzt „Volksfront" genannte Ziel, das er in Polen als unrealisierbar hielt. Verantwortlich machte er drei Gründe: 1. Die polnischen Parteien, die der Sozialistischen Arbeiter-Internationale angehörten, waren noch nicht zu einem Konsens gekommen; 2. die Spannungen zwischen den polnischen sozialistischen Parteien und den Kommunisten; 3. der Antagonismus zwischen den Klassenparteien und Gewerkschaften.

Zwischen dem neu formulierten Ziel „Volksfront" und dem der „proletarischen Einheitsfront" verstand man nicht nur einen nominellen Unterschied. „Proletarische Einheitsfront" umfaßt die „proletarische" Schicht, d. h. Arbeiter, organisiert als Sozialisten und Kommunisten; die „Volksfront" umfaßte darüber hinaus die Bauern und den Mittelstand. Alle Gruppen, die gegen Krieg, Faschismus und für Demokratie waren, sollten mobilisiert werden. Keine Rede war mehr „von radikalen wirtschaftlichen oder gar politischen Umwälzungen, von revolutionären Kampfesmethoden"[393]. Die DSAP näherte sich der proklamierten „Demokratischen Front" der PPS.

Dennoch scheint die Einheitsfront mit den Kommunisten für die DSAP aktuell gewesen, sogar in die Nähe gerückt zu sein. Ende Januar 1936 fand in Lodz eine Vorstandskonferenz der PPS, des „Bund", der DSAP und der KPP statt, an der auch Kowoll teilnahm. Beratungsthema war die Bildung der Einheitsfront. Ein Vertrag kam letztendlich nicht zustande. Die Beteiligten beschlossen, sich in Zukunft weder auf Versammlungen noch in der Presse gegenseitig zu bekämpfen.

Eine ähnliche Konferenz, die sogar über einen „Nichtangriffspakt" hinausging, fand einige Tage zuvor im Bielitzer Bezirk statt. Dort wurde gemeinsamer Kampf gegen den Einfluß der JDP beschlossen.[394] Die „Jungdeutsche Partei" unter Wiesner verfügte in Teschener-Schlesien über starken Einfluß. Zwischen Glücksmann und Wiesner kam es zu harten parteipolitischen Auseinandersetzungen.[395]

Ende April 1936 rief die oberschlesische DSAP zur Bildung der Volksfront auf, die eine Arbeiter- und Bauernregierung bilden sollte. „Durch die

---

392 Er sah die „Einheitsfront mehr denn je entfernt, wenn die einen von einer kommenden Revolution träumten, die anderen ihre ganze Zuversicht in der Demokratie sähen". LVZ v. 17. 01. 1936.

393 LVZ v. 19. 01. 1936.

394 WAP Katowice, Dyr. Pol. Kat. 365, S. 257 v. 03. 02. 1936. Genaueres über beide „Verständigungskonferenzen" konnte nicht ermittelt werden.

395 Vgl. Bericht über den „Zusammenstoß" zwischen Wiesner und „dem jüdischen, den polnischen Sozialisten angehörenden Abgeordneten Dr. Glücksmann" in: PA AA, Pol 25 O/S, Bd. 19 in: Graf Adelmann (Deutsches Generalkonsulat Kattowitz) an AA und an Gesandtschaft in Warschau v. 17. 05. 1933. Dort auch Kattowitzer Zeitung v. 13. 05. 1933: Sozialistische Schmähungen gegen das neue Deutschland – Scharfe Diskussionen im Bielitzer Stadtparlament.

Volksfront zum Sozialismus"[396] lautete ihre Losung. Die gleiche Parole galt zu den Maifeiern 1936.[397] Auch Zerbe erklärte auf dem Bezirksparteitag am 16. Mai 1936 in Bielitz, daß die politischen und wirtschaftlichen Probleme in Polen nur durch die Arbeiter- und Bauernregierung und einen planmäßigen Wirtschaftsaufbau beseitigt werden könnten. Deswegen müsse das Volk die politische Macht ergreifen.[398] Mit der „gemeinsamen Aktionsfront der werktätigen Massen" wurde eine dritte Losung und damit eine zwischen den beiden anderen anzusiedelnde Definition verwendet.

Während einer Plenarsitzung des Vorstandes in Bielitz am 17. Mai 1936 betonte der DSAP-Parteivorstand unter Leitung Zerbes die Erfordernis der Vereinheitlichung der sozialistischen Bewegung und die Bereitschaft für den Anschluß an eine „marxistische Partei".[399] Dies nahm der Parteivorstand an der kurz darauf in Lodz tagenden Sitzung in seine „Kundgebung an die deutsche werktätige Bevölkerung" auf. Die Partei verstand unter Vereinheitlichung keine „Einheitsfront, die Kämpfe innerhalb der Arbeiterklasse fortdauern läßt", sondern eine „Einheitsorganisation als Ergebnis des Willens der gesamten klassenbewußten organisierten Arbeiterschaft." Diese Arbeiterschaft sollte „zur Volksbewegung im tiefsten Sinne des Wortes" werden, die Gestaltung dieser Organisation „von unten" ausgehen.[400]

Die Beschlüsse dieser Sitzung schienen der Partei äußerst wichtig, wofür die in Kattowitz im Anschluß einberufene außerordentliche Versammlung spricht. Als Ergebnis der Lodzer Versammlung wurde mitgeteilt, daß keine völlige Vereinheitlichung der Agitationstaktik der sozialistischen Parteien Polens zustande kommen könne. Nach wie vor setze sich die DSAP aber die Vereinheitlichung der sozialistischen Bewegung in Polen zum Ziel, die nicht mit der einheitlichen Front zu vergleichen sei, da diese „weitere Reibung im Schoße der Partei nicht ausschließe"[401]. Diese „Vereinheitlichung" hielt die DSAP für noch zu hoch gegriffen, setzte sich diese aber zum Richtziel.

Auf der Zwischenparteilichen Konferenz der Hauptinstanzen der sozialistischen Parteien PPS, DSAP, „Bund" und der Zentralkommission der Gewerkschaften am 3. Mai 1936 in Warschau wurden gemeinsame politi-

---

396 LVZ v. 29. 04. 1936. Bericht über die Bezirkskonferenz der oberschlesischen DSAP.

397 LVZ v. 03. 05. 1936.

398 „Die besonderen Probleme, die die Arbeiterschaft beschäftigten, wie Einheitsfront und Volksfront [seien] so zu behandeln, daß eine gemeinsame Aktion der werktätigen Massen ... geschaffen würde, die nicht nur die Erlangung der politischen Macht ermögliche, sondern auch die Grundlage für eine Volksregierung schaffe, durch die die Umgestaltung der heute herrschenden Gesellschaftsordnung erfolgen könne". LVZ v. 21. 05. 1936.

399 LVZ v. 20. 05. 1936.

400 LVZ v. 24. 05. 1936.

401 WAP Katowice, Dyr. Pol. Kat. 365, S. 291 v. 26. 05. 1936.

sche und wirtschaftliche Forderungen besprochen.[402] Das Hauptziel sollte die „Eroberung der politischen Macht für eine Arbeiter- und Bauernregierung" sein, eine gerechte Gesellschaftsordnung die kapitalistische ersetzen. Die Arbeiter, Bauern und alle Werktätigen sollten eine „gemeinsame Kampfesfront" bilden – gerichtet gegen Kapitalismus und Faschismus. Die Tätigkeit dieser Kampfesfront wurde als „sozialistische Aktion" bezeichnet, die zur „Massenbewegung" werden müßte. Die Adressatengruppe reichte vom Arbeiter zum Angestellten und Bauern, vom städtischen Kleinbürger über den Jugendlichen zu den Frauen, nahm also ein breites Spektrum ein. Dies sollte die Massenbewegung gewährleisten. In Anbetracht des Mitgliederschwunds innerhalb der Arbeiterparteien zeigten sich die Sozialisten nicht wählerisch. Die DSAP kam mit ihren Vorstellungen denen der KPP sehr nahe, die ab 1935 eine Volksfront proklamierte, in der „alle ohne politische oder konfessionelle Unterschiede teilnehmen sollten"[403]. Ziele wurden formuliert, die die „Arbeiter- und Bauernregierung" nach ihrer Machtübernahme sofort in Angriff nehmen sollte. Dabei wurde zwischen politischen und wirtschaftlichen Forderungen unterschieden. Kulminieren sollte das in der „Sozialen Planwirtschaft auf allen Gebieten des gesellschaftlichen Lebens"[404].

Nach dem überwältigenden sozialistischen Wahlsieg bei den Kommunalwahlen in Lodz im September 1936 forderte Kowoll, nicht nur über „Volksfront" zu reden, sondern „Einheitsaktionen" durchzuführen. Daß das möglich sei, bewiesen die Lodzer Sozialisten. Kowoll bedauerte, daß nicht schon vorher solche Aktionen zustande kamen.[405] Auch im Jahr 1937 gewann die DSAP bei den Stadtverordnetenwahlen mit der sozialistischen Liste die Stimmenmehrheit und bildete einen rein sozialistischen Magistrat in Lodz.[406]

Die DSAP verfügte in Lodz bis Ende der dreißiger Jahre über politischen Einfluß, in anderen Städten Mittelpolens gab es ebenfalls eine sozialistische Mehrheit. In Aleksandrów und Konstantynów stellte die DSAP sogar den Bürgermeister und den Vizestadtpräsidenten: von 1925 bis 1936 Alexander Bengsch in Aleksandrów, von 1931 bis 1938 Wilhelm Heidrich in Konstantynów.[407]

---

402 LVZ v. 05. 05. 1936. Die DSAP war durch Zerbe, Kociołek, Glücksmann und Kowoll vertreten. Über diese Konferenz urteilte Kowoll, „ein kleiner Fortschritt habe sich gezeigt, aber leider ließ man es bei den 'Deklarationen' bewenden. Es sei notwendig, daß ein allgemeiner Arbeiterkongreß Polens einberufen würde, zu dem die PPS die Initiative ergreifen müßte." LVZ v. 27. 09. 1936.

403 Strobel 1962: 90 f.

404 LVZ v. 07. 06. 1936.

405 LVZ v. 27. 09. 1936 u. v. 21. 10. 1936.

406 Heike 1985: 224.

407 Ibidem: 188. Hier wird nicht klar, wer was wurde.

Der durchschlagende Lodzer Erfolg wurde als Beweis gewertet, daß die Sozialisten Erfolge hätten erzielen können, wenn sie sich für den gesamtsozialistischen Block entschlossen hätten.[408] Der Sieg der Linken war ein „Schulbeispiel" der Volksfrontaktionen, die der 7. Kominternkongreß eingeleitet hatte.[409]

Glücksmann bezeichnete die Vertrauensmännerkonferenz der sozialistischen Parteien und Gewerkschaften des Bielitz-Bialaer Bezirkes vom 22. November 1936 als praktischen Beweis für die existierende Arbeitereinheit. Die Gewerkschaften sprächen vorab alle Aktionen mit der PPS und der DSAP ab; schließlich „ginge es in der Praxis nicht um 'Einheitsverträge', sondern um die Geschlossenheit in den Arbeiterreihen".[410]

In den Kommunalvertretungen allerdings hatten die deutschen Sozialisten Teschener-Schlesiens ab Mitte der dreißiger Jahre keine Erfolge mehr, im Gebiet um Kattowitz blieb der Erfolg schon länger aus. Dort lagen die Sozialisten weit hinter den Bürgerlichen. Bestanden in Bielitz und in Alexanderfeld bis Mitte der dreißiger Jahre noch sozialistische Mehrheiten, so erreichte die DSAP bei den oberschlesischen Kommunalwahlen in Bielitz im Dezember 1936 mit der PPS zusammen lediglich 4 Mandate – 3 davon fielen den deutschen Sozialisten zu. Die JDP erhielt 7, die Deutsche Partei 3, die Deutsche Christliche Partei 3, der Wirtschaftsblock (polnisch) 13 und fünf jüdische Listen zusammen 6 Mandate.

In Oberschlesien waren die sozialistischen Listen weniger erfolgreich als in Mittelpolen. Das lag an dem schneller umsichgreifenden Nationalsozialismus innerhalb der deutschen Parteien und an dem durch Grażyński komprimierten Druck der polnischen Regierungspartei.[411] Die deutschen Sozialisten Oberschlesiens hatten im Vergleich zu denen in Mittelpolen keine politische Schlagkraft. Obwohl ihre Vertreter Glücksmann und Kowoll Mitglieder des regionalen Schlesischen Sejm waren, Zerbe und Kronig hatten ihre Sitze im polnischen Sejm 1930 verloren –, blieb die oberschlesische Vertretung eine Farce, weil mit der Verfassung vom März 1935 und der Wahlordnung vom Juni 1935 Piłsudski die auf ihn zugeschnittene Diktatur durchsetzte. Jegliche parlamentarischen Mittel wurden ausgeschaltet. Dem schon lange fragwürdig praktizierten formal bestehenden Verhältniswahlrecht setzte Piłsudski endlich offen ein Ende. Politische Parteien blieben kurzerhand von den Wahlen ausgeschlossen.[412] Der Schlesische Sejm trat seltener zusammen, wurde ineffektiv und nicht mehr neu gewählt, nachdem das deutsch-polnische Minderheitenabkommen im Mai 1937 abgelaufen war.[413] Weder die DSAP, noch andere sozialistische,

---

408 Korzec 1977: 101 f.
409 Strobel 1962: 81. Vgl. auch LVZ v. 21. 10. 1936.
410 LVZ v. 26. 11. 1936.
411 Heike 1985: 182; 1969: 78. Parteivorstand 1935: 12.
412 Heike 1985: 210.
413 Ibidem: 180.

demokratische oder zur Regierung in Opposition stehende Parteien sollten noch einmal die Möglichkeit zur parlamentarischen Vertretung innerhalb dieser Regierung haben.[414]

Während der Festakademie zur Feier ihres fünfzehnjährigen Parteibestehens im Februar 1937 zeigte die DSAP Kongreßpolens aufgrund der innenpolitischen Lage eine Korrektur ihres beabsichtigten Weges. Sie rückte von der Föderation der sozialistischen Parteien ab, was einer losen Verbindung selbständiger Organisationen entsprach. Wie bereits im Mai 1936 vorgeschlagen, wurde eine organisatorische Vereinheitlichung der Arbeiterbewegung angestrebt, die in einer einheitlichen sozialistischen Partei Polens gipfeln sollte. Die sozialistische Bewegung sollte vereint werden, um schlagkräftiger gegen die Regierung vorgehen zu können. Nach der Machtergreifung dieser Partei war die „Arbeiter- und Bauernregierung" zu errichten; mit keinem Wort wurden dabei die Kommunisten erwähnt.[415] Regelmäßig trat das während der dritten Verständigungskonferenz im Oktober 1929 gebildete „Zwischenparteiliche Komitee" aus PPS, DSAP und „Bund" zusammen; dies spricht für eine funktionierende Zusammenarbeit. Am 19. März 1937 beriet das Komitee in Warschau: Alle Arbeiter Polens sollten organisiert werden. Gemeinsame Maidemonstrationen der sozialistischen Parteien und der Klassengewerkschaften wurden beschlossen, die antisemitischen Ausschreitungen an den polnischen Hochschulen verurteilt.[416]

Die DSAP beurteilte die Tätigkeit des „Zwischenparteilichen Komitees", auch „Arbeitsgemeinschaft der sozialistischen Parteien in Polen", als Vorstufe der Einheitspartei. Diesem Vorläufer wurde aber vorgeworfen, nicht die „ständige Konsolidierung der Arbeiterbewegung in Polen gebracht" zu haben. Die DSAP verlangte deshalb „die sozialistische Vereinigung"[417]. Das Komitee konnte nicht verantwortlich sein; dieser Vorwurf konnte nur die beteiligten Parteien selbst treffen.

Als die Zusammenarbeit zwischen PPS und DSAP in Oberschlesien besser funktionierte, schien die Atmosphäre in Lodz phasenweise weniger gut zu sein.

Auf ihrem Jahresparteitag am 25. April 1937 in Lodz kritisierte die DSAP, daß die PPS nicht immer nach demokratischen Grundsätzen handelte. Viele Unterschiede zwischen den sozialistischen Parteien Polens

---

414 Die deutschen bürgerlichen Parteien traten bei den Sejmwahlen 1936 und 1938 für die Regierungspartei ein. Der „Deutsche Volksverband" wollte als deutsche nationalsozialistische Partei „auch die gleichgerichteten Bestrebungen anderer Nationen" respektieren. Vgl. ibidem: 205, 211.

415 LVZ v. 16. 02. 1937. Auch der „Bund" schloß die Teilnahme der Kommunisten aus. Sein Ziel war die „Volksfront", worunter das Zusammenwirken aller sozialistischer Gruppierungen mit denen der bürgerlich demokratischen verstanden wurde. LVZ v. 16. 11. 1937.

416 LVZ v. 23. 03. 1937.

417 LVZ v. 14. 11. 1937.

waren zwar beseitigt, die Vereinheitlichung aber noch nicht erreicht. Dennoch sehe sich die PPS in der Führungsposition und erkenne die sozialistischen Minderheitenparteien nicht als gleichberechtigt an.[418] Die deutschen Sozialisten überforderten die PPS. Die Parteien der sozialistischen Minderheiten waren insgesamt schwächer als die sozialistische Partei des Staatsvolks, die PPS mußte die größere Rolle spielen.

Der PPS wurde opportunistisches Handeln vorgeworfen. Sie realisiere zwar ihre Ziele mit sozialistischen Mitteln, ginge aber davon ab, wenn es die Sache erfordere. Mehr noch, die „sozialistischen Grundsätze" sah die DSAP völlig in den Hintergrund gerückt, nur noch angewendet, wenn mit diesen ebensogut zum Ziel zu kommen sei. Ende März 1938 tagte in Lodz eine Konferenz von PPS, DSAP, „Bund" und Klassengewerkschaften, auf der man gegen die vom Staat geplanten, nach Nationalitäten getrennten Erste-Mai-Demonstrationen auftrat. Nichts konnte gegen den staatlichen Erlaß unternommen werden. Die Sozialisten sahen jedoch darin nur ein formelles Verbot, da es ihre Sache sei, ob sie zusammenarbeiten wollten oder nicht. Ohnehin könnte die Zusammenarbeit durch diese künstliche Unterbindung nicht geschwächt werden. In einer „Erklärung" riefen die Lodzer Exekutive der PPS und DSAP sowie das Lodzer Komitee des „Bund" die Arbeiter zur starken Teilnahme am Maiumzug in den einzelnen Organisationen auf. Sie wendeten sich „gegen den Kapitalismus und die Arbeitslosigkeit, gegen den Faschismus und Chauvinismus sowie das sanatorische Regierungssystem – für den sozialen Umbau, für eine Arbeiter- und Bauernregierung, für den Sozialismus". Gewarnt wurde vor Versuchen, die Arbeiter in die nationalistischen Reihen zu ziehen, und aufgefordert zur „Solidarität des ganzen Proletariats" gegen die „Front der Kapitalisten und Reaktionäre ohne Unterschied auf die Nationalität"[419].

Die gleichen Teilnehmer tagten Ende August 1938. Delegierte der bäuerlichen Volkspartei und des Demokratischen Klubs, die sich mit dem Kampf der Arbeiter für Freiheit und Demokratie solidarisch erklärten, schlossen sich an. Den ersten Bericht der DSAP über diese Konferenz beschlagnahmte die Lodzer Stadtstarostei. Beim zweiten Anlauf mußten alle beanstandeten Stellen beseitigt werden, um nicht eine zweite Konfiszierung zu riskieren. Die Entschließung zur politischen Situation wurde fast vollständig gestrichen. In ihr soll besonders auf „die nationalsozialistische Agitation aus dem 'Dritten Reich'" eingegangen worden sein.[420] Der polnische Staat erschwerte den Sozialisten ihre politische Betätigung. Zwar konnten sie ihre Versammlungen abhalten, aber nicht über die Ergebnisse

418 „Die Beziehungen zur PPS des Lodzer Bezirks lassen zu wünschen übrig. Es ist ein Fehler, wenn man die Tätigkeit einer Partei nur vom parteitaktischen Standpunkt aus gestaltet, ausschlaggebend müßten immer die sozialistischen Grundsätze sein." LVZ v. 27. 04. 1937.

419 LVZ v. 29. 04. 1938.

420 LVZ v. 28. 08. 1938.

berichten. Die Tätigkeit des „Dritten Reiches" durfte zu diesem Zeitpunkt in Polen keiner Kritik unterzogen werden.

Im Jahrgang 1938 des Zentralorgans der DSAP fällt auf, daß immer seltener über die Zusammenarbeit der sozialistischen Parteien berichtet wurde. Im Bielitzer Bezirk sollte auf einer gemeinsamen Mitgliederversammlung von DSAP und PPS die Arbeiterklasse beider Nationen zur politischen Aktivität ermuntert werden. An den vielen Teilnehmern wollte der Verfasser erkennen, daß die Arbeiter jetzt „selbst regeren Anteil an den politischen Geschicken des Staates zu nehmen gewillt seien". Lediglich nichtssagende Aussagen lassen sich der „Lodzer Volkszeitung" entnehmen. Die Vermutung liegt nahe, daß der Anschein erweckt werden sollte, nichts geschehe, um keine Aufmerksamkeit auf sich zu lenken.[421]

Im Jahre 1938 war die Mitgliederstärke der DSAP auf ein Minimum gesunken. Die Parteiführer brauchten den verbliebenen „harten Kern" nicht politisch zu aktivieren, da die wenigen Verbliebenen regen Anteil am politischen Geschehen nahmen. Aktivierungsbedürftige Mitläufer gab es zu diesem Zeitpunkt keine mehr. DSAP und PPS plädierten für den „noch engeren Zusammenschluß mit den Bauern und den demokratischen Richtungen"[422], um die „Bauern- und Arbeiterregierung" zu errichten, der sie nicht nähergekommen waren.

Was die hohe Teilnehmerzahl angeht, so kann man vermuten, daß die PPS anteilmäßig den stärkeren Part stelle. Angaben liegen nicht vor. Im Februar 1939 beispielsweise wurden alle Mitglieder der DSAP in Mikuszowice – Bielitzer DSAP-Bezirk – aufgefordert, vollzählig bei einer Generalversammlung der PPS teilzunehmen. Ausdrücklich sollte dem polnischen Arbeiter bewiesen werden, daß der deutsche Arbeiter entschlossen ist, mit dem polnischen um Rechte zu kämpfen.[423] Früher wurde von jeder Ortsgruppe nur eine Anzahl Delegierter zugelassen. Jetzt gab es kaum noch Mitglieder, so hatten möglichst alle Verbliebenen den Schein zu wahren. Möglicherweise sollte der PPS durch Anwesenheit einer starken deutschen Gruppe eine Unterstützung der deutschen Sozialisten weiterhin lohnenswert erscheinen. Ebenso nahe liegt die Vermutung, daß die Zusammenarbeit DSAP-PPS in dieser Zeit noch enger geworden war, da die Teilnahme aller Mitglieder einer Partei an der Generalversammlung einer anderen nicht die Regel bildete.

Daß die Zusammenarbeit der deutschen und der polnischen Sozialisten im Jahre 1939 eng war, zeigt die Teilnahme von Vertretern der PPS und der Klassengewerkschaften an der als letzte wichtige Aktion des schlesischen DSAP-Bezirks geltenden Konferenz, der Bezirkskonferenz am

421 LVZ v. 23. 09. 1938. Bereits 1935 wurde zur „Entfaltung besonderer Aktivität" aufgerufen. Parteivorstand 1935: 32.
422 Ibidem.
423 LVZ v. 04. 02. 1939.

17. Juni 1939 in Bielitz. Gemeinsam erarbeiteten die Parteien eine politische Resolution, in der sie zum Kampf gegen Hitler aufriefen. Sie wurde in einer Auflage von 2.000 Stück sowohl in polnischer als auch in deutscher Sprache veröffentlicht. Dieses Thema wurde wegen der angespannten Lage der wichtigste Diskussionspunkt; Kowoll hielt das Hauptreferat.[424]

Die deutschen Sozialisten äußerten die Angst, selbst von den polnischen Sozialisten im Stich gelassen zu werden, wenn es darauf ankäme. Sie richteten einen Appell an das polnische Volk – ausdrücklich an PPS, Klassengewerkschaften und das demokratische Bauerntum –, sich gegen die nationalistische Hetze aufzulehnen. Die Seite, von der Beistand erwartet wurde, erlag anscheinend gleichermaßen der „Orgien feiernden nationalistischen Hetze"[425]. Der deutsche Sozialist, seiner Grundrechte beraubt und unberechtigt als Vertreter aus dem „Reich des Hakenkreuzes" abgestempelt, schien den Beistand seines polnischen Gesinnungsfreundes nicht mehr zu haben.

In den Berichten über diese Konferenz, zweieinhalb Monate vor Kriegsausbruch, fällt die Betonung des gemeinsamen Kampfes deutscher und polnischer Sozialisten besonders auf: die „Schicksalsgemeinschaft mit der polnischen Arbeiterklasse", die „geschlossene Einheit mit der polnischen Arbeiterschaft", der „Platz der deutschen sozialistischen Arbeiterschaft ... an der Seite der Arbeiterklasse Polens"[426], „Schulter an Schulter mit der polnischen Arbeiterschaft". Fragwürdig klingen die häufigen Solidaritätsversicherungen und stärken den Verdacht, daß die polnischen Sozialisten dem nationalistischen Sog erlegen waren.

Die Delegierten von PPS und Klassengewerkschaften wollten diese Befürchtung entkräften und zwischen den deutschen Sozialisten und den „Hitlerknechten" unterscheiden. Vorsichtig äußerte sich ein PPS-Delegierter und hoffte, „daß die gegenwärtige nationalistische Welle auch fernerhin keinen Einbruch in die Arbeiterklasse üben würde". Daß „der Nationalismus nicht in die Reihen der Arbeiterschaft Eingang finden dürfe, man recht wohl zwischen den deutschen Sozialisten und den Nazis zu unterscheiden wisse"[427], meinte ein Delegierter der Klassengewerkschaften.

In der Praxis sah es anders aus. Dafür sprach Kowolls Ausführung, sich zwar „weit mehr vor den Denunzianten der Ulitz- und Wiesneranhänger hüten zu müssen denn vor den polnischen Arbeitern, deren Einstellung in dieser Situation nicht zu billigen, aber wohl zu verstehen

---

424 Grünberg 1963: 199.

425 LVZ v. 22. 06. 1939. Bereits 1935 warnte die DSAP-Führung, daß der deutsche Nationalsozialismus „sehr leicht auch eine sehr weitgehende Verstimmung zwischen deutscher und polnischer Arbeiterschaft bringen" könnte. Parteivorstand 1935: 10.

426 LVZ v. 05. 11. 1937.

427 LVZ v. 25. 06. 1939.

sei".[428] Mit durch die Projizierung des Nationalsozialismus in Polen durch die bürgerlichen Deutschen war eingetreten, was die deutschen Sozialisten lange befürchteten: „Rückschläge von weittragender Bedeutung für das deutsche Volk" auch in Polen.[429] Und diese Rückschläge sollten „nicht nur dem deutschen Bürgertum selbst, sondern auch der deutschen Arbeiterschaft noch außerordentliche Schwierigkeiten bereiten und maßgebenden Faktoren polnischerseits ein willkommener Anlaß für Polonisierungsbestrebungen sein".[430]

Der polnische Arbeiter war anfällig für den Nationalismus, der deutsche Arbeiter ließ keine Ausnahme zu. Jener erklärte sich zwar einverstanden, für die Rechte aller Arbeiter zu kämpfen, stellte diesen Kampf aber dem für die polnische Nation hintenan. Lange besaß er keinen eigenen Staat. Das ließ ihn empfindlich reagieren und den Nationalismus dem Internationalismus vorziehen.

Eingetreten war, wogegen sich die deutschen Sozialisten zwei Jahre zuvor gewehrt hatten. In der im November 1937 zwischen Polen und Deutschland verabschiedeten Minderheitenerklärung war die Lage der Minderheiten in direkte Abhängigkeit zum Verhältnis der beiden Staaten zueinander und der jeweiligen Behandlung der Minderheit im anderen Land gebracht worden. Die deutschen Sozialisten verwahrten sich damals dagegen, daß ihr Schicksal als Deutsche in Polen von den deutsch-polnischen politischen Beziehungen abhängen solle. Ihre Loyalität zum polnischen Staat sei konstant und werde sich nicht kontinuierlich den Veränderungen der „jeweiligen Beziehungen" anpassen.[431]

Die Situation der deutschen Sozialisten in Polen blieb kompliziert, sie waren immer auf der Seite der Verlierer. Als das Verhältnis zwischen dem deutschen und dem polnischen Staat offiziell gut war, wurden sie von ihren deutschen Volksgenossen und der polnischen Regierung als Klassenkampfgegner verachtet. Als sich die deutsch-polnischen Beziehungen zuspitzten, wurden sie auf der einen Seite von den bürgerlichen Deutschen wegen ihrer Ideologie und ihrer Staatsloyalität und andererseits von der polnischen Regierung wegen ihres Deutschseins angefeindet. Dazu kamen, in der nationalistisch aufgepeitschten Atmosphäre kurz vor Kriegsausbruch, Angriffe der PPS.

Beschlossen wurde für ganz Polen, mit PPS und Klassengewerkschaften Konferenzen einzuberufen, um zu beraten, wie der „nationalistischen Verhetzung der Arbeiterschaft vorzubeugen"[432] sei.

---

428 LVZ v. 25. 06. 1939.

429 Parteivorstand 1935: 29.

430 Ibidem: 10.

431 Heike 1985: 205 f., 449 f. LVZ v. 05. 11. 1937.

432 Glücksmann warnte vor dem umsichgreifenden Nationalismus, der „einen Keil in die Arbeiterschaft hineintreibt, den polnischen klassenbewußten Arbeiter für den Nationalismus gegen den deutschen Arbeiter gewinnt". LVZ. v. 05. 11. 1937.

Die Ereignisse überschlugen sich, so daß nur eine der geplanten Konferenzen stattfinden konnte: Diese wurde am 23. August 1939 in Lodz einberufen. Über zweihundert Teilnehmer aus DSAP, PPS, „Bund" und allen Abteilungen der Klassenverbände nahmen teil. Da die Massenentlassungen der deutschen Arbeiter den Hauptdiskussionspunkt darstellten, klärte der Delegierte für PPS und Klassenverbände, Szczerkowski, eindeutig zwischen Deutschtum und Hitler-Faschismus zu unterscheiden. Zwar verurteilte er die Entlassungen aufs schärfste, begreife aber „auch die Empfindungsweise auf der anderen Seite". Diese „Empfindungsweise" führte Szczerkowski auf die Handlungsweise der Deutschen, auch der deutschen Arbeiter zurück; er sah darin lediglich eine Reaktion.

Die Mehrheit der Lodzer Deutschen hatte bei den Lodzer Stadtratwahlen im Jahre 1938 für die „Hitler-Liste" gestimmt. Diese sollten „die polnische Arbeiterschaft überzeugen, daß sie sich von diesem Wahn freigemacht hätten"[433]. Im Gegensatz zu den polnischen Arbeitern erklärten ihre Führer, zwischen dem „unschuldigen loyalen deutschen Arbeiter" oder „ehrlichen, friedliebenden Deutschtum" und dem „Hitlerianer" zu differenzieren. Den deutschen loyalen Arbeiter wollten sie „auf das entschiedenste schützen". Nur müßte es ihm schwergefallen sein, den polnischen Arbeiter von seiner Loyalität zu überzeugen. Die DSAP zählte kurz vor Kriegsbeginn nur eine kleine Gruppe uneingeschränkt vom Sozialismus Überzeugter. Die Mehrzahl der polnischen Arbeiter gab sich nicht die Mühe zu erforschen, mit wem sie es zu tun hatten, und ging vom Regelfall des deutschen nationalsozialistischen Arbeiters aus.

Die Verständigung funktionierte auf höchster Parteiebene, konnte aber die Basis nicht mehr erreichen, weil keine mehr da war. Als „tragisch" bezeichnete Zerbe die Situation des deutschen loyalen Arbeiters, weil er von den „Hitlerianern" wegen sozialistischer und propolnischer Gesinnung, von den polnischen Arbeitern jedoch wegen des Deutschtums angefeindet wurde.

An den polnischen klassenbewußten Arbeiter appellierte er, den deutschen Arbeiter „in diesem schweren Kampfe zu unterstützen"[434]. Da der Großteil der Deutschen von der nationalsozialistischen Welle ergriffen war, sollte sich Zerbes Appell als fruchtlos erweisen. Bei den Entlassungen dürfte keiner geprüft haben, ob der betreffende deutsche Arbeiter Sozialist oder Nationalsozialist war. Die deutsche sozialistische Bewegung in Polen erwies sich als zu schwach. Die polnische Organisation stellte den Sinn einer Unterstützung in Frage.

Die an diesem 23. August 1939 verabschiedete Resolution war „gegen den Hitlerismus und den Faschismus" gerichtet. Die Situation der deutschen sozialistischen Arbeiter fand keine Berücksichtigung. PPS, Klassen-

---

433 LVZ v. 25. 08. 1939.
434 Ibidem.

gewerkschaften und „Bund" legten ihr Hauptaugenmerk auf den Kampf gegen den die Unabhängigkeit Polens bedrohenden Feind. Gemessen an diesem Punkt, mußten die Probleme eines auf wenige Mitglieder zusammengeschrumpften Überrestes einer Partei, dazu einer Minderheitenpartei, verschwindend klein anmuten. Sie mußten in den Hintergrund treten. Die Deutschen gaben dennoch nicht auf: Noch an diesem 25. August 1939 „vor der Abstimmung erklärte Genosse Kociołek im Namen der DSAP, daß er die Resolution als ungenügend betrachtet. Die deutschen Vertreter würden aus Solidarität für die Resolution stimmen, behielten sich aber vor, für eine Erweiterung dieser Beschlüsse zu wirken"[435]. Dazu sollte es nicht mehr kommen.

Das zum Parteiziel erhobene Postulat, die „proletarische Einheitsfront", später die sozialistische Gesamtorganisation, zu schaffen, blieb ohne Erfolge. Das Ergebnis stand in keiner Relation zum Einsatz und ging über das Zustandekommen parteipolitischer Konferenzen, an denen alle Teilnehmer der Wichtigkeit der sozialistischen Solidarität zustimmten, nicht hinaus. Die prinzipielle Übereinkunft war erfolgt, der Weg zur Realisierung wurde nicht gefunden. Dies scheiterte an der Haltung der PPS, die aus Rücksicht auf ihr nationales Empfinden nur im begrenzten Maße zu Zugeständnissen bereit war.

3. Die Deutsche Sozialistische Arbeitspartei Polens und der Nationalsozialismus

Die DSAP nach Hitlers Machtübernahme

Für die DSAP brachen mit dem Erstarken der nationalsozialistischen Bewegung schwere Jahre an. Sie führte einen verzweifelten Kampf um ihren Mitgliederbestand, bei dem die Niederlage eine Frage der Zeit war.

Bereits im Sommer 1933 zeichnete sich die katastrophale Verringerung des Einflusses der Partei in Oberschlesien ab.[436] Innerhalb von fünf Monaten nach der nationalsozialistischen Machtübernahme bekannten sich etwa 80 Prozent der Deutschen Ostoberschlesiens zum Nationalsozialismus, obwohl dieser dort vorher „nur wenig Boden" besessen habe. Darunter waren vor allem viele Arbeiter.[437] Als erste verließen die Arbei-

---

435 Ibidem.

436 WAP Katowice, Dyr. Pol. Kat. 365, S. 69 v. 26. 08. 1933: DSAP-Information an Schlesisches Wojewodschaftsamt Kattowitz, Sicherheitsabteilung. Vgl. Staniewicz 1965: 81. Szefer 1967: 73. Parteivorstand 1935: 12. Nach PA AA, Generalkonsulat Kattowitz Po 9,3, Bd. 29a: Denkschrift „brauche über sie [die DSAP, PB] nicht weiter gesprochen zu werden, da sie ohne zahlenmäßige Bedeutung ist".

437 Ibidem. Gerade bei den Arbeitern sei der „Gedanke einer Volksgemeinschaft und der Schicksalsverbundenheit aller Deutschen, der Schädlichkeit des Mehrparteiensystems und

ter die DSAP, die in Betrieben im Oppelner-Schlesien, also auf der deutschen Seite arbeiteten. Sie handelten auf Befehl der gleichgeschalteten deutschen Gewerkschaftsbehörde, aus allen Parteien in Polen auszutreten. Ausgeschlossen davon war die Mitgliedschaft im Volksbund. Bei Zuwiderhandlung drohte die Entlassung aus den Betrieben.[438]

In dieser Situation schlug die PPS Oberschlesiens der DSAP vor, aus beiden Parteien eine Organisation für ganz Schlesien zu bilden. Józef Janta, Sekretär des Bezirkskomitees der PPS, unterbreitete dieses Angebot auf der DSAP-Bezirksvorstandssitzung am 13. Oktober 1934. Diese Frage wurde als „eilend" eingebracht und „sehr lebhaft" diskutiert. Ein Abkommen kam nicht zustande, da die PPS die Leitung übernehmen wollte. Kowoll erklärte sich nicht einverstanden. Man entschied sich zur Vertagung und wollte auf die Entscheidung des Bielitzer Bezirkes warten. Davon sollte die endgültige Beantwortung abhängen. Kowoll sagte, er wolle vermutlich den Beschlüssen der Bielitzer folgen. Sobald Einzelheiten über diese Gespräche in Bielitz bekannt seien, sollte eine Versammlung des Bezirksvorstandes in Kattowitz einberufen werden.[439] Dieses Thema wurde jedoch nicht mehr aufgegriffen.

Zunehmend häufiger erwogen DSAP-Ortsgruppen eine Zusammenlegung oder einen Anschluß an die ortsansässige PPS-Gruppe. Sie sahen alleine keine Perspektive mehr. Die Königshütter Ortsgruppe erwog mehrfach, geschlossen der PPS beizutreten. Auf ihrer Hauptversammlung am 21. März 1937 war dies das vorrangige Thema.[440] Auch auf der Bezirkskonferenz der oberschlesischen DSAP in Königshütte am 11. April 1937 sprachen die Königshütter dieses Problem an und „[überraschten] die Delegierten mit einem Antrag auf Zusammenschluß mit der PPS, da ihnen die Zusammenarbeit in der heutigen Form nicht genüge"[441]. Nach heftiger Diskussion beschloß die Bezirkskonferenz, diese Angelegenheit dem Hauptvorstand in Lodz zur Untersuchung vorzulegen, der eine Delegier-

---

der Notwendigkeit der Opferbereitschaft für das Volksganze in weiten Kreisen" geweckt worden. Zu diesem überwältigenden Erfolg des Nationalsozialismus hätten die oberschlesischen Nationalitätenkonflikte (die Vorstellung, durch die Erfolge im „Dritten Reich" könnte „es auch diesseits der Grenze einmal besser werden") und die Hoffnungen in „wirtschaftlich gedrückten Volksschichten" beigetragen. Nicht verschwiegen wurde, daß manchen die Entscheidung zu leicht gefallen sei und sich „diese Elemente jederzeit wieder" abwenden könnten. Vgl. ähnliche Aussage Zerbes in Anm. 467 dieser Arbeit.

438 WAP Katowice, Dyr. Pol. Kat. 365, S. 69 v. 26. 08. 1933, DSAP-Information an Schlesisches Wojewodschaftsamt Kattowitz, Sicherheitsabteilung. Vgl. dazu Staniewicz 1965: 81. Szefer 1967: 73.

439 WAP Katowice, Dyr. Pol. Kat. 365, S. 201 v. 18. 10. 1934.

440 WAP Katowice, Dyr. Pol. Chorzów 330, S. 6a v. 23. 03. 1937. Bestätigung dieser Aussage in WAP Katowice, Dyr. Pol. Chorzów 330, S. 3 v. 14. 04. 1937.

441 LVZ v. 20. 06. 1937.

tenhauptversammlung sämtlicher Bezirke zusammenrufen sollte.[442] Der Parteisekretär Alfons Siegert verkündete, daß in der Vertreterversammlung der DSAP am 4. April 1937 in Königshütte das Übertreten zur PPS beschlossen worden sei. Diese Nachricht verursachte abermals scharfe Diskussionen. Unterstrichen wurde, daß die Königshütter Ortsgruppe überhaupt nicht kompetent sei, diese Entscheidung zu treffen.[443] Diese Versammlung des 4. April sei ohne Verständigung des Bezirks einberufen worden, und die Königshütter Gruppe habe „nur ihren Anhang eingeladen, um so den Übertritt 'legal' erscheinen zu lassen"[444] und kein Risiko einzugehen. Kowoll bemerkte, die Angelegenheit des Übertritts der ganzen DSAP zur PPS sei während des letzten PPS-Kongresses bereits besprochen worden. Die DSAP wollte den Zusammenschluß, wenn die PPS mit dem Namen „Sozialistische Parteien in Polen" einverstanden wäre. Die PPS lehnte ab.[445] Am 16. April sollte die DSAP in Königshütte eine außerordentliche Generalversammlung abhalten, während der mit der Niederlegung der Ämter des Vorsitzenden der Ortsgruppe Königshütte Alois Parczyk und des Parteisekretärs Alfons Siegert gerechnet wurde.[446] Diese Vermutung bestätigte sich. Mit dieser Reaktion sah man „das Vorgehen gewisser Genossen als gescheitert"[447] an. Bereits auf der Bezirkskonferenz am 11. April 1937 nahm Siegert seine Wahl zum Vorsitzenden nicht an[448], wohl im Hinblick auf die geringe Chance des Zusammenschlusses der DSAP Königshütte mit der PPS. Der von den Königshüttern geplante Zusammenschluß kam nicht zustande. Auf der außerordentlichen Mitgliederversammlung der DSAP Königshütte am 16. Juni 1937 wurde Kowoll als Nachfolger Parczyks gewählt, und Gerhard Pawellek löste Siegert ab. Kowoll wies darauf hin, daß die Jahreshauptkonferenz, die im April diesen Fall erörtern sollte, noch nicht stattgefunden habe und ein Termin nicht bekannt sei. Aber gewiß würde auf dieser Konferenz die Frage des Anschlusses nicht erörtert, weil sicher sei, daß die PPS mit der Eingliederung einer deutschen Sektion in ihre Reihen nicht einverstanden sei.[449] Kowoll informierte „über das Vorgehen des früheren Vorstandes und erklärte, daß die DSAP nach wie vor auf dem Grundsatz der Zusammenarbeit mit der PPS [steht], allerdings nicht daran [denke], ihre Selbständig-

---

442 WAP Katowice, Dyr. Pol. Chorzów 330, S. 3 v. 14. 04. 1937. Centralne Archiwum Komitetu Centralnego Polskiej Zjednoczonej Partii Robotniczej (CA KC PZPR), Sprawozdania Sytuacyjne Urzędu Wojewódzkiego Śląskiego (SS UWŚL), III, 1937, 275/II, Bd. 22, S. 34.

443 Siegert war zu diesem Zeitpunkt bereits PPS-Mitglied. WAP Katowice, Dyr. Pol. Kat. 365, S. 311 v. 13. 04. 1937.

444 LVZ v. 20. 06. 1937.

445 WAP Katowice, Dyr. Pol. Kat. 365, S. 311 v. 13. 04. 1937.

446 WAP Katowice, Dyr. Pol. Chorzów 330, S. 3 v. 14. 04. 1937.

447 LVZ v. 20. 06. 1937.

448 Wie Anm. 445.

449 WAP Katowice, Dyr. Pol. Chorzów 330, S. 1 v. 15. 07. 1937.

keit aufzugeben, bevor nicht eine Föderation der sozialistischen Parteien oder eine sozialistische Einheitspartei in Polen geschaffen [wird]“[450].

Die DSAP Oberschlesiens befand sich in einer schlechten Lage. Siegert bedauerte, daß sich die DSAP im schlesischen Bezirk „weiter in Stagnation“ befinde, sie dagegen in Lodz und in Bielitz „schöne Fortschritte zu verzeichnen“ habe. Die Zukunft sah er in völliger Abhängigkeit von „der kommenden Gestaltung der Verhältnisse im Deutschtum selbst“ sowie der Entwicklung in der PPS. Er sah keine „Perspektiven für die zukünftige Entwicklung nicht nur der hiesigen Verhältnisse, aber auch für die Lage in Deutschland“[451].

Ein Polizeibericht vom März 1937 greift den Antrag der Königshütter Gruppe auf. Bestätigt wird, daß der Antrag dem Hauptvorstand auf der Jahreshauptversammlung vorgelegt werden sollte.[452] Während der Bezirkskonferenz sei zum Ausdruck gekommen, daß ein Zusammenschluß mit der PPS besser sei als die Zusammenarbeit mit einer deutschen Hitlerpartei.[453] Diese Schlußfolgerung klingt so, als wolle man sich für das „kleinere“ Übel entscheiden. Daß es eine Entscheidung in diesem Sinne gab, erscheint absurd. Der damalige Parteisekretär der Ortsgruppe Chorzów, Siegert, sprach von der Abhängigkeit der Partei „von der kommenden Gestaltung der Verhältnisse im Deutschtum selbst“.[454] Er zeigt kein lavierendes Verhalten, gibt eher dem Deutschtum noch eine Chance und setzt es nicht mit der „Hitlerpartei“ gleich. Siegert wartet auf die Entwicklung und will die Aktivität der PPS, wie sie sich in der ganzen Situation den deutschen Sozialisten gegenüber verhält, beobachten.

Im Jahre 1932 zählte der oberschlesische Bezirk der DSAP 5.429[455] Mitglieder – im Jahre 1937 ein Zehntel davon, nämlich 560. Diejenigen, welche zu den prohitlerischen Parteien gehen wollten, hatten das bis zu diesem Zeitpunkt bereits getan; und die bislang Gebliebenen waren eingeschworene Sozialisten. Sie trugen sich nicht mit Gedanken, die Reihen der Hitlerparteien zu stärken.

Für den schnellen Niedergang der deutschen sozialistischen Organisation in Polen und besonders in Oberschlesien sind die Vorgänge im „Dritten Reich“ verantwortlich und die damit verbundene intensive Tä-

450 LVZ v. 20. 06. 1937.
451 WAP Katowice, Dyr. Pol. Kat. 365, S. 312 v. 01. 04. 1937.
452 Ob dies tatsächlich geschah, konnte nicht festgestellt werden.
453 CA KC PZPR, SS UWŚL, III, 1937, 275/II, Bd. 22, S. 25. Vgl. Grünberg (1963: 199), der zu dieser Problematik aber keine Quellen nennt. Da seine Aussagen mit den Materialien aus dem CA KC der PZPR übereinstimmen, muß er diese benutzt haben.
454 Siegert konnte zu diesem Zeitpunkt nicht wissen, daß der Prozeß der „Hitlerisierung [hitleryzacji] der deutschen Minderheit Polens im Jahr 1937 vollständig abgeschlossen war und sich bis Kriegsausbruch daran nichts ändern sollte. Vgl. dazu Falecki in Szefer 1989: 164.
455 „Der Auslanddeutsche“, Nr. 4, 1932, S. 261.

tigkeit der deutschen Hitlergruppen und der deutschen Minderheitenparteien, die sich früher oder später fast ausnahmslos zum Nationalsozialismus bekannten.[456] Zum Zerfall in Oberschlesien trug daneben die intensiver als in Warschau betriebene Sanacjapolitik des schlesischen Wojewoden Michał Grażyński bei.[457] Dafür spricht der große Mitgliederschwund (nach der Machtübernahme Hitlers 1933) in diesem Gebiet: Vom Jahre 1933 bis 1936 sank der Mitgliederbestand der oberschlesischen DSAP von 5.000 auf 800[458], ein Jahr später waren es nochmals 240 weniger.[459]

In Oberschlesien liefen die meisten Mitglieder in eine der drei miteinander konkurrierenden nationalsozialistischen deutschen Minderheitenparteien über: in die „Jungdeutsche Partei", in die „Deutsche Partei" oder in den ursprünglich nur auf kultureller Ebene wirkenden, ab 1933 politische Formen annehmenden „Volksbund".[460] Nach Kriegsausbruch gingen diese drei Organisationen in der NSDAP auf. Der Bezirkskassierer der DSAP im Teschener-Schlesien, der Buchdruckermeister Heinrich Franz Homa aus Bielitz, erklärte, wegen „polnischer und jüdischer Wirtschaft" aus der DSAP ausgetreten zu sein. Später wurde seine Aufnahme in die NSDAP Gauleitung Oberschlesien befürwortet, weil er „Nationalsozialistisch vollkommen ausgerichtet" war und „keine kirchlichen Bindungen"[461] hatte.

Über den tatsächlichen Mitgliederstand Mitte der dreißiger Jahre liegen keine verläßlichen Daten vor. Auffallend aber war bereits im Jahre 1934 „ein steter Rückgang" der Partei und „ein dauernder Abfall ihrer Mitglieder"[462]. Der Realität am nächsten kommen die Zahlen des Auswärtigen Amts, die erheblich von denen der polnischen Quellen abweichen: Der Generalkonsul von Kattowitz Nöldeke rechnete im Dezember 1935 für ganz Polnisch-Oberschlesien mit nicht „mehr als 200 bis 300"[463] DSAP-

---

456 Szefer 1967: 74; 1964 (b): 777. Die DSAP Führung urteilte, daß „der Zersetzungskampf in Oberschlesien den maßgebenden Faktoren wie eine Erlösung klingt, daß nicht sie den Kampf zu führen brauchen, sondern ihnen dieser Kampf durch die deutsche Minderheit in ihren eigenen Kreisen erspart bleibt." Parteivorstand 1935: 12.

457 Sroka 1975: 16.

458 Cygański 1966: 80. AAN, MSZ 2348, Sprawozdanie z życia mniejszości narodowych, II/1936, S. 84.

459 CA KC PZPR, SS UWŚL, III, 1937, 275/II, Bd. 22, S. 34. Vgl. Grünberg 1963: 198.

460 PA AA, Generalkonsulat Kattowitz Po 9,3, Bd. 29a: Denkschrift. BArch, R 58/338: Staatspolizeistelle Oppeln an Geheimes Staatspolizeiamt Berlin v. 07. 08. 1935. Vgl. Sroka 1975: 16 f. Szefer 1971: 126.

461 BArch, ehem. BDC, Akte Heinrich Franz Homa; zu Homa vgl. auch Wurbs 1983: 80.

462 BArch R 58/338: Staatspolizeistelle für den Reg.-Bez. Oppeln an Geheimes Staatspolizeiamt Berlin v. 21. 01. 1935.

463 BArch, R 58/338: Nöldeke an AA und Durchdruck für Geh. Staatspolizeiamt v. 07. 12. 1935; identisch mit: PA AA, Politik 12 Oberschlesien, Bd. 3, S. 99: Nöldeke an AA v. 07. 12. 1935.

Angehörigen. Im Juli 1936 nannte er eine „vor längerer Zeit" ermittelte Zahl von „etwa 200" DSAP-Mitgliedern.[464]

Die am 24. März 1935 erfolgte Gründung der gleichgeschalteten, durch das „Dritte Reich" finanziell abgesicherten „Gewerkschaft Deutscher Arbeiter in Polen", in der auch die Führer der „Freien Gewerkschaften" geschlossen mit ihren Organisationen aufgingen, trug maßgeblich zum Mitgliederschwund bei.[465] Zu dieser Zeit waren neunzig Prozent der DSAP-Mitglieder arbeitslos. Viele gingen „nur aus Not und Armut den Schritt zur Einheitsgewerkschaft"[466]. Die Gründung dieser Gewerkschaft zog für die häufig gleichzeitig auf Gewerkschafts- und Parteiebene Organisierten den sicheren Austritt aus den Reihen der DSAP nach sich und bedeutete den entscheidenden Schlag gegen die Partei: einen beträchtlichen Mitgliederschwund und die Einbuße der gewerkschaftlichen Unterstützung.

Die wirtschaftlichen Probleme zwangen sehr viele Parteimitglieder, die DSAP zu verlassen. Dazu kamen innerparteiliche Auseinandersetzungen. Der nach 1933 kontinuierlich eskalierende Nationalismus jedoch spielte bei der oberschlesischen DSAP die ausschlaggebende Rolle.[467] In der Lodzer Gruppe sorgte besonders die Krise in der Parteiführung für den beschleunigten Mitgliederschwund.

In der ersten Hälfte des Jahres 1936 bestanden in Oberschlesien nur noch drei komplette DSAP-Ortsgruppen, nämlich in Kattowitz, Königshütte und Bielschowitz[468]; und im letzten Quartal desselben Jahres gab es

---

464 PA AA, Generalkonsulat Kattowitz, Po 9,3, Bd. 29a: Der Deutsche Generalkonsul von Kattowitz an den Oberpräsidenten in Breslau v. 28. 07. 1936, Anlage. Um den geringen Einfluß der Sozialisten innerhalb der deutschen Minderheit Polnisch-Schlesiens anhand der Mitgliederzahlen der einzelnen Organisationen zu dokumentieren, siehe die ebenfalls in der „Anlage" gegebenen Auskünfte: Volksbund: 35.000; Jungdeutsche Partei: 15.000; Deutsche Partei: 9–12.000; Deutscher Volksblock: 4.000; Verband Deutscher Katholiken: 25.000; Deutsche Christliche Volkspartei: 1.000.

465 Walczak 1986: 200. Heike 1969: 150 f. Hawranek 1982: 186 f. VW v. 13. 04. 1935. Tomaszewski 1985: 233 f.

466 Im VW v. 13. 04. 1935 wurde in dem Artikel „Durch Klassenkampf zum Sozialismus! Gegen Faschismus zur Befreiung der Arbeiterklasse zurück zur Freien Gewerkschaft" versucht, die Arbeiter zur Klassenbewegung zu bekehren.

467 Auf die Frage, wie er sich den Einflußverlust der DSAP in Oberschlesien erkläre, antwortete Emil Zerbe im „Dziennik Ludowy" am 08. 10. 1938: Es läge speziell an den schlesischen Bedingungen, der *bedeutend größeren Arbeitslosenzahl gerade unter den deutschen* Arbeitern, der *antagonistischen nationalistischen Atmosphäre,* die in einer Grenzregion ausgeprägter ist wie anderswo, und endlich auch an der nicht nur unter der deutschen Bevölkerung, sondern auch unter der polnischen kursierenden *Legende, daß man im Dritten Reich einfacher Arbeit finden könne* [Hervorhebung PB]. Meissner 1973: 141. Nach ihm Tomaszewski 1985: 234.

468 Bielschowitz muß der Ort mit den wenigsten Mitgliedern gewesen sein. Bereits im Oktober 1933 wurden die Ortsgruppen Paulsdorf und Bielschowitz wegen hohem Mitgliederverlust zusammengelegt und zählten gemeinsam gerade 30 Mitglieder. Vgl. WAP Katowice, Dyr. Pol. Kat. 365, S. 82 v. 13. 10. 1933. CA KC PZPR, SS UWŚL, III, 1937, 275/II.

nur noch die Gruppen in Kattowitz und Königshütte. In den anderen Orten waren lediglich die Vertrauensmänner weiter tätig.[469] Von den drei früher Genannten soll die Königshütter Gruppe die größte gewesen sein: Im März 1935 verfügte sie über 95 Mitglieder. In Bielschowitz waren im Oktober 1933 noch 30 DSAP-Angehörige organisiert.[470] Zusammen blieben das 125 Mitglieder – ohne Berücksichtigung der unterschiedlichen Jahre, die sicher zusätzlichen Verlust bedeuteten – und ohne die Kattowitzer, die eine kleinere Gruppe als die Königshütter bildeten. Die Angabe des Auswärtigen Amts über den Mitgliederstand erweist sich somit noch als zu hoch gegriffen. Wahrscheinlich waren in den Jahren 1935/36 lediglich 150 DSAP-Mitglieder in Oberschlesien zu verzeichnen.

Im März 1937 soll die DSAP Königshütte als letzte funktionierende Gruppe der deutschen Sozialisten Oberschlesiens geschlossen der PPS beigetreten sein.[471]

Die Frage, ob die DSAP der PPS beitrat, kann heute nicht mehr genau geklärt werden. Die Diskussion, ebenso Kowolls Erklärung in der Lodzer Volkszeitung, geben keine letzte Gewißheit über den Verlauf dieses Vorgangs.[472]

Franz Fabisch, ein heute in Wien lebendes führendes Mitglied des Bielitzer Bezirksvorstands, weist die Möglichkeit des Übertritts einer kompletten Ortsgruppe zur PPS von sich. Heike hält es für möglich. Pawellek, zuletzt Parteisekretär der oberschlesischen DSAP und im letzten Erscheinungsjahr des „Volkswillen" verantwortlicher Redakteur, antwortete, nach diesem Beschluß befragt, sehr bestimmt: „Den gab es nicht." Lediglich in kleinen Gruppen sei darüber diskutiert worden. Parczyk sei mit einigen Freunden zur PPS gegangen, der Ortsverein Königshütte habe weiter bestanden. Er erwähnt aber das Heim der PPS in Königshütte als

---

Bd. 22, S. 34. Vgl. Grünberg 1963: 198. Szefer 1967: 75; 1964 (b): 777. In beiden Arbeiten schreibt Szefer jedoch von Siemianowitz, nicht von Bielschowitz; Szefer nennt die gleiche Quelle, die mir vorlag: CA KC PZPR, SS UWŚL, III, 1937, 275/II, Bd. 22, S. 34. Er verweist aber auf S. 37. Allerdings nennt er hier auch Elemente, wie die Aussage über die Liquidierung der DSAP Königshütte und deren Übertritt in die Reihen der PPS, die ich dort nicht finden konnte.

469 AAN, MSW 963, Sprawozdanie z życia mniejszości narodowych, IV(1936), S. 519.

470 WAP Katowice, Dyr. Pol. Chorzów 330, S. 57: Polizeidirektion in Königshütte an Schlesisches Wojewodschaftsamt Kattowitz, Sicherheitsabteilung v. 13. 03. 1935. Ibidem, Dyr. Pol. Kat. 365, S. 82 v. 13. 10. 1933. Dieses Zahlenmaterial stammt auch aus polnischen Quellen, jedoch aus den lokalen Überwachungen, wo Untertreibungen sicher nicht zu erwarten sind. Im VW v. 12. 03. 1935 geht es in der Parteiversammlung, über die ein Polizeispitzel berichtet, hauptsächlich um den Mitgliederschwund. Geschrieben wird über die Schwierigkeit der Sozialisten, in dieser Zeit „mit Vernunftgründen Mitglieder zu erlangen".

471 Hawranek 1982: 187. Vgl. Falecki 1970: 107. Beide nennen keine Quellen zur Problematik des Beitrittes der Königshütter DSAP-Gruppe zur PPS. Szefer 1967: 74; 1964 (b): 777.

472 Die Aussagen einiger polnischer Wissenschaftler können nicht nachgeprüft werden, da oft eine Quellenangabe fehlt.

einen beliebten Treffpunkt aller Sozialisten: „Da traf sich alles, was sozialistisch dachte. Ich selbst war einige Male dort und verteilte da 'deutsches Material' vom Parteivorstand aus Prag und später aus Paris. Es war eben ein Treffpunkt von 'Sozialdemokraten'."[473] Daß es eine enge Zusammenarbeit über mehrere Jahre gab, streitet Pawellek nicht ab. Diese Problematik war so bekannt, daß die „Lodzer Volkszeitung" wiederholt darüber berichtete.

Den möglichen Übertritt der restlichen DSAP zur PPS halte ich für wahrscheinlich. Der ständige Rückgang der Mitgliederzahl, der steigende Druck auf die Verbliebenen, die geringer werdende Chance, erstens als deutsche und zweitens als sozialistische Partei einen Bruchteil ihrer Ziele durchzusetzen, läßt einen Anschluß an eine stärkere Partei plausibel erscheinen.

Der Druck auf die Sozialisten wurde zunehmend stärker: Der polnische Staat ging wegen ihres Deutschtums mit Repressalien gegen sie vor und suchte aufgrund des deutsch-polnischen Nichtangriffspaktes und Freundschaftsvertrages vom 26. Januar 1934, ihre „sozialistische" Agitation contra Hitlerdeutschland zu unterdrücken – der deutsche Staat, in Form der gleichgeschalteten deutschen Organisationen wie der Auslandsvertretungen, bekämpfte sie wegen ihrer Ideologie.

Ende November 1933, als die diplomatischen Verhandlungen zwischen Polen und Deutschland noch nicht abgeschlossen waren, machte die polnische Partei die schlesische DSAP darauf aufmerksam, daß auf ihren Veranstaltungen „jegliche Greuelhetze gegen Deutschland zu unterbleiben [hat], da sonst die Versammlung aufgelöst werden muß"[474]. Anfang 1934 erteilte die Gestapo den Auftrag, die DSAP zu überwachen. Die Staatspolizeistelle in Oppeln meldete am 3. März 1934, daß „die Vertrauenspersonen angesetzt seien", und am 21. Januar 1935, daß die DSAP darüber hinaus „von der polnischen politischen Polizei scharf überwacht"[475] werde.

Bereits früher kam die neue politische Linie der deutsch-polnischen Verständigung, die sich zu ungunsten der deutschen Sozialisten auswirkte, zum Vorschein. Noch vor Verabschiedung des Presseabkommens zwischen Deutschland und Polen vom 24. Februar 1934 wurde die Lodzer DSAP mit den neuen Richtlinien konfrontiert: Der deutsche Konsul in Lodz empfahl im März 1933, das Parteiorgan der DSAP in Lodz wegen Kritik am deutschen nationalsozialistischen Staat mit Hilfe der polnischen Seite zeitweise verbieten zu lassen.[476] Diese Anregung blieb nicht ohne

---

473 Brief Pawelleks vom 01. 11. 1989 an die Verfasserin.

474 BArch, R 58/338: Geheimes Staatspolizeiamt an AA v. 13. 01. 1934.

475 Ibidem: Geheimes Staatspolizeiamt Berlin an Staatspolizeistelle Oppeln v. 12. 02. 1934 und Staatspolizeistelle Oppeln an Geheimes Staatspolizeiamt Berlin v. 03. 03. 1934 u. v. 21. 01. 1935.

476 Vgl. Heike 1969: 103 f.; 1985: 220, der davon ausgeht, der Brief Mollys sei nach dem Presseabkommen geschrieben.

Folgen. Die „Lodzer Volkszeitung" wurde häufiger beschlagnahmt. Das strenge Zensursystem behielt der polnische Staat bis ins Jahr 1938 bei. Im Mai 1939 erinnerte die DSAP die den Nationalsozialismus angreifende polnische Presse „an die merkwürdige Solidarität ... mit diesen Nazis"[477] der früheren Jahre.

In dieser Situation – die DSAP wurde in eine halbillegale Position gedrängt – schien der Anschluß an die stärkere sozialistische Partei die Alternative zum Gleichschaltungsmechanismus zu sein. Der Restbestand der DSAP war zu keiner größeren Aktion mehr fähig. Der Lagebericht des polnischen Innenministeriums über die nationalen Minderheiten vom ersten Quartal 1937 bestätigt dies: „In Schlesien zeigte die Partei fast keine Aktivität."[478] Aber auch in Lodz hatte die Partei nur noch einige hundert Mitglieder.[479] Die deutschen Sozialisten Polens ergriffen bereits ab dem Jahre 1935 keine Initiative mehr von größerer politischer Bedeutung.[480]

Für den polnischen Staat war die DSAP im Jahr 1933 so gut wie liquidiert: Die Partei durchlebe eine schwere Krise; da ihr finanzielle Mittel fehlten, verlöre sie zunehmend an Einfluß.

Die Diskussionen in Lodz verliefen ähnlich wie in Schlesien. Der Rest der DSAP-Ortsgruppe in Tomaschow erwog, sich entweder der PPS oder dem propolnischen „Deutschen Kultur- und Wirtschaftsbund" anzuschließen bzw. die Gruppe ganz aufzulösen.[481] Im Jahr 1936 wurde die Gruppe in Tomaschow aufgelöst, zusätzlich die in Pabianitz und zwei weitere in der Stadt Lodz.[482]

Alle Berichte des polnischen Innenministeriums über die Lage der nationalen Minderheiten bescheinigen der DSAP ab 1933 fortschreitenden Verfall: Mitgliederschwund, finanzielle Probleme, Einflußverlust, Auflösung von Ortsgruppen und keine feststellbare Tätigkeit eskalierten und bedingten sich gegenseitig.[483]

Diejenigen, welche den Übertritt zur PPS befürworteten, scharten kleine Gruppen um sich. Auch die DSAP-Führer, die die eigene Parteiorganisation erhalten wollten, befanden sich bald allein. Es fehlte der zu dem Komplex einer Partei gehörende Mitgliederstab, der funktionierende Parteiapparat. Die Massen enttäuschten ihre Führer in dieser schwierigen Situation.[484] Sie verließen die Partei „gerade in der allergrößten Notzeit".

---

477 LVZ v. 03. 05. 1939. Vgl. ibidem v. 28. 08. 1938 u. v. 18. 06. 1939.

478 MSW, Sprawozdanie z życia mniejszości narodowych, I, 1937, S. 67. Vgl. Breyer u. Korzec 1980: 349.

479 Cygański 1966: 79.

480 Szefer 1967: 87; 1971: 123.

481 AAN, MSW, Sprawozdanie z życia mniejszości narodowych: III/1933, S. 57 f. Zum „Deutschen Kultur- und Wirtschaftsbund" vgl. Heike 1985: 217 f.

482 AAN, MSW, Sprawozdanie z życia mniejszości narodowych: III/1936, S. 8.

483 Vgl. ibidem: II/1935, S. 50 f. Ibidem: I/1937, S. 67.

484 Hawranek 1982: 187.

Die Parteiführer erteilten im Jahr 1935 ihren Mitgliedern die Parole, „aktiver zu werden“[485]. Obwohl die Mitgliederzahl immer mehr sank, entwickelten die Verbliebenen zusätzliche Energien, ein kleiner Stab eingeschworener aktiver Sozialisten. Die DSAP stand dem alles beherrschenden nationalsozialistischen Umfeld isoliert gegenüber.

Die DSAP existierte formell noch als Partei, funktionierte jedoch nur noch in kleinen Gruppen. Das waren Zirkel, die verzweifelt versuchten, sich dem Nationalsozialismus zu widersetzen. Parallel zu dem Kampf um die bloße Existenz ihrer Parteiorganisation leisteten sie Widerstand gegen den Nationalsozialismus in Oberschlesien und in Mittelpolen. Infolge dieser Kämpfe verblieb der DSAP keine Möglichkeit, ihre normale Parteiarbeit innerhalb der deutschen Minderheit zu verrichten.

Die Gruppen agierten nach außen als Partei, waren je nach erhobener Anklage des nationalsozialistischen Unrechtsregimes Konfiszierungen und den damit einhergehenden Presseprozessen ausgesetzt. Sie konnten nur mit Mühe von ihrer durch die politischen Umstände an Bedeutung gewinnenden illegalen Tätigkeit seit des Aufenthaltes der SPD im Exil ablenken.

Der Kampf der DSAP um ihre Presse

Da das Auftreten der deutschen Sozialisten dem Auswärtigen Amt nicht gefiel, wurde versucht, Einfluß verschiedenster Art geltend zu machen. Man beurteilte Kowoll als „Beeinflussungsversuchen erheblich weniger zugänglich als dies wohl bei Helmrich [Redakteur des „Volkswillen“, PB] der Fall sein würde“[486]. Mit Helmrich machte das Auswärtige Amt jedoch schlechte Erfahrungen, da er nicht fähig war, die ihm erteilten Aufträge auszuführen.

Andere Versuche wurden unternommen: Der während der Abstimmungszeit für den „Volkswillen“ tätige Redakteur Karl Okonsky, anschließend für die „Kattowitzer Zeitung“ schreibend, stand etwa ab Okto-

---

485 VW v. 12. 03. 1935. WAP Katowice, Dyr. Pol. Chorzów 330, S. 56. Ibidem: S. 57–58a, Polizeidirektion Königshütte an Schlesisches Wojewodschaftsamt Kattowitz, Sicherheitsabteilung v. 13. 03. 1935. Im März 1935 zählte die DSAP-Ortsgruppe Königshütte 95 Mitglieder. Sie galt als die stärkste und aktivste Gruppe in Schlesien. Vgl. Parteivorstand 1935: 32.

486 PA AA, Generalkonsulat Kattowitz, Po 6 adh. 2a, Bd. 1: Illgen an von Saucken (AA) v. 07. 01. 1930. Illgen berichtete, Helmrich habe „ein Maß an Unfähigkeit bewiesen, das es eigentlich notwendig machen müßte, ihn durch eine andere Persönlichkeit zu ersetzen [und daß] ein derartiger Schritt aller Voraussicht nach auf erhebliche Schwierigkeiten stoßen würde, und zwar nicht nur deshalb, weil es hier zurzeit durchaus an einem geeigneten Nachfolger fehlt, sondern auch aus dem Grunde, weil hier wahrscheinlich wieder die bekannten Rücksichten ... genommen werden müssen, Helmrich also gegebenenfalls irgendwie untergebracht werden müßte.“ (Ibidem).

ber 1927 im Dienste des Auswärtigen Amts.[487] Aus der Korrespondenz geht hervor, daß Okonsky sich für die Dienste selbst anbot und auf eine Entscheidung drängte. Der Kattowitzer Generalkonsul von Grünau fand Okonskys Vorschlag annehmbar und war bereit, „mit ihm den Versuch in der besprochenen Richtung zu machen. Die Ausführung des Planes wird dadurch erleichtert, daß Herr Okonsky sich nicht hier, sondern in Hindenburg etablieren will und nur von dort aus immer wieder hier herüberzukommen und auf seine hiesigen Leute einzuwirken beabsichtigt. Diese Lösung bedeutet eine große Erleichterung unter dem Gesichtspunkte meiner Beziehungen zu Kowoll, weil so etwaige Empfindlichkeiten Kowolls geschont werden und überhaupt nicht so leicht der Eindruck entstehen kann, als ob Okonsky in engeren Beziehungen zu mir steht."[488]

Kowoll wußte, in wessen Auftrag Okonsky arbeitete und stellte ihn dennoch gelegentlich als Redakteur ein. Winkler fühlte sich erleichtert, nachdem er anderthalb Jahre Wartegeld für Okonsky gezahlt hatte, daß dieser, jetzt von von Grünau bezahlt, auf dessen „Veranlassung hin nach außen"[489] von Kowoll eingestellt wurde. Dieses Arrangement sei „im vollständigen Einvernehmen" mit Kowoll zustande gekommen, und Okonsky erhalte „dadurch Gelegenheit, sich dauernd über die Haltung des Blattes zu informieren und dämpfend und berichtigend einzuwirken".[490] Obwohl Kowoll über Okonsky Bescheid wußte, mußte er ihm die gewünschten Einblicke in die Redaktion gewähren.

Im Jahre 1928 glaubte von Grünau, Kowoll seine Verbindung mit Okonsky verheimlichen zu müssen. Zwei Jahre später, die Situation der deutschen Sozialisten hatte sich verschlechtert, schien diese Vorsichtsmaßnahme nicht mehr notwendig. Und im Jahre 1933 gab Kowoll zu, im „Volkswillen" nicht so auftreten zu können, wie er wollte. Er erklärte, vom Verlag, von der „Kattowitzer Buchdruckerei und Verlags AG" und vom Zuspruch Berlins abhängig zu sein. Dort hatte er zu diesem Zeitpunkt Zahlungsrückstände in Höhe von 5.000,– Zl.[491] Er mußte Zugeständnisse machen, die Geldgeber ruhig stellen, war also zum politischen Spagat gezwungen.

Der „Volkswille" und die „Lodzer Volkszeitung" befanden sich in finanzieller Abhängigkeit vom Deutschen Reich. Das Auswärtige Amt gewährte nur den Zeitungen Subventionen, in denen eine der deutschen „amtlichen Politik entsprechende Tendenz in jeder Hinsicht sichergestellt"

---

487 „Gazeta Robotnicza" v. 10. 12. 1927; vgl. dazu „Polska Zachodnia" v. 03. 01. 1928.

488 PA AA, Generalkonsulat Kattowitz, Po/Geh. 62, Bd. 1, S. 70: von Grünau an von Moltke v. 28. 09. 1928.

489 Ibidem, Po 12, 38/9, Bd. 2: Winkler an von Grünau v. 20. 03. 1930.

490 Ibidem: von Grünau an Winkler v. 12. 04. 1930.

491 WAP Kattowitz, Dyr. Pol. Kat. 365, S. 42 v. 03. 04. 1933. Noch Ende August 1933 war an eine Rückzahlung der Schulden nicht zu denken. Es fehlte Geld für Druck und Papier (Ibidem, S. 69 v. 26. 08. 1933).

oder wenigstens für die Zukunft eine „ausreichende Sicherung hinsichtlich der politischen Tendenz des Blattes geschaffen werden könnte"[492]. Wert wurde darauf gelegt, daß die unterstützten Zeitungen die „gewünschte Tendenz" einhielten. Um dies zu gewährleisten, wurden Zuschüsse oft nur für kürzere Zeiträume zugesagt. Die Maßnahmen ergriff das Auswärtige Amt bewußt, um die Zeitungen auf Dauer „in der Hand zu halten"[493]. Jahrelang der Gnade des Auswärtigen Amts ausgeliefert, waren die Organe der deutschen Sozialisten Polens auf Zuspruch ihrer Volksgenossen und Klassenfeinde angewiesen. Diese hielten ihnen zugute, deutsche Blätter zu sein: wenn sozialistisch, so besser das kleinere Übel, nämlich deutsch-sozialistisch und nicht polnisch-sozialistisch. Nach Hitlers Machtübernahme 1933 wurde darauf wenig Rücksicht genommen und daher der Sozialismus hart bekämpft. Die infolge schwerer Repressalien wenigen verbliebenen Sozialisten fielen nicht mehr ins Gewicht. Jetzt konnte rigoros gegen die sozialistische Bewegung auch im Ausland vorgegangen werden.

Das Auswärtige Amt beurteilte im Oktober 1933 die Haltung des „Volkswillen" zur deutschen Regierung als „im Sinne der sozialdemokratischen Emigration scharf ablehnend" und zudem „an der gegen Deutschland gerichteten Verleumdungskampagne" beteiligt.[494] Im April 1934 leitete das Generalkonsulat in Kattowitz ein an die Redaktion des „Volkswillen" adressiertes Preisausschreiben und im Mai eine Einladung zu einer Tagung des Deutschen Ausland-Instituts nicht weiter. Es wurde vermutet, daß das Institut in Stuttgart nicht über das „nach Art der sozialdemokratischen Emigrantenpresse redigierte, völlig marxistische Organ" informiert war.[495]

Ende April 1933 nannte das Auswärtige Amt die „Lodzer Volkszeitung" ein in „reichsfeindliches Fahrwasser eingebogenes"[496] Presseorgan. Sie setze „gehässige und entstellte Nachrichten über die innerdeutschen Verhältnisse"[497] in Umlauf. Beklagt wurde, daß die „Lodzer Volkszeitung" Unterstützung durch Leitartikel reichsdeutscher Redakteure finde, deren Zeitungen in Deutschland zeitweise verboten seien, wie „z. B. Stampfer

---

492 PA AA, Presse Abt. Polen 3a, Bd. 2: Aufzeichnung von von Saucken an Abteilung IV Polen des AA v. 14. 02. 1931.

493 Ibidem: Łuckwald (Deutsches Konsulat Lodz) an AA v. 02. 11. 1931. Vgl. dazu ibidem: von Saucken an Generalkonsul Crull v. 03. 10. 1932.

494 PA AA, Generalkonsulat Kattowitz, Po 12, 38/9, Bd. 2: Generalkonsulat Kattowitz an AA v. 13. 10. 1933.

495 PA AA, Politik 12 Oberschlesien, Bd. 3: Deutsches Generalkonsulat Kattowitz an AA v. 16. 04. 1934. Ibidem, Presse Abt. Polen 3a, Bd. 2: Deutsches Generalkonsulat Kattowitz an AA v. 05. 05. 1934.

496 PA AA, Geheimakten Polen 1920–1936, Bd. 8: Molly (Deutsches Konsulat Lodz) an AA v. 26. 04. 1933.

497 PA AA, Presse Abt. Polen 3a, Bd. 2: von Saucken an Reichsministerium des Innern v. 15. 05. 1933.

vom 'Vorwärts'"[498]. Die „Lodzer Volkszeitung" stehe zur „deutschen Freiheitsbewegung ... stark ablehnend" und „hetze in der gemeinsten Weise gegen die deutsche Regierung", wozu sie „Material und Mittel anscheinend aus Prag"[499] beziehe.

Zu Anfang der nationalsozialistischen Herrschaft in Deutschland, versuchte das Auswärtige Amt, in Polen und in Deutschland ein Verbot der „Lodzer Volkszeitung" zu erwirken. Es gab keine Bemühungen, der Tendenz des Blattes durch finanzielle Mittel nachzuhelfen. Dies stand nicht mehr zur Debatte. Vielleicht fehlte den Lodzern der Zuspruch, den Kowoll durch von Grünau bekam oder die Rückendeckung der lokalen deutschen Bürgerlichen und der klerikalen Führung in Kattowitz, um das deutsch-sozialistische Presseorgan zu halten.

Im März 1933 erwog der deutsche Konsul von Lodz, Molly, das Parteiorgan der DSAP „mit Hilfe der polnischen Regierung wegen seiner Beschimpfungen der Deutschen Reichsregierung gelegentlich auf einige Tage verbieten zu lassen"[500]. Berlin empfahl, das Erscheinen der „Lodzer Volkszeitung" „im Sinne der Verordnung des Reichspräsidenten zum Schutze des deutschen Volkes vom 4. April 1933 und zum Schutz von Volk und Staat vom 28. Februar 1933"[501] zu untersagen. Nach Erlaß vom 29. Mai 1933 wurde die Zeitung bis auf weiteres in Deutschland verboten.[502]

Wie Kowoll versuchte Zerbe, seine Zeitung in Danzig zu vertreiben, um einen Ersatz für die verbotene sozialistische „Danziger Volksstimme" zu bieten. Deswegen führte er am 17. November 1933 Verhandlungen mit dem Danziger Parteiführer. Am gleichen Tag erreichte das deutsche Generalkonsulat Danzig das Telegramm des deutschen Konsulats Lodz mit der Warnung vor der in Deutschland verbotenen „Lodzer Volkszeitung". Der Danziger Senat beauftragte das Polizeipräsidium, sich dieser Sache anzunehmen. Dieses sprach das Verbot der Zeitung für Danzig mit der Begründung aus, daß das Lodzer Organ „sich sachlich als die verbotene 'Danziger Volksstimme' darstelle und daher als deren Ersatz anzusehen sei"[503]. Das Auswärtige Amt verfolgte jeden Schritt der deutschen Sozialisten im Ausland. Das Geheime Staatspolizeiamt in Berlin hielt am 11. Juli 1934 nach Beobachtung des Kattowitzer „Volkswillen" dessen „sofortiges

---

498 PA AA, Deutsches Konsulat Lodz, Deutschtum, Bd. 6: Molly (Deutsches Konsulat Lodz) an Deutsche Gesandtschaft Warschau v. 22. 03. 1933. Ibidem: Archiv der DSAP, A-d 1 Nr. 61.

499 Historische Kommission Berlin, P III/4c: Deutsches Konsulat Lodz an Gesandtschaft Warschau v. 18. 10. 1933.

500 Wie Anm. 498. Vgl. Heike 1969: 103 f.; 1985: 220.

501 PA AA, Presse Abt. Polen 3a, Bd. 2: Windecker (AA) an Abteilung P v. 06. 05. 1933. Ibidem: von Saucken an Reichsministerium des Innern v. 15. 05. 1933.

502 Historische Kommission Berlin, P III 4c: Deutsches Konsulat Lodz an Gesandtschaft Warschau v. 18. 10. 1933.

503 PA AA, Presseabt. Polen 3a, Bd. 2: Deutsches Generalkonsulat Danzig an AA v. 08. 12. 1933. Durchschlag davon: PA AA, Deutsches Konsulat Lodz, Deutschtum, Bd. 6.

nachdrückliches Verbot ... für unbedingt erforderlich" und wandte sich deswegen an das Auswärtige Amt, den Reichsminister des Innern und den Reichsminister für Volksaufklärung und Propaganda. Auslöser war der im „Volkswillen" am 7. Juli 1934 erschienene Leitartikel „Blutrausch regiert das Dritte Reich", weil er „derartig unerhörte Verunglimpfungen des Führers und des neuen Deutschland"[504] enthalte.

Geschrieben wurde über den Mord an den SA-Führern, über Röhm, von Schleicher, Gregor Straßer und andere, die in einer Nacht-und-Nebel-Aktion auf Befehl Hitlers hingerichtet worden waren. Der Autor berichtete, daß „Hunderte von Kleinigkeiten passiert [sind], die durch Mord auf Hitlers Befehl in die Versunkenheit stürzten", und Hitler selbst „die ganze Schweinerei der Naziwirtschaft im Reich [enthüllte], wie sie keine Greuelpropaganda je in der ganzen Nacktheit der Tatsachen offenbaren konnte [und] bestätigte, daß geschlemmt, gesoffen, gehurt, gestohlen und verschwendet wurde aus öffentlichen Mitteln". Hitler habe „alles gewußt, aber erst enthüllt, als er zur Beseitigung der Mitarbeiter greifen mußte". Diese Aktion sei „eine Szene aus dem deutschen Drama, welches sich noch Monate auf der weltpolitischen Bühne abrollen" würde, der „Anfang vom Ende der deutschen Tragödie, deren Ausgang ungewiß sei". Hitler wurde als „Narr im Blutrausch" und „Verderber der Nation" bezeichnet. Die Staatskunst Hitlers sei Mord; und jeder, der „diese Tyrannei stütze, ist mitschuldig am Verbrechen Deutschlands". Resümiert wurde, daß „der deutsche Revolutionsfilm rolle, blutig zwar, doch unaufhaltsam, zum Ende des Dritten Reichs"[505].

Bereits ab 1933 wurde im „Volkswillen" und in der „Lodzer Volkszeitung" eine entschieden den Nationalsozialismus verurteilende Stellung bezogen. Beispielhaft sind die Artikel des „Volkswillen": „Deutsch oder Hitlerdeutsch" vom 17. Februar 1934, „So ist es im Dritten Reich" vom 14. Juli 1934 oder „Von der Volksgemeinschaft zum Trümmerhaufen" vom 17. November 1934.[506]

Noch im Juli 1934 versuchte die Deutsche Gesandtschaft in Warschau, die Presseabteilung des polnischen Außenministeriums zu veranlassen,

---

504 PA AA, Presseabt., Verbote/Polen, Bd. 504/6: Dr. Gotthardt (Geheimes Staatspolizeiamt Berlin) an Reichsminister des Innern v. 11. 07. 1934.

505 Ibidem, VW v. 07. 07. 1934.

506 Dazu Artikel des VW: „Das andere Deutschland" v. 13. 09. 1933; „Eine große antifaschistische Kundgebung der Arbeiterschaft des Bielitz-Bialaer Industriebezirkes" v. 16. 11. 1933; „Kampf dem Faschismus" v. 18. 11. 1933; „Abrechnung im deutschen Lager" v. 13. 01. 1934; „Die neue Emigration" v. 03. 03. 1934; „Marxisten als Hitler-Reklame" v. 07. 04. 1934; „Nicht zählen wir den Feind" v. 05. 05. 1934; „'Volksverräter' unter sich!" v. 12. 05. 1934; „Freie Gewerkschaften oder Hitlerzellen?" v. 19. 05. 1934; „Deutschtum oder Hitlerbegeisterung?" v. 09. 06. 1934. In der LVZ exemplarisch: „So feiert ein Naziführer Hochzeit! Millionenverschwendung auf Staatskosten im Lande des Eintopf-Gerichts" v. 14. 04. 1935; „Ablenkungsmanöver der Volksgemeinschaftler – der nationalsozialistische Rausch geht weiter" v. 12. 09. 1935.

wegen „unerhörter Beleidigungen Deutschlands und seiner Führer“[507] mäßigend auf den „Volkswillen“ zu wirken. Der schlesische Wojewode, Grażyński, versicherte dem Generalkonsul von Kattowitz, Nöldeke, in entsprechenden Fällen in Zukunft einzugreifen.[508] Grażyński stand in der Frage der deutsch-polnischen Annäherung in Opposition zur offiziellen polnischen Politik. Er war gegen die Annäherung. Angriffe des „Volkswillen“ gegen die nationalsozialistische deutsche Politik lagen in seinem Interesse. Grażyński setzte die Zeitung der deutschen Sozialisten nicht dem Druck aus, unter dem die Gruppe in Lodz zu arbeiten hatte. Er mußte dazu aufgefordert werden. Günstiger für die DSAP wäre gewesen, das Presseorgan nach 1935 in Kattowitz zu erhalten und nicht in Lodz.[509]

Erstmals wurde der „Volkswille“ in Deutschland am 14. August 1934 befristet für die Zeit bis zum 31. August 1934 verboten.[510] Das Geheime Staatspolizeiamt in Einklang mit dem Propagandaministerium insistierte während dieser Sperre, den „Volkswillen“ ganz zu verbieten. Auf Dauer sei mit einer tendenziellen Änderung nicht zu rechnen, und wieder sei eine Nummer erschienen mit den „gröbsten Verleumdungen und Verdächtigungen des Führers ... und der deutschen Regierung“, um „das Ansehen Deutschlands schwer zu schädigen“[511]. Die Wojewodschaft erhob zwar Einspruch, beschlagnahmte die Zeitung aber erst nach deren Veröffentlichung. Im Falle einer Wiederholung wollte Nöldeke bei der Regierung in Warschau ein völliges Verbot erwirken.[512] Nöldeke erreichte auf regionaler Ebene mit Grażyński, trotz dessen Zusicherungen nichts, und sah sich gezwungen, die höhere Instanz einzuschalten.

Nach Erlaß der Geheimen Staatspolizei vom 3. November 1934 wurde der Vertrieb des „Volkswillen“ wegen seiner feindlichen Gesinnung gegenüber dem Deutschen Reich bis auf weiteres für das Reichsgebiet untersagt.[513] Für das polnische Gebiet konnte dies amtlich, wie geplant, nicht erreicht werden. Wenig später wurde er indirekt durchgesetzt. Der „Volkswille“ verlor infolge der Repressalien der deutschen Behörden ge-

---

507 PA AA, Politik 12 Oberschlesien, Bd. 3: Deutsche Gesandtschaft Warschau (von Moltke) an AA v. 14. 07. 1934.

508 Ibidem: Nöldeke (Deutsches Generalkonsulat Kattowitz) an AA v. 15. 08. 1934.

509 Ähnlich schreibt Birnbaum (1974: 131) über Grażyńskis kritische Haltung „gegenüber der polnisch-deutschen Annäherung. Seine polnisch-nationalistischen Motive waren ganz andere als die unseren, aber sie kamen unserer Äußerungsfreiheit zugute.“

510 PA AA, Presseabt., Verbote 504/6: Schnellbrief des Reichsminister des Innern v. 14. 08. 1934.

511 Ibidem, Polen 3a, Bd. 2: Geheimes Staatspolizeiamt an AA v. 21. 08. 1934.

512 Ibidem: Nöldeke an AA v. 22. 08. 1934.

513 BArch, R 58/338: Staatspolizeistelle für den Reg.-Bez. Oppeln an Geheimes Staatspolizeiamt in Berlin v. 21. 01. 1935. Ibidem: Heller (Geheimes Staatspolizeiamt Berlin) an AA v. 01. 02. 1935. PA AA, Politik 12 Oberschlesien, Bd. 3, S. 92: Heller (Geheimes Staatspolizeiamt Berlin) an AA v. 01. 02. 1935 (Abschrift).

gen die Sozialdemokraten sowie mit dem Ausbleiben der Subventionen an Boden und mußte sein Erscheinen einstellen.

Wie Nöldeke dem Auswärtigen Amt und dem Geheimen Staatspolizeiamt berichtete, verlor Kowoll durch die Einstellung des „Volkswillen" „an Ansehen und Bedeutung"[514]. Mit dem Eingehen des Parteiorgans für Oberschlesien verschwand eine wichtige Agitationsmöglichkeit. Das versetzte der Partei einen schweren Schlag und half maßgeblich, sie in die Enge zu treiben.

Ab 1. Mai 1935 verfügten die deutschen Sozialisten Polens allein über das in Lodz herausgegebene Parteiorgan, die „Volkszeitung", mit den Untertiteln „Volkswille" für Oberschlesien und „Volksstimme" für Bielitz-Biala und Umgebung.

Das Auswärtige Amt hatte sich von nun an ausschließlich auf eine deutsche sozialistische Zeitung zu konzentrieren, die als „polnisch-sozialistisch" bezeichnet wurde. Die „Volkszeitung" stand unter Beaufsichtigung des Deutschen Konsulats Lodz, das die polnischen Zensoren wiederholt zu Beschlagnahmungen des Blattes veranlaßte. Mit der häufigen Konfiszierung erhoffte das Auswärtige Amt, eine finanzielle Schwächung des Zeitungsverlages zu erreichen und „Angriffe auf deutsche Staatsmänner"[515] einzuschränken. Die Redakteure mußten „für Beleidigungen des Führers" Gefängnisstrafen in Kauf nehmen. Die „Volkszeitung" wurde „zur antideutschen marxistischen Hetzpresse gezählt"[516], und der polnische Zensor arbeitete Hand in Hand mit den offiziellen deutschen Vertretern der Reichspolitik. Die Zensur behandelte die in der „Volkszeitung" geübte Kritik an deutschen Staatsführern des „Dritten Reiches" als Beleidigungen der Regierungsmitglieder „eines befreundeten Staates"[517].

Das Geheime Staatspolizeiamt teilte dem Auswärtigen Amt im Oktober 1935 mit, daß das Verbot der „Volkszeitung" mit Erlaß vom 19. Mai 1933 am 12. März 1934 aufgehoben, die Zeitung jedoch neuerdings auf „Erlaß des Reichs- und Preuß[ischen] Ministers des Innern vom 30. 09. 35"[518] verboten worden sei. Die DSAP, die an Einfluß verlor, litt

514 BArch, R 58/338: Nöldeke an AA und Durchdruck für Geh. Staatspolizeiamt v. 07. 12. 1935. Identisch mit: PA AA, Politik 12 Oberschlesien, Bd. 3, S. 99: Nöldeke an AA v. 07. 12. 1935.

515 PA AA, Presseabt., Polen 3a, Bd. 2: Deutsches Konsulat Lodz an AA, Durchdruck an Botschaft Warschau v. 20. 06. 1935.

516 Ibidem, Verbote Polen, Bd. 34/5: Deutsches Konsulat Lodz an AA, Durchdruck an Botschaft Warschau v. 03. 11. 1935.

517 LVZ v. 20. 06. 1935 in: PA AA, Presse Abt. Polen 3a, Bd. 2.

518 PA AA, Presse Abt. Verbote Polen, Bd. 34/5: Geheimes Staatspolizeiamt an AA v. 26. 10. 1935. Vgl. dazu ibidem: Der Reichsminister für Volksaufklärung und Propaganda an AA v. 28. 10. 1935. Ibidem: Deutsches Konsulat Lodz an AA v. 09. 10. 1935.

wegen ihrer antinationalsozialistischen Haltung unter Repressalien von deutscher und polnischer Seite.[519]

Der Kampf gegen den Nationalsozialismus in Oberschlesien

Bereits ehe der SPD am 22. Juni 1933 mitgeteilt wurde, daß sie nicht mehr bestehe, hatte sich ein Teil ihres Vorstandes nach Prag abgesetzt. Von hier aus arbeitete zunächst ihre Zentrale, die der DSAP bis 1933 moralische und finanzielle Unterstützung gewährt hatte.[520] Diesen wichtigen Rückhalt hatten die deutschen Sozialisten Polens verloren. Jetzt wurde von ihnen viel verlangt. Die DSAP leistete der Exil-SPD in Prag, der „Sopade", große Dienste: diese war von ihren Mitgliedern in Deutschland abgeschnitten und darauf fixiert, mit den Gebliebenen Kontakt aufzunehmen, um dem deutschen Volk zu verkünden, von wem es regiert wird.

Darüber hinaus war die DSAP in verschiedenen Komitees zur Abwehr des Nationalsozialismus aktiv. Im Oktober 1933 wurde im deutschen Teil Oberschlesiens ein „Antifaschistisches Komitee" gebildet, dem neben deutschen Sozialisten polnische aus den Gemeinden Ratibor, Groß-Strehlitz und Oppeln beitraten. Weil sich die früheren SPD-Führer in Deutschland nicht sehen lassen konnten, wurde Kowoll eingeschaltet; von ihm bekam das Komitee Anweisungen zur illegalen Arbeit. So berief Kowoll am 29. Oktober 1933 eine Konferenz nach Oppeln ein. Er empfahl den Funktionären, die aktiveren Mitglieder aufs Land ziehen zu lassen, weil dort der Terror gegen die Sozialisten nicht so stark sei. Mit ehemaligen SPD-Mitgliedern sollte Kontakt aufgenommen werden.[521]

Kowoll gründete im Februar 1934 ein „Komitee zur Hilfsaktion für die österreichischen Genossen" mit Sitz in Kattowitz. Dem Präsidium gehörten Kowoll, Eduard Buchallik, Kern und Miron an. Geholfen werden sollte durch finanzielle Hilfe. Zu diesem Zweck wurden „Sammelaktionen in privaten Kreisen" durchgeführt. Man wollte nicht in Konflikt mit den Behörden kommen. In öffentlichen Kundgebungen sollte über den Kampf der österreichischen Sozialisten „gegen die Reaktion und den Faschismus" berichtet werden. Familien wurden gesucht, die in der Lage waren, verwaiste Kinder österreichischer Genossen aufzunehmen.[522]

---

519 Vgl. Falecki 1970: 107; 1989: 164. Staniewicz 1965: 80 f. Cygański 1966 (x): 29. Szefer 1992: 75.

520 Szefer 1967: 71. Grasmann 1976: 17.

521 WAP Katowice, Dyr. Pol. Kat. 365, S. 84: Information über DSAP, Polizeidirektion Kattowitz an Schlesisches Wojewodschaftsamt Kattowitz, Sicherheitsabteilung, v. 06. 11. 1933. Sieradzka 1988: 97.

522 WAP Katowice, Dyr. Pol. Kat. 365, S. 111: Rundschreiben des „Komitee zur Hilfsaktion für die österreichischen Genossen" an sämtliche sozialistische Partei-, Gewerkschafts- und Kulturorganisationen Polnisch-Oberschlesiens v. 19. 02. 1934. Ibidem, S. 110: Spendenaufruf des Komitees an alle Genossen v. 19. 02. 1934. Vgl. ibidem, S. 109: Polizeidirektion Kattowitz an Schlesisches Wojewodschaftsamt v. 14. 03. 1934. Nach Szefer (1967: 76 f.),

Am 9. März 1934 beriet der DSAP-Bezirksvorstand in Kattowitz über den Beitritt zum in der Tschechoslowakei gegründeten „Antifaschistischen Komitee". Diesem Komitee gehörten die sozialistischen Parteien der Tschechoslowakei, Österreichs und Deutschlands an. Andere sollten noch beitreten. Kowoll beschloß wegen der Entscheidung, auf Direktiven der Sopade zu warten.[523] Vermutlich handelte es sich um ein Komitee ausschließlich sozialistischer Parteien. Die SPD-Führung lehnte eine Aktionsgemeinschaft mit den Kommunisten kategorisch ab.

Die „Neue Linke" (Gruppe „Neu-Beginnen") und die „Alte Linke" („Revolutionäre Sozialisten") innerhalb des Sopade-Vorstandes traten für Zusammenarbeit mit den Kommunisten ein. Das führte zu Abspaltungen.[524] Ende 1935 richtete die KPD ein Einheitsfrontangebot an die SPD, dem von vornherein mißtraut wurde. Die KPD lehnte den von den Sozialisten vorgeschlagenen „Nichtangriffspakt" und das „Zusammengehen von Fall zu Fall" ab. Somit endete diese Diskussion ergebnislos. Auch drei und vier Jahre später kam man in dieser Frage nicht weiter.

In Anbetracht der Beziehungen der Sopade-Führung zu den Kommunisten, die für Kowoll maßgeblich waren, läßt seine Mitwirkung in Komitees mit Kommunisten fragwürdig erscheinen. Im August 1936 soll er als Vertreter der DSAP dem in Prag gegründeten „Antifaschistischen Aktionskomitee" beigetreten sein, dem sozialistische und kommunistische Parteiführer angehörten. Aufgabe sollte „antihitlerische" Propaganda in Deutschland und „antifaschistische" in Italien sein.[525] Bestätigt wird dies dadurch, daß Kowoll sich Anfang August 1936 einem schlesischen Friedenskomitee, dem „Śląsko-Zagłębiowski Komitet Pokoju", anschloß, dem polnische Kommunisten und Sozialisten angehörten.[526] Auch wirkte er in einem Komitee mit, um den Weltfriedenskongreß in Brüssel vorzubereiten. Dieses „Śląsko-Dąbrowski Komitet dla Spraw Światowego Kongresu Pokoju" war der Liga zum Schutz der Menschen- und Bürgerrechte, „Liga Obrony Praw Człowieka i Obywatela", in Sosnowitz angeschlossen. Vor

---

Sieradzka (1987: 145) und Heike (1985: 225) hätten diesem Komitee neben Kowoll auch Gorny, Maron und Witholz angehört.

523 WAP Katowice, Dyr. Pol. Kat. 365, S. 109 v. 14. 03. 1934. Szefer 1967: 76.

524 Grasmann 1976: 22 ff. und 32 f.

525 WAP Katowice, Dyr. Pol. Kat. 365, S. 297: Polizeidirektion Kattowitz an Schlesisches Wojewodschaftsamt v. 19. 08. 1936. AAN, Amb. RP Berlin 3877, S. 73 f.: Schlesisches Wojewodschaftsamt Kattowitz an Innenministerium Warschau v. 22. 08. 1936. Außenministerium an Botschaft der Republik Polen in Berlin und in Prag v. 17. 09. 1936. AAN, MSZ 4898, S. 104–107. Auch: AAN, Amb. RP Berlin 3877, zusätzlich: Innenministerium an Außenministerium v. 08. 09. 1936. AAN, MSW 963, Sprawozdanie z życia mniejszości narodowych, III/1936, S. 67. Grünberg 1963: 198. Nicht gesagt ist, daß dieses Komitee auf höchster Parteiebene gebildet wurde. Oft kam Zusammenarbeit zwischen Sozialisten und Kommunisten „trotz der offiziellen Absage" des Parteivorstandes auf unteren Ebenen zustande. Grasmann 1976: 28, 138.

526 Szefer 1967: 77.

allem wirkten in ihm kommunistische und sozialistische Funktionäre, daneben parteilose Intellektuelle.[527]

Kowoll leitete zeitweise eines der von der Sopade eingerichteten „Grenzsekretariate". Diese hatten bestimmte Bereiche des Reichsgebietes mit Propagandamaterial und Nachrichten abzudecken und erhielten Mitteilungen aus dem Deutschen Reich. Sie waren Anlauf- und Verteilerstelle.[528] Zur Aufgabe der „Grenzsekretäre" gehörte das Sammeln von Berichten über Deutschland, ergänzt durch mündliche Mitteilungen, die in den „Deutschlandberichten" der Sopade, den „Grünen Berichten", veröffentlicht wurden.[529]

Die DSAP half, Schmugglerringe zu organisieren, leitete Informationen weiter, schmuggelte Druckschriften und Flugblätter von Prag nach Deutschland und nach Österreich über Oberschlesien und umgekehrt, gewährte Flüchtlingen aus Deutschland und aus Österreich, besonders Juden und Sozialisten, Beistand.[530] Die Hauptaufgabe bestand in der Unterstützung der Sopade bei deren Haupttätigkeit, „dem Erhalt von Nachrichten aus dem Reich und dem Geben von Informationen für die Illegalen im Reich"[531].

In die Mitarbeit einbezogen wurden deutsche Sozialisten der Nachbarstaaten, deutsche Emigranten in fremden Ländern, vor allem in Frankreich, Luxemburg, Belgien, Holland, Dänemark, Schweden und zunehmend mit diesen in Zusammenarbeit: die Sozialisten dieser Länder.[532] Finanziert wurden die Emigranten von der Zweiten Internationale – den Sozialisten in Frankreich, Holland, der Tschechoslowakei und den skandinavischen Ländern – sowie aus Restbeständen der SPD-Parteikasse.[533]

Anfangs verlief die Organisation der illegalen Informationen einfach und ohne genügende Vorsicht. Von Prag brachten die Vertrauensleute das Material zu Glücksmann nach Bielitz, von dort weiter zu Kowoll nach Kattowitz. Zu Beginn waren es regelmäßig 5.000 Exemplare des in Karlsbad, später in Prag erscheinenden „Neuen Vorwärts" im Format 10 x 20 cm mit sehr kleinem Druck. Von Kattowitz aus wurden Pakete nach Chropoczów geschickt, wo die deutsche Seite die Weiterleitung über-

---

527 Ibidem. Grünberg 1963: 198. Walczak 1986: 200.

528 Archiv der sozialen Demokratie der FES, Sopade 67, Karteikarte Johann Kowoll (in Zukunft: FES). BArch, R 58/78: Die marxistische (sozialistische) Bewegung in Deutschland und im Ausland 1937–39, S. 282.

529 Ibidem. 283. Grasmann 1976: 17 f.

530 Vgl. Hawranek 1982: 186. Kowalak 1971: 328.

531 Wie Anm. 528, S. 281 f.

532 Ibidem. WAP Katowice, Dyr. Pol. Kat. 365, S. 68: Information über SPD, Polizeidirektion Kattowitz an Schlesisches Wojewodschaftsamt Kattowitz, Sicherheitsabteilung, v. 11. 08. 1933.

533 Ibidem: 71: Information über SPD, Polizeidirektion Kattowitz für Schlesisches Wojewodschaftsamt Kattowitz, Sicherheitsabteilung v. 19. 09. 1933. FES (wie Anm. 528), Sopade 30, S. 26: Beschlüsse des Parteivorstandes in der Sitzung vom 24./25. 02. 1936.

nahm. Bereits Ende Juli 1933 bemerkten die polnischen Behörden die illegale Verbreitung der deutschen sozialistischen Druckschriften.[534] Die ersten Unternehmungen der geheimen Kuriertätigkeiten waren leicht durchschaubar. Die polnische Polizei wußte bereits im August von den Plänen der Emigranten, ab September 1933 andere Druckschriften in die Verbreitung miteinzubeziehen.[535] Auch das deutsche Geheime Staatspolizeiamt war den Verbindungen der deutschen Sozialisten in Deutsch- und Polnisch-Oberschlesien ab Anfang Oktober 1933 auf der Spur. Noch wußten sie nichts Genaues über die Modalitäten der Fühlungnahmen. Einige frühere KPD- und SPD-Mitglieder in Beuthen, die mit „Funktionären" der DSAP Kontakt aufgenommen hatten, wurden beobachtet. Sie waren der DSAP beigetreten und wurden „unter Decknamen geführt. Mitgliedsbücher oder Karten erhielten sie nicht, diese wurden von den jeweiligen Kassierern in Polnisch-O/S. aufbewahrt."[536]

Anfangs konnten die Sozialisten bei ihrer Hilfe für politische Flüchtlinge leicht durchschaut werden. Die polnischen Polizeibehörden besaßen im Jahr 1933 gute Informationen über diese Tätigkeit. Die aus Deutschland fliehenden SPD-Mitglieder, zunehmend Juden mit deutscher Staatsbürgerschaft, wurden durch Vermittlung eines Unbekannten (namens Krebs aus Gleiwitz oder aus Hindenburg) an Kowoll weitergeleitet.[537] Wie und wo die Flüchtlinge die Grenze überschritten, stellte die Polizei nicht fest. Kowoll schickte die Flüchtlinge nach Bielitz. Von dort fuhren sie in die Tschechoslowakei. Auch an der polnisch-tschechischen Grenze war der Fluchtweg nicht genau auszumachen.[538]

Mitte September 1933 hielten sich acht deutsche Emigranten im Zentralhotel in Kattowitz auf. Sie warteten auf Erledigung ihrer Papiere und auf die Ausreise. Die meisten Emigranten mit polnischer Staatsbürger-

---

534 WAP Katowice, Dyr. Pol. Kat. 365, S. 71 u. S. 84. Ibidem, S. 154: DSAP Organisationsplan des Nachrichtendienstes, Polizeidirektion Kattowitz an Schlesisches Wojewodschaftsamt, Sicherheitsabteilung, v. 19. 04. 1934. Vgl. Szefer 1967: 78. Sieradzka 1988: 97. Grünberg 1963: 198.

535 WAP Katowice, Dyr. Pol. Kat. 365, S. 68.

536 IML, PSt 3/68: Der Regierungspräsident von Oppeln an preußischen Minister des Innern Berlin v. 04. 10. 1933. Am Rande war vom Empfänger dick handschriftlich vermerkt: „Nachforschen".

537 Ein gewisser Krebs sei von der deutschen Seite Oberschlesiens häufig in die Wohnung der Kowolls gekommen. Vgl. Interview der Verfasserin mit Kowolls Tochter. Krebs war wahrscheinlich ein Mitglied der Leitung der illegalen Gewerkschaften in Oberschlesien. Der Sopade war an dessen „Verbleiben an der Grenze" besonders gelegen. FES (wie Anm. 528), Sopade 30: Unbekannter der Sopade an Ernst Paul (Deutsche Sozialdemokratische Arbeiterpartei in der Tschechoslowakischen Republik) v. 05. 08. 1937. Aus unbekannten Gründen wurde wegen Krebs von „Genosse T a u b beim Innenministerium interveniert" – vermutlich beim tschechischen Innenministerium. Ibidem: Ernst Paul an Hans Vogel, Sopade in Prag v. 23. 08. 1937.

538 WAP Katowice, Dyr. Pol. Kat. 365, S. 71 v. 19. 09. 1933. Vgl. Interview der Verfasserin mit Konrad Gruda.

schaft blieben in Polen, um sich vermutlich bei der Agitation innerhalb der DSAP zu engagieren. Anfang September 1933 kam ein gewisser Blum nach Kattowitz, der früher elf Jahre lang die jungen Sozialisten in Leipzig geführt hatte. Nach der Machtübernahme Hitlers 1933 emigrierte Blum mit seinem Vater nach Paris, wo er einen polnischen Paß bekam und die Erlaubnis, in seine Heimat fahren zu können (er stammte aus der Gegend um Lemberg). Ob Blum in die Agitationsarbeit des Bezirks miteinbezogen wurde, war noch nicht entschieden.[539]

Aufgrund ihrer geheimen Tätigkeit, der Zusammenarbeit mit der deutschen sozialistischen Emigration in Prag, befanden sich die DSAP-Angehörigen unter strengster Kontrolle der deutschen und der polnischen Polizeibehörden. Wiederholt befahl die Sicherheitsabteilung des Schlesischen Wojewodschaftsamtes in Kattowitz schärfste Überwachung aller ihrer Tätigkeiten und bat um fortlaufende Unterrichtung.[540]

Wegen ständiger Beaufsichtigung des „Geheimdienstes", Beschlagnahmen der Kurierpost seitens der polnischen Polizei und weil sich exotische Methoden, wie die Beförderung von Druckschriften durch Flaschenpost, als wenig effektiv erwiesen, mußte das Verteilernetz häufig umorganisiert werden.[541]

Im Frühjahr 1934 stand eine vollständige Reorganisierung bevor. Kowoll berief eine geheime Konferenz nach Kattowitz ein, an der auch Beauftragte der deutschen Seite Oberschlesiens teilnahmen. In Polen lag die Führung dieser illegalen Tätigkeit in den Händen Kowolls und Glücksmanns. Sie arbeiteten für beide in Prag sitzenden emigrierten sozialistischen Parteivorstände, nämlich für den deutschen und den österreichischen.

Konspirativer Kontakt sollte mit beiden Vorständen und mit den illegalen sozialistischen Organisationen beider Länder aufrechterhalten oder neu aufgenommen werden. Personen, die in diesem Kreis tätig waren, belieferte die DSAP mit „legalen Pässen". Die Arbeit, die von Kattowitz aus erledigt wurde, umfaßte den Bereich Deutsch-Oberschlesiens bis nach Breslau. Der Aktionsradius der Bielitzer reichte von Teschener-Schlesien über Österreich bis nach Wien. Die Verbindungsleute waren jetzt meistens Frauen. Auch Kowolls Frau sollte in den Kurierdienst einbezogen werden, Kowoll war dagegen.[542] Auf der polnischen und der deutschen Seite sowie

---

539 WAP Katowice, Dyr. Pol. Kat. 365, S. 71 v. 19. 09. 1933.

540 WAP Katowice, Dyr. Pol. Kat. 365, S. 165: Schlesisches Wojewodschaftsamt Kattowitz, Sicherheitsabteilung, an Polizeidirektion Kattowitz v. 13. 06. 1934. Ibidem: 187 v. 04. 09. 1934.

541 IML, PSt 3/68, S. 101: Lagebericht Oppeln v. 06. 07. 1934.

542 WAP Katowice, Dyr. Pol. Kat. 365, S. 154: DSAP Organisationsplan für Nachrichtendienst von Polizeidirektion Kattowitz an Schlesisches Wojewodschaftsamt, Sicherheitsabteilung, v. 19. 04. 1934. Ibidem, S. 177: Information über geheimen Kurierdienst der DSAP, Poli-

im tschechischen grenznahen Gebiet mußten genügend Personen gefunden und mobilisiert werden, um einen reibungslos funktionierenden Kurierdienst zu gewährleisten. Zu diesem Zweck ließ Kowoll in Polnisch-Oberschlesien ehemalige Parteimitglieder besuchen, um festzustellen, warum sie aus der Partei ausgetreten waren. Als neue Mitglieder durften nur vertraute Personen aufgenommen werden.[543] Schwieriger gestaltete sich diese Aktion im deutschen Teil Oberschlesiens, wo die Sozialisten in der Illegalität arbeiten mußten.

Die Staatspolizeistelle in Breslau kam einer mit sozialistischen Wiederaufbauarbeiten beschäftigten Gruppe auf die Spur.[544] Später stellte sich heraus, daß der nach Jägerndorf in der Tschechoslowakei emigrierte frühere SPD-Parteisekretär und Gewerkschaftsführer Emil oder Ernst Fuchs aus Gleiwitz von der Sopade mit der Wiederaufrichtung der SPD in Schlesien beauftragt worden war. Vor allem im oberschlesischen Industriegebiet und in den zur Tschechoslowakei gelegenen grenznahen Gebieten hatte er Erfolg. Die „bereits lose zusammenhängenden Gruppen der verbotenen SPD" arbeiteten „mit außerordentlicher Vorsicht und einem tadellos funktionierenden Kurier-Apparat" und führten, trotz genauester Kontrolle der Grenzdienststellen, fortgesetzt verbotene Druckschriften ein.[545] Im deutschen Industriegebiet Oberschlesiens hatte sich eine „Kettenverbindung" gebildet, welche die aus Polen eingeschmuggelte „Sozialistische Aktion" verbreitete.[546]

Die illegale Arbeit funktionierte in den Industriegebieten der Kreise Breslau und Oppeln bis 1935/36 besonders gut.[547] Die Staatspolizeistelle Oppeln nahm diese Tätigkeit sehr ernst und warnte vor einer „unverkennbar großen Gefahr" durch die „fieberhafte Arbeit in bezug auf Zellenbildung, Zersetzungstätigkeit und Druckschriftenverteilung" der Sozialisten.[548]

Thema einer am 18. Juni 1934 in Königshütte in der Privatwohnung eines Sozialisten stattgefundenen Konferenz war eine örtlich notwendig gewordene Veränderung des Schmuggelweges. Da die deutschen Behörden die Überwachung der Grenzübergänge im Raum Rybnik verstärkten, sollte auf die Grenzübergänge im Tarnowitzer Bezirk ausgewichen werden, wo die Kontrollen weniger scharf waren.

Die Anweisungen beider Parteivorstände und die zu schmuggelnden Materialien gingen jetzt teils nach Bielitz und teils nach Kattowitz. Von

---

zeidirektion Kattowitz an Schlesisches Wojewodschaftsamt, Sicherheitsabteilung v. 23. 07. 1934.

543 WAP Katowice, Dyr. Pol. Kat. 365, S. 109 v. 14. 03. 1934.

544 IML, St 3/719, S. 109: Lagebericht Breslau v. 17. 09. 1934.

545 IML, St 3/719, S. 311: Lagebericht Breslau v. September 1935.

546 IML, St 3/719, S. 228: Lagebericht Breslau v. März 1935.

547 Grasmann 1976: 105.

548 IML, St 3/719, S. 300 f.: Lagebericht Breslau v. August 1935.

Kattowitz wurden die Materialien durch Kuriere nach Oppelner-Schlesien geschickt. Entlang der Grenze nahmen, von deutscher Seite organisiert, „Vertrauensmänner" das Agitationsmaterial entgegen und schickten es ins deutsche Gebiet. Eine Veränderung ergab sich aus der Verständigung zwischen SPD- und KPD-Mitgliedern auf deutschem Gebiet, die zusammenarbeiten wollten. Analog war das Geheimdienstnetz von Bielitz aus aufgebaut. In Österreich arrangierten sich die Sozialisten mit Mitgliedern des „Schutzbundes", und der Kurierdienst von Bielitz nach Österreich verlief ähnlich wie der von Kattowitz nach Deutschland.[549]

Trotz der Vereinbarungen vom Juni 1934, die Materialien für Deutschland und für Österreich von Prag aus getrennt nach Kattowitz und nach Bielitz zu schicken, bekam Kowoll am 16. Juli eine „größere Menge" der für Österreich bestimmten „Arbeiter-Zeitung", der Schrift „Deutsches Volk" und der monatlich erscheinenden „Sozialistischen Aktion". Er sollte diese nach Bielitz und nach Beuthen weiterleiten. Die „Arbeiter-Zeitung" sollte über Bielitz nach Österreich, die „Sozialistische Aktion" über Tarnowitz nach Beuthen und das „Deutsche Volk" über Łagiewniki nach Beuthen befördert werden.[550]

Ende Juli 1934 wurde der geheime Kurierdienst erweitert, lief streng konspirativ und mit der „am weitestgehendsten Vorsicht" ab: Die Kuriere bekamen Tarnnamen. Es kannten sich höchstens drei Personen: Absender, Vermittler, Adressat. Zwischen den einzelnen Trios bestand kein Kontakt. Einmal monatlich fand ein Treffen der Kuriere statt, wozu sich die einzelnen Trios separat trafen, um Direktiven zu erhalten. Das Material kam um eine verabredete Stunde in das Sekretariat der DSAP nach Kattowitz in Kowolls Hände und blieb dort nur wenige Minuten, um durch die Kuriere auf die deutsche Seite nach Beuthen über Tarnowitz oder über Łagiewniki gebracht zu werden.[551]

Trotz dieser Vorsichtsmaßnahmen kamen die Sicherheitsbehörden in Beuthen Ende Juli 1934 auf die Spur dieser Art der Verbreitung. Man beschloß nunmehr, den Schmuggel nach Beuthen über die Kreise Tarnowitz und Schwientochlowitz für drei Wochen ruhen zu lassen. Gleichzeitig wurde das Kuriernetz insofern verändert, daß die sozialistische Literatur nicht mehr von der Tschechoslowakei nach Neudorf gebracht, sondern ein Lager in Golasowitz eingerichtet wurde. Die Grenzübergänge in der Nähe von Rydultau und Pszów sollten benutzt und die Materialien von dort in den Kreis Ratibor gebracht werden. Um das zu besprechen, fuhr Kowoll

549 WAP Katowice, Dyr. Pol. Kat. 365, S. 175: Information über den geheimen Kurierdienst der DSAP, Polizeidirektion Kattowitz an Schlesisches Wojewodschaftsamt, Sicherheitsabteilung v. 30. 06. 1934.

550 Ibidem. S. 176: v. 23. 07. 1934.

551 Ibidem, S. 177. Vgl. dazu Sieradzka 1988: 98.

nach Golasowitz.[552] Ende August 1934 reorganisierten Kowoll und Glücksmann die illegale Verbreitung von gedruckten Informationen. Sie suchten andere Boten, weil die deutschen Behörden das Kuriernetz aufgedeckt hatten.[553] Zwei Monate später, Ende Oktober, mußte die Organisation des „Geheimdienstes" abermals überarbeitet werden. Deswegen fand am 31. Oktober 1934 eine Konferenz im Zentralhotel statt. Der Chauffeur des Prinzen von Pleß, ein gewisser Helmut Haust aus Kattowitz, wurde in den Kurierdienst einbezogen.[554] Er passierte als Chauffeur beruflich häufig die polnisch-deutsche Grenze und konnte sich ohne Probleme auf der deutschen Seite Oberschlesiens aufhalten. Die DSAP versuchte, bevorzugt Personen in den Schmuggelring zu integrieren, deren beruflicher Tätigkeitsbereich sich auch auf Deutschland erstreckte, ferner auch professionelle Schmuggler.

Nicht sicher ist, warum sich Kowoll Anfang 1935 vom Kurierdienst zurückzog. Wegen ständiger Überwachung seitens des polnischen und des deutschen Sicherheitsdienstes könnte er sich, Repressalien befürchtend, zu diesem Schritt entschlossen haben.[555] Der Grund könnte seine Weigerung gewesen sein, „illegale Organisationsarbeit zusammen mit den deutschen Kommunisten" in Deutsch-Oberschlesien durchzuführen. Kowoll wollte die „selbständige Arbeit" ohne Kommunisten. Seinen Bekannten riet er, sich nicht bei der Verbreitung zu engagieren, weil sie in Deutschland wegen Hochverrats verurteilt werden könnten.[556] Die zweite Begründung klingt wahrscheinlicher. Von Anfang an wußte Kowoll, welcher Gefahr er sich mit der illegalen Arbeit aussetzte und daß sich alles Interesse auf den Parteivorsitzenden konzentrieren würde. Kowoll lehnte die Zusammenarbeit mit den Kommunisten strikt ab. Auf der Mitgliederversammlung am 19. Juli 1935 in Königshütte befürwortete der Ortsvorsitzende Parczyk die Zusammenarbeit mit den Kommunisten und übernahm ab Sommer 1935 für Kowoll die Leitung des Kurierdienstes.

Unabhängig von Kowolls Entscheidung wurde der „Geheimdienst" in den Kreisen Rybnik, Tarnowitz und Königshütte von einzelnen aus den Reihen der DSAP unter Leitung Parczyks in „erheblich kleinerem Maß"

---

552 WAP Katowice, Dyr. Pol. Kat. 365, S. 178: Information über DSAP-Kolportage der Agitationsdrucke nach Deutschland, Polizeidirektion Kattowitz an Schlesisches Wojewodschaft, Sicherheitsabteilung, v. 30. 07. 1934. Pszów (Pschow) liegt bei Rybnik.

553 Ibidem, S. 186: Information über die DSAP-Kolportage von sozialistischen Schriften nach Deutschland, Polizeidirektion Kattowitz an Schlesisches Wojewodschaftsamt, Sicherheitsabteilung v. 31. 08. 1934. Vgl. ibidem, S. 192: v. 10. 09. 1934. Vgl. Sieradzka 1988: 99.

554 WAP Katowice, Dyr. Pol. Kat. 365, S. 202: Information über DSAP-Schmuggel sozialistischer Schriften, Polizeidirektion Kattowitz an Schlesisches Wojewodschaftsamt, Sicherheitsabteilung, v. 09. 11. 1934. Vgl. dazu Sieradzka 1988: 99 f.; 1987: 146.

555 Szefer 1967: 78. Sieradzka 1988: 100.

556 WAP Katowice, Dyr. Pol. Kat. 365, S. 212: Polizeidirektion Kattowitz an Schlesisches Wojewodschaftsamt, Sicherheitsabteilung, v. 03. 01. 1935. Vgl. Kowolls Einstellung gegenüber den Kommunisten Anfang 1935.

fortgeführt. Überwiegend wurden die Grenzübergänge der Kreise Rybnik und Schwientochlowitz benutzt.[557]

Kowolls Rückzug Anfang 1935 war nur von kurzer Dauer. Von Juli 1936 bis Januar 1939 arbeitete er wieder mit der Sopade zusammen. Nichts spricht dafür, daß er die Zusammenarbeit wegen der Angst vor Repressalien unterbrach.

Seine Einstellung gegenüber den Kommunisten im September 1936 läßt keinen Zweifel, woran er sich auch zwei Jahre später störte. Kowoll mißbilligte den neuen „Vertrauensmann" innerhalb der illegalen Gewerkschaftsarbeit in Deutsch-Oberschlesien. Dieser war früher als Kommunist tätig. Er befürchtete, daß der neue Mitarbeiter „wohl mit Hilfe der Bergarbeiter auch unsere Leute [die Sozialisten, PB] zu erfassen versuche" und „die Sozialdemokraten das Geld geben", damit sie von der KPD bekämpft würden. Kowoll betonte sein „Interesse daran, daß unsere Leute sich nicht von der Gegenseite aufbrauchen lassen"[558].

Kurze Zeit später warnte Kowoll vor einer zweiten Person, die „offiziell für die KP tätig" und sehr gut mit Geld „ausgestattet" sei. Auch die polnischen Genossen, die „vom polnischen Bergarbeiterverband", seien mit dieser Person in Deutsch-Oberschlesien nicht einverstanden. Da die polnische Seite verpflichtet sei, für sie mitzubezahlen, schlug Kowoll ein Arrangement in Richtung „Ablösung des Gewerkschaftlers" vor. Er befürchtete, daß die Kommunisten „den ganzen Apparat für sich einspannen" und die Sozialisten auf ihre Seite ziehen würden; daher drängte er auf eine schnelle Entscheidung.

In diesem Zusammenhang teilte Kowoll mit, aus wirtschaftlichen Gründen seine Tätigkeit für die Sopade voraussichtlich einstellen zu müssen.[559] Er drohte förmlich mit seinem Rücktritt, wenn in der Angelegenheit „Kommunisten" nichts unternommen würde – nicht so offen wie im Januar 1935, aber deutlich genug. Zusätzlich war sicherlich seine finanzielle Lage Ende 1936 sehr schlecht. Die zwei vorangegangenen Jahre waren von erheblicher Bedeutung für ihn; in dieser Zeit mußte der „Volkswille" sein Erscheinen einstellen, was eine entscheidende pekuniäre Einbuße Kowolls bedeutete.

Obwohl sich Kowoll im Januar 1935 vom Kurierdienst zurückzog, trafen die Sendungen anfangs noch auf seinen Namen ein. Geschmuggelt wurde die „Arbeiter-Zeitung" von Prag nach Österreich (dieser Umweg war vermutlich sicherer als der direkte Weg), ferner: die „Sozialistische Aktion" nach Deutschland, Schriften wie „Die Blutfahne 1923", „Der Wer-

---

557 WAP Katowice, Dyr. Pol. Kat. 365, S. 212: Polizeidirektion Kattowitz an Schlesisches Wojewodschaftsamt, Sicherheitsabteilung, v. 03. 01. 1935.

558 FES (wie Anm. 528), Emigration 67: Kowoll an Dr. Paul Hertz in Prag v. 17. 09. 1936.

559 Ibidem: Kowoll an Sopade v. 01. 11. 1936. Da der Briefkopf mit Anrede fehlt, ist nicht sicher, an wen Kowoll schrieb. Es könnte sich um Erich Ollenhauer gehandelt haben, da in diesem Bestand mehrere seiner Briefe waren; sie redeten sich mit Du an.

degang unseres Führers", „Die Konzentrationslager", „Die Flucht aus Hitlers Reich", Otto Bauers monatlich in Prag herausgegebene „Der Kampf – Internationale Revue"; außerdem: „antihitlerische Flugblätter" mit den Überschriften „Hitlers Ängste", „Hitler-Sozialismus", „2 Jahre Hitler-Sklaverei", „Hitler-Gebet" und Fluglätter zu Ehren des ersten Präsidenten der deutschen Republik „Friedrich Ebert zum Gedächtnis". Die Rückseite aller Flugblätter trug jeweils die Aufschrift „Nur Hitlers Sturz schafft Freiheit und Brot".[560]

Ende Februar 1935 wurde das Kuriernetz wieder verändert. Die Kuriere gingen nicht mehr bei Rybnik über die Grenze, sondern zwischen Paulsdorf und Gieraltowitz.[561] Ende Juli funktionierte diese Art von Schmuggel wenig erfolgreich, er fand in der Nähe von Königshütte und von Hohenlinde überhaupt nicht mehr statt. Der Grund lag in der Verhaftung des Hauptkuriers, des DSAP-Mitgliedes Felix Dyszka aus Pszów. Er war von polnischen Behörden unter Spionageverdacht für die Russen festgenommen worden[562]; dazu beigetragen hatte, daß auf deutscher Seite, in Beuthen, mehrere Vertrauensleute verhaftet worden waren.[563] Anfang September 1935 wurden die Tätigkeiten wieder aufgenommen.[564]

Zum Jahreswechsel 1935/1936 nahm die illegale Verbreitung zu, worauf die deutschen Behörden mit strengen Kontrollen und harten Strafen reagierten. Jeder Gefaßte kam entweder in ein Konzentrationslager oder wurde vom Volksgerichtshof zu Gefängnisstrafen nicht unter zehn Jahren verurteilt. Infolge dieser „drakonischen Strafen" wurde das Verteilernetz reorganisiert und lief zum Teil über die Posener Gegend.[565]

Früher wurden Druckschriften aus Prag nach Polen und nach Deutschland geschmuggelt. Jetzt schickte ein unbekannter Absender aus der Tschechoslowakei Päckchen an verschiedene Adressen zur Weiterleitung.

Mehrere Päckchen aus Karlsbad wurden Ende 1936, adressiert an „K.M.91", postlagernd nach Graudenz geschickt. Sie enthielten die „Sozialistische Aktion", die eine gegen den „gegenwärtigen deutschen Staat gerichtete ablehnende Haltung" einnahm. Der gleiche Adressat sollte eine Sendung der Zweiten Sozialistischen Arbeiter-Internationale aus

---

560 WAP Katowice, Dyr. Pol. Kat. 365, S. 217: Information über antihitlerische Flugblätter, Polizeidirektion Kattowitz an Schlesisches Wojewodschaftsamt v. 29. 01. 1935. Ibidem: 219–221 v. 11. 02. 1935, Anlage „Die Blutfahne 1923". Ibidem: 228 v. 14. 03. 1935. Ibidem: 199 v. 11. 10. 1934. AAN, MSZ 4897/3: Innenministerium an Außenministerium, DSAP – Organisation des Kurierdienstes v. 14. 02. 1935.

561 WAP Katowice, Dyr. Pol. Kat. 365,S. 223 v. 04. 03. 1935, Anlage: „Arbeiter-Zeitung" v. 24. 02. 1935.

562 Ibidem: 244 v. 31. 07. 1935.

563 Ibidem: 247 v. 09. 08. 1935; 252 v. 12. 09. 1935.

564 Ibidem: 251 v. 12. 09. 1935.

565 Ibidem: 261 v. 27. 04. 1936. Szefer 1967: 79.

Brüssel mit Broschüren in deutscher Sprache erhalten. Der polnische Geheimdienst ermittelte, daß es sich bei der Person „K.M.91" um einen gewissen Salczyński handelte, der unlängst von Graudenz nach Danzig umgezogen sei. Die Post in Graudenz sollte ihm die Sendungen nach Danzig nachschicken. Das Einwohnermeldeamt in Danzig erteilte jedoch die Auskunft, er sei dort nicht gemeldet.[566]

Der deutsche Generalkonsul von Thorn hatte Ende Dezember 1936 „persönlich festgestellt, daß am Bahnhof in Thorn und auch in Graudenz die aus Karlsbad kommenden Zeitungen 'Neuer Vorwärts' und 'Pariser Tageblatt' verkauft werden"[567]. Sicherlich war dort die deutsche sozialistische und antinationalsozialistische Bewegung nicht besonders stark, aber doch vorhanden.

Anfangs wurden nur sozialistische Schriften geschmuggelt, später vorübergehend Druckschriften des „Straßer-Verlags", wie „Die Deutsche Revolution", das Organ der „Schwarzen Front".[568] Es fällt auf, daß Anfang 1936 nur wenige Exemplare der „Sozialistischen Aktion", dagegen in der Mehrzahl Otto Straßers Publikationen versandt wurden, beispielsweise: die zweimal monatlich, später wöchentlich erscheinende „Die Deutsche Revolution"; die „Huttenbriefe"; „Adolf Hitler als Gesetzgeber 1934"; eine Menge Aufkleber mit der Aufschrift „Nach Hitler kommt die Schwarze Front".

Im April und Mai 1936 konzentrierte sich das Verteilernetz in Polnisch-Oberschlesien auf Tarnowitz. Eine große Sendung verbotener Schriften, adressiert an einen Wilhelm Franz in Tarnowitz, ul. Powstańców 3, wurde im Mai 1936 konfisziert, weil ihr Inhalt mit dem polnischen „Strafkodex kollidierte": 150 Exemplare der „Deutschen Revolution", 100 „Huttenbriefe", 10 Exemplare „Adolf Hitler als Gesetzgeber 1934", 4 Exemplare der „Sozialistischen Aktion" vom Mai 1936 und 140 der oben genannten Aufkleber – fast ausnahmslos „Straßer-Material".[569]

---

566 AAN, MSZ 4898, S. 178–181: Starostei in Graudenz an pommerisches Wojewodschaftsamt in Thorn v. 16. 11. 1936, Pommerisches Wojewodschaftsamt Thorn an Innenministerium Warschau v. 17. 11. 1936, Innenministerium an Außenministerium v. 28. 11. 1936. Wahrscheinlich handelte es sich bei Salczyński um ein früheres Mitglied der Graudenzer DSAP. Die Graudenzer Sozialisten distanzierten sich im Jahr 1928 von der Bromberger Gruppe, der sie organisatorisch angehörten; sie bekannten sich aber weiterhin zur DSAP.

567 Kowalak 1971: 329.

568 WAP Katowice, Dyr. Pol. Kat. 365, S. 261 v. 27. 04. 1936. „Die Deutsche Revolution" war das Organ der „Kampfgemeinschaft Revolutionärer Nationaler Sozialisten" (KGRNS), gegründet am 8. Juli 1930 (seit Oktober 1931 „Schwarze Front").

569 Ibidem: 262–290 v. 18. 05. 1936 u. v. 28. 05. 1936. Anlage: „Huttenbriefe", „Adolf Hitler als Gesetzgeber 1934", „Die Deutsche Revolution" Nr. 18, Erste Oktober-Nr. 1935, „Die Deutsche Revolution" Nr. 6, 01. 03. 1936, „Die Deutsche Revolution" Nr. 1, Erste Januar-Nr. 1936. Vgl. Szefer 1967: 79. Vgl. AAN, MSZ 4897, S. 112 f., Innenministerium Warschau an Außenministerium Warschau v. 09. 05. 1936. Dieses Päckchen habe auch 200 Exemplare der Broschüre „Die Entwicklung der neuen Klassenfront" enthalten (Sieradzka 1988: 101). Den polnischen Quellen zufolge enthielt es jedoch lediglich die im Text genannten Stücke

Otto Straßer (1897–1974) gilt als Chefideologe der nationalsozialistischen Linken. Er war als aktives SPD-Mitglied an der Niederschlagung des Kapp-Putsches beteiligt. 1925 wechselte er zur NSDAP, wo er „einen wenig durchdachten nationalistisch-revolutionären Sozialismus mit konservativen Zügen vertrat". Ideologisch hob er sich von der Parteilinie ab und trennte sich im Juli 1930 von Hitler.[570] Straßer bezeichnete sich als utopischen Sozialisten. Er vertrat eine politische Richtung wie folgt: ideologisch nicht feststehend, oszillierend zwischen NSDAP und KPD, zwischen National- und Sozialradikalismus. Beide Parteien lehnte er wegen deren Unvermögen, eine „totale Revolution" zu entfachen, ab. Zur Verwirklichung dieser Revolution wollte er eine Gruppe von 20–25.000 „sozialrevolutionären und nationalen Freiheitskämpfern von unbeugsamer preußischer Härte"[571] organisieren. Dieser Bewegung Straßers wurde der Name „National-Bolschewismus" gegeben. Sie wurde als „Nationalsozialismus von links" bezeichnet. Ihre Anhänger sehnten sich nach einer „konservativen Revolution".[572]

Am 8. Juli 1930 gründete Straßer die „Kampfgemeinschaft Revolutionärer Nationaler Sozialisten" (KGRNS) mit den Parteiorganen „Die Deutsche Revolution" und die „Nationalsozialistischen Briefe". Die KGRNS, sich oft in „nationalbolschewistischen" Kreisen befindend, hatte mit Abspaltungen zu kämpfen. Zumeist wurde in die KPD und/oder in die NSDAP gewechselt. Im Oktober 1931, aufgrund einer Krise innerhalb der KGRNS, rief Straßer die „Schwarze Front" ins Leben, eine Allianz aus dem paramilitärischen „Wehrwolf-Bund", Resten der „Hamkens-Bewegung" und einiger Gruppen des „Bundes Oberland", alles Organisationen, die die sozialistische Revolution und den nationalen Freiheitskampf zum Ziel hatten. Die „Schwarze Front" entstand als Gegenpart zur „Roten Front", proklamierte nicht die „proletarische Weltrevolution", sondern die „deutsche Volksrevolution".[573]

Straßer leistete bis 1938 von Prag aus Widerstand gegen den Nationalsozialismus und floh später in die USA.[574] In Prag verfügte er über einen Geheimsender und war mit großen finanziellen Mitteln ausgestattet, seine Schriften zu publizieren, die in Prag, Kopenhagen und Paris erschienen.[575] Ihm stand die „Unterstützung konservativer Kreise" zur Verfügung, die er seiner Bekanntschaft mit dem Rechtsanwalt und Publizisten Edgar Julius Jung (Mitarbeiter des Vizekanzlers von Papen 1933/34) aus

– und keine kommunistischen Schriften. Es fällt Sieradzkas Bemühen auf, „Verbindungen" zwischen der DSAP und den Kommunisten „herzustellen".

570 Benz und Graml 1988: 333. Vgl. Schoenbaum 1968: 17.

571 Schüddekopf 1960: 324.

572 Ryszka 1974: 60.

573 Moreau in Smelser/Zitelmann 1989: 290–293. Schüddekopf 1960: 324–327 u. 379.

574 Moreau 1989: 293.

575 Vgl. Sieradzka 1988: 94.

der Zeit beim Freikorps Epp zu verdanken hatte. Straßer leistete doppelten Widerstand, vom Ausland aus und in Deutschland. Dort erhielt er bis 1936 Widerstandsgruppen aufrecht. Im Jahr 1937 verlor er wegen der gut funktionieren Abwehr an Einfluß.[576]

Straßer sah den „Nationalen Sozialismus" durch Hitler verraten. Die „Schwarze Front" bezeichnete er als einen „heimlichen Bund deutscher Kämpfer", einen Sammelpunkt „Zehntausender" aus SA, SS, NSBO, HJ, „Stahlhelm" und zunehmend aus SPD und KPD. Alle zusammen bezeichnete er als „nur noch deutsche Sozialisten". Auf wirtschaftlichem Gebiet erstrebte Straßer den „Sturz des kapitalistischen Wirtschaftssystems" und den „Aufbau des deutschen Sozialismus"[577], Forderungen, die prinzipiell die der SPD waren.

Straßer griff in populistischem Stil die korrupten Methoden des „Dritten Reiches" an, verurteilte die Parteidiktatur, die Rassenideologie, die Konzentrationslager, die Geschehnisse des 30. Juni 1934, die „niedergedrückte Meinungs- und Geistesfreiheit", die „Diktatur des Großkapitals, der Banken und der Schwerindustrie". In diesen Punkten mögen zwischen Straßer und den Sozialisten Übereinstimmung geherrscht haben. Straßer versuchte, neben den Nationalsozialisten auch die Sozialisten und Kommunisten in seine Reihen zu ziehen und sprach diese daher gezielt an. Er zog den gemeinsamen Gegner in den Mittelpunkt, den alle bekämpfen müßten, weil alle jetzt Sozialisten seien. Seine imaginären Vorstellungen von dem auf die Nation angelegten Sozialismus ließ er nicht fallen.[578]

Straßer kam einer Gruppe innerhalb der Sopade nahe, die sich um Wilhelm Sollmann und Wenzel Jaksch scharte, den „Volkssozialisten". Diese die revolutionäre Klassenkampftheorie ablehnende Gruppe suchte die Zusammenarbeit mit Straßer und den Rechtsparteien. Ihre sozialistische Ideologie zeichnete sich wie bei Straßer durch eine „stark nationalistische Tendenz" aus. Wegen „unüberwindlicher ideologischer, politischer und persönlicher Differenzen zwischen den in Aussicht genommenen Partnern" stellte diese Gruppe innerhalb der Sopade ihre Aktivitäten früh ein.[579] Die kurz und nicht uneingeschränkt funktionierende Verbindung

576 Moreau in Smelser/Zitelmann 1989: 293 f. Jung war DVP-Anhänger.

577 O. Straßer (Hrsg.), Huttenbriefe o. J., S. 3 in: WAP Katowice, Dyr. Pol. Kat. 365, S. 264.

578 Ibidem.

579 Edinger 1960: 142; bei Grasmann 1976: 24. Jaksch war der Führer der Deutschen Sozialdemokratischen Arbeiterpartei der Tschechoslowakei. Die Kooperation wird damit erklärt, daß die Schriften Straßers einen „ähnlichen Charakter wie die durch die Führung der SPD herausgegebenen Zeitungen hatte". Sieradzka 1988: 102: sie differenziert nicht zwischen den verschiedenen Strömungen innerhalb der Sopade und läßt die ideologischen Richtungskämpfe unberücksichtigt, beispielsweise daß der Sopade-Vorstand Gruppen wie die einen „patriotischen Sozialismus" vertretenden und mit Straßer kooperierenden „Volkssozialisten" nicht billigte. Grasmann 1976: 24 f.

„Straßer-Sopade" bestand darin, daß beide in der Emigration in Prag agitierten, Hitler bekämpften und Gegner des kapitalistischen Systems waren.

Tatsache bleibt, daß die Sopade „Straßer-Schriften" über Polen nach Deutschland schmuggelte, diese Schriften demnach als antinationalsozialistisches Propagandamaterial nutzte.

Mitte 1936 muß Kowoll den Kurierdienst wieder aufgenommen haben. Am 15. August 1936 schickte er den „Augustbericht" an Paul Hertz nach Prag und beschwerte sich, daß die „Zeitschrift für Sozialismus" und die „Sozialistische Aktion" (wie im Juli) erst nach dem 14. des Monats geliefert wurde und „die Genossen aus Deutsch-Oberschlesien, die die einzelnen Exemplare bei mir [ihm, PB] selbst abholen, umsonst wieder zurück"[580] mußten. Hertz antwortete am 19. August, daß „300 Exemplare der Augustnummer der SA" am 7. des Monats abgeschickt worden waren, in Zukunft jedoch mehrere kleine Päckchen versendet werden sollten, um die „Versandschwierigkeiten" zu überwinden.[581]

Im Juli 1936 fing die Kattowitzer Polizei ein in Mährisch-Ostrau aufgegebenes und an Kowoll adressiertes Päckchen ab und beschlagnahmte dessen Inhalt, nämlich die Schrift „Fahrt ohne Ziel". Die Untersuchungsabteilung des schlesischen Wojewodschaftsamtes forderte von der Kattowitzer Polizeidirektion bis zum 10. September 1936 eine „bessere Begründung des Antrages" auf Konfiszierung, weil diese Schrift nur den Nationalsozialismus kritisiere, also weder den polnischen Staat angreife noch kommunistische Propaganda enthalte.[582] Die Beschlagnahme wurde nicht aufgehoben. Die „Kritik am Nationalsozialismus" erwies sich als ausreichend.

Zwei weitere in Mährisch-Ostrau abgesandte Päckchen erreichten Kowoll ebenfalls nicht. In dem ersten befanden sich kleine Mengen des „Deutschland-Berichts der Sopade" der Monate Juni, Juli und August 1936, herausgegeben von der „Sozialistischen Jugend-Internationale". Das zweite Päckchen enthielt mehr als 150 Exemplare der Schrift „Sozialistische Aktion" vom August 1936 und der Broschüre „Begleitmusik zur Olympiade" vom 5. August 1936.[583]

---

580 FES (wie Anm. 528), Sopade 67: Kowoll an Dr. Paul Hertz in Prag v. 15. 08. 1936. Hertz gehörte dem SPD-Vorstand in Prag an und war der „Neuen Linken" zuzurechnen. Er redigierte die „Sozialistische Aktion". Grasmann 1976: 22 und 115 ff.

581 FES (wie Anm. 528), Sopade 67: Hertz an Kowoll v. 19. 08. 1936. Für die „Sozialistische Aktion" wurde die Abkürzung „SA" verwendet.

582 WAP Katowice, Dyr. Pol. Kat. 365, S. 292 v. 20. 07. 1936 und S. 296 v. 24. 08. 1936.

583 Ibidem: 299 v. 14. 08. 1936; 298 v. 18. 08. 1936; 300 v. 19. 08. 1936. AAN, MSZ 4898, S. 104–107; Schlesisches Wojewodschaftsamt Kattowitz an Innenministerium Warschau v. 22. 08. 1936, Innenministerium an Außenministerium Warschau v. 08. 09. 1936, Außenministerium an Botschaft der Republik Polen in Berlin und an Botschaft der Republik Polen in Prag v. 17. 09. 1936.

Im Oktober 1936 vermuteten die deutschen Behörden, daß die Verbreitung von Arbeitern durchgeführt wurde, die in Polen wohnen und in Oppelner-Schlesien arbeiten. Diese wurden daraufhin an der Grenze und an ihren Arbeitsplätzen scharf kontrolliert.

Die Verteilung leiteten Bezirksvorstandsmitglieder der DSAP in Kattowitz und in Bielitz.[584] Über die Kurierarbeit der Bielitzer Gruppe konnten keine Einzelheiten ermittelt werden.[585] Aus wenigen Quellen geht hervor, daß sie vor allem die in Prag von den österreichischen Emigranten wöchentlich herausgegebene „Arbeiter-Zeitung" und die Monatsschrift „Der Kampf – Internationale Revue" nach Österreich zu Sozialisten und Mitgliedern des „Schutzbundes" schmuggelten. Vermutlich hatten die Bielitzer Sozialisten mit ähnlichen Schwierigkeiten zu kämpfen wie die in Kattowitz.

Im Frühjahr 1937 trafen in Kattowitz unregelmäßig Postsendungen mit sozialistischen Druckschriften für den Schmuggel nach Deutschland ein. Verbreitet wurden neben der „Sozialistischen Aktion" auch die „Nachrichten des Auslandsbüros Neu Beginnen", eine Publikation der „Neuen Linken" innerhalb des Sopade-Vorstandes. Kowoll holte die Päckchen ab und verteilte sie in kleinere Päckchen, um sie durch unbekannte DSAP-Mitglieder nach Oppelner-Schlesien schmuggeln zu lassen. Wie das Verteilernetz aufgebaut war, teilte der polnische Nachrichtendienst nicht mit.[586]

Im März 1937 wurde Kowoll von einer Person des SPD-Vorstandes aufgesucht, die „großen Wert darauf" legte, mit ihm über den Entzug des Vertriebsrechts des „Vorwärts" in Polen zu reden, bevor sie nach Warschau fuhr, um „die Zurücknahme des Vorwärtsverbots zu erreichen". Für diese Person war es wichtig, sich mit Kowoll „eine Stunde ... unter vier Augen unterhalten" zu können, um „die Sache ausführlich ... zu besprechen"[587]. Über den Inhalt dieses Gesprächs konnte nichts ermittelt werden.

Kowoll verschickte im Januar und im Juni 1937 Flugblätter mit einem „offenen Brief" des Londoner Bürgermeisters und Labour-Abgeordneten Herbert Morrison „an die Mütter in Deutschland und Italien". Er erhielt von der Sopade Adressen von Empfängern im „Dritten Reich", und zwar mit Anregungen, wie der Versand dieser Flugblätter erfolgen sollte. Auf

---

584 WAP Katowice, Dyr. Pol. Kat. 365, S. 308 v. 24. 10. 1936.

585 Sieradzka 1988: 103.
In Bielitz konnte dazu nichts ermittelt werden. Dort befinden sich lediglich Akten zur DSAP aus den Anfangsjahren bis Mitte der zwanziger Jahre. Wahrscheinlich gingen die Materialien der dreißiger Jahre verloren. Lediglich Glücksmanns Sohn konnte hier einige Auskünfte geben; er sei zeitweise im Kurierdienst tätig gewesen und habe Materialien an die Grenze gebracht. Vgl. Interview mit Konrad Gruda.

586 WAP Katowice, Dyr. Pol. Kat. 365, S. 313 v. 13. 04. 1937.

587 FES (wie Anm. 528), Sopade 67: Unbekannter aus Prag [vermutlich vom Parteivorstand] an Kowoll v. 12. 03. 1937.

verschiedenartige Gestaltung wurde Wert gelegt. Die Sopade versuchte, diese Briefe systematisch in Deutschland zu verteilen. Diese Aktion sollte „Provokation und Zersetzung“ bewirken. Dem Brief ist zu entnehmen, daß Kowoll einer von vielen Verteilern war.[588]

Im August 1937 beauftragte die Sopade Kowoll, sich über einen früher in Oberschlesien, jetzt in Prag lebenden Zentrums-Emigranten zu erkundigen. Dieser, J. Th. Mathejczik, war Provinziallandtagsabgeordneter.[589]

Der Kontakt zwischen Kowoll und der Sopade war lebhaft. Der SPD-Vorstand legte Wert darauf, von Kowoll in den Polen betreffenden Fragen beraten und unterstützt zu werden. Kowoll dürfte auf der Linie der Parteivorstandsführung gelegen haben, ist also im Zentrum anzusiedeln, „hart gegenüber linken und rechten Parteiabsplitterungen“[590]; er hat sich wohl mit Vertretern dieser Richtung, mit Hans Vogel, Otto Wels und Erich Ollenhauer, gut verstanden.

In Briefen an den Sopade-Vorstand wies Kowoll auf seine persönliche Situation hin, auf wirtschaftliche Schwierigkeiten. Ollenhauer und Wels versuchten, sich für ihn einzusetzen.[591]

Am 5. Juni 1937 teilte Wels Kowoll mit, er habe veranlaßt, ein ihm vom „Robotnik“ zustehendes Honorar Kowoll überweisen zu lassen. Er sollte den Betrag „für sich“ verwenden, er würde ihm „wahrscheinlich zupaß kommen“[592]. Eine Woche später bedankte sich Kowoll und teilte mit, bereits die 20,– Złoty vom „Robotnik“ überwiesen bekommen und sich besonders gefreut zu haben, weil ihm ab diesem Monat „die honorierte Mitarbeit“ bei der Lodzer „Volkszeitung“ verloren ging. Resigniert bekannte er, daß „aus der Journalistik, auf die ich ganz angewiesen bin, leider keine Existenz aufzubauen“ sei.

Gleichzeitig berichtete Kowoll über die gute Zusammenarbeit mit dem deutschen Teil Oberschlesiens und von einem Treffen mit Vertretern dieser Seite, denen er „wieder direkt mit der Sopade Verbindung“ verschafft habe. Er befürchtete nur, daß die Gestapo nach Ablauf der Genfer Konventionen in Deutsch-Oberschlesien wieder schärfer eingreife.[593]

Von Mitte 1937 bis Anfang des Jahres 1938 spürte die Kattowitzer Polizei selten illegales Material auf und folgerte daraus, daß keines gekommen sei.[594] Es ist anzunehmen, daß die Polizei der Organisation des Kuriernetzes nicht auf die Spur gekommen war. Dafür spricht, daß sie bereits ein Jahr zuvor nichts über den Aufbau des Schmuggelnetzes zu berichten wußte. Nach Kowoll gelang die illegale Zusammenarbeit im Jahr

---

588 Ibidem: v. 21. 01. 1937. u. v. 02. 06. 1937.
589 Ibidem: v. 13. 08. 1937.
590 Grasmann 1976: 26.
591 Vgl. FES (wie Anm. 528), Sopade 67: Ollenhauer an Kowoll v. 05. 11. 1936.
592 Ibidem: Wels an Kowoll v. 05. 06. 1937.
593 Ibidem: Kowoll an Wels v. 12. 06. 1937.
594 WAP Katowice, Dyr. Pol. Kat. 365, S. 316 v. 11. 01. 1938.

1937 sogar besonders gut, wodurch kaum Informationen an die Öffentlichkeit dringen konnten.[595] Weniger Beschlagnahmungen und weniger Verhaftungen waren zu verzeichnen. Die Aktionen liefen störungsfreier und effektiver.

Bei der geheimen Zusammenarbeit mit der Sopade mußten die deutschen Sozialisten in Schlesien vorsichtig sein. Sie wurden von den polnischen Staatsbehörden überwacht, die sich nicht vorwerfen lassen wollten, in Polen eine deutsche Opposition zur deutschen Regierung zu dulden.[596] Die polnischen Behörden störten die Verbreitung illegalen Schrifttums jedoch selten. Sie vernahmen zwar zu ihrer eigenen Information Kuriere, betrieben aber letztendlich nicht die Liquidation dieser Tätigkeit, wozu sie genug Beweismittel gehabt hätten.[597]

Um den Deutschen Entgegenkommen zu beweisen, bildete die polnische Behörde unter Beteiligung der deutschen Seite in Königshütte ein Komitee, das die Agitation der DSAP überwachen und ihren Einfluß verringern sollte. Dieses Komitee bestand in der Hauptsache aus ehemaligen DSAP-Mitgliedern.

Im Januar 1935 wurde ein „Hitleragent" namens Strzelczyk in den Reihen der DSAP enttarnt.[598] Zu auffällig beobachtete er die Personen, die im Zentralhotel in Kattowitz das Büro der DSAP aufsuchten. Kowoll stellte ihn zur Rede. Strzelczyk gab vor, auf den Redakteur Helmrich zu warten, von dem er den „Volkswillen" vom Oktober 1934 kaufen wolle. Dort sei über die Verhaftung des im Kurierdienst eingebundenen Grziwotz und dessen Einlieferung in ein Konzentrationslager nach Sachsen berichtet worden. Kowoll klärte Strzelczyk auf, daß Helmrich schon mehr als zwei Jahre dieses Gebiet nicht mehr betreten habe und daß es für Strzelczyk nicht gut ausgehen würde, wenn er noch einmal in Kattowitz gesehen werde. Nach Angaben von DSAP-Angehörigen habe Strzelczyk aber über längere Zeit erfolgreich gearbeitet. Strzelczyk, in Hindenburg Standartenführer der SS, war von den deutschen Sicherheitsbehörden angesetzt, Schuldbeweise der in die konspirative Tätigkeit der DSAP und ihrer Mitarbeiter verwickelten Personen, vor allem derjenigen des deutschen Gebietes, zu erbringen.

Dieser Auftrag war erteilt worden, weil die deutsche Sicherheitsbehörde bei Verhaftung des auf deutscher Seite die Verteilung leitenden Grziwotz keine Beweise fand.[599] Die polnische Polizeibehörde schloß, daß

---

595 Rätselhaft bleibt, warum er seinen Parteisekretär, Gerhard Pawellek, in keine der Aktionen einweihte. Pawellek wußte nicht Bescheid. Brief Pawelleks an die Verfasserin v. 01. 11. 1989.

596 Vgl. Tomicki 1980: 21.

597 Sieradzka 1988: 102.

598 Szefer 1967: 73–75. Grünberg 1963: 194. Meissner 1973: 170. Sieradzka 1988: 100.

599 WAP Katowice, Dyr. Pol. Kat. 365, S. 214: Polizeidirektion Kattowitz an Schlesisches Wojewodschaftsamt Kattowitz, Sicherheitsabteilung, v. 14. 01. 1935. Vgl. Sieradzka 1988: 99 f.

er mangels an Beweisen nur in ein Konzentrationslager gekommen sei; anderenfalls habe er mit Schlimmerem rechnen können.[600]

Der aus Gleiwitz oder Hindenburg stammende Grziwotz entwickelte eine neue Taktik, weil die deutschen Sicherheitsbehörden im August 1934 eine Spezialeinheit eingesetzt hatten, die das Grenzgebiet schärfer kontrollierte, um das Verteilernetz zu lähmen. Die letzten Transporte waren den Kontrollen zum Opfer gefallen. Auf Grziwotz' Initiative wurden für den Schmuggel über die Grenze keine in dieser Sache unerfahrenen Parteimitglieder eingesetzt, sondern Berufsschmuggler. Er organisierte das erste Schmuggelnetz dieser Art. Direkt hinter dem polnisch-deutschen Grenzübergang, in Oppelner-Schlesien, übernahmen ehemalige SPD-Mitglieder das Material. Da die neue Methode gut funktionierte und in Deutschland große Nachfrage nach sozialistischem Material bestand, sollten weitere Berufsschmuggler engagiert werden. Diese Schmuggler sollten aus Königshütte und Großdombrowa stammen, weil sie in diesen Gebieten arbeiten sollten.

Grziwotz hatte in Prag die notwendigen Schritte eingeleitet, um mehr Material geliefert zu bekommen. „Um jeden Preis" sollte zusätzlich eine größere Menge des „Volkswillen" auf die deutsche Seite Oberschlesiens geschmuggelt werden.[601]

Grziwotz wurde direkt von der SPD in Prag bezahlt. Er arbeitete in Oppelner-Schlesien als Handelsreisender, was ihm die konspirative Tätigkeit erleichterte. Seine engsten Mitarbeiter waren die Handelsreisenden Karger und Sowa. Stefan Sowa wurde Anfang August 1934 in Hindenburg von der deutschen Polizei enttarnt und verhaftet. In seiner Wohnung ermittelte die Miliz ein einziges sozialistisches Flugblatt. Da keine konkreten Beweise gefunden wurden und Sowa über die polnische Staatsbürgerschaft verfügte, setzte ihn die Polizei nach 48 Stunden mit der Auflage auf freien Fuß, das Reichsgebiet sofort zu verlassen. Sowa fand bei der „Kattowitzer Buchdruckerei Aktiengesellschaft" als Handelsreisender Arbeit. Dort sollte er für die DSAP Informationen aus den ansässigen deutschen nationalistischen Kreisen sammeln.[602]

Erneut wurde Sowa, diesmal mit Grziwotz, Anfang November 1934 von den deutschen Sicherheitsbehörden verhaftet, jedoch, im Gegensatz zu Grziwotz, nach einigen Tagen entlassen. Vorteilhaft hatte sich für ihn die Mitgliedschaft eines Teiles seiner Verwandtschaft in nationalsozialisti-

---

600 WAP Katowice, Dyr. Pol. Kat. 365, S. 203: Polizeidirektion Kattowitz an Schlesisches Wojewodschaftsamt, Sicherheitsabteilung, v. 13. 11. 1934.

601 Ibidem: 192: Polizeidirektion Kattowitz an Schlesisches Wojewodschaftsamt Kattowitz, Sicherheitsabteilung, v. 10. 09. 1934. Ibidem: 183: v. 18. 08. 1934. Vgl. Sieradzka 1988: 99.

602 WAP Katowice, Dyr. Pol. Kat. 365, S. 189: Polizeidirektion Kattowitz an Schlesisches Wojewodschaftsamt Kattowitz, Sicherheitsabteilung, v. 18. 09. 1934. Vgl. auch Sieradzka 1988: 99.

schen Organisationen ausgewirkt. Sowa war im Beuthener Bezirk tätig und legte seine Arbeit vorerst nieder.

Durch den Ausfall des den Kurierdienst in Oppelner-Schlesien in seinen Händen haltenden Grziwotz erlitt die Bewegung einen schweren Schlag und mußte erneut reorganisiert werden.[603]

Nach der Übersiedlung des Parteivorstandes nach Paris

Am 17. Januar 1938 beanstandete Kowoll beim Parteivorstand in Prag, daß die „Sozialistische Aktion" und der „Neue Vorwärts"[604] nicht pünktlich eingetroffen und die „Freunde von drüben" am 15. des Monats vergeblich in die Grenzorte gekommen seien. Sie würden am 23. wieder da sein. Kowoll und die Kuriere aus Deutsch-Oberschlesien vermuteten, die Verspätung habe mit dem Umzug des Parteivorstandes nach Paris zu tun. Kowoll fragte, was überhaupt mit dem „Vorwärts" sei und ob die „Sozialistische Aktion" auch eingestellt werden müsse.[605] Er war im Ungewissen, was aus der Drohung der tschechischen Regierung geworden war, „eines der beiden ... Organe [müsse] verschwinden". Bereits im Dezember 1937 war die Herausgabe des „Vorwärts" verboten worden, jedoch wurde er bis zum 27. März 1938 in Prag aufgelegt.[606]

Kowoll befürchtete im Falle der Einstellung der „Sozialistischen Aktion" einen „schweren Schlag" für die sozialistische Bewegung. Sie sei „das letzte Wahrzeichen, mit dem wir [die Sozialisten, PB] auch den Gegnern immer den Beweis antreten können, daß die SPD lebt und wirkt. Unstreitig würde sie hier auch von den Katholiken als das beste betrachtet, was die illegale Arbeit bisher herausgebracht habe und das Verlangen nach ihr sei sehr groß". Die Grenzarbeit könne zum Erliegen kommen, weil die Sozialisten aus Deutsch-Oberschlesien nur kämen, um sich mit der „Sozialistischen Aktion" „selbst geistig vorzubereiten und aufzurichten". Auch sei „die 'SA' gegen die Kommunisten eine wichtige Waffe", die sonst die Sozialisten mit ihrem Material versorgen könnten. Kowoll erinnerte an

---

603 WAP Katowice, Dyr. Pol. Kat. 365, S. 203: Polizeidirektion Kattowitz an Schlesisches Wojewodschaftsamt Kattowitz, Sicherheitsabteilung, v. 13. 11. 1934. Ende November 1934 waren den polnischen Sicherheitsbehörden keine näheren Einzelheiten über das neue Verteilernetz bekannt. Ibidem: 205 v. 26. 11. 1934.

604 Beide waren Organe der Sopade – das erste bestimmt für die Leser in Deutschland, das zweite für die Mitemigranten.

605 FES (wie Anm. 528), Sopade 67: Kowoll an Sopade v. 17. 01. 1938.

606 Ibidem, Sopade 30: Sopade-Vorstand an Vorstand der Deutschen Sozialdemokratischen Arbeiterpartei [tschechische DSAP] v. 06. 10. 1937. Vgl. BArch, R 58/78: Die marxistische (sozialistische) Bewegung in Deutschland und im Ausland 1937–39, S. 282 f. Grasmann 1976: 30.

die zwei im Grenzgebiet aktiven Kommunisten, die viel Material „nach drüben" schaffen würden.[607]

Im Mai 1938 fragte Kowoll den Parteivorstand der Sopade im Namen seiner „illegalen Freunde", ob die „SA" nicht öfter erscheinen könne, und bedauerte das Ausbleiben der „traditionellen Mainummer". Er informierte Prag über die sich verschlechternden Möglichkeiten des Schmuggelns. Die Kuriere aus Deutsch-Oberschlesien mußten die illegalen Materialen „über die grüne Grenze" holen, da der Großteil der Grenzübergangsstellen wegen „Maul- und Klauenseuche" gesperrt war.[608] Als letzte Nachricht aus Prag teilte ihm die Sopade am 16. Mai mit, wegen des Umzugs nach Paris könne die nächste Nummer der „SA" frühestens Mitte Juni herausgegeben werden.[609]

Auch Kowolls direkter Verbindungsmann, der Grenzsekretär Helmut Hertel (Pseudonym Franz Bögler), zog mit nach Paris um. Er meinte, daß die erschwerten Verhältnisse im Grenzgebiet weitere Tätigkeiten „nur in sehr beschränktem Maße" erlaubten und diese einer seiner beiden Verbindungsleute alleine ausführen könne. Dafür schlug er nicht Kowoll vor.[610] Der Parteivorstand favorisierte aber Kowoll. Der andere erschien unzuverlässig und hatte sich lange nicht gemeldet. Hertel wurde am 30. Juni 1938 informiert, daß Kowoll die bisher gewährte Zahlung auch in Zukunft bekomme, wenn er mit dem Vorstand in Verbindung trete. Er sollte dem Parteivorstand „direkt alle Informationen und das Berichtsmaterial zuleiten"[611]. Kowoll erhielt monatlich 500,– Kčs.[612] Ollenhauer teilte Kowoll – ebenfalls am 30. Juni 1938 – mit, daß Hertel als Grenzsekretär ausscheide und ihn als Nachfolger vorgeschlagen habe. Voraussetzung für eine Fortsetzung der Tätigkeit sei aber, in ständigem Kontakt bleiben zu können.[613] Kowoll antwortete am 3. Juli, daß er früher „ja bereits den Vorschlag unterbreitet [habe], daß mein [sein, PB] Wirkungskreis Deutsch-Oberschlesien selbständig betrieben" werde. Hertel habe ihm in seinem letzten Brief mitgeteilt, daß der andere Verbindungsmann die Geschäfte übernehme. Dieses Problem sollte der Parteivorstand klären.[614]

Kowoll wurde als Nachfolger Hertels Grenzsekretär. Sein Betätigungsfeld umfaßte den engeren Industriebezirk. Er erwog, mit geringem

607 FES (wie Anm. 528), Sopade 67: Kowoll an Sopade-Vorstand v. 17. 01. 1938. Vor den Kommunisten warnte Kowoll auch in seinem Brief v. 18. 08. 1938 (ibidem).
608 Ibidem: Kowoll an Sopade v. 14. 05. 1938.
609 Ibidem: Sopade an Kowoll v. 16. 05. 1938.
610 Ibidem, Sopade 22: Bögler an Sopade v. 16. 06. 1938.
611 Ibidem: Sopade Paris an Hertel v. 30. 06. 1938. Ibidem: Ollenhauer an Kowoll v. 30. 06. 1938.
612 Ibidem: Parteivorstand an Bögler v. 01. 02. 1938. Ibidem: Bögler an Parteivorstand v. 16. 06. 1938. Ibidem: Ollenhauer an Kowoll v. 30. 06. 1938.
613 Ibidem: Ollenhauer an Kowoll v. 30. 06. 1938.
614 Ibidem, Sopade 67: Kowoll an Ollenhauer v. 03. 07. 1938.

Kostenmehraufwand Verbindungen nach Kreuzburg, Ratibor und Oppeln aufzubauen. Der Parteivorstand sagte aus Kostengründen ab.

Die illegale Arbeit mußte Kowoll voll beschäftigt und ihm kaum Freizeit gelassen haben. Die Ereignisse bis zu seiner Verhaftung überschlugen sich.

Am 18. August 1938 verständigte er den Parteivorstand, die „Rundschreiben" und die „Informationsbriefe" zur Weiterleitung erhalten zu haben, und schickte Berichte über die Lage in seinem Bezirk. Über die „Nazibewegung in Polen" wollte er später ausführlicher informieren. Er drängte auf den Erhalt illegalen Materials, sprach von „Hunger" seiner Leute nach diesem und von der bedenklichen Konkurrenz der Kommunisten. Die Sopade vertröstete Kowoll wegen des Materials und gestand, Lieferschwierigkeiten zu haben.[615]

Kowoll schilderte Mitte September 1938 die durch den „Eindruck des kommenden Krieges" hervorgerufene Mobilisierung ehemaliger Sozialisten, von denen er das nie erwartet hätte.[616] Am 18. September 1938 richtete Kowoll „nochmals die dringende Bitte" an die Sopade, Material zu liefern. Wichtig sei das auch, weil die Kommunisten sonst wieder „die Oberhand" gewönnen; innerhalb einer Woche hätten sie drei Flugblätter gegen den Krieg veröffentlicht.[617]

Parallel zum Kampf gegen den Nationalsozialismus wurde viel Energie für den gegen den Kommunismus verwandt. Der Kampf gegen den Nationalsozialismus schien in ein Wetteifern zwischen Sozialisten und Kommunisten auszuarten. Wer war wohl imstande, zum Nachteil des anderen, die meisten Anhänger für sich zu gewinnen? Über diese Rivalität verliehen beide ihrem Hauptziel oft Zweitrangigkeit. Zu viel Anstrengung ging für die parteipolitischen Richtungskämpfe verloren. Kowoll wäre unter keinen Umständen bereit gewesen, mit den Kommunisten gegen den Nationalsozialismus zu kämpfen.

Nachdem bereits im April 1938 ein Ermittlungsverfahren gegen Kowoll lief, bei dem jedoch festgehalten wurde, daß er sich moralisch einwandfrei verhalten habe, kam es fünf Monate später doch zu seiner Verhaftung.[618]

Am 23. September 1938 wurde Kowoll „auf den Verdacht kommunistischer Umtriebe" von den polnischen Behörden festgenommen. In seiner Wohnung fand die Polizei einen „umfangreichen Schriftwechsel mit mar-

---

615 Ibidem: Kowoll an Parteivorstand v. 18. 08. 1938. Ibidem: Parteivorstand an Kowoll v. 29. 08. 1938.

616 Das System würde offen kritisiert, „alle Vorsicht fallen" gelassen, „die Menschen seien nicht mehr wiederzuerkennen".

617 Ibidem: Kowoll an Parteivorstand v. 18. 09. 1938.

618 WAP Katowice, Dyr. Pol. Kat. 365, S. 319–321 v. 12. 04. 1938.

xistischen Kreisen" und illegales Material für Deutschland.[619] Dem deutschen Generalkonsul in Kattowitz, Nöldeke, zufolge wurden bei Kowoll Briefe an Sozialisten und Kommunisten in Deutschland gefunden, in denen er schrieb, „daß die Zeit für die Sozialdemokraten kommen [wird], wenn Deutschland in einen Krieg mit der Tschechoslowakei verwickelt und das nationalsozialistische Regime in Deutschland zusammenbrechen"[620] werde.

Einer Gestapomeldung zufolge wurde Kowoll „wegen illegaler Arbeit gegen das Deutsche Reich festgenommen"[621]. Die polnischen Behörden duldeten keine „reichsfeindliche" Propaganda", um Schwierigkeiten mit Deutschland zu vermeiden. Kowoll wäre für den polnischen Staat unbequem geworden, wenn er der deutschen Seite aufgefallen wäre, ohne daß die polnische offen eingegriffen hätte. Der offizielle Vorwurf gegen ihn mußte anders lauten; es lag nahe, auf „kommunistische Umtriebe" zu plädieren. Der eine oder andere bei Kowoll gefundene Brief mag für kommunistische Kreise bestimmt gewesen sein. In Deutsch-Oberschlesien kooperierten Sozialisten und Kommunisten teilweise. An der Basis wurde das, „aus der unmittelbaren Bedrohung heraus"[622], praktiziert.

Die Gestapo hatte Informationen, daß bei Kowoll Material gefunden worden war, das auf Verbindungen zur Sopade, KPD, „Deutschen Volkszeitung", zu Otto Straßer sowie zu einem nicht näher bekannten Grunow schließen ließ. Es ließ sich feststellen, daß „der hinreichend bekannte Johann Kowoll" Kontakte zu Maier hatte, dem Redakteur des Organs der deutschen Katholiken „Der Deutsche in Polen". Bei Maier „[handele] es sich aller Wahrscheinlichkeit nach um den Verbindungsmann des Kowoll"[623]. Maier war Mitarbeiter des Senators Dr. Eduard Pant, des Vorsitzenden der „Deutschen Christlichen Volkspartei". Mitte 1936 zählte diese Partei noch etwa 1.000 Mitglieder, in der Hauptsache Katholiken und Zentrumsanhänger; sie widersetzten sich dem Nationalsozialismus.[624] Im März 1937 war Kowoll von einem Vorstandsmitglied der Sopade gebeten

---

619 PA AA, Pressewesen O/S, Pol V 128, Bd. 1, O/S 12: Deutsches Generalkonsulat Kattowitz an AA v. 12. 11. 1938. Kowoll sei unter dem Vorwurf verhaftet worden, ständigen Kontakt mit Delegierten der Komintern zu haben und bei der Verbreitung kommunistischer Schriften beteiligt gewesen zu sein. Sieradzka 1987: 146; 1988: 103.

620 Ibidem: Nöldeke (Deutsches Generalkonsulat Kattowitz) an AA und an Botschaft Warschau v. 04. 10. 1938.

621 BArch, R 58/338: Geheime Staatspolizei, Erlaß v. 10. 11. 1939, Aufstellung der Gestapo über sozialistische Parteien in Polen, S. 137; ibidem: Der Kommandeur der Sicherheitspolizei und des SD für den Distrikt Warschau an Reichssicherheitshauptamt v. 17. 06. 1940.

622 Grasmann 1976: 28 u. 138.

623 BArch, R 58/338: Geheime Staatspolizei, Erlaß v. 10. 11. 1939, Aufstellung der Gestapo über sozialistische Parteien in Polen.

624 Kowalak 1971: 272–278. PA AA, Generalkonsulat Kattowitz, Po 9,3, Bd. 29a: Nöldeke an Oberpräsidenten in Breslau v. 28. 07. 1936. Ibidem: Denkschrift.

worden, gelegentlich einen Termin für diesen mit Pant zu vereinbaren.[625] Im Juli und August 1937 wurde illegales Material aus Prag in die Redaktion des „Deutschen in Polen" geschickt. Die Frage bleibt, ob eine Zusammenarbeit „Maier-Kowoll", also eine zwischen Katholiken und Sozialisten, bestand.[626] In früheren Jahren fiel eher eine Gegnerschaft zwischen beiden Gruppierungen auf.

Nach Kowolls Verhaftung versuchte die Gestapo beim Auswärtigen Amt „Näheres über den Umfang der staatsfeindlichen Tätigkeit des K[owoll] und vor allen Dingen seiner Verbindungen zu illegalen Kreisen im Reiche zu erfahren"[627]. Kowoll muß, bei dieser Aufgabe absehbar, mit Hausdurchsuchungen gerechnet und darauf geachtet haben, keine Namen und Adressen seiner Verbindungsleute Dritten in die Hände fallen zu lassen. Das Generalkonsulat in Kattowitz, das den Ermittlungsauftrag der Gestapo vom Auswärtigen Amt erhielt, machte „über die beteiligten Personen in Deutschland"[628] nichts ausfindig.

Kowoll wurde am 26. Oktober 1938 aus der Untersuchungshaft entlassen, ohne selbst Genaueres über seinen Fall in Erfahrung gebracht zu haben. Ihm lag die Gerichtsentscheidung noch nicht vor. Er wollte die illegale Tätigkeit erst wieder aufnehmen, wenn die „polnischen Freunde die Angelegenheit hier mit den Behörden geregelt" hätten. Der PPS habe er zu verdanken, in Freiheit zu sein.[629] Am 9. Dezember 1938 wurde das Strafverfahren gegen Kowoll wegen „Leitung kommunistischer Tätigkeit" in Deutsch-Oberschlesien durch den Staatsanwalt des Bezirksgerichts in Kattowitz eingestellt.[630]

Die illegale Arbeit ruhte während Kowolls Abwesenheit. Dies ist ein Zeichen, daß er niemanden eingeweiht hatte. Bereits im Jahr 1938 war *niemand mehr* da, dem er diese Aufgabe hätte anvertrauen können.[631]

Kowoll war nicht sicher, die Arbeit überhaupt wieder aufnehmen zu können, und wollte schlimmstenfalls „die Berichterstattung von drüben selbst organisieren". Dem Parteivorstand legte er nahe, die Post per Einschreiben zu schicken, weil er nicht wußte, ob er noch überwacht würde. Seine persönliche Situation schilderte er als sehr schlecht. Er fühlte sich „physisch kaputt"; und die finanzielle Lage war die, daß seine Frau bereits einen Teil der Wohnung verkaufen mußte.[632]

---

625 FES (wie Anm. 528), Sopade 67: Unbekannter [vom Parteivorstand] an Kowoll v. 12. 03. 1937.

626 Sieradzka 1988: 102 f.

627 PA AA, Pressewesen O/S, Pol V 128, Bd. 1, O/S 12: Geheime Staatspolizei an AA v. 22. 10. 1938.

628 Ibidem: Deutsches Generalkonsulat Kattowitz an AA v. 12. 11. 1938.

629 FES (wie Anm. 528), Sopade 67: Kowoll an Parteivorstand v. 31. 10. 1938.

630 AAN, MSZ 2352/440, Sprawozdanie z życia mniejszości narodowych, IV/1938.

631 Vgl. Anm. 595 dieser Arbeit.

632 FES (wie Anm. 528), Sopade 67: Kowoll an Parteivorstand v. 31. 10. 1938.

Kowoll nahm die Arbeit wieder auf, dies belegt die Korrespondenz mit der Sopade; noch bis Kriegsausbruch war er in diesem Sinne tätig.[633]

Über die Arbeit Kowolls und seiner wenigen Mitarbeiter in den letzten Monaten vor Kriegsausbruch läßt sich kaum Bestimmtes sagen. Nachweislich bis Ende Juli 1939 zahlte ihm die Sopade monatlich 500,– Kčs. Kowoll lieferte die für die „Grünen Berichte" verfaßten Monatsberichte an die Sopade, schrieb über die „Nazideutschen" in Polen und schmuggelte illegales Schrifttum.[634] Neben Mitarbeitern in Deutsch-Oberschlesien mußte Kowoll welche in der Tschechoslowakei gehabt haben. Anfang Februar 1939 fragte er Crummenerl, was „mit den Beträgen für MO. bez. Bogumin"[635] sei. Mit „MO." war wohl die grenznahe tschechische Stadt Mährisch-Ostrau gemeint, wohin in früheren Jahren Verbindungen bestanden; zehn Kilometer nordöstlich davon liegt das Städtchen Bogumin.

Anfang Juni 1939 ermittelte der Generalkonsul von Kattowitz, daß bei Kowoll die „Bezugs- und Verteilungsstelle" der in Paris erscheinenden, in Oberschlesien in großer Zahl vertriebenen „bekannten Hetzschrift 'Der Deutsche Freiheitsbrief'"[636] sei.

Vom 30. Juli 1939 stammt die letzte Nachricht Kowolls an die Sopade. Er berichtete Crummenerl, bereits 800 der aus Warschau ohne Absender erhaltenen Aufrufe ins engere Industriegebiet verschickt zu haben, die restlichen 800 wollte er nach Oppeln, Ratibor und in die Landgebiete um Kreuzburg-Guttentag-Rosenberg weiterleiten. Die zur Verfügung stehenden Adressen sollen den „verschiedensten Kreisen" entstammt haben. Eine genaue Aufstellung der Adressen sollte Crummenerl im August erhalten.[637]

Aufgrund der Verfügung vom 23. Oktober 1939 wurde Kowoll am 1. November 1939 auf die Gestapo-Liste der „im besetzten Gebiet" zu verhaftenden „Marxisten" aufgenommen. Diese sollten in das am 1. Dezember 1939 erschienene Fahndungsbuch übernommen werden.[638]

---

633 Szefer (1967: 77) und Sieradzka (1987: 146; 1988: 103) lassen seine konspirative Tätigkeit mit seiner Verhaftung 1938 enden.

634 FES (wie Anm. 528), Sopade 67: Kowoll an Erich Rinner v. 25. 01. 1939. Rinner stellte die „Grünen Berichte" zusammen. Ibidem: Parteivorstand an Kowoll v. 31. 01. 1939. Ibidem: Kowoll an Crummenerl v. 05. 02. 1939.

635 Ibidem: Kowoll an Crummenerl v. 05. 02. 1939.

636 PA AA, Pressewesen O/S, Pol V 128, Bd. 1, O/S 12: Nöldeke an AA v. 09. 06. 1939, Durchdruck an Botschaft Warschau, Abschrift an Geheime Staatspolizei Berlin v. 16. 06. 1939. Anlage: „Deutscher Freiheitsbrief Nr. 59".

637 FES (wie Anm. 528), Sopade 67: Kowoll an Crummenerl v. 30. 07. 1939.

638 BArch, R 58/357, S. 128: Liste über „Festnahme von Marxisten im besetzten Gebiet" v. 01. 11. 1939.

Im Januar 1938 sollte in Kowolls Wohnung ein geheimes Zusammentreffen mit zwei Vertretern der Exil-SPD und aus zweien Breslau stattfinden. Das Netz der Vertrauenspersonen innerhalb des Kurierdienstes war zu organisieren.[639]

Die geplante Sitzung fand nicht bei Kowoll statt, sondern am 15. und 16. Januar 1938 in Bielitz. Die Anwesenden – Kowoll, vom Bielitzer Vorstand Glücksmann und Philipp Follmer, aus Prag der Redakteur des „Neuen Vorwärts" David[640] – berieten am ersten Tag über das Verteilernetz.

Thema des zweiten Verhandlungstages war die Organisationsfrage. Gemeinsame Richtlinien wurden aufgestellt, um in Opposition gegen den Lodzer Bezirk zu gehen. Die Bielitzer und die Kattowitzer wollten ihren Mitgliedern empfehlen, die in Paris erscheinende Wochenzeitung „Deutsche Freiheit" statt der „Lodzer Volkszeitung" zu abonnieren. Die „Lodzer Volkszeitung" reiche nicht aus, würde die Mitglieder nicht objektiv informieren und „in letzter Zeit könne man diese Zeitung überhaupt nicht als eine sozialistische Zeitung betrachten". Darüber sollte der Hauptvorstand in Lodz informiert werden.

Im Zusammenhang mit ihrer Oppositionsstellung verabredeten die Führer beider schlesischer Gruppen, der Lodzer Zentrale mitzuteilen, einen Delegierten frühestens am 23. Januar zu einer Konferenz nach Lodz schicken zu können. Der Entschluß läßt auf ein gewisses Zögern schließen, überhaupt jemanden zu entsenden.[641]

Bei der Lodzer Konferenz handelte es sich wohl um die am 2. Februar 1938 stattgefundene „Kundgebung zum 16. Gründungstag der DSAP in Mittelpolen". Der Termin kann nicht lange zuvor festgestanden haben. Erst am 23. Januar 1938 wurde angekündigt, daß zu besagter Gründungsfeier von der PPS Czapiński, vom „Bund" Erlich, „sowie Vertreter der DSAP" sprechen würden. Die gleiche Ankündigung wurde in der „Volkszeitung" vom 25. und vom 27. Januar wiederholt und am Veranstaltungstag, am 2. Februar 1938, die Ansprache des „Genossen Follmer aus Bielitz" bekanntgegeben. Im Bericht über diese Veranstaltung am 3. Februar 1938 wurde die kurzfristige Absage Follmers wegen Krankheit bedauert.[642]

---

639 WAP Katowice, Dyr. Pol. Kat. 365, S. 316 v. 11. 01. 1936.

640 Weitere Teilnehmer konnten nicht ermittelt werden.

641 WAP Katowice, Dyr. Pol. Kat. 365, S. 317: Orts- und Kreispolizeikommandantur der Schlesischen Wojewodschaft – Untersuchungsabteilung – in Kattowitz an Polizeidirektion Kattowitz v. 22. 01. 1938. Ibidem: 318: Polizeidirektion an Schlesisches Wojewodschaftsamt v. 24. 01. 1938. Bereits seit Mitte 1937 schrieb Kowoll nicht mehr für die LVZ, er wurde nicht mehr „honoriert".

642 LVZ v. 23. 01., 25. 01., 27. 01., 02. 02., und 03. 02. 1938.

Die schlesischen DSAP-Gruppen schickten keinen Delegierten nach Lodz. Zwischen den DSAP-Bezirken müssen große Konflikte bestanden haben. Es ist schwierig zu sagen, was die Diskrepanzen verursachte und worin sie bestanden.

Eine andere Konferenz kam Anfang Januar 1938 in Kowolls Wohnung zustande: die Bezirksversammlung der oberschlesischen DSAP am 9. Januar 1938. Sieben Personen nahmen daran teil. Thema war nicht die Kurierarbeit, sondern der Konflikt „Oberschlesien-Mittelpolen". Kowoll verkündete, im Oktober 1937 aus der Parteiexekutive ausgetreten zu sein, weil der Hauptvorstand ihm kein Gehalt mehr ausgezahlt habe. Deswegen wollte er sich nicht an der Jahreshauptversammlung der Gesamtpartei, die auf Ende Februar oder Anfang März in Lodz angesetzt war, beteiligen. Den Grund, warum er kein Gehalt mehr erhielt, gab er nicht an. Der zur Jahreshauptversammlung delegierte Edward Matzke solidarisierte sich mit Kowoll und erklärte, ebenfalls nicht an dieser Versammlung teilnehmen zu wollen. Er sei mit Zerbes Politik nicht einverstanden. Entschieden wurde, Matzke solle als Vertreter des schlesischen Bezirkes dessenungeachtet teilnehmen und in Opposition zum Hauptvorstand diesem folgendes mitteilen:

1. Der schlesische Bezirk beteilige sich nicht an der Vorbereitung der Jahreshauptversammlung,
2. erkläre sich nicht mit der von der PPS-Linke abweichenden Lodzer Gruppe einverstanden [aus den Dokumenten geht nicht hervor, welche Abweichung damit gemeint war],
3. trete nicht für die privaten deutschen Schulen ein, sondern für die staatlichen.
4. Da die „Lodzer Volkszeitung" nicht dem Verlangen der Leser entspreche und besonders, weil sie sich nicht mit den Problemen in Schlesien befasse, würden die Schlesier die „Deutsche Freiheit" abonnieren, es sei denn, die „Lodzer Volkszeitung" würde ihre Richtung ändern.

Die Bielitzer hatten sich mit der Kattowitzer Gruppe solidarisch erklärt und schlugen vor, ein eigenständiges Organ herauszugeben.[643] Die

---

643 WAP Katowice, Dyr. Pol. Kat. 365, S. 315 v. 11. 01. 1938. Es wird nicht ganz klar, wenn Szefer (1967: 77 f.) schreibt, die Lodzer Gruppe sei „von ihren Ideen abgewichen, weil sie der Hitlerbewegung größeres Interesse widmete" und die Probleme des Bezirks Kattowitz nicht berücksichtigte. Von den sozialistischen Ideen rückten die Lodzer nicht ab, was ihr Kampf gegen den Nationalsozialismus beweist. Ihre führenden Mitglieder zählten zu den gesuchtesten Personen der Gestapo und rangierten auf deren Proskriptionslisten. Szefers Äußerung kann so verstanden werden, daß sich die Lodzer zu einseitig mit der „Hitlerbewegung" beschäftigten, lediglich mit der Problematik, die sie von Mittelpolen kannten und dabei die der Schlesier vergaßen. Die Lodzer DSAP trat ja auch für die staatliche deutsche Schule ein.

schlesische DSAP optierte Ende der dreißiger Jahre mehr für die Richtung der deutschen Emigranten als für die ihrer Hauptorgane in Lodz.

Die Arbeitslosigkeit in Schlesien war größer als in Mittelpolen, die Tschechoslowakei und Österreich standen näher. In Schlesien wurden alle Fäden in der Hand gehalten: die Organisation der illegalen Verbreitung von Druckschriften und die Hilfe für die Flüchtlinge. Diese Aufgaben mußten von denen, die dem Exil der SPD geographisch am nächsten standen, in Angriff genommen werden.

Die schlesische DSAP arbeitete in diesen Jahren intensiver mit der Sopade als mit der Lodzer DSAP zusammen. Eine enge Fühlungnahme mit der Sopade einerseits und zunehmende Auseinandersetzungen mit den Lodzern andererseits ließ die schlesische DSAP im August 1935 von einem Zusammenschluß mit der Sopade sprechen.[644] Fragwürdig bleibt, wie weit die Anlehnung an die Sopade ging. Kowoll wurde nicht mehr von Lodz, sondern von Prag bezahlt. Er arbeitete für die Sopade, sah in deren Schicksal das eigene. Die Lodzer gingen auf Distanz. Die Gruppe Kowolls und Glücksmanns fungierte wie eine Außenstelle der Sopade. War sie überhaupt noch eine selbständige Partei?

Nahe liegt, daß sich die Lodzer den Schlesiern gegenüber zurückgesetzt fühlten und daher leicht Konfliktsituationen entstehen konnten.

In einem Brief an den Parteivorstand der SPD in Paris vom Januar 1939 berichteten Zerbe und Kociołek über die schlechte finanzielle Situation ihrer Partei und fragten, ob die Sopade überhaupt „den Wunsch habe ... auch unsere [die der DSAP Mittelpolens, PB] Sorgen kennenzulernen". Sie bedauerten, die letzten Jahre nicht die Möglichkeit gehabt zu haben, mit der Sopade „über die Dinge, die die gesamte deutsche sozialistische Bewegung betreffen, zu beraten". Die Repressalien, unter denen die SPD zu leiden hatte, hätten die Lodzer in mancher Hinsicht „auf eigener Haut verspüren müssen".

Obwohl sie nicht bezahlen könnten, wurde der Parteivorstand gebeten, die „Deutschlandberichte" und den „Neuen Vorwärts" wieder zu schicken. Dies sei seit einiger Zeit wegen unbeglichener Rechnungen unterblieben. Die beiden Blätter benutzten sie als Direktiven für ihre Arbeit, die ihnen „wie ein Finger an der Hand" fehlten.

Noch größere Sorge bereitete der Erhalt des Parteiorgans. Bereits die vergangenen beiden Jahre hatte Erlich vom jüdischen „Bund" der Partei finanzielle Hilfe geleistet. Die „Volkszeitung" war in Polen das „einzige antifaschistische deutsche Organ", und nach Zerbe und Kociołek stand die „Einstellung dieses bedeutendsten Kampfmittels" bevor.[645]

---

644 BArch, R 58/338: Staatspolizeistelle Oppeln an Geheimes Staatspolizeiamt Berlin v. 07. 08. 1935.

645 FES (wie Anm. 528), Sopade 30: Zerbe an Vorstand der Sopade in Paris v. 06. 01. 1939.

Ende Januar 1939 antwortete der Sopade-Parteivorstand, selbst mit größten finanziellen Schwierigkeiten zu kämpfen und „keinen positiven Vorschlag machen" zu können, was die Finanzierung des Parteiorgans betreffe. Den Lodzern wurde geraten, sich an die „SAI" und an die PPS zu wenden. Die beiden Schriften der Sopade sollten jedoch als Freiexemplare verfügbar sein.[646]

Aufgrund des Hinweises der finanziellen Hilfe des „Bund" kann vermutet werden, daß eine engere Zusammenarbeit zwischen beiden Parteien bestand, die aber vor der Öffentlichkeit und weiten Kreisen der DSAP selbst verborgen wurde. Besonders vor dem Krieg, als alle Parteien finanziell nicht gut standen, ist diese Unterstützung durch den „Bund" nicht zu unterschätzen. Eine, aber nicht die entscheidende Rolle könnten die persönlichen Verbindungen der jüdischen Mitglieder der Partei gespielt haben, wie z. B. die Israel Kociołeks. Geheim gehalten wurde diese Zusammenarbeit möglicherweise wegen der antijüdischen Stimmung in der polnischen Gesellschaft oder um die Befürchtung eines gegen den polnischen Staat gerichteten deutsch-jüdischen Blocks zu vermeiden. Es besteht eine Analogie zur PPS, die wegen des Antisemitismus Zurückhaltung gegenüber dem „Bund" zeigte und bestehende Kontakte nicht zu sehr vor der Öffentlichkeit ausbreiten wollte.[647]

Zwischen Lodz und Prag, später Paris, kann kein näherer Kontakt bestanden haben. Die Lodzer waren nicht an der geheimen Zusammenarbeit „Kattowitz-Bielitz-Prag" beteiligt und wurden nicht von der schlesischen DSAP mit den begehrten „Materialien" versorgt. Sie hätten die Möglichkeit dazu gehabt. Die Lodzer waren ausgeschlossen, da regional schlecht plaziert, und mußten sich isoliert fühlen. Für sie riß im Jahr 1933 nicht nur der Kontakt zu Berlin ab, sondern korrelierend zeigte sich eine Entfremdung zur schlesischen DSAP. In Schlesien wurde dies vielleicht kaum bemerkt, oder dies wollte man nicht bemerken. Der für sie erniedrigende Kampf um die Vorherrschaft innerhalb der Partei war noch nicht vergessen. Jetzt hatte man in Schlesien die Garantie, die größere Rolle zu spielen und mußte nicht mit den aggressiveren Lodzern konkurrieren. Diesen Status wollte man beibehalten. Pragmatisch gesehen, konnte die existentielle Unterstützung, die unmittelbare Hilfe für die Sopade, nur von den schlesischen Sozialisten geleistet werden.

Die letzten Jahre in Mittelpolen bis Kriegsbeginn

Im Lodzer Bezirk versuchten die deutschen Sozialisten ebenfalls, den Flüchtlingen aus dem „Dritten Reich" zu helfen. Von Lodz aus wurden die betroffenen Personen nach Danzig und weiter nach Skandinavien gelei-

646 Ibidem: Parteivorstand an DSAP Lodz v. 27. 01. 1939.
647 Vgl. Anm. 147–149, 215–217, 235 in Kapitel C.2. dieser Arbeit.

tet.[648] Heike habe in den Jahren 1933 bis 1935, als Vorsitzender der Lodzer Exekutive der DSAP, in Lodz für die Unterbringung und Weiterleitung der Flüchtlinge in die skandinavischen Länder und in die baltischen Staaten gesorgt.[649]

Der Lodzer Bezirk wurde nicht, wie es im schlesischen Bezirk bis zur Verlegung der Emigration nach Frankreich der Fall war, als Anlaufstelle für Flüchtlinge frequentiert. Von Lodz aus muß jedoch ein über Jahre funktionierendes verzweigtes Netz organisiert gewesen sein.

Das SPD-Mitglied Siegmund Schmidt aus Lützendorf bei Weimar wurde nach seiner Flucht über die deutsch-polnische Grenze an einen gewissen Weiss, DSAP-Mitglied in Graudenz, verwiesen. Weiss besorgte ihm eine Freikarte nach Thorn, das nötige „Zehrgeld" und die Adresse des DSAP-Parteifunktionärs in Thorn. Dort wohnte Schmidt drei Tage in einer Transportarbeiterunterkunft und wurde von der Parteidienststelle verpflegt und finanziell unterstützt. Der Thorner Funktionär verwies ihn nach Warschau (in die „Rote-Kreuz-Str. 20") an den „Parteivorsitzenden" Karwiński auf Zimmer 20.[650]

Näheres über Karwiński ist nicht bekannt, so z. B. welchen Parteivorsitz er innehatte, ob er ein Delegierter der DSAP war (zuständig für Flüchtlingsfragen von Lodz nach Warschau entsandt oder von der PPS im Namen der DSAP mit dieser Aufgabe betraut) oder ob die DSAP inzwischen eine Sektion innerhalb der PPS in Warschau bildete und Karwiński der erste Mann war.

In diesem Haus der ulica Czerwonego Krzyża 20 befand sich der Sitz des „Polnischen Verbandes der Berufsgenossenschaft", dessen führende Sekretäre der PPS angehörten. Hier wohnte das PPS-Vorstandsmitglied Norbert Barlicki, der in engem Kontakt mit der DSAP Mittelpolens stand.[651] Unter dem Gesichtspunkt, daß die Lodzer DSAP kontinuierlich mit der PPS zusammenarbeitete, ist es wahrscheinlich, daß ein Verbindungsmann der DSAP im Gebäude der PPS wirkte.

Nach einigen Tagen Aufenthalt wurde Schmidt mit von der Parteizentrale der DSAP ausgehändigtem Geld und Freikarte nach Gdingen geschickt, um ein Schiff ins Ausland abzuwarten. In Gdingen sollte er sich bei dem Parteikassierer, einem gewissen Pawliński, melden. Dieser leitete ihn einem nicht näher bezeichneten Janczaryk zu, der Unterkunft und Verpflegung übernahm. Von dort aus schrieb er an den Sopade-Vorstand nach Paris und an den in Kopenhagen ansässigen „Socialdemokratisk-Forbund in Danmark", die ihm die Ausreise ins Ausland vermitteln soll-

---

648 Heike 1985: 225.

649 Dies teilte Heike der Verfasserin mit.

650 BArch, R 58/338: Polen-DSAP, Auszugsweise Abschrift aus dem Bericht der Stapostelle Köslin v. 13. 01. 1939.

651 Ibidem: Aufstellung der Gestapo über sozialistische Parteien in Polen, S. 131 u. S. 156.

ten. Ihm wurde vorgeschlagen, in die Tschechoslowakei oder nach „Rotspanien" auszuwandern.

In der Zwischenzeit mußte sich Schmidt bei Zerbe in Lodz melden, der ihn aufforderte, „mit ihm zu kämpfen". Vom DSAP-Mitglied Otto Dittbrenner wurde er versorgt und von Lodz aus zurück nach Gdingen geschickt, diesmal zu dem PPS-Korrespondenten Alfred Jarecki in die ulica Morska 96. Hier sollte Schmidt auf seinen Abtransport nach Kopenhagen warten; in Gdingen kam er mit den dortigen Führern der DSAP, mit einem Durei und einem Kuleschau zusammen.[652]

Die DSAP war ursprünglich weder in Gdingen noch in Warschau organisiert und schickte daher für die Abfertigung der Flüchtenden eine Gruppe Beauftragter an verschiedene Orte. Anscheinend arbeiteten in Warschau und in Gdingen DSAP- und PPS-Leute Hand in Hand. Wie die schlesischen DSAP-Gruppen enger mit der Sopade zusammenarbeiteten, so lehnte sich die Lodzer-Gruppe an die PPS.

Die Lodzer wurden über Jahre von „Bund" bezahlt und kooperierten mit der PPS. Sie organisierten die Fluchthilfe gemeinsam, benutzten die wichtigsten Räumlichkeiten der PPS. PPS-Funktionäre waren selbst nicht unterrichtet, mit wem sie zusammenarbeiteten, und gingen davon aus, daß alle Mitarbeiter in der PPS organisiert gewesen seien.

Ab dem Jahr 1937 gab es zwei Bestrebungen innerhalb der Lodzer Gruppe: eine, die engere Zusammenarbeit mit der PPS wollte, und eine, „die ein Aufgehen in der PPS anstrebte. Die Entscheidung darüber war aber bis zum Ausbruch des Krieges im Jahre 1939 nicht gefallen, so daß *formell* alles beim alten geblieben war, also eine selbständige DSAP weiterhin bestand."[653] Dennoch ist es fraglich, ob die Lodzer DSAP nicht bereits vor Kriegsausbruch praktisch eine Sektion innerhalb der PPS bildete.

Auf einem Kongreß der PPS Ende Januar 1937 beklagte Zerbe, daß „Ultranationalismus und Antisemitismus in großen Mengen zollfrei und mit besonderen Vorzugsrechten über die Grenzen nach Polen gebracht wurden"[654]. Er sprach vom „Import" des Nationalsozialismus aus dem „Dritten Reich" und über die diese Ideologie vertretenden deutschen Parteien in Polen als „Außenpositionen" dieses Systems. Dieses System verurteilte und bekämpfte die DSAP-Führung; sie wehrte sich, daß „man dieje-

---

652 Ibidem: Polen-DSAP, Auszugsweise Abschrift aus dem Bericht der Stapostelle Köslin v. 13. 01. 1939. Ibidem: Aufstellung der Gestapo über sozialistische Parteien in Polen, S. 138. Im Jahr 1987 schrieb ich an Jareckis Adresse aus dem Jahr 1938. Jarecki antwortete (gerade beim Umzug in ein Altersheim), bis 1939 solche Tätigkeiten für die PPS, nicht für die DSAP, ausgeführt zu haben. Brief v. 23. 05. 1087 im Besitz der Verfasserin.

653 Heike berichtet in einem Brief an die Verfasserin v. 19. 01. 1990, ihm sei bekannt gewesen, „daß in dieser Zeit über diese Fragen im Lodzer Bezirk diskutiert wurde". Er stand nicht mehr mitten im parteipolitischen Geschehen, erhielt seine Informationen von Dritten. Zweifellos könnte ihm etwas verborgen geblieben sein.

654 LVZ v. 02. 02. 1937. Vgl. LVZ v. 16. 02. 1937. Heike 1969: 109.

nigen, die das heutige Gewaltregime in Deutschland verkörpern, mit dem deutschen Volk"[655] identifiziere. Zerbe – befragt, welche der Parteien: JDP, DVV oder DV den wirklichen Nationalsozialismus in Polen vertrete – antwortete, die Senatoren Wiesner (JDP) und Utta (DVV) gefragt zu haben und ohne Antwort geblieben zu sein.[656] Im Organ des DVV, der „Freien Presse", wollten die Verantwortlichen dieses Problem lösen: Der Leser wurde aufgeklärt, daß „der Jude Koziołek einer der wichtigsten Mitarbeiter" Zerbes sei und Zerbe selbst vom „volksbewußten Lodzer Deutschtum schon lange nicht mehr als einer der ihren anerkannt" und in der „Lodzer Volkszeitung" als ein „Mietling der jüdisch-marxistischen Agitationszentrale" gesehen würde.[657]

Wahrscheinlich fielen die Meinungen von JDP und DV ähnlich aus. Jede beanspruchte, der wahre Repräsentant des Nationalsozialismus zu sein. Da die ideologische Ausrichtung aller drei Parteien die gleiche war, die ursprünglichen Intentionen verblaßten und ineinander übergingen, dürfte für Zerbe und die DSAP kein Unterschied zwischen den dreien bestanden haben.

Die DSAP erinnerte alle Deutschen in Polen an ihre früheren Warnungen, „daß ein Tag kommen würde, wo man jede Stimme ... für die Nazis ... als Feindesstimme" betrachte und auch die Gegner des Nationalsozialismus, wenn sie deutscher Volkszugehörigkeit seien, einbeziehe. Im April 1939 beurteilte die DSAP diese Vorhersage als „im kleinen"[658] eingetroffen. Die PPS-Stimmen, die zwischen deutschen Nationalsozialisten und Sozialisten zu differenzieren versprächen, änderten nicht, daß die Mehrheit des polnischen Volkes diesen Unterschied nicht mache und die Sozialisten mit drohender Kriegsgefahr wie alle Deutschen von den nationalistischen Ausschreitungen betroffen würden.[659]

---

655 LVZ v. 21. 11. 1937. Sie betonte bereits zwei Jahre zuvor, „eine sehr scharfe Scheidungslinie zwischen ihm [dem deutschen Volk, PB] und seiner Regierung [zu] ziehen". Parteivorstand 1935: 9. Vgl. dazu den bemerkenswerten Vorschlag Hausers (besonders Anm. 170 in Kapitel B.3. dieser Arbeit).

656 Kurjer Warszawski v. 17. 11. 1937. Die DSAP-Führung differenzierte hier wohl kaum und nannte „das deutsche Bürgertum, in seiner Mehrheit jedes politischen Taktgefühls bar", das „gern seine Daseinsberechtigung an die Vorgänge in Deutschland anpassen [möchte], ohne auch nur zu versuchen, sich darüber Rechenschaft abzulegen, was denn eigentlich im sogenannten Dritten Reich vor sich geht und welche Folgen dadurch nicht nur für das deutsche Volk, sondern auch für das Auslandsdeutschtum entstehen." Parteivorstand 1935: 9.

657 Freie Presse v. 19. 11. 1937. Der DVV mußte informiert gewesen sein, daß die Lodzer „Volkszeitung" ab 1937 mit Hilfe des jüdischen „Bund" finanziert wurde. FES (wie Anm. 528), Sopade 30: Zerbe und Kociołek an Parteivorstand in Paris v. 06. 01. 1939.

658 LVZ v. 08. 04. 1939.

659 Vgl. LVZ v. 25. 06. 1939 u. 03. 05. 1939. Heike 1985: 225. Über die Probleme mit der Differenzierung zwischen Deutschen und Nationalsozialisten selbst in der PPS vgl. Broszat 1958 (a): 383.

Im Juni 1939, nach schweren polnischen Übergriffen auf deutsche Minderheitsangehörige, verurteilten die Lodzer deutschen Sozialisten in einem Flugblatt den Nationalismus beider Seiten und mahnten die deutschen Arbeiter zur Ruhe.[660] Sie erklärten, daß „der deutsche Faschist nicht unterscheiden [will]. Er schürt den Haß gegen alles, was polnisch ist. Die Kehrseite dieser Medaille bildet der polnische Nationalist. Er haßt ohne Unterschied alles, was deutsch ist."[661]

Die DSAP bat die polnische Seite, zwischen den deutschen Sozialisten und den Nationalsozialisten zu unterscheiden, weil nur so der in Polen lebende Deutsche für Polen eintreten könnte.[662] In polnischen Regierungskreisen fand die DSAP kein Gehör; für diese war der Deutsche, gleich welcher Parteizugehörigkeit, ein nationalsozialistischer Deutscher.[663]

Die PPS respektierte, daß die DSAP „in schwierigsten Arbeitsverhältnissen [Terror!] getreu ihre sozialistische Pflicht [erfüllt] !", erklärte ihre Solidarität mit ihr und daß sie „niemals den Hitlerismus mit der politischen Haltung aller Deutschen identifiziert [hat], insbesondere des deutschen Proletariats. ... Die Haltung der deutschen Sozialisten hat eine nicht geringe Bedeutung für den polnischen Staat, insbesondere weil bekannt ist, daß Hitlers Politik bemüht ist, ... die deutschen Minderheiten zu nutzen und sie als Werkzeuge des Hitler-Imperialismus [zu] instrumentalisieren"[664]. Die polnischen Sozialisten rechneten der DSAP an, die „marxistische Linie [zu halten] und sich nicht dazu kriegen [zu lassen], die Hitlersche Strömung mitzumachen"[665].

Ihren Platz sah die DSAP an der Seite des polnischen Arbeiters und proklamierte, daß „die Freiheit und Unabhängigkeit eines jeden Landes und eines jeden Volkes heilig ist; die Unabhängigkeit unserer [ihrer, PB] Heimat, der Republik Polen ... um so mehr"[666]. Die Spannung zwischen Deutschland und Polen bedauernd, beurteilten sie jedoch „jene Ansicht als verwerflich, wonach man Unrecht gutheißen oder schlimmstenfalls verschweigen muß, wenn es vom eigenen Land kommt". Gerade deswegen fühlten sie sich zur Anklage verpflichtet. Das deutsche Volk sei durch ein schweres Schicksal gestraft, „selbst in Sklaverei geraten, und seine Knechtschaft soll noch dazu dienen, anderen Völkern Knechtesfesseln auf-

---

660 PA AA, Botschaft Warschau, P II 4e, Bd. 1: Flugblatt der DSAP „An das deutsche arbeitende Volk!" v. Juni 1939. Mehr zu diesen Übergriffen: Heike 1969: 112 f.

661 LVZ v. 22. 06. 1939. Vgl. ibidem v. 09. 07. 1939: „Des Kampfes Ziel", Unterschied zwischen „Naziregime" und deutschem Volk. Ibidem v. 25. 07. 1939 „Für Recht und Wahrheit".

662 LVZ v. 03. 05. 1939.

663 Heike 1985: 226.

664 Robotnik v. 22./23. 06. 1939.

665 Centralne Archiwum Ministerstwa Spraw Wewnętrznych (CAMSW), Urząd Wojewódzki Łodzi, T 18 A2, Lodz 4, Sprawozdanie Urzędu Wojewódzkiego w Łodzi za miesiąc 1/1936, S. 5 f. Diese Archivalie erhielt ich von P. Korzec.

666 BArch, R 58/338: Aus dem Maiaufruf der DSAP v. Mai 1939. Vgl. LVZ v. 03. 05. 1939.

zuerlegen. In einem solchen Zeitpunkt betrachten wir [die deutschen Sozialisten, PB] es als unsere Pflicht, durch diese unsere Stellungnahme Ehre und Recht als Deutsche zu schützen in unserem eigenen Namen wie im Namen der Millionen, denen dazu die Möglichkeit heute nicht gegeben ist"[667].

Die Ideologie des „Dritten Reiches" verdammten die deutschen Sozialisten, proklamierten, daß „diese Methoden falsch [sind] und dieses Regierungssytem zusammenbrechen [wird und muß]". Sie sagten „dem deutschen Faschismus und seinen Methoden unseren [ihren, PB] vorbehaltlosen Kampf an"[668]. Ihr Bekenntnis ließ keine Frage nach Loyalität aufkommen. Sie hielten die Forderungen des Deutschen Reiches als indiskutabel und wollten die in Polen verbliebene „deutsche Minderheit in die Gesamtreihen der Bevölkerung Polens, zum Kampfe um die Sicherheit des Landes und um seines künftigen Gedeihens"[669] einreihen. Diese Aussagen entstammen dem Artikel der Lodzer „Volkszeitung" vom 18. Juni 1939 „In schwerer Stunde", der von der PPS als „Deklaration" der DSAP aufgenommen, im Lodzer PPS-Organ „Łodzianin" vollständig und in allen anderen in Polen erscheinenden Zeitungen der PPS in Kurzfassung abgedruckt wurde.

Um ihre Nähe zum polnischen Arbeiter zu unterstreichen, nannte die DSAP ihr Publikationsorgan seit 16. Februar 1939 im Untertitel „Gazeta Ludowa" (Volkszeitung). Die Sozialisten versuchten die Deutschen, darunter deutsche Arbeiter, die früher der DSAP angehörten und zum Nationalsozialismus übergelaufen waren, in Schutz zu nehmen. Sie erklärten deren Schritt damit, daß ihnen „eingeimpft" wurde, „daß ihr Wohlergehen nicht allein von der Gestaltung des gesellschaftlichen Lebens in Polen abhänge, sondern daß Berlin der Garant und Fürsprecher der deutschen Minderheit in Polen ist"[670].

---

667 LVZ v. 18. 06. 1939. Ähnlich sprach der Parteivorstand im Jahr 1935 vom deutschen Volk, das „in einer Sklaverei lebt. Die Besten sind ins Ausland vertrieben oder in Gefängnissen und Konzentrationslagern eingesperrt, während jede Freiheitsregung unterdrückt und mit Zuchthaus und Todesstrafe bedroht ist." Die Mehrheit der Deutschen würde das Dritte Reich ablehnen, wenn sie dies auch, infolge der eigenartigen Verhältnisse, noch nicht offen tun kann. Parteivorstand 1935: 9.

668 PA AA, Botschaft Warschau, P II 4e, Bd. 1: Flugblatt der DSAP „An das deutsche arbeitende Volk!" v. Juni 1939. Sehr genau unterschieden sie aber, daß „Hitler und seine Herrschaft über das deutsche Volk nicht das deutsche Volk selbst [ist]. Und darum gilt es mit besonderem Nachdruck festzustellen, daß die DSAP in Polen, wenn sie die Vorgänge im Dritten Reich in aller Öffentlichkeit an den Pranger stellt und gegen die herrschenden Kliquen in Deutschland auftritt, nicht das deutsche Volk bekämpft, sondern den Kampf gegen das System Hitler führt, welches zu einer Weltgefahr für Europa und die Menschheit geworden ist". Parteivorstand 1935: 9.

669 LVZ v. 18. 06. 1939. Łodzianin v. 21. 06. 1939. Robotnik v. 22./23. 06. 1939. Vgl. Heike 1969: 114.

670 Ibidem.

Um in den Reihen dieser Arbeiter aufklärend zu wirken und gegen die im Juni 1939 einsetzenden Massenentlassungen deutscher Arbeiter in Mittelpolen zu demonstrieren, startete die DSAP und die „Deutsche Abteilung des Klassenverbandes der Textilindustrie" eine Aktion. Bewiesen werden sollte, daß die meisten deutschen Arbeiter nicht nationalsozialistisch sind. Sie sollten gegen polnische nationalistische Ausschreitungen, oft in Form von Entlassungen, geschützt werden.[671]

Drei Tage vor Kriegsbeginn forderte die DSAP in Lodz ihre Mitglieder, Anhänger und die Gewerkschaftsmitglieder auf, sich „an der Errichtung der Gräben, zum Schutze ... vor Luftangriffen"[672] zu beteiligen. Zusammen mit der PPS, dem jüdischen „Bund" und anderen Parteien rief die DSAP in Flugblättern zur Arbeit an den Schutzgräben auf.[673]

Die Situation nach Kriegsausbruch

Bei Kriegsausbruch bot sich ein divergierendes Bild der DSAP-Gruppen: Die Parteiführer in Schlesien flüchteten in den Osten, die in Mittelpolen blieben. Sie kämpften wahrscheinlich mit Angehörigen der PPS und des jüdischen „Bund" gegen Hitler. Einige wurden von den Nationalsozialisten gefangengenommen, zum Tode verurteilt oder in Konzentrationslager verschleppt.

Kowoll und Glücksmann sahen keine Perspektive, weiter zu kämpfen. Sie standen alleine, ihnen blieb nur die Flucht. Zwar arbeiteten auch sie mit der PPS, aber nicht in der Form wie in Lodz. Die Möglichkeit zu bleiben, mußten sie erwogen und darin keinen Ausweg gesehen haben.

In Lodz baute man die letzten Jahre auf die Zusammenarbeit mit der PPS und dem „Bund"; auch bekannten sich Mitte 1939 zur Lodzer DSAP schätzungsweise, Zahlen liegen nicht vor, mehr Personen als zur schlesischen Organisation. Das Parteiorgan erschien, bezeichnend für seine und die Existenz seiner Herausgeber, bis Kriegsausbruch. Die letzten zweieinhalb Jahre wurde es fast ausschließlich vom jüdischen „Bund" finanziert. In Lodz sahen die deutschen Sozialisten die Chance, mit den jüdischen und den polnischen Sozialisten gegen den Nationalsozialismus vorgehen zu können. Ihnen bot sich eine Perspektive.

Zerbe – entschiedener Gegner des Nationalsozialismus, am 1. September 1939 von den polnischen Behörden verhaftet und auf die Intervention des Lodzer Stadtpräsidenten Kwapiński wieder freigelassen – mußte

---

671 LVZ v. 25. 07. 1939 u. v. 06. 08. 1939.

672 LVZ v. 27. 08. 1939.

673 LVZ v. 29. 08. 1939.

von der Bildfläche verschwinden; er stand nämlich auf den Proskriptionslisten der Gestapo.[674]

Die Meinungen, wie er von 1939 bis 1945 lebte, gehen auseinander. Seine Frau, wiederholt befragt, gab keine befriedigende Auskunft. Im Jahr 1960 teilte sie mit, sie sei bis 1945 mit ihren beiden Kindern, die Tochter 1939 und der Sohn 1941 geboren, auf dem Land bei ihren Eltern gewesen – von ihrem Mann kein Wort. Neun Jahre später gab sie zu, ihr Mann habe Lodz bei Kriegsausbruch wegen der ihm „von seiten der deutschen Besatzungsbehörden [drohenden] Verhaftung" verlassen und sei im Januar 1945, als die Deutschen abgezogen seien, zurückgekehrt. Wieder übergeht sie die konkrete Frage bewußt diskret.[675]

Es gibt Hinweise, daß Zerbe im Untergrund tätig war. 1939 hätten sich zur Verteidigung Warschaus auch 400 Deutsche, darunter 30 SPD-Emigranten und 370 ehemalige DSAP-Mitglieder, eingefunden.[676] Zerbe habe vom Warschauer Stadtpräsidenten einen neuen polnischen Paß mit neuem Namen erhalten und sei Führer einer deutschen Kompanie gewesen. Seine Leute hätten sich vor der antideutschen Stimmung, in der sie Gefahr liefen, als Spione angesehen zu werden, durch Vortäuschen als Taubstumme geschützt. Zerbe habe die DSAP Mitte 1940 mit Hilfe der im Untergrund wirkenden, seit Mitte Oktober 1939 sich WRN („Wolność-Równość-Niepodległość" – „Freiheit-Gleichheit-Unabhängigkeit")[677] nen-

---

674 BArch, R 58/357: Geheime Staatspolizei an Reichssicherheitshauptamt v. 12. 06. 1940. Vgl. Heike 1969: 116.

675 DSAP-Archiv, FES (wie Anm. 528), A. d. 1 Nr. 408: Brief Eugenia Zerbes an O. Heike v. 22. 02. 1960; ibidem Nr. 409: Brief Heikes an Zerbe v. 01. 03. 1969; ibidem Nr. 410: Brief Zerbes an Heike v. 24. 03. 1969. Heike zieht mehrere Möglichkeiten in Betracht: Zerbe könnte die Zeit in seinem Lodzer Haus in einem geheimen Raum versteckt gewesen sein. Daraufhin deute, daß er, 1945 auftauchend, an einer schweren Lungenentzündung erkrankte. Weiter bestünde die Möglichkeit, daß Zerbe auf dem Land bei seinen Schwiegereltern untertauchte. Dafür spreche, daß Heike Frau Zerbe einmal im Bus von Lodz nach Lask traf. Es sei ihr nicht recht gewesen, gesehen zu werden. Heike schloß, daß Zerbe in der Nähe sein müsse. Auch die Möglichkeit, daß sich Zerbe als polnischer Fremdarbeiter verdingte, schließt Heike nicht aus. Jedoch, daß Zerbe im Untergrund gegen die Nationalsozialisten kämpfte, kann er sich nicht vorstellen. Das müßte zu ihm gedrungen sein. Die Aufzeichnung des Gesprächs mit Heike befindet sich bei der Verfasserin.

676 Gittis 1979: 14 ff. Hier handelt es sich um die Familiengeschichte des ehemaligen polnischen Widerstandskämpfers, des Redakteurs Andrzej Czystowski. Vgl. Szczerbiński 1986: 273 f. Dies bestätigt Cygańskis unveröffentlichtes Manuskript „2. Emil Zerbe" (im Besitz der Verfasserin).

677 Cygański 1966 (x): 182; ders. wie Anm. 676.
Parallel dazu habe es nach Szefer (1992: 75) in Bielitz eine kleine Gruppe ehemaliger DSAP-Mitglieder gegeben – Sozialisten und Kommunisten –, die in der Besatzungszeit eine „Gruppe" unter der Bezeichnung „Deutsche Antifaschistische Kampfgruppe an die PPR" gegründet und mit der Polnischen Arbeiterpartei (PPR) zusammengearbeitet hätten. Bei der „Trybuna Śląska", der späteren „Trybuna Robotnicza", hätten sie ihre deutsche Redaktion gehabt und u. a. Flugblätter in deutscher Sprache herausgegeben. Szefer gibt leider nicht an, woher er seine Informationen hat. Da der Parteiführer der Bielitzer DSAP

nenden PPS und dem Zuspruch Camille Huysmans, des Sekretärs der Sozialistischen Internationale, unter der Bezeichnung DSAP-WRN neugegründet.

Schnell habe die Partei ca. 2.000 Mitglieder gezählt, die, als Deutsche in verschiedene verwaltungstechnische Posten eingeschleust, im Generalgouvernement und im Reichsgau Wartheland wirkten. Auch Reichsdeutsche seien in dieser deutschen antifaschistischen Organisation tätig gewesen. Die neue deutsche Partei unter Zerbes Führung soll im Einklang mit den polnischen Sozialisten in der polnischen Untergrundbewegung tätig gewesen sein. Viele von diesen alles Riskierenden mußten ihren Kampfesmut mit dem Leben bezahlen, „wurden verhaftet, verurteilt und hingerichtet"[678].

Daß Zerbe im antifaschistischen Widerstand in der Zeit von 1939 bis 1945 tätig war, ist sicher. Dafür sprechen die ausweichenden Antworten seiner Frau, sobald dieses Thema zur Sprache kam. Sie hatten zuviel riskiert, so daß es bis zum Tod ihr Geheimnis bleiben mußte.

Welche Rolle Zerbe während des Krieges tatsächlich spielte, bleibt offen. Nach dem Kriege waren alle seine Hoffnungen und Ideale zerschlagen. An ein friedliches Zusammenleben der Juden, Polen und Deutschen zu je einem Drittel wie im Vorkriegs-Lodz war nicht zu denken. Das sich jahrzehntelang in einem ausgewogenen Verhältnis gehaltene Spezifikum

---

bei Kriegsausbruch geflohen war und das bis heute Kontakte mit Bielitzern aufrechterhaltende DSAP-Vorstandsmitglied Franz Fabisch nichts über diese Aktivitäten weiß, könnte es sich – wenn überhaupt – nur um einzelne Leute handeln. Szefers Äußerung sollte mit Vorbehalten benutzt werden.

678 Strobel (1986: 222) wurden diese Daten, wie er selbst angibt, „mündlich mitgeteilt". Sie wurden ihm und mir von dem 1988 verstorbenen Redakteur und früheren Untergrundkämpfer Andrzej Czystowski aus Warschau mitgeteilt. Diese Daten sind mit Vorsicht zu genießen, weil (nach Strobel) „entbehren diese eher überraschenden Zahlen und Fakten einer dokumentarischen Bestätigung". Czystowski gab an, mit diesen Deutschen bei der Verteidigung Warschaus in Kontakt gekommen zu sein. In seinen Händen befinde sich das sogenannte Parteiarchiv der DSAP, die Unterlagen, die bei Kriesgausbruch – nach Heike – vernichtet worden seien. Er habe sie an einem sicheren Ort unter der Erde vergraben. Nur er wisse wo: der Umfang beliefe sich auf ca. vier Kubikmeter, Höhe mal Breite eines großen Tisches. Diese Angaben machte er am 27. Juli 1985 in Anwesenheit seiner Frau, Prof. Strobels, Dr. H. Szczerbińskis, Prof. Dr. Andrzej Tomaszewskis und mir. In einem Gespräch mit Szczerbiński 1990 sagte mir dieser, Czystowski habe darauf gedrungen, daß in seiner Habilitationsschrift die Geschehnisse der Jahre 1939 bis 1945 mit Hilfe des vergrabenen Schriftguts berücksichtigt werden sollten. Szczerbiński erklärte sich angeblich aus Zeitgründen nicht bereit. Er hatte kein einziges einschlägiges Schriftstück gesehen. Czystowski nahm sein Geheimnis mit ins Grab. Über die Zeit von 1939 bis 1945 kann es situationsbedingt nicht viel Material geben. Gerade im polnischen Untergrund wurde aus Sicherheitsgründen darauf geachtet, daß bei einem Überfall dem Feind nichts Kompromittierendes in die Hände fiel. Möglichst wenig verräterisches Material wurde produziert. Was sich damals abspielte, konnte fast nur mündlich überliefert werden. Bei Czystowskis Material dürfte es sich in erster Linie um Schriftgut bis ins Jahr 1939 gehandelt haben.

dieser Stadt, des Manchesters des Ostens, gab es nicht mehr. Zerbes politischer Kampf hatte den Sinn verloren. Von der polnischen kommunistischen Regierung wurde er als späte Rache für sein negatives Verhalten gegenüber der KPP in den Jahren 1927 bis 1937 diskriminiert. So blieb ihm jede politische Tätigkeit versagt.[679] Er betätigte sich jetzt auf wirtschaftlicher Ebene, half bei der Organisierung der privaten Kaufmannschaft, wo er als Vorsitzender der Sektion „Lederwaren" Mitglied des Aufsichtsrates wurde. Dieses Amt bekleidete er bis zu seinem frühen Tod am 16. Juli 1954.[680]

Zerbe wirkte in der antifaschistischen Widerstandsbewegung seiner Heimatstadt Lodz neben Wilhelm Zinser und den ehemaligen DSAP-Mitgliedern, später KPP-Mitgliedern, Heinrich Scheibler, Wilhelm und Joseph Dilner sowie Artur Linke. Im Jahr 1942 sollen einige der ehemaligen DSAP-Mitglieder der Polnischen Arbeiterpartei (PPR) beigetreten sein. Die DSAP konnte ihre Tätigkeit nach 1945 in der Volksrepublik Polen nicht wiederaufnehmen, weil die kommunistische Führung in Polen dies nicht zuließ.[681]

Über das Schicksal Scheiblers gehen die Meinungen auseinander. Er sei 1939 von den Nationalsozialisten als Geisel genommen und umgebracht worden.[682] Einer anderen Version zufolge korrespondierte Scheibler noch bis 1942 mit der Schwester seiner Frau, Ester Kiejzman, von der Sowjetunion aus. Scheibler habe sich in Warschau bis zur Kapitulation der Stadt aufgehalten, sei nach Białystok und in die Sowjetunion geflohen und habe sich im Juni 1941 in das Landesinnere zurückgezogen. Im Jahr 1942 sei er zurück nach Polen gekommen, um gegen die deutsche Besatzung zu kämpfen, und von den Nationalsozialisten gefangen und erschossen worden.[683]

Ende September 1939 verhaftete die Gestapo vom Lodzer Bezirksvorstand der DSAP den zeitweiligen Bezirksvorsitzenden Oskar Seidler, dessen Sohn Alfred Seidler, den Vorsitzenden der Parteiexekutive Wilhelm Zinser und den Geschäftsführer der „Volkszeitung" Otto Abel. Zinser wurde vom 22. September 1939 bis 9. November 1939 in „Schutzhaft" gehalten, Abel nach drei Wochen freigelassen, die Seidlers für Monate in das

---

679 Cygański (wie Anm. 676).

680 DSAP-Archiv, A. d. 1. Nr. 410: Zerbe an Heike v. 24. 03. 1969. Heike 1969: 126 f. „Vorwärts" v. 10. 09. 1954. O. Heike, Polendeutscher Sozialistenführer gestorben.

681 Cygański, unveröffentlichtes Manuskript „1. Niemiecka Socjalistyczna Partia Pracy w Polsce/Deutsche Sozialistische Arbeitspartei in Polen, w skrócie DSAP/1925–1939" im Besitz der Verfasserin.

682 Cygański 1966 (x): 14 f., 29, 63.

683 Kieszczyński 1967: 97; 1973: 198. Góra u. Okęcki 1975: 49 f., 135.

Konzentrationslager Radegast eingeliefert. Oskar Seidler starb an den Haftfolgen im Jahre 1941.[684]

Tragisch war das Schicksal Wilhelm Zinsers (3. Oktober 1900 – 13. Dezember 1943). Als sich die Hoffnungen der Nationalsozialisten auf ein schnelles, siegreiches Ende des Krieges Mitte 1943 zerschlagen hatten und dies in zum Nationalsozialismus kritisch eingestellten Zirkeln offen ausgesprochen wurde, mehrten sich Denunziationen gegen diesen Personenkreis.

Zinser fiel einer Denunziation zum Opfer. Er wurde am 9. September 1943 verhaftet, am 19. Oktober 1943 angeklagt, „planmäßig den Glauben an den Endsieg Deutschlands zu untergraben versuchend", am 6. November 1943 wegen „Wehrkraftzersetzung" und „Feindbegünstigung" vom Volksgerichtshof in Berlin „im Namen des Deutschen Volkes" zum Tode verurteilt und am 13. Dezember 1943 hingerichtet.

Bis zu seiner Verhaftung im September 1943 arbeitete er als Unterabteilungsleiter bei der Sozialversicherungsanstalt im damaligen Litzmannstadt. Ihm waren vier junge Frauen unterstellt, die zweiunddreißigjährige Maria Münzger (gegen die auch ein Verfahren angestrengt wurde, weil sie sich angeblich von Zinser beeinflussen ließ) und drei Angestellte im Alter von siebzehn und achtzehn Jahren. Eine dieser berichtete ihrem Verlobten, einem deutschen Offizier, über Zinsers Äußerungen. Er erstattete Anzeige. Die ersten Mitteilungen über Zinser stammen von einer „Vertrauensperson", die der Gestapo eine Woche vor Zinsers Verhaftung vorlagen.[685]

Zinser wurde defaitistische Einstellung vorgeworfen, man beurteilte ihn als „kommunistisch eingestellt oder zumindest stark angehaucht". Seine „staatsabträgliche Betätigung" habe sich zunehmend verschärft. Als die deutschen Truppen die südfranzösischen Gebiete besetzten, habe Zinser geäußert, daß „Rommel endlich auch den Hintern voll [bekommt]". Der Angestellten Edith Reigel habe er prophezeit, deren Verlobter „kriegt auch noch die Nase voll, ... gerade die Offiziere kommen genau so gefesselt zurück, wie sie 1918 auch zurückgeführt worden sind". Auf die Frage nach dem Unterschied zwischen Nationalsozialismus und Kommunismus habe Zinser erklärt, daß „der Nationalsozialismus im Westen [ist], der Kommunismus im Osten. Ein Unterschied besteht nicht, er zieht lieber den Osten vor". Des weiteren wurde Zinser vorgeworfen, ausländische Sender abzuhören und die Wehrmachtsberichte als Lüge und Fälschung zu bezeichnen.[686]

---

684 Heike 1969: 118 f. Cygański 1966 (x): 63. Nach Heike wurde Zinser wie Abel nur drei Wochen festgehalten. BArch, ehem. BDC, Akte Wilhelm Zinser, S. 13 v. 16. 09. 1943. Diese Akte befindet sich auch im DSAP-Archiv, A-a 1 Nr. 15.

685 BArch, ehem. BDC, Akte Wilhelm Zinser, Bericht einer „Vertrauensperson" v. 02. 09. 1943. Dazu vgl. Heike 1969: 119 f., 127 f.; 1989: 143–146.

686 BArch, ehem. BDC, Akte Wilhelm Zinser, Aussagen Edith Reigels v. 03. 09. 1943. Die drei ihm unterstellten jungen Frauen erklärten übereinstimmend, er mache aus seiner

In der Anklageschrift heißt es, daß Zinser trotz Mitgliedschaft in nationalsozialistischen Organisationen nicht von seiner „marxistischen Einstellung" abgewichen sei. Er wurde als „eingefleischter Marxist"[687] charakterisiert. Das mit „Heil Hitler" gezeichnete Gnadengesuch der Ehefrau Zinsers, deren Unterschriftensammlung (die den Einsatz ihres Mannes für das „Deutschtum" dokumentieren sollte) sowie der erschütternde Brief der vierzehnjährigen Tochter, adressiert an Adolf Hitler, fanden kein Gehör.[688]

Bei dem Prozeß Zinser erstaunt die Eile des Ablaufs und daß alle Zeugen mit der Begründung, „ihnen glaubt der Volksgerichtshof auch ohne Eid"[689], unvereidigt blieben. Von der Vernehmung anderer Zeugen wurde abgesehen, da diese die „gemachten Angaben nicht bestätigen konnten"[690].

Mit spärlich vorhandenen Augenzeugenberichten und vagen Überlieferungen kann das während der Kriegsjahre Geschehene nur schemenhaft Gestalt annehmen. Daß eine Restgruppe der deutschen Sozialisten Mittelpolens im Widerstand wirkte, ist sicher.

Auf der Sitzung der Exekutive der Sozialistischen Arbeiter-Internationale vom 21. bis 24. Februar 1940 in Brüssel, wirkte sich aus, daß DSAP, jüdischer „Bund" und PPS „einstimmig den Beschluß faßten, eine Kapitulation abzulehnen und der Hitleraggression energischen Widerstand zu leisten. Der dem polnischen Volke aufgezwungene Krieg muß aufgenommen und bis zum Siege geführt werden, damit der Hitlerismus vernichtet wird und die Freiheit wieder erobert werden kann, nicht nur für die Völker Europas, sondern auch für das deutsche Volk selbst"[691].

Mit der Machtübernahme Hitlers 1933 verlor die DSAP an Einfluß. Ihre Reihen schmolzen zusammen, da viele ihrer Mitglieder, den Weg des geringsten Widerstandes wählend, ins nationalsozialistische Lager schwenkten. Der Kreis derer, die auf der Parteilinie blieben, Opposition

---

„staatsfeindlichen Einstellung keinen Hehl" und „stelle für seine Untergebenen eine Gefahr dar."

687 Ibidem: Anklageschrift gegen Zinser v. 19. 10. 1943; Bericht Dr. Bradfischs (Stapo Litzmannstadt) v. 01. 11. 1943.

688 Am Tag seiner Hinrichtung, am 13. 12. 1943 vormittags, schreibt Zinser an seine Familie, daß „es nun so weit ist. Alle Hoffnungen sind begraben. Heute den 13. Dezember 43 15 Uhr nachmittags ist es vorbei ... Lebt wohl! Gott mit Euch." Am 20. 12. 1943 wurde eine Rechnung für Vollstreckung der Todesstrafe an Zinsers Frau geschickt. Ibidem: Brief Margit Zinsers an Gestapo in Litzmannstadt o. D., Brief Helga Zinsers an Adolf Hitler o. D., Brief Wilhelm Zinsers an seine Familie v. 13. 12. 1943. Volksgerichtshof an Margit Zinser v. 20. 12. 1943. Nach dem Krieg erhielt Frau Cynser, wie sie sich später nannte, mit Hilfe O. Heikes eine „Wiedergutmachung".

689 Ibidem: Aufstellung der Zeugen.

690 Ibidem: „Vermerk" eines Kriminalsekretärs v. 16. 09. 1943.

691 BArch, R 58/357: Zur Sitzung der Exekutive der SAI in Brüssel v. 21.–24. 02. 1940 – Die Lage in Polen.

gegenüber dem Nationalsozialismus bezogen, Hilfe für die aus dem Reich kommenden Flüchtlinge leisteten und unter größtem Risiko sozialistisches Schrifttum schmuggelten, wurde immer kleiner, dabei unter schwierigsten Bedingungen agierend.

Keine andere Partei der deutschen Minderheit in Polen nahm das Opfer auf sich und ging gegen das Unrecht vor, das vom eigenen Volk ausging.

Welchen Anteil die DSAP am Untergrundkampf gegen die deutsche Besetzung leistete, ist aus Mangel an Quellen kaum nachvollziehbar, so auch nicht die Rolle, welche die ehemaligen der PPR beigetretenen DSAP-Mitglieder hierbei spielten. Offen bleibt ebenfalls, ob von letzteren einige später der PVAP angehörten.

Die Tatsache, daß die DSAP ihren Weg konsequent und bedingungslos ging, ist außerordentlich bemerkenswert und verdient gegenüber den anderen deutschen Minderheitsparteien, die eine nationalsozialistische oder eine angepaßte Politik betrieben, eine besondere Hervorhebung.

Schlußwort

Nach einer kurzen Darstellung der historischen Voraussetzungen wurde in vorliegender Arbeit die Konstituierung der deutschen Sozialisten Polens zur DSAP untersucht. Dieser Zusammenschluß vollzog sich, bedingt durch unterschiedliche Traditionen innerhalb der Parteiorganisationen und der staatlichen Zugehörigkeiten, nur mühsam.

Die deutschen Sozialisten in Polen teilten das Schicksal Polens. Ihre Mitstreiter wohnten nicht in einem geschlossenen Siedlungsgebiet, sondern im einstigen russischen Kongreßpolen, im früheren österreichischen Galizien und im ehemals zum Deutschen Reich gehörenden Westpreußen und Oberschlesien. Daraus ergaben sich scharfe Kontroversen. In Westpreußen und zum Teil in Oberschlesien bestand die Tendenz, zum Deutschen Reich zurückzukehren, währenddessen sich Teschener-Schlesien und Kongreßpolen in den polnischen Staat einfügten.

Forschungsgegenstand waren verschiedene Parteiabspaltungen, die zur Schwächung der Gesamtpartei beitrugen:

1. Die der Bromberger Parteigruppe im Jahre 1928 noch vor der endgültigen Vereinigung. Die Bromberger warfen der vorläufigen Gesamtparteiführung vor, den „Internationalismus" der „Nation" vorzuziehen. Sie entschieden sich kompromißlos für „Nation".
2. Die einer linksorientierten Gruppe im Jahre 1930, der „Klassenkampf" und der „Internationalismus" der Parteileitung zu kurz kamen und die in der Gründung einer „DSAP-Lewica" (Linke) gipfelte, die in der KPP aufging. „Nation" war in dieser Gruppe kein Thema.
3. Die einer den Nationalsozialisten zugeneigten Gruppe um den Parteivorsitzenden Kronig, die den „Internationalismus" der Partei scharf angriff, ihr jegliche nationale Gesinnung absprach und den allmählichen Parteizerfall einleitete. Auch hier gab es keine Kompromisse.

Forschungsgegenstand war auch die Unterstützung der deutschen Sozialisten mit finanziellen Mitteln des Deutschen Reichs und das Abhängigkeitsverhältnis der sozialistischen Gruppierungen von der Reichspolitik. Zu politisch taktischen Zugeständnissen führte diese finanzielle Unterstützung bis Anfang der dreißiger Jahre in allen Gruppen, zum völligen Abhängigkeitsverhältnis jedoch nur in der Bromberger Parteiorganisation.

Die Zusammenarbeit mit den sozialistischen Parteien Polens, insbesondere die mit der PPS, wurde ebenfalls untersucht.

Die Führungsgremien der Parteien einigten sich prinzipiell. In der Praxis scheiterte die Zusammenarbeit an der nationalgeprägten und staatserhaltenden Haltung der PPS. Aber selbst die DSAP verhielt sich zögerlich und war damit beschäftigt, ihren Mittelweg zwischen „Nation“ und „Internationalismus“ zu suchen. Die Partei traf lange Zeit keine Entscheidung; als sie sich entschied, war es zu spät.

Die politische Zuspitzung Ende der dreißiger Jahre veranlaßte die DSAP in beiden Bezirken über ein Aufgehen in der PPS Erörterungen anzustellen. Die PPS lehnte den Vorschlag der schlesischen DSAP ab, eine deutsche Sektion innerhalb der PPS zu bilden. In Lodz kam es zuletzt wahrscheinlich zu einem Verschmelzen mit der PPS.

Wichtig erschien der Plan der DSAP, eine „proletarische Einheitsfront“, zum Schluß eine „Gesamtpartei“, zu bilden und dabei die Frage: „Mit oder ohne Kommunisten?“ zu stellen. Auffällig ist die wechselnde Einstellung zum Kommunismus: Ausgehend von der prinzipiellen Ablehnung über die völlige Übernahme der taktischen Argumentationsweisen bis zu den Versuchen einer Kooperation.

Nachdem die Parteibildung und die Zusammenarbeit mit anderen sozialistischen Parteien analysiert wurde, habe ich den Kampf der DSAP gegen den Nationalsozialismus nachgezeichnet: Hierbei mußte zweigleisig vorgegangen werden, weil die oberschlesischen deutschen Sozialisten vor anderen Problemen standen als die Mittelpolens.

1. Die ostoberschlesischen DSAP-Gruppen arbeiteten eng mit der Exil-SPD, der Sopade, zusammen. Dies prägte ihre Richtung und ihr Aufgabenfeld, das in erster Linie in der Hilfeleistung für flüchtende Genossen und dem Schmuggel von Propagandamaterial gegen das Hitlerregime bestand. Das Streben, in der Sopade aufzugehen, war stark. Ihre Konfrontation kam dem auslandsdeutschen Widerstand gegen das „Dritte Reich“ gleich. Dies ließ sie an zwei Fronten kämpfen: offensiv und konspirativ an der gegen NS-Deutschland und defensiv an der des polnischen Staates mit seinen Repressalien wegen ihres Kampfes an der ersten Front. In Schlesien kämpfte eine Gruppe der DSAP bis zum Kriegsausbruch, alle Konsequenzen auf sich nehmend, gegen den Nationalsozialismus und den drohenden Weltkrieg. Diese Gruppe entschied sich auf Kosten ihres Volkstums für den Internationalismus. Die Parteiführer flüchteten bei Kriegsausbruch in den Osten und kamen nicht zurück. Ihre Familien bleiben nach Kriegsende in Polen.[1]
2. Eingegangen wurde auch auf die Tätigkeit der Lodzer DSAP. Sie kämpfte nach Kriegsausbruch im Untergrund mit polnischen Sozialisten und Kommunisten gegen die nationalsozialistische deutsche Besatzungsmacht und ging wahrscheinlich in der polnischen sozialistischen Organisation auf. Das äußerste wurde riskiert, vieles in dieser

[1] Den Sohn Glücksmanns trieben erst die politischen Ereignisse des März 1968 in den Westen, die Tochter Kowolls die wirtschaftlichen im Jahr 1989.

Phase muß im dunkeln bleiben. Auch diese Gruppe stellte die Loyalität zum polnischen Staat und den Internationalismus über ihr Deutschtum. Der Parteiführer und seine Familie, die Familie des vom Volksgerichtshof zum Tode verurteilten Zinser, blieben nach Kriegsende in Polen.[2]

In der Frage der Einstellung zum Nationalsozialismus setzte die DSAP-Führung eine klare Linie. Sie hatte ihren Weg gefunden und entschied sich kompromißlos für den internationalen Sozialismus.

Die deutschen Sozialisten Polens fühlten sich als polnische Staatsbürger deutscher Nationalität. Sie beanspruchten, ihr Deutschtum im polnischen Staat mit ihren sozialistischen Ideen zu verbinden. Wegen ihres Sozialismus wurden sie ab 1933 von deutscher Seite angegriffen und von polnischer Seite überwacht. Letztere ließ infolge des Nichtangriffspaktes und Freundschaftsvertrages zwischen Deutschland und Polen vom 26. Januar 1934 keine Kritik am deutschen Staat zu. Auch kurz vor Kriegsausbruch mußte die DSAP an zwei Fronten kämpfen: wegen ihres Sozialismus gegen die Deutschen und wegen ihres Deutschseins und ihres Sozialismus gegen den polnischen Staat, der nicht zwischen deutschen Nationalsozialisten und deutschen Gegnern des nationalsozialistischen Regimes unterschied.

Die DSAP mußte die bittere Erfahrung machen, daß ihre loyale Haltung zu dem Staat, in dem sie lebte und zu dessen Staatsbürgern sie sich zählte, mit ihrem Bekenntnis zum Deutschtum (nämlich der Loyalität zum deutschen Volkstum, nicht zum deutschen Staat) unvereinbar war.

Das Volkstum war den deutschen Sozialisten weniger wichtig als den deutschen Bürgerlichen, deren ganze Programmatik auf der Volkszugehörigkeit basierte. Dafür hatten die Sozialisten ihre sozialistische Ideologie. Aber unwichtig war ihnen die Frage des Volkstums nicht. Sie standen, wenn auch anders – scheinbar oberflächlicher, vielleicht idealistischer – zu ihrem Volkstum. Sie suchten nach Wegen, ihr Bekenntnis zum „Volkstum" mit der sozialistischen Ideologie zu verknüpfen.

Konnte der Standort der DSAP Anfang 1933 noch in einem Spannungsverhältnis zwischen nationaler Affinität auf Volkstumsebene und der Loyalität gegenüber dem polnischen Staat, verbunden mit sozialistischer antifaschistischer Prinzipientreue, gefunden werden, so wurde eine aufkommende Gefahr, nämlich die des nationalsozialistischen Einflusses, mit dem Austritt des Parteivorsitzenden Kronig im Jahre 1935 gebannt.

Bis zum Kriegsausbruch bezog die aus Restbeständen dieser deutschen sozialistischen Partei in Polen bestehende DSAP einen klaren

---

2 Sowohl die Tochter und der Sohn Zerbes als auch die Tochter Zinsers – aus rein deutschen Familien stammend – bekennen sich zum Polentum und bezeichnen sich als „deutschfeindlich"; alle wohnen in Lodz. Karol Zerbe distanziert sich davon. Gespräch am 22. 06. 1996.

Standpunkt, und zwar ohne ideologische Zugeständnisse an die nationalsozialistischen Machthaber in Deutschland. Ihre sozialistische Haltung ließ sie sowohl gegen das nationalsozialistische Regime Stellung beziehen als auch gegen das autoritäre, mit dem deutschen paktierende polnische.

Der Versuch der deutschen Sozialisten Polens, Volkstum und Ideologie zu vereinbaren, war zum Scheitern verurteilt. Die politischen Umstände forderten letztendlich die klare Entscheidung. Aber auch ihre getroffene Wahl für die parteiideologische Linie erwies sich in der Praxis als Illusion. Hart zeigte ihnen die Realität ihre Grenzen, oft selbst ihre polnischen Klassenkampfbrüder. Diese Partei stieß auf den Widerstand des polnischen und des deutschen Regimes, wurde heftig von den übrigen Parteien der deutschen Minderheit in Polen bekämpft und zerbrach schließlich daran.

Mit zu vielen Belastungen, Widerständen und Gegnern hatte sich diese kleine auslandsdeutsche sozialistische Partei auseinanderzusetzen; zu wenig Zuspruch, Unterstützung und Beistand erfuhr sie. Sie konnte mit den zahlreichen Problemen nicht fertig werden, verlor zunehmend an Einfluß, wurde von ihren Mitgliedern und Anhängern im Stich gelassen, um schließlich ganz zerrieben zu werden. Ihr tragisches Scheitern war durch das widersprüchliche und unauflösbare Spannungsverhältnis zum polnischen Staat, zum Deutschtum und zur klassenkämpferischen Ideologie vorbestimmt: Diesem dreifachen Loyalitätskonflikt war sie nicht gewachsen.

Das zumeist unbekannte Schicksal dieser kleinen deutschen sozialistischen Parteigruppe und ihrer Anhänger außerhalb der Grenzen des Deutschen Reichs sollte nicht zu den vergessenen Kapiteln deutscher Vergangenheit gehören. Diese Menschen, die in Treue zur sozialdemokratischen Idee einen letztlich in auswegloser Situation aufopfernden und sich schon bald als chancenlos abzeichnenden Kampf dennoch kompromißlos auf sich nahmen, verdienen in ihrer großen Tragik eine gerechte Würdigung, zu der diese Arbeit beitragen möchte.

Hier darf ich aber auch an das Los derjenigen erinnern, die in den ersten Wochen nach dem 1. September 1939 als loyale polnische Staatsbürger deutscher Nation ihr Leben im deutschen Kugelhagel lassen mußten. Das waren Menschen aus allen deutschen Gruppierungen in Polen, viele parteipolitisch Ungebundene. Auch der zweifache Loyalitätskonflikt stürzte manchen ins Verderben. Zu diesen Überlegungen hat mich nicht zuletzt meine Begegnung mit einem polnischen Obersten eine Woche nach den polnischen Parlamentswahlen (am 26. September 1993) am Annaberg gebracht. An diesem nationalitätenumkämpften Ort Oberschlesiens, am Tag, an dem hier das zweite Mal nach 1945 Erntedankfest begangen werden durfte, feierte der Oberst im Kreis eines gerade gewählten polnischen Abgeordneten deutscher Nationalität.

Das ist sicher ein weit gespannter Bogen, und von 1945 bis zur offiziellen Anerkennung der heutigen deutschen Minderheit im Jahre 1989 ist sehr viel geschehen. Auch mein Vater war 1945 das letzte Mal in Gleiwitz. Aber dieser polnische Oberst ist Deutscher. Seine Tochter lebt in Deutschland und will zurückkommen, sein Sohn fühlt sich als Deutscher und lebt in Warschau. Meine Frage, was er in einem – heute schwer denkbaren – Konfliktfall machen würde, beantwortete er schmunzelnd, *das ganz genau zu wissen ...*

Anhang Nr. 1: Kurzbiographien der DSAP-Führer

1. Siegmund Glücksmann

Für den dem Kattowitzer Bezirk am 26. März 1922 angeschlossenen Bielitzer Unterbezirk steht der als Parteiideologe, als Marxist der sozialistischen Bewegung, bezeichnete Dr. Siegmund Glücksmann. Er „wollte eine Gesellschaft retten, die nicht zu retten war. Und jemand, der solche Pflaster sich ausdenkt, um die Wunden dieses schon vom Zerstörungsprozeß erfaßten Körpers zu heilen, der ist irgendwie ein Quacksalber."[1] Diese Charakteristik bezieht sich auf die Jahre 1934/35. Glücksmann versuchte damals, die DSAP auf einen anderen Kurs zu bringen und offensiv gegen den Piłsudskistaat mit Hilfe der „Volksfront" (alle oppositionellen politischen Gruppierungen unter Einschluß der Kommunisten) vorzugehen.[2] Es ist die Zeit, als er im Selbstverlag die Broschüre „Ein Ausweg aus der Krise – Um das Schicksal einer Generation in der Verfallszeit des Kapitalismus"[3] herausgab und auf dem zweiten Parteitag der Gesamtpartei in Bielitz 1935 das Hauptreferat „Unsere politischen Aufgaben in der gegenwärtigen Situation" hielt.[4] Es war zugleich der Anfang der schwierigsten Zeit, in der die Bedingungen für die Verwirklichung seines Programms nicht gegeben waren, er also scheitern mußte.

Glücksmann wurde am 30. Mai 1884 in Radocza, Bezirk Wadowitz, als Sohn eines Schächters geboren. In Wadowitz besuchte er das Realgymnasium, wurde kurz vor dem Abitur wegen Mitgliedschaft in einer sozialistischen Studentenorganisation relegiert und schloß im Jahre 1905 die Schulausbildung in Krakau ab. Er nahm sein Jurastudium an der Krakauer Jagiellonnenuniversität auf, belegte zudem sozialistische Wissenschaften und politische Ökonomie. Er arbeitete bei sozialistischen Zeitschriften mit. Im Jahr 1910 trat Glücksmann der Jüdischen Sozialdemokratischen Partei, ŻPSD (Żydowska Partia Socjaldemokratyczna), bei, war 1911 deren Dele-

1 Interview mit Konrad Gruda alias Konrad Glücksmann am 19. 10. 1987. Die Kassette befindet sich im Besitz der Verfasserin. Gruda verstand sich nicht mit seinem Vater.

2 Hawranek 1982: 187. Kopeć 1987: 259.

3 Vgl. „Versuche sozialistisch-kommunistischer Zusammenarbeit" in Kapitel C.2. dieser Arbeit.

4 Parteivorstand 1935: 14–32.

gierter auf dem Kongreß der jüdischen sozialistischen Organisationen in Lemberg (Lwów) und wurde in die Exekutive der vereinigten ŻPSD gewählt. Bei einem Teilnehmer, mit dem Namen „Glückman", am ersten Vereinigungskongreß des jüdischen „Bund" in Krakau im Jahre 1920 kann es sich um Glücksmann gehandelt haben; dieser Teilnehmer wurde in das Zentralkomitee des „Bund" gewählt.[5]

Glücksmann promovierte in den Rechtswissenschaften im Jahr 1913 und nahm seine Tätigkeit als Rechtsanwaltsanwärter in einer Bielitzer Kanzlei auf. Da er am Ersten Weltkrieg teilnahm, legte er sein Examen erst 1921 ab. Während des Ersten Weltkrieges befehligte Glücksmann eine Karabinerkompanie, wurde verwundet und kehrte nach dem Zerfall Österreich-Ungarns nach Bielitz zurück. Dort eröffnete er eine Anwaltskanzlei, eine von rund 100 in der ca. 25.000 Einwohner zählenden Stadt; konservativ, deutsch, großbürgerlich mit hohem jüdischen Anteil; sehr reich (vielleicht die reichste Stadt Polens) – es war eine Stadt nichtpolitisch denkender Menschen ohne polnisches Proletariat.

Die 1914 mit Hilda Rosner geschlossene Ehe festigte seine Bindung zum deutschen Volkstum und zur deutschen Kultur, ebenso seine Arbeit in Bielitz, durch die er im Milieu der deutschen Intellektuellen aufging. Glücksmann wurde in Bielitz in den Gemeinderat gewählt und engagierte sich für den Arbeiterwohnungsbau.

1920 schloß sich Glücksmann dem sozialdemokratischen Wahlverein „Vorwärts" an, der früher der Wiener Parteizentrale unterstand und 1922 mit den Kattowitzer deutschen Sozialisten Fühlung nahm. Er wurde dessen geistiger Führer. Glücksmann war Mitarbeiter des Parteiorgans der Bielitz-Bialaer deutschen sozialistischen Bewegung, der Bielitzer „Volksstimme". Er forcierte den Zusammenschluß mit der Kattowitzer Gruppe und den aller deutschen Sozialisten Polens. Auf seine Veranlassung wurde die *Forderung nach national-kultureller Autonomie auf dem zweiten Parteitag in Bielitz 1924 in das Parteiprogramm der Deutschen Sozialdemokratischen Partei Polens (DSPP)* – später in das der Gesamtpartei nach dem Vorbild der österreichischen deutschen Sozialdemokratie – übernommen. Diese betrachtete er als vorbildlich und fühlte sich ihr, im früheren organisatorischen Eingebundensein begründet, ideologisch verbunden. Mit der Forderung verband Glücksmann klare Vorstellungen. Zwar als Theoretiker geltend, versuchte er, seine Theorien als in die Praxis umsetzbar zu gestalten. Vorbild war ihm der Theoretiker, der „den Praxisbezug nicht aus dem Auge [verlor]"[6], Otto Bauer. Oft ließ Glücksmann Aufsätze Bau-

---

5 Biographische Daten aus: Kopeć 1987: 258 f. Vgl. Wertheimer 1930: 343 f. Heike 1969: 122. Wurbs 1983: 73. Szczerbiński 1986: 272. Es gibt aber keine Hinweise auf eine Zusammenarbeit zwischen „Bund" und DSAP in Oberschlesien.

6 Mommsen 1979: 202. Vgl. VST v. 14. 01. 1927.

ers in der Bielitzer „Volksstimme" abdrucken.[7] Diese geistige Anlehnung legt nahe, Glücksmann als Marxisten oder als besonders links stehenden Sozialisten einzuordnen. Polnische Polizeispitzel nannten ihn „erkannt kommunistisch"[8]; und die Polizeidirektion Bielitz bat die Sicherheitsabteilung der schlesischen Wojewodschaft in Kattowitz, ihn wegen dessen kommunistischer Überzeugung aufmerksam zu beobachten.[9] Vertraulichen Informationen zufolge fuhr Glücksmann häufig nach Kattowitz und nach Teschen, um kommunistische Agitation zu betreiben. Eine geheime Versammlung berief er am 10. Dezember 1922 ins Zentralhotel nach Kattowitz ein. In einem Referat berichtete er über seine achtmonatige Inhaftierung in Krakau, wo er „angeblich wegen kommunistischer Propaganda" saß. Glücksmann nannte das nicht „Propaganda", sondern „Wahrheit" und verkündete, sein Leben für die Arbeiterklasse zu opfern.[10] Möglicherweise handelte es sich bei dieser „geheimen Versammlung" um die am 11. Dezember 1922 im Zentralhotel abgehaltene Bezirkskonferenz der Kattowitzer deutschen Sozialisten, an der Glücksmann nach Angaben aus dem „Volkswillen" als Gast teilnahm und lediglich eine Begrüßungsansprache hielt.[11] In zwei Bielitzer Polizeiberichten wird von einer kommunistischen Versammlung, die am 10. Dezember, nicht am 11. Dezember 1922 im Zentralhotel in Kattowitz stattfand, gesprochen. Es ist nicht auszuschließen, daß am 10. Dezember, von Glücksmann initiiert, zusätzlich eine Sitzung der Sozialisten stattfand.[12]

Ein Polizeispitzel stellte in bezug auf Glücksmanns kommunistische Tätigkeit intensive Ermittlungen an: Glücksmann und ein anderer Bielitzer Advokat, Dr. Josef Traubner, sollen die ganze kommunistische Bewegung in Schlesien und in Kleinpolen geleitet haben; ferner Kontakte mit den Kommunisten im ganzen Land und in Sowjetrußland unterhalten, kommunistische Aufrufe und Aufsätze veröffentlicht, Sympathisanten Informationen und Instruktionen verabreicht haben. Die Fahndungsakte „Glücksmann" blieb aktuell: Dem polnischen Kriegsministerium ging eine Abschrift der Polizeikommandantur der schlesischen Wojewodschaft in Bielitz, gerichtet an die Bielitzer Polizeidirektion vom 30. Juli 1925 in der Sache „geheime Ermittlungen über Glücksmann" zu. Daraufhin wandte sich das Kriegsministerium am 9. Februar 1926, die Angaben der Ermittlungen wiederholend, verständnislos an den Polizeidirektor in Bielitz mit

7 Vgl. z. B. VST v. 19. 11. 1926.

8 Archiwum Państwowe w Bielsku, Dyrekcja Policji w Bielsku 223, S. 4 v. 14. 12. 1922.

9 Ibidem, S. 1: Polizeidirektion in Bielitz an Sicherheitsabteilung der schlesischen Wojewodschaft in Kattowitz v. 16. 12. 1922.

10 Ibidem, S. 4 v. 14. 12. 1922.

11 VW v. 13. 12. 1922.

12 Archiwum Państwowe w Bielsku, Dyrekcja Policji w Bielsku 223, S. 1 v. 16. 12. 1922. Ibidem, S. 4 f. v. 14. 12. 1922. Die öffentlich angekündigte Bezirkskonferenz konnte für die schlesische Wojewodschaftsbehörde keine geheime Versammlung sein.

Bitte um Aufklärung. In dem Steckbrief wurde Glücksmanns jüdische Volkszugehörigkeit unterstrichen, auch daß er als Verteidiger in Kommunistenprozessen in Kattowitz aufgetreten, ein „radikaler Sozialist", gegen den polnischen Staat feindlich gesinnt und politisch ein unsicheres Element sei. Er wurde in die Karthotek politisch verdächtiger Personen aufgenommen.[13] Die Akte Glücksmann war „irrtümlich" bis zum Kriegsministerium gelangt.[14] Ein Polizeibeamter versicherte, diese Information über Glücksmann sei auf keinen Fall von seiner Dienststelle an das Kriegsministerium gelangt, sondern wahrscheinlich durch Kapitän Sleczka von der Bergdivision in Biala, der sich die Akte ausgeliehen habe.[15] Glücksmann wurde 1925 von der polnischen Überwachung differenzierter gesehen als im Jahre 1922, Sozialismus nicht mehr mit Kommunismus gleichgesetzt, jedoch in Richtung „ultralinker" Sozialismus festgelegt.[16]

Glücksmann trat gegen die territoriale Autonomie ein, weil sich die Territorien der Nationen ändern könnten und neue Bezirke geschaffen werden müßten. Er erstrebte die „nationale Autonomie ohne Rücksicht auf das Territorium"[17]. Die DSPP war zu diesem Zeitpunkt die einzige deutsche Partei, die dies zur programmatischen Forderung erhob. Auch am Vereinigungsparteitag in Lodz 1929 trat Glücksmann für die nationalkulturelle Autonomie der nationalen Minderheiten ein.[18] In seinen Publikationen verwies er auf das österreichische Modell, hielt während der Bezirkskonferenz am 8. Dezember 1926 das Hauptreferat mit dem Titel „Der Weg zum Sozialismus nach dem österreichischen Programm"[19]. Er empfahl Otto Bauers Veröffentlichung „Die Nationalitätenfrage und die Sozialdemokratie" als gültiges Standardwerk, das Mommsen heute noch als „grundlegendes", als „gelehrtes Werk" beurteilt.[20]

Glücksmann sprach von der österreichischen Schule, steckte jedoch die Grenzen von dem, was er übernehmen wollte, nicht ab.

---

13 Ibidem, S. 5: Kriegsministerium in Warschau an Polizeidirektor in Bielitz v. 09. 02. 1926. Glücksmann galt als „Kommunistenverteidiger". Sein Sohn widerspricht dem und berichtet, daß Glücksmann als Verteidiger im in Oberschlesien spektakulären „Ulitzprozeß" vorgeschlagen wurde. Ulitz wurde des Hochverrats bezichtigt. Er führte den „Deutschen Volksbund" und die politisch konservative „Deutsche Partei".

14 Ibidem 223, o. S.: Bielitzer Polizeidirektor an Unterkommissar Pająk v. 12. 02. 1926.

15 Ibidem 223, o. S.: Pająk an Bielitzer Polizeidirektor v. 17. 02. 1926.

16 Die polnische polizeiliche Überwachung verdächtigte Glücksmann kommunistischer Gesinnung, wohingegen er lediglich linksstehender Sozialist war, dem als unerreichbares Ziel die österreichische Sozialdemokratie vorschwebte. Kopeć 1987: 259. Sein Sohn (Gruda, wie Anm. 1) beurteilt ihn nicht als Kommunisten: „Er war ein Sozialdemokrat und ganz sicher nicht mehr."

17 Glücksmann o. J.: 13. Vgl. BVZ v. 12. 12. 1924. Kopeć 1987: 258.

18 Kopeć 1987: 258.

19 VST v. 12. 12. 1926.

20 Glücksmann o. J.: 14. Mommsen 1979: 201.

Er zeigte Interesse an den institutionellen Einrichtungen der Österreicher und organisierte eine „Parteimiliz" nach Muster des „Arbeiterschutzbundes"[21], die die Lodzer DSAP übernahm.

Mit Glücksmann an der Spitze trat die DSAP im Herbst 1926 gegen die antidemokratische Verfassungsänderung ein und kritisierte die autoritäre Machtausübung des Piłsudskisystems. Glücksmann begrüßte, als die PPS der „Piłsudski-Legende" abschwor; er erkannte, daß Piłsudski nichts mehr mit Sozialismus zu tun hatte, noch mit dem Weltbild, das man von ihm bei seiner Machtübernahme erwartete (Mai 1926).[22] Die erste Protestversammlung von DSAP und PPS, letztere entschied sich offiziell am 19./20. Dezember 1926 für die Opposition, fand auf Initiative Glücksmanns am 29. November 1926 in Biala statt. Die Bedeutung dieser Veranstaltung dokumentiert die Anwesenheit des Vorsitzenden der PPS, des Warschauer Abgeordneten Norbert Barlicki, und des PPS-Abgeordneten Kazimierz Czapiński. Barlicki und Glücksmann kritisierten das Pressedekret, womit die Meinungsfreiheit eingeschränkt wurde. Glücksmann protestierte, daß „ohne Pressefreiheit auch keine Demokratie [besteht]"[23]. In der Resolution riefen sie zur Opposition gegen das Piłsudskiregime, die Regierung der „moralischen Sanierung", die „Sanacja", auf.

Glücksmann hielt die Zusammenarbeit mit den Kommunisten ab Mitte der dreißiger Jahre wegen der politischen Veränderungen für wichtig. Die Einheitsfront, einen „von den Kommunisten bis zum demokratischen Mittelstand" reichenden starken Linksblock, erachtete er als vorteilhaft für die ganze Bewegung.[24]

Im Sommer 1934 nahm Glücksmann, gegen den Widerstand der regionalen PPS, allein für die DSAP von Altbielitz das Einheitsfrontangebot der KPP an.[25] Im Februar 1935 kritisierte er die Unentschlossenheit der Internationale, die jedoch die DSAP „mitten im Kampf mit dem Faschismus, nicht [hindert], die ersten Schritte zu vollziehen ... es mit dem linken Flügel der SAI zu halten, der eine revolutionäre Haltung der Sozialisten befürwortete, im Gegensatz zu denjenigen, die glaubten, durch parlamentarische Aktionen zum Ziele zu kommen"[26].

---

21 Kopeć 1987: 258.

22 Glücksmann schrieb in der VST v. 16. 11. 1926, daß „alle diese Tatsachen derart überraschend [kamen], die in ihnen enthaltene kapitalistisch-faschistische Tendenz derart unzweifelhaft [war], daß sogar jene Leute, die seit Jahrzehnten, in den schwierigsten Verhältnissen, mit Piłsudski kämpften, die ihn direkt abergläubisch vergötterten, ihn als eine von der Vorsehung Polen geschenkte Individualität betrachteten, – daß sogar diese Leute, wir meinen die PPS, jede Hoffnung verloren haben".

23 VST v. 03. 12. 1926. Vgl. zur Versammlung Kopeć 1987: 258; 1971: 206.

24 Parteivorstand 1935: 26.

25 Kopeć 1987: 259; 1971: 213.

26 Parteivorstand 1935: 29.

An der Bielitzer Bezirkskonferenz im Oktober 1935 sprach Glücksmann positiv über den 7. Kongreß der Komintern. Dies bewirkte, daß sich der Einheitsfrontwille innerhalb der DSAP lange hielt. Daraufhin veranstalteten die lokalen Nationalsozialisten eine Hetzkampagne gegen ihn wegen seiner jüdischen Abstammung. Er gab deshalb das Amt des Vorsitzenden des Unterbezirkes Bielitz ab, um die Partei keinen Attacken auszusetzen.[27] Dazu konnte ein Hinweis gefunden werden: Der Leiter der Untersuchungsabteilung der Polizeikommandantur der schlesischen Wojewodschaft in Königshütte meldete am 24. Januar 1935 dem Untersuchungsamt in Kattowitz und der Polizeidirektion in Königshütte, in den Reihen der DSAP in Bielitz und in Lodz entwickle sich Unwille gegen Glücksmann. Wegen dessen jüdischer Abstammung käme er als Parteivorsitzender nicht mehr in Frage. Dieses Amt mußte neu vergeben werden, weil Kronig die Partei verlassen hatte. Dies führte zu einem erheblichen „Abfluß der Leute", von denen die Mehrheit zur „Jungdeutschen Partei" (JDP) wechselte.[28]

Glücksmann floh mit seiner Familie im September 1939 nach Wolhynien und von dort nach Lemberg. In Lemberg, als Grundschullehrer ausgebildet, nahm er eine Arbeit als Arithmetiklehrer auf. Im Herbst 1940 wurde er in die Mari-Republik, nach Joschkar-Ola – dreihundert Kilometer östlich von Gorki –, deportiert, wo er als Holzfäller arbeitete. Durch den Vertrag „Sikorski-Majski" befreit, begab sich Glücksmann im Herbst 1941 in den Süden nach Buchara in Usbekistan.[29] Dort war er in der Repatriationsstelle tätig. Anfangs kümmerte er sich noch um Kowolls Tochter, erkrankte aber an Typhus, als diese im Lazarett lag, und starb am 6. Oktober 1942. Noch in Buchara feierte seine Tochter eine große jüdische Hochzeit. Seine Frau und Tochter kamen später nach Polen zurück und wanderten nach Schweden aus.[30]

2. Johann Kowoll

Johann Kowoll stand bis zu seiner Flucht im September 1939 an der Spitze der deutschen sozialistischen Bewegung Ostoberschlesiens.

Geboren wurde er am 27. Dezember 1890 in Laurahütte als Sohn eines oberschlesischen Bergmannes. Kowoll soll von seinen Eltern in polnischer

---

27 VW v. 09. 02. 1935. Kopeć 1987: 259; 1971: 213. Vgl. Rechowicz 1958: 69. Grünberg 1963: 198. Szefer 1967: 81. Cygański 1966: 82. Szczerbiński 1986: 100. Meissner 1973: 100–103.

28 WAP Kattowitz, Dyr. Pol. Chorzów 330, S. 60 f. v. 24. 01. 1935. Die antisemitische Stimmung gegen Glücksmann kann von den JDP-Überwechslern initiiert worden sein. Kopeć nennt diejenigen, welche das Treiben gegen Glücksmann entfachten, „Hitlerowcy", auf polnischer Seite oft gleichgesetzt mit JDP'ler.

29 Kopeć 1987: 259.

30 Interview mit Kowolls Tochter v. 08. 06. 1987. Gruda bestätigt dies.

Sprache und Atmosphäre erzogen worden sein. Er habe gesagt, ein Sohn polnischer Eltern zu sein und daß ihm der Besuch der deutschen Schule Schmerzen bereitet habe. Dennoch habe er sich „germanisiert", woran der Einfluß von Schule und Arbeitsmilieu Schuld trügen.[31] Diese Informationen finden keine Bestätigung seitens der Zeitzeugen, die Kowoll sehr nahe gestanden haben.[32]

Die oberschlesische Bevölkerung war durchmischt – so, daß kein absoluter Trennungsstrich zwischen Polen und Deutschen gezogen werden konnte, und so, daß für große Bevölkerungsteile nur die Bezeichnung „Oberschlesier" in Frage kam. Trotz seines für oberschlesische Verhältnisse ungewöhnlichen familiären Umfeldes schließe ich das bei Kowoll auch nicht aus: Er entstammte einem freireligiösen Elternhaus und war mit einer nicht praktizierenden Jüdin verheiratet. Sicher ist, daß er sich zum Deutschtum bekannte. Auszuschließen ist nicht, daß Kowoll im Sejm einmal gesagt haben könnte, polnischer Abstammung zu sein. Jedoch kann heute schlecht beurteilt werden, was er damit erreichen wollte.

Ehe Kowoll Bezirksvorsitzender der DSAP wurde, arbeitete er als Stenograph, Kontorist, Hüttenarbeiter und Maschinist. Seit 1906 bei den freien Gewerkschaften, ab 1908 in der SPD organisiert, bekleidete er in beiden Organisationen ehrenamtlich verschiedene Ämter. Während der Revolutionszeit erfüllte Kowoll mehrere Aufgaben: Er wirkte als Obmann des Arbeiter- und Soldatenrates in Laurahütte und als Abgeordneter des Zentralarbeiter- und Soldatenrates in Schlesien. Infolge seiner früheren Tätigkeiten prädestiniert, wurde Kowoll Bezirkssekretär der freien Gewerkschaftskartelle Oberschlesiens und während der Abstimmungszeit deren Delegierter. In dieser Stellung wurde er mit vielen Auslandsaufträgen betraut und nahm an gewerkschaftlichen Versammlungen teil. Journalistisch betätigte sich Kowoll seit 1908 als Mitarbeiter ausländischer sozialistischer Druckschriften, ab 1919 als Redakteur des „Volkswillen", dessen Chefredakteur er wurde. In der Abstimmungszeit gab er das „Oberschlesische Gewerkschaftsblatt" heraus. Vor dem Ersten Weltkrieg blieb er wie viele Sozialisten von politischen und Presseprozessen nicht verschont.[33] Im Jahre 1920 warb ihn der Chefredakteur der Breslauer

---

31 Sieradzka 1987: 133.

32 Am 10. 11. 1988 teilte mir Kowolls Tochter, Izabella Rzepka, in Kattowitz mit, daß das eine „ganz große Lüge" sei. Ihre Familie habe ausschließlich deutsch gesprochen. Sie wollte Kontakt mit Sieradzka aufnehmen, um sie zur Rede zu stellen. Heike schreibt, daß die Polen Kowoll „gerne die polnische Nationalität andichten möchten", dieser „zwar, wie fast alle Oberschlesier, aus einer gemischtnationalen Entwicklung hervorgegangen sei, er aber ganz im deutschen Kulturbereich und Volkstum verankert war. Er konnte nur schlecht polnisch, seine Frau überhaupt nicht; er führte sein Haus deutsch. Das bestätigt mir seine Tochter." Brief Heikes an die Verfasserin v. 09. 09. 1989. Ähnliches unterstellt der Kowoll nahestehende letzte Sekretär des Bezirkes Kattowitz, Gerhard Pawellek.

33 Wertheimer 1930: 134. Heike 1969: 122 f. Sieradzka 1987: 134.

„Volkswacht", Immanuel Birnbaum, als Berichterstatter für Oberschlesien an.[34]

Einen politischen Erfolg bedeutete sein Einzug in den ersten Schlesischen Sejm im Jahr 1922. Sein Mandat verlor er bei den Wahlen zum zweiten Schlesischen Sejm im Mai 1930. Nach vorzeitiger Sejmauflösung gewann Kowoll im November 1930 sein Mandat zurück.[35]

Kowoll war ein typischer Repräsentant dieser deutschen sozialistischen Partei: Er versuchte Konflikten mit Polen aus dem Wege zu gehen und die Verbindungen zu Deutschland aufrechtzuerhalten.[36] Er suchte nach einem Mittelweg. Das Auswärtige Amt beurteilte ihn als konsequenten Sozialisten mit starkem Charakter und „einer tiefeingewurzelten Animosität gegen das Bürgertum und vor allem gegen den Katholizismus"[37].

Völlig unumstritten war Kowoll nicht, vor allem nicht in seiner eigenen Partei. In den dreißiger Jahren mußte er sich vorwerfen lassen, daß vieles in der Partei mißlang und die Parteiarbeit keine Erfolge erzielte, sondern lediglich Verluste bekannt wurden: Weniger Mitglieder, die Abonnentenzahl für den „Volkswillen" ging ständig zurück, die Versammlungsräume wurden vom polnischen Staat geschlossen.[38] Er und der Parteivorstand wurden beschuldigt, nicht aktiv genug zu sein.[39] Zunehmend wurden Vorwürfe gegen ihn laut.[40] Innerhalb der Partei bildete sich eine Oppositionsgruppe, die „Spalter", die ihn absetzen wollte. Kowoll mußte sich vor einer eigens ins Leben gerufenen innerparteilichen Kommission, einem in dieser Form nur in Lodz vorhandenen Parteigericht, verantworten und wurde entlastet. Die Untersuchungskommission veröffentlichte am 2. Januar 1933 ein Rundschreiben an alle DSAP-Mitglieder, in dem sie bat, vorhandenes Material betreffs der Unstimmigkeiten gegen Kowoll zu den Beratungen am 7. Januar 1933 mitzubringen, um zu deren Aufklärung beizutragen.[41] Aufgrund der Tagung dieser Untersuchungskommission wurden die in Opposition zu Kowoll stehenden Personen wegen Parteischädigung und Unruhestiftung aus der Partei ausgeschlossen. Es handelte sich um den Vorsitzenden der DSAP-Ortsgruppe Siemianowitz, Josef Ossadnik; den Gewerkschaftsführer Georg Nietzsch; das DSAP-Mitglied Karl Pielorz; den Vorsitzenden der DSAP-Ortsgruppe Mi-

---

34 Matull 1973: 76.

35 Vgl. Rechowicz 1971 (b): 324.

36 Walczak 1986: 129; vgl. 1980: 304. WAP Kattowitz, UWŚL, Bd. 564, S. 31 v. 12. 01. 1929.

37 PA AA, Generalkonsulat Kattowitz, Po 6 adh. 2a, Bd. 1: Illgen (Generalkonsulat Kattowitz) an von Saucken (AA) v. 07. 01. 1930.

38 Grünberg 1963: 193.

39 WAP Kattowitz, Dyr. Pol. Chorzów 330, S. 157 f. v. 24. 03. 1930.

40 MSW, Sprawozdanie z życia mniejszości narodowych, III/1932, S. 57. Ibidem, I/1933, S. 73 f. Diese Berichte über die nationalen Minderheiten überließ mir Dr. Richard Breyer, Marburg.

41 WAP Kattowitz, Dyr. Pol. Kat. 375, S. 13: Peschka, Górny, Ballon (Untersuchungskommission des Bezirksvorstands der DSAP) an Mitglieder der DSAP v. 02. 01. 1933.

chalkowitz, Adamus. Alle vier standen in Kontakt mit dem bereits 1929 aus der DSAP ausgeschlossenen Redakteur des „Volkswillen" Josef Helmrich. Die fünf planten, die DSAP durch eine sogenannte „Deutsche Notgemeinschaft" zu ersetzen. Erst am 16. April 1933 wurde im „Volkswillen" offiziell der Parteiausschluß Ossadniks „wegen parteischädigenden Verhaltens" verkündet; der von Pielorz erübrige sich, da dieser bereits ausgetreten sei.[42] Nach Aufdeckung der Intrige dieser fünf DSAP-Funktionäre stellten diese ihre Hetzkampagne nicht ein. Noch vor der am 5. Februar 1933 stattfindenden Bezirkskonferenz kamen Flugblätter in Umlauf mit der Losung: „Raus mit Kowoll!"[43], die ihre Handschrift trugen. Kowoll wurde beschuldigt, sein Mandat nicht für die Arbeiter zu nutzen und „auf Diäten und seine eigenen leiblichen Genüsse"[44] begierig zu sein. Die Hauptanschuldigungen eines Flugblattes wurden auf der Bezirkskonferenz dementiert: Kowoll habe die Parteikasse sogar durch Zuschüsse seiner Abgeordnetendiäten unterstützt.[45] Die Herausgeber des Flugblattes fragten, ob man Kowoll als Parteiführer dulden könne. Er sei für den Rückgang der Wählerstimmen verantwortlich, weil er „immer mehr als Hochstapler" identifiziert werde. Die Angriffe wurden persönlicher, weswegen die Parteileitung kein Dementi für nötig befand.[46] Auch seine redaktionelle Tätigkeit wurde verworfen. Sie schade der Bewegung, seine Artikel seien ein „gewaltiger Phrasenknoten". Als „Schande für die ganze Partei" wurde bezeichnet, Kowoll „an der Spitze zu dulden, für den Schnaps und Weiber die einzige Weltanschauung [bedeuten]"[47]. Die Polizeidirektion in Königshütte berichtete, daß diese Flugblätter selbst wäh-

---

42 WAP Kattowitz, Dyr. Pol. Kat. 365, S. 12 v. 10. 01. 1933. Ibidem, S. 16 f. v. 16. 01. 1933. VW v. 10. 01. 1933. Helmrich antwortete auf Kowolls Artikel „Deutsche Notgemeinschaft" (VW v. 10. 01. 1933) mit einem „Offenen Brief" in der „Polska Zachodnia" v. 15. 01. 1933, der eine Tirade persönlicher Beschimpfungen enthält. WAP Kattowitz, Dyr. Pol. Kat. 365, S. 16 f. 16. 01. 1933. PA AA, Presse Abt. Polen 3a, Bd. 2: Dr. Rathenau an AA, Presseabteilung, v. 26. 01. 1933. Ibidem: Übersetzung aus „Polska Zachodnia" v. 15. 01. 1933 von „Offener Brief des ehem. Redakteurs des 'Volkswille', Josef Helmrich, über den Chefredakteur des 'Volkswillen', Kowoll.". VW v. 16. 04. 1933.

43 MSW, Sprawozdanie z życia mniejszości narodowych, I/1933, S. 74. VW v. 07. 02. 1933. Vgl. WAP Kattowitz, Dyr. Pol. Chorzów 330, S. 101 f.

44 WAP Katowice, Dyr. Pol. Chorzów 330, S. 100: „Parteigenossen, Augen auf!". Noch anderthalb Jahre später bekam Kowoll auf einer Parteiversammlung in Königshütte vorgeworfen, nur im Sejm zu sitzen und die Abgeordnetendiäten zu kassieren, aber für die Arbeiterklasse nichts zu tun. WAP Kattowitz, Dyr. Pol. Chorzów 330, S. 73: Untersuchungsabteilung der örtlichen polizeilichen Kommandantur der schlesischen Wojewodschaft in Königshütte an die Polizeidirektion in Königshütte v. 30. 06. 1934.

45 VW v. 07. 02. 1933. WAP Kattowitz, Dyr. Pol. Chorzów 330, S. 99: Polizeidirektion Königshütte an Schlesisches Wojewodschaftsamt Kattowitz v. 06. 02. 1933.

46 Kowoll arbeite nicht, sondern „feiere ... mit Weibern Orgien". Er habe sich „3 Stunden ... mit einem Hotelmädchen eingeschlossen, während die Leute auf ihn warteten und seine Frau Alice die ganze Umgegend nach ihm absuchte". WAP Kattowitz, Dyr. Pol. Chorzów 330, S. 100: „Parteigenossen, Augen auf!".

47 Ibidem.

rend der Bezirkskonferenz in den Gängen des Volkshauses verteilt wurden. Der Berichterstatter wunderte sich, daß man Kowoll zum Vorsitzenden gewählt hatte, obwohl der Inhalt der Flugblätter auf unzufriedene Mitglieder deutete.[48] Die Zahl dieser Unzufriedenen dürfte nicht groß gewesen sein.

Vielleicht hatte diese Opposition keine politischen Argumente oder glaubte, mit ihrer auf die Person abzielenden Begründung ihr Ziel zu erreichen. Wahrscheinlicher ist, daß diese Personen in der Zeit nach Hitlers Machtübernahme wohl über politische Argumente verfügten, diese aber noch nicht nutzen wollten. Später gingen die Hauptverantwortlichen in die „Jungdeutsche Partei" (JDP).

Kowoll lehnte das nationalsozialistische System ab. Die Oppositionsbewegung innerhalb der oberschlesischen DSAP wuchs mit dem Anstieg der Sympathien für die NS-Bewegung, währte über einen langen Zeitraum und brachte Unruhe in die Parteireihen. Die Zahl der Mitglieder begann zurückzugehen. Nach dem Übertritt Ossadniks zur JDP empfahl Kowoll, Ossadniks Frau ebenfalls auszuschließen. Es ist anzunehmen, daß diese Informationen über die Sozialisten weitergab.[49] Die Stimmung innerhalb der Partei muß problematisch gewesen sein, da diese Frage einen so hohen Stellenwert einnahm. Dies kann beispielhaft sein für eine kleine Partei, in der jeder persönlich bekannt ist und für eine Partei, die sich nicht mehr sicher und stark fühlt.

Kowoll kämpfte gegen den Nationalsozialismus. Vom Zeitpunkt des Verbots der SPD, der Flucht ihres Vorstandes nach Prag bis zu dessen Umzug nach Paris, hielt Kowoll die Hauptfäden des Schmuggels von illegalen sozialistischen Druckschriften und die Weiterleitung von Flüchtlingen, Sozialdemokraten und Juden aus Deutschland in Händen. Unbegründet sind Vorwürfe, daß man sich in der zeitgenössischen westdeutschen Historiographie bemühe, Kowolls antifaschistische Aktivitäten zu beschmutzen oder „stillschweigend [zu] übergehen". In diesem Zusammenhang werden Publikationen Theodor Bierschenks und Otto Heikes genannt.[50]

---

48 WAP Kattowitz, Dyr. Pol. Chorzów 330, S. 99a: Polizeidirektion Königshütte an schlesische Wojewodschaft Kattowitz v. 06. 02. 1933.

49 WAP Kattowitz, Dyr. Pol. Kat. 365, S. 90 v. 14. 12. 1933: Polizeidirektion in Kattowitz an Schlesisches Wojewodschaftsamt – Sicherheitsabteilung – in Kattowitz.

50 Zu Heike vermerkt Sieradzka (1987: 133), daß dieser den oberschlesischen Führer doch ausgezeichnet kannte. Sie begibt sich in das Fahrwasser polnischer Historiker, die den Westdeutschen vorwerfen, die nationalistischen Organisationen in Polen zu glorifizieren und den sozialistischen Antinationalität zuzuschreiben. Vgl. Szczerbiński 1986: 11. Sie nennt zwei Werke von Mitte der fünfziger Jahre und eines von Heike aus dem Jahre 1973 (527); in diesen wird aber über Kowolls Verbindungen mit dem Exilvorstand berichtet. Auch bespricht Heike dieses Thema in seiner Monographie zur deutschen Arbeiterbewegung in Polen, ausführlicher in seinem Werk zur deutschen Minderheit in Polen. Die Monographie von Wurbs (1983: 89, 94 ff.) zur deutschen Arbeiterbewegung im Bielitzer Ge-

Am 1. September 1939 erhielt Kowoll einen Anruf, Kattowitz sofort zu verlassen. Mit seiner aus Posen stammenden Frau Alice, geb. Tausk, seiner siebzehnjährigen Tochter und dem neunzehnjährigen Sohn fuhr er mit dem Zug nach Kielce. Weiter flüchteten sie zu Fuß nach Lublin und Lemberg, wo sie bis 29. Juni 1940 blieben.[51] Von dort wurden sie mit dem Zug in ein Lager in die Ukraine gebracht, wo sie so schwer arbeiten mußten, daß Kowoll innerhalb einer Woche graue Haare bekam. Kowoll und seine Frau starben in einem Lager in Karaganda an Erschöpfung.[52]

3. Artur Kronig

Artur Kronig wurde als Sohn des Schuhmachermeisters Reinhold Kronig und dessen Ehefrau Theophile, geb. Kirchhoff, am 6. April 1896 in Lodz geboren.[53] Er besuchte das Lodzer Deutsche Gymnasium (LDG), das er, nach einer Unterbrechung im Ersten Weltkrieg, 1917 mit dem Abitur abschloß. Anschließend arbeitete er als Hauslehrer und erteilte Nachhilfeunterricht in Latein bzw. Französisch; aushilfsweise war er als Lehrer im Deutschen Gymnasium in Pabianitz beschäftigt. In Warschau begann er sein Studium der Rechte, der Volkswirtschaft und der Politik. Im dritten Semester unterbrach Kronig sein Studium. Er trat in den freiwilligen Dienst des polnischen Heeres und gehörte zur Legion „Legia Akademicka", die er als Unterleutnant der Reserve verließ. Am 16. November 1918 trat er in das 28. Regiment der Kaniower Schützen ein, um im polni-

---

biet geht auf den Widerstand gegen den Nationalsozialismus ein, bringt jedoch nicht mehr als Heike (1969: 88 f.; 1985: 225). Über Ansätze hinaus findet man in der deutschen Historiographie nichts zur proletarischen Komponente der deutschen Volksgruppe in Polen oder über deren antifaschistische Betätigung. Lediglich Strobel (1986: 217–223) schreibt in einem Aufsatz über den antifaschistischen Widerstand der Lodzer deutschen Sozialisten, regional interessengebunden durch die Abstammung. Strobels Vater war Mitglied der Lodzer DSAP.

51 Folgende Angaben sind dem Interview (wie Anm. 30) entnommen, das ich mit Izabella Rzepka – früher Lili Erika Kowoll – in Königshütte (Chorzów) führte. Die Kassette befindet sich im Besitz der Verfasserin. Nach Rzepka starb auch ihr Bruder Erich, der zur Anders-Armee gelangen wollte, in einem Lager unweit Bucharas an Typhus. Als sie Glücksmann im Lager Buchara traf, habe ihr Bruder – nach Information Glücksmanns – noch gelebt. Kurz danach kam Frau Rzepka für 17 Monate in ein Lazarett und konnte der Spur nicht nachgehen. Der einschlägige Aktenband des BArch – R 58/338, S. 137: Geheime Staatspolizei, Geheimes Staatspolizeiamt, IV–II A 2, handschriftlich: „für Fahndungsbrief am 01. 04. 1939 aufgenommen" – enthält die falsche Angabe, Kowoll sei mit der Jüdin Alina, geb. Toms, verheiratet.

52 Nach fünfjähriger Odyssee zurück in Kattowitz, erfuhr Kowolls Tochter dies von einem Schneider aus Königshütte, der im Lager ihrer Eltern war.

53 Zur Vervollständigung der Biographie Kronigs, besonders zu dessen ideologischem Wandel vgl. Kapitel B.4. dieser Arbeit. Vgl. auch Heike 1969: 123 ff.; Wertheimer 1930: 124 f.; BArch, R 57, 474/15; Bierschenk 1970: 100–110; Kieszczyński: Artur Kronig; Szczerbiński 1986: 273.

schen Heer die gerade erlangte Unabhängigkeit Polens gegen die Sowjets zu verteidigen. Als Leutnant kehrte er zurück.[54]

Nach dem vierten Semester gab er sein Studium aus finanziellen Gründen auf und arbeitete als redaktioneller Mitarbeiter und Übersetzer in der „Lodzer Freien Presse". Sein Interesse an der Situation der deutschen Arbeiterklasse führte ihn zur Zusammenarbeit mit den deutschen Sozialdemokraten in Lodz. Dabei kamen ihm seine vorherigen Tätigkeiten als Redakteur nach Gründung der DAP zugute, für die er die Parteiorgane „Die Arbeit", danach die umbenannte „Freiheit" und die „Lodzer Volkszeitung" redigierte. Er schrieb für die „Bielitzer Volksstimme" und den „Kattowitzer Volkswillen". Als Mitbegründer der DAP hatte er, wechselnd mit Zerbe, mehrmals den Parteivorsitz der DSAP inne. Er vertrat die deutschen Sozialisten Polens bei den Kongressen der Sozialistischen Arbeiter-Internationale in Marseille und in Brüssel.[55]

Kronig nahm im Jahr 1927 die aus Lodz stammende Gertrud Goblirsch zur Frau, die im deutschen Sejmbüro in Warschau tätig war.

Vor den Sejm- und Senatswahlen 1922 war Kronig als Generalsekretär des Deutschen Zentralwahlkomitees tätig. Kronig zog 1922 und 1928 als Abgeordneter in den Sejm, danach gelang ihm nie wieder der Sprung ins Parlament. Er bewies gute Rednergabe, Schlagfertigkeit und beherrschte ein ausgezeichnetes Polnisch, so daß er oft als Fraktionshauptredner agierte.[56]

Kronig war Mitglied des Lodzer „Schul- und Bildungsvereins" und des „Vereins deutschsprechender Meister und Arbeiter" in Lodz, des „Lodzer Sport- und Turnvereins" sowie des „Christlichen Commis-Vereins" in Lodz, der 1936 in „Berufsverband der deutschen Büro- und Handelsangestellten in Polen" umbenannt wurde und unter Vorsitz Kronigs stand.[57]

Kronig und Zerbe wurden zunehmend zu politischen Gegenspielern. Zum Eklat zwischen Kronig, der verstärkt dem Nationalen zuneigte, und Zerbe, der die internationale Linie der Partei fortführen wollte, kam es nach Hitlers Machtübernahme 1933. Zerbe entschied den Kampf für sich. Kronig legte 1934 den Parteivorsitz nieder und kehrte 1935 der Partei den Rücken.[58]

Anfang September 1939 wurde er von der polnischen Regierung als „unsicheres hitlerisches Element"[59] verhaftet und nach Ostpolen abgeschoben. Bereits am 18. September 1939 von deutschen Truppen befreit, kehrte Kronig nach Lodz zurück. Dort übte er kurze Zeit den Posten des

---

54 Cygański: „3. Artur Kronig". Bierschenk 1970: 108.
55 Cygański (wie Anm. 54).
56 Bierschenk 1970: 108.
57 Ibidem.
58 Die genauen Hintergründe dieses Schrittes sind in Kapitel B.4. dargelegt.
59 Kieszczyński: Artur Kronig.

Direktors der kommunalen Sparkasse aus[60], wurde jedoch bald durch einen Bankdirektor aus dem Reichsgebiet ersetzt.

Ab 1942 beim deutschen Militär unterzog sich der früher dem „Verband der polnischen Reserveoffiziere" angehörende Kronig einer militärischen Umschulung bei Bromberg und kehrte, inzwischen Oberleutnant der Küstenverteidigungstruppe in Holland, im Jahre 1946 zurück.

Kurze Zeit war er in der Posener Selbstverwaltung tätig und zog dann nach Potsdam um.[61] Dort eröffnete er zusammen mit seiner Frau ein eigenes Übersetzungsbüro, das er jedoch nicht lange halten konnte. Anschließend verdiente er sein Geld als Journalist. Kronig starb am 16. Mai 1953 in Potsdam an Herzversagen.[62]

4. Artur Pankratz

Artur Pankratz wurde am 1. Juli 1893 in Bromberg als Sohn des Johann Pankratz und dessen Frau Flora, geb. Pamplun, geboren. Er beendete 1913 das Bromberger Realgymnasium mit dem Abitur und studierte bis 1914 in Halle/S. Philosophie, Literatur und orientalische Sprachen. In Halle gehörte er der liberalen studentischen Organisation „Freier Studentenbund" an. Bei Kriegsausbruch wurde Pankratz als Übersetzer der deutschen Armee an die Westfront abkommandiert, wo er im Jahre 1916 eine schwere Giftgasverletzung erlitt und dabei fast die Sehkraft verlor.[63]

Pankratz kehrte 1918 nach Bromberg zurück und begann im Jahr 1921 seine Tätigkeit bei den Sozialisten, deren Redakteur und Vorsitzender er wurde. Er war von 1921 bis 1939 mehrmals Stadtverordneter und wurde 1922 und 1928 als sozialistischer Abgeordneter innerhalb des Minderheitenblocks in den Sejm gewählt. Er war in vieler Hinsicht aktiv: er gründete in Bromberg die Esperantomonatsschrift „German-Polen Esperantisto"; fungierte als Mitglied des Esperanto-, des Stenographen- und des Theatervereins; schrieb für den „Vorwärts", die „Leipziger Volkszeitung", für literarische und linguistische Zeitschriften und gab Novellen, Dramen und Romane heraus. Pankratz beherrschte viele Sprachen: Englisch, Französisch, Russisch, Polnisch, Esperanto, Latein, Türkisch, Hebräisch, Ukrainisch, Niederländisch, Italienisch, Spanisch und mehrere Turk-Sprachen. Diese außergewöhnlichen Sprachkenntnisse hingen sicher mit seiner Reisefreudigkeit zusammen. Er eignete sich diese selbst an und erteilte Unterricht in Esperanto.

---

60 Kronig war ab Mitte der dreißiger Jahre stellvertretender Leiter der Lodzer Stadtsparkasse (Heike 1969: 124).

61 Cygański (wie Anm. 54).

62 Bierschenk 1970: 108 f.

63 Zlotnicki 1928: 322. Vgl. Rzepecki 1923: 376 f. „Arthur Pankratz" in: Bromberg 1975: 11. Wertheimer 1930: 126.

Von 1936 bis 1939 arbeitete Pankratz für den „Deutschen Pressedienst in Polen" und war Pressereferent der „Deutschen Vereinigung".

Pankratz wurde als eine Persönlichkeit „scharfen Verstandes und schneidiger, satirisch gewandter Feder", als ein wortgewandter Redner beurteilt.[64] Er soll ein leidenschaftlicher Reisender gewesen sein und ein gelehrter und scharfsinniger Philosoph. Als Student habe er die Ruinen von Troja und Babylon besichtigt.[65]

Anfang der zwanziger Jahre galt Pankratz in polnischen Regierungskreisen als „überzeugter Sozialist und Pazifist". Die polnische Botschaft in Berlin berichtete dem Außenministerium in Warschau, daß Pankratz einige europäische Länder bereist habe, um die Situation der Minderheiten kennenzulernen. Daraufhin arbeitete er einen Plan zur internationalen Zusammenarbeit zwischen den Minderheiten aus und legte diesen dem Vorsitzenden des „Bund der Polen" in Deutschland vor. Pankratz informierte genau über die Postulate der Minderheiten und erstrebte eine Zusammenarbeit der deutschen und polnischen Regierung in dieser Frage.[66] Pankratz ging diese Problematik geschickt an, indem er sein Interesse an den Nöten anderer Minderheiten und insbesondere an den der Polen im Deutschen Reich proklamierte. Er setzte auf das gemeinsame Schicksal, auf die Anteilnahme der Polen und der Deutschen zum Nutzen beider Völker. Aus diesem Brief geht hervor, daß Pankratz mit seinen Plänen die Neugierde der Polen weckte. Er besaß taktisches Gespür.

Sein Beruf wird mit Schriftsteller oder Redakteur angegeben. Den Biographen zufolge studierte er höchstens drei Semester bis zum Kriegsausbruch und war nach Kriegsende berufstätig. Er lernte keinen eigentlichen Beruf; die wirtschaftlichen, sozialen und politischen Turbulenzen seiner Zeit rissen ihn mit und waren seine Lehrmeister. Er schrieb das, was er erlebte, schrieb über seine Reisen und Begegnungen. Sein 1932 in Bromberg erschienenes Buch „Wiedersehen im Westen – Heute auf den Schlachtfeldern in Belgien und Frankreich" verfaßte er in Erinnerung an seine Jahre als Kriegsberichterstatter im Ersten Weltkrieg.[67] Pankratz verfügte über eine mitreißende schriftstellerische Ader. Er galt nicht als der typische Politiker.

Pankratz war Mitbegründer des „Deutschtumsbundes". Seine Verbindungen zu dieser Organisation rissen trotz seiner Aktivität in der soziali-

---

64 Wertheimer 1930: 126.

65 Zlotnicki 1928: 322.

66 AAN, Amb. RP Berlin 3870: E. Morawski (Polnische Botschaft in Berlin) an polnisches Außenministerium in Warschau v. 28. 09. 1924, S. 338–340.

67 In Rezensionen – auszugsweise in der „Bromberger Volkszeitung" – wurde das Buch positiv beurteilt: „fesselnd", „überwältigend" und „das Blut des Lesers erstarren machend". BVZ v. 19. 03. 1933.

stischen Bewegung nie ab.[68] Pankratz fuhr lange zweigleisig, sozialistisch und konservativ-national, ehe er sich für den Nationalsozialismus entschied.

Er nahm nicht so früh Fühlung mit der Arbeiterschaft auf wie Zerbe oder Kowoll, die im Arbeitermilieu mit dieser Problematik vertraut wurden und sich als Mitbetroffene engagierten, um Abhilfe aus eigens erlebter Not zu schaffen. Bei ihnen war das Bewußtsein durch engste Berührung mit der Arbeiterschaft gewachsen, sie handelten aus dem Gefühl der Solidarität. Echtes Interesse am Schicksal des Arbeiters lag ebenso bei Glücksmann vor, der das Arbeiterproblem wissenschaftlich theoretisch anging, sich seit der Schulzeit für die sozialistische Bewegung engagierte und von der jüdischen zur deutschen Arbeiterbewegung fand. Bei Kowoll, Zerbe und Glücksmann ist ein Hineinwachsen in die sozialistische Bewegung erkennbar, nicht so bei Pankratz und Kronig. Beide kamen nach dem Krieg zum Sozialismus, beide auf ähnliche Weise durch ihre redaktionelle Tätigkeit, mit der sie ihre Existenz bestritten: Pankratz war ab 1921 Redakteur der Bromberger „Volkszeitung", zwei Jahre später deren Chefredakteur; Kronig war Mitarbeiter der bürgerlich-konservativ ausgerichteten Lodzer „Freien Presse", dem Organ des „Deutschen Volksverbandes", und redigierte später das DAP-Organ.

Pankratz' Laufbahn wurde kurz unterbrochen, weil ihn die Polen im September 1939 verschleppten und er den „Todesmarsch nach Lowitsch" antreten mußte.[69] Danach nahm er eine Reihe hoher Posten ein, wozu ihm seine guten Beziehungen zu Graebe und zur „Deutschen Vereinigung" verhalfen und zu denen er ohne das Parteibuch kaum gekommen wäre: Im November 1939 brachte es Pankratz zum Sachverständigen für Volkstumsfragen in der Bromberger Stadtverwaltung. Danach wurde er Leiter sowohl des „Statistischen Amtes" als auch der „Deutschen Volksliste" und später der des Einwohnermeldeamtes.

Aufgrund seiner Sprachkenntnisse berief ihn das Oberkommando der Wehrmacht im August 1944 zur Abwehr. Im März 1945 kam er in russische Kriegsgefangenschaft und mußte zehn Jahre in einem „Schweigelager" verbringen.[70]

Zurückgekehrt versuchte der 1956 sein „Comeback" bei der SPD, er bewarb sich um einen höheren Posten. Der Parteivorstand der SPD richtete an den sich inzwischen in der SPD etablierten Otto Heike eine Anfrage mit Bitte um Stellungnahme über den ehemaligen sozialistischen Vorsit-

68 Seine Gruppe wurde zeitweise sogar dem linksgerichteten Sozialismus zugeordnet. VW v. 12. 02. 1922.

69 Korthals 1977: 17. „Arthur Pankratz" in: Bromberg 1975: 11.

70 Ibidem: 11.

zenden des westpreußischen Bezirkes. Pankratz bekam diesen Posten nicht,[71] er starb am 5. September 1975 in Elmshorn.

5. Emil Zerbe

Emil Zerbe wurde am 4. Januar 1897 in Lodz als Sohn einer alteingesessenen deutschen Hausbesitzer- und Handwerkerfamilie geboren. Er stammt aus einer wohlhabenden bürgerlichen Familie, die eine Werkstatt und ein Spielwarengeschäft besaß. Zerbe besuchte die Lodzer Manufaktur-Industrie-Schule, unterbrach diese als Oberprimaner bei Ausbruch des Ersten Weltkrieges, um, erst 1917 zurückgekehrt, im Juni 1918 sein Abitur an der II. Oberrealschule in Lodz abzulegen.[72]

Beeinflußt durch zehn Monate Arbeit als Schlosser und Vorzeichner bei der Maschinenbauanstalt Humboldt in Köln und zwei Monate bei der Maschinenfabrik Schenk in Darmstadt, wo er mit Arbeitern in engste Berührung kam, wurde er SPD-Mitglied.[73] In den Reihen der USPD nahm er an der deutschen Revolution 1918/19 teil.[74] Von 1918 bis 1921 studierte er Maschinenbau an der Technischen Hochschule Darmstadt, dort wurde er Mitbegründer der „Sozialistischen Arbeitsgemeinschaft Darmstädter Studenten". In dieser die gesamte linke Studentenschaft Darmstadts umfassenden Organisation hatte er eine Reihe von Ämtern inne und wirkte beim verfassunggebenden Studentenparlament mit. Als Bezirkssekretär der USPD, Bezirk Bergstraße, betätigte sich Zerbe als Funktionär im allgemeinen freien Gewerkschaftskartell. In dieser Funktion half er bei den Vorbereitungen zu den Reichstagswahlen.

Bei seinen Darmstädter Vermietern blieb er als engagierter „Roter" in Erinnerung.[75] Trotz seines bemerkenswerten gesellschaftspolitischen Engagements brachte er sein Maschinenbaustudium nach sechs Semestern

---

71 DSAP-Archiv, A-al, Nr. 355: Stellungnahme zur Anfrage des Parteivorstandes Pankratz betreffend.

72 Diese und folgende Daten sind teilweise den Prüfungsakten des Emil Zerbe entnommen, die sich im Verwaltungsarchiv der Technischen Hochschule Darmstadt befinden, und teilweise Briefen von Zerbes Frau aus den Jahren 1954 bis 1979 an Otto Heike, die im DSAP-Archiv der FES verwahrt werden und der Verfasserin in Kopie vorliegen. Vgl. zu biographischen Daten Zerbes: Wertheimer 1930, Heike 1969: 125–127; BArch, R 57, 474/15; Szczerbiński 1986: 273 f. Im „Lebens- und Bildungsgang" seiner Prüfungsakten gibt Zerbe als Stand seines Vaters „Hausbesitzer in Lodz" an. Der Sohn und die Tochter Emil Zerbes wohnen heute noch im Haus ihrer Großeltern – ein sehr großes, heute heruntergewirtschaftetes Haus mit einer Werkstatt und mehreren Mietwohnungen.

73 Blachetta 1987: 1.

74 Cygański: „2. Emil Zerbe".

75 Blachetta (wie Anm. 73). In seiner Darmstädter Zeit wechselte Zerbe aus wirtschaftlichen Gründen häufig die Wohnungen. Vgl. Strobel 1986: 217–223 und Cygański 1967: 26. Wertheimer 1930: 128 f. BArch, R 57, 474/15.

mit guten Noten zu Ende und kehrte als Diplomingenieur in seine Heimatstadt zurück.

Nach Gründung der DAP erzielte Zerbe im Herbst des Jahres 1922 den ersten politischen Triumph. Er errang auf der Liste des Minderheitenblocks ein Sejmmandat, später (1928) auf der des Wahlblocks der DSAP mit der PPS.

Ende 1929 übernahm Zerbe die Chefredaktion des Parteiorgans der kongreßpolnischen DSAP von seinem dreißigjährig an einem Herzleiden verstorbenen jüngeren Bruder Armin. Die Gebrüder Zerbe verband innige geistige Übereinstimmung. In ihrem letzten Studienjahr nahmen sie sich eine gemeinsame Wohnung in Darmstadt, von wo aus der Jüngere zum Studium der Nationalökonomie nach Frankfurt pendelte. Bereits in Frankfurt war Armin Zerbe Mitarbeiter sozialistischer Zeitungen. Als Gründungsmitglied der DAP beteiligte er sich mit seinem Bruder und Kronig an der Ausarbeitung des Parteiprogramms und der Statuten, er war auch Mitglied des Hauptvorstandes und von dessen Präsidium.[76] Emil Zerbe schrieb auch für den „Kattowitzer Volkswillen" und den Berliner „Vorwärts".

Zerbe engagierte sich als Vorsitzender der „Vereinigung Deutscher Arbeiter" und als zweiter Vorsitzender der Hauptabteilung der Textilindustriearbeiter in der Lodzer Selbstverwaltung sowie in der Gas- und Baudelegation dieser Stadt.[77]

In der Redaktion hatte er „ein typisches Arbeitszimmer eines sozialistischen Führers", ein Bild von Marx an der Wand und überall Stöße von Manuskripten und Drucken.[78] Er vertrat wie Kowoll und Glücksmann die Grundhaltung der Partei und blieb dabei, als ihre Reihen mit Beginn des Nationalsozialismus zusammenschmolzen: Kampf um Arbeiterrechte; Zusammenleben und Zusammenarbeit mit den polnischen demokratischen Parteien; Loyalität zum polnischen Staat, verbunden mit dem Kampf um die Rechte der deutschen Minderheit; Erhaltung des Deutschtums und der kulturellen Eigenheiten der polnischen Staatsbürger deutscher Nationalität. Wert legte Zerbe auf die Zusammenarbeit und Solidarität mit den polnischen und jüdischen Sozialisten. Den kommunistischen Einfluß innerhalb der Partei bekämpfte er, ebenso die Entscheidung der DSAP-Linken, mit der KPP zusammenzuarbeiten und 1933–1935 eine gemeinsame Front aus Sozialdemokraten, Kommunisten und nationalen Minderheiten gegen die Sanacjaregierung zu bilden.[79]

---

76 LVZ v. 21. u. 22. 11. 1929. Mündliche Überlieferung der Familie Günter in Darmstadt, Schuhknechtstraße (Zerbes letzter Darmstädter Wohnung).

77 Cygański: „2. Emil Zerbe".

78 Kurier Warszawski v. 17. 11. 1937. Vgl. Strobel 1986: 221.

79 Cygański: „2. Emil Zerbe".

Zerbe selbst bezeichnete sich als „Deutsch-Pole";[80] er verstarb am 16. Juli 1954 in Lodz an Gehirnschlag.

[80] Verwaltungsarchiv (wie Anm. 72).

Anhang Nr. 2:
Organisation der deutschen Sozialisten in Polen

1. SPD und USPD Oberschlesiens, SPÖ Teschener-Schlesiens

Deutsche Sozialdemokratische Partei Polens (DSDP)
gegründet: 26. März 1922

Ende 1923/Anfang 1924 schloß sich der DSDP die Restgruppe der SPD Westpreußens an. Ab diesem Zeitpunkt nannte sich die DSDP verschiedentlich auch DSPP

2. Restgruppe der SDKPiL

Unorganisierte deutsche Arbeiterschaft der Stadt Lodz und Mittelpolens

Deutsche Arbeitspartei Polens (DAP)
gegründet: 19. Januar 1922

3. Nominelle Übereinkunft von DSDP (DSPP) und DAP zur DSAP (Deutsche Sozialistische Arbeitspartei Polens)

ab 9. August 1925

4. Abspaltung der Bromberger DSAP und deren Konstituierung zur Deutschen Sozialdemokratischen Partei Polens (DSPP)

am 24. Juni 1928

Die DSPP nannte sich
ab 1933 DSP (Deutsche Sozialistische Partei)
ab 1935 DSP (Deutschsozialistische Partei), schon
ab 1934 DSP als Sektion innerhalb der Deutschen Vereinigung

5. Offizielle Vereinigung der deutschen sozialistischen Gruppen Ostoberschlesiens und Mittelpolens zur DSAP (Deutsche Sozialistische Arbeitspartei Polens)

am 6./7. Oktober 1929

Quellen- und Literaturverzeichnis

1. Archive

Archiv der Historischen Kommission zu Berlin:
Gewerkschaftliche Restakten: NB 93, NB 146

P III/4c.

Archiv der sozialen Demokratie der Friedrich-Ebert-Stiftung:
Sopade 22, 30, 67

DSAP-Archiv (Sammlung Heike). A-a. 1, A-b. 1, A-d. 1, A-e. 1.

Archiwum Akt Nowych (Archiv der Neuen Akten):
Ambasada Rzeczypospolitej Polskiej w Berlinie, Bd. 3870, Bd. 3872, Bd. 3877

Konsulat Rzeczypospolitej Polskiej w Monachium, Bd. 142

Ministerstwo Spraw Wewnętrznych, Bd. 963, Bd. 973, Bd. 3932 (AB)

Ministerstwo Spraw Zagranicznych, Bd. 2348, Bd. 2348/380, Bd. 2348/376, Bd. 2352/440, Bd. 4897, Bd. 4897/3, Bd. 4898.

Archiwum Państwowe w Bielsku (Staatliches Archiv in Bielitz):
Dyrekcja Policji w Bielsku 223.

Berlin Document Center (jetzt Bundesarchiv):
Akte Otto Heike, Akte Heinrich Franz Homa, Akte Wilhelm Zinser.

Bundesarchiv:
R 57, Bd. 474/15

R 58, Bd. 78, Bd. 338, Bd. 357

Ost-Dok. 6, Nr. B 1/1

Dt. Stiftung, 61 Sti 1: Bd. 574, Bd. 588, Bd. 597, Bd. 597/1, Bd. 1066, Bd. 5840.

Centralne Archiwum Komitetu Centralnego Polskiej Zjednoczonej Partii Robotniczej (Archiv des Instituts für Parteigeschichte beim Zentralkomitee der PVAP in Warschau):
Sprawozdania Sytuacyjne Urzędu Wojewódzkiego Śląskiego.

DSAP-Archiv siehe: Archiv der sozialen Demokratie

Politisches Archiv des Auswärtigen Amts:
Botschaft Warschau: P II 4e, Bd. 1.

Deutsches Konsulat Lodz:

Deutschtum, Bd. 1, Bd. 2, Bd. 5, Bd. 6, Bd. 7

Presse, Bd. 12/3 und 12/4, Bd. 2.

Geheimakten:

Politik 25 Polen, Bd. 3

Polen 1920–1936, Bd. 7, Bd. 8.

Generalkonsulat Kattowitz:

Po 9,2, Bd. 29

Po 9,3, Bd. 29a

Po 12/ 38,9, Bd. 2

Po 12/ 38/8, Bd. 1

Po/Geh. 62, Bd. 1

Po/Geh. 63, Bd. 1

Po 6 adh. 1, Bd. 4; adh. 2a, Bd. 1.

Generalkonsulat Posen:

P. 13a, Bd. 7

Sejmwahlen P 25, Bd. II

Politik 2 Polen, Bd. 30

Politik 2 Polen D, Bd. 18

Politik IV Oberschlesien: Pol 5 Nr. 1, Bd. 12

Politik IV Polen, Pol. 5, Bd. 7

Politik 4 Völkerbund 53. Tag., Bd. 2

Politik 5 Oberschlesien: Bd. 1, Bd. 4

Politik 5 Polen: Bd. 5, Bd. 6, Bd. 7. Bd. 15, Bd. 16

Politik 12 Oberschlesien: Bd. 2, Bd. 3

Politik 12 Polen: Bd. 11

Politik 25 Oberschlesien: Bd. 5

Politik 25 Polen: Bd. 9, Bd. 25, Bd. 32, Bd. 34, Bd. 36

Politische Abteilung IV Polen, Politik 5: Bd. 18

Presse Abteilung Polen 3a: Bd. 1, Bd. 2, Bd. 351/2

Presse Abteilung, Verbote Polen: Bd. 504/6, Bd. 34/5

Pressewesen Oberschlesien, Politik V 128, Bd. 1, Oberschlesien 12.

Verwaltungsarchiv der Technischen Hochschule Darmstadt:
Prüfungsunterlagen des Emil Zerbe.

Archiwum Państwowe w Katowicach (Staatliches Archiv Kattowitz):
Dyrekcja Policji Katowice 365

Dyrekcja Policji Chorzów 330

Urząd Wojewódzki Śląski Bd. 564, Bd. 596.

Zentrales Parteiarchiv des Instituts für Marxismus-Leninismus beim Zentralkomitee der SED (jetzt SAPMO):
PST 3/68, ST 3/719.

2. Zeitzeugenberichte

Interview mit dem Sohn Glücksmanns, Herrn Konrad Gruda, alias Konrad Glücksmann, am 19. 10. 1987 in Wiesbaden.

Mündliche Überlieferung von Familie Günter, Darmstadt, Schuhknechtstraße (Zerbes letzte Darmstädter Wohnung).

Briefe von Herrn Otto Heike vom 26. 05. 1988, 05. 07. 1988, 19. 01. 1990.

Interview mit Kowolls Tochter, Frau Izabella Rzepka – früher Lili Erika Kowoll – in Königshütte am 08. 06. 1987.

Brief von Herrn Gerhard Pawellek vom 01. 11. 1989.

Gespräch mit Karol Zerbe am 22. 06. 1996 in Lodz.

3. Presse

„Der Auslanddeutsche" (Stuttgart)

„Die Arbeit" (Lodz)

„Berliner Börsen Zeitung" (Berlin)

„Bielitzer Volksstimme" (Bielitz): 1925, Aug. – 1926, Okt., 1927–1930 im IfA; erschien ab 1931, Jan. innerhalb des VW, einige Nummern VST erschienen 1934; VST v. 05. 09. 1934 (Nr. 28, XXIX. Jahrgang) befindet sich in der Schlesischen Bibliothek Kattowitz

„Bromberger Volkszeitung", ab 01. 10. 1036 „Deutsche Volkszeitung in Polen – Illustrierte Tageszeitung" (Bromberg): 1922, Sept. 1937, 17. 06. im IfA

„Deutsche Zeitung Dirschau" (Dirschau)

„Dziennik Poznański" (Posen)

„Freie Presse" (Lodz)

„Freiheit" (Lodz)

„Gazeta Robotnicza" (Kattowitz)

„Kattowitzer Volkswille" (Kattowitz): 1925, 20. 10. 1933 im IfA; 1918–1922, 11. 09. als VW (Oberschlesische Freie Presse, Jahrgang 7, Organ der Sozialdemokratischen Partei Deutschlands für den Agitationsbezirk Oberschlesien), ab 1922, 12. 09. als VW (Organ der Deutschen Sozialdemokratischen Partei Polens für die werktätige Bevölkerung). In der Schlesischen Bibliothek Kattowitz: 1918–1922, 29. 06.; 1922, 05. 09. – 15. 09., 07. 11.; 1934–1935, 19. 04.; 1923 in Brieg; 1933, 03. 10. – 30. 12. in der Nationalbibliothek Warschau

„Kurier Warszawski" (Warschau)

„Der Landbote" (Lodz), 1928–1929 in der Nationalbibliothek Warschau

„Łodzianin" (Lodz)

„Lodzer Volkszeitung", ab 20. 04. 1935 „Volkszeitung" im Untertitel VW und VST, ab 16. 02. 1939 im Untertitel „Gazeta Ludowa" (Lodz): 1923, Okt.-1939, März und 1939, 18. 05. – 29. 08. im IfA; 1939, 15. 06. – 16. 08. in der Nationalbibliothek Warschau

„Der Oberschlesische Kurier" (Kattowitz)

„Polonia"

„Polska Zachodnia" (Posen)

„Robotnik" (Warschau)

„Vorwärts" (Berlin).

4. Literatur

Aretin, K. O. Freiherr von: Deutsche sozialistische Arbeiterparteien in Polen und der Tschechoslowakei, unveröffentlichter Vortrag vom 10. 02. 1987, gehalten aus Anlaß der Übergabe des DSAP-Archivs an die FES in Bonn.

Arnold, U. (Hrsg.): Politik im Zeichen von Parteien, Wirtschaft und Verwaltung im Preußenland der Jahre 1918–1939, Lüneburg 1986.

„Arthur Pankratz." In: Bromberg, Zeitschrift der Bidegast-Vereinigung, 49/1975.

Balling, M. O.: Von Reval bis Bukarest. Statistisch-Biographisches Handbuch der Parlamentarier der deutschen Minderheiten in Ostmittel- und Südosteuropa 1919–1945. Bd. I und II, Kopenhagen 1991.

Batowski, H.: Irredenta niemiecka w Europie środkowej i południowowschodniej przed II wojną światową, Kattowitz und Krakau 1971.

Bauer, O.: Die Nationalitätenfrage und die Sozialdemokratie, Wien 1924. In: Arbeitsgemeinschaft für die Geschichte der österreichischen Arbeiterbewegung (Hrsg.): Otto Bauer. Werkausgabe, Bd. 1, Wien 1975.

Benz, W. und Graml, H. (Hrsg.): Biographisches Lexikon zur Weimarer Republik, München 1988.

Beranek, F. J.: Das Judentum in Polen. In: W. Markert (Hrsg.): Osteuropa-Handbuch Polen, Köln 1959.

Bierschenk, Th.: Artur Kronig – ein verdienstvoller Politiker. In: Landsmannschaft Weichsel-Warthe (Hrsg.): Jahrbuch Weichsel-Warthe 1970, Hameln 1970.

Bierschenk, Th.: Die deutsche Volksgruppe in Polen 1934–1939, Kitzingen 1954.

Birnbaum, I.: Achtzig Jahre dabei gewesen. Erinnerungen eines Journalisten, München 1974.

Birnbaum, I.: Die Stellung der niederschlesischen SPD in der Oberschlesienfrage. In: W. Matull (Hrsg.): Ostdeutschlands Arbeiterbewegung – Abriß ihrer Geschichte, Leistung und Opfer, Würzburg 1973.

Blachetta, P.: Ein THD-Absolvent als Parteigründer in Polen. In: THD-Intern, Heft 5/1987.

Borodziej, Wł.: Polnische Geschichtsschreibung 1945–1984 zur deutschen Arbeiterbewegung (bis 1945). In: Internationale wissenschaftliche Korrespondenz zur Geschichte der deutschen Arbeiterbewegung, Heft 4, Berlin 1985, S. 438–452.

Braunthal, J.: Otto Bauer. Eine Auswahl aus seinem Lebenswerk, Wien 1961.

Breyer, R.: Das Deutsche Reich und Polen 1932–1937. Außenpolitik und Volksgruppenfragen, Würzburg 1955.

Breyer, R. und P. Korzec: Polnische Nationalitätenpolitik und deutsche Volksgruppe in Lageberichten des polnischen Innenministeriums aus den Jahren 1935 und 1937. In: ZfO, 29/1980.

Broszat, M.: Die Polnische Sozialistische Partei (PPS), ihr Verhältnis zum Nationalsozialismus und zur deutschen Besatzungsmacht. In: Gutachten des Instituts für Zeitgeschichte, München 1958a, S. 382–385.

Broszat, M.: 200 Jahre deutsche Polenpolitik, München 1963.

Broszat, M.: „Jungdeutsche Partei" und „Deutsche Vereinigung" in Posen-Pommerellen. In: Gutachten des Instituts für Zeitgeschichte, München 1958b, S. 404–407.

Broszat, M.: Nationalsozialistische Polenpolitik 1939–1945, Stuttgart 1961.

Buszko, J.: Historia Polski 1864–1948, Warschau 1978.

Chlebowczyk, J.: Stanowisko SPD w kwestii narodowościowej (do roku 1914). in: Rozwój organizacyjny i ewolucja programowa Socjaldemokratycznej Partii Niemiec 1875–1975, hrsg. von A. Czubiński, Posen 1976, S. 53–80.

Cieślak, T.: Die SPD und die polnische Frage. In: Industrialisierung, sozialer Wandel und Arbeiterbewegung in Deutschland und Polen bis 1914, hrsg. von K.-E. Jeismann, Braunschweig 1983, S. 141–143.

Cygański, M.: Mniejszość niemiecka w Polsce w latach 1918–1939, Lodz 1966.

Cygański, M.: Unveröffentlichte Manuskripte:

1. Niemiecka Socjalistyczna Partia Pracy w Polsce/Deutsche Sozialistische Arbeitspartei in Polen, w skrócie DSAP/1925–1939.
2. Emil Zerbe.
3. Artur Kronig.

Cygański, M.: Z dziejów okupacji hitlerowskiej w Łodzi 1939–1945, Lodz 1966x.

Doß, K.: Zwischen Weimar und Warschau - Ulrich Rauscher - Deutscher Gesandter in Polen 1922–1930, Düsseldorf 1984.

Droz, J. (Hrsg.): Geschichte des Sozialismus. Von 1919–1945. Der Sozialismus in Ungarn, Österreich, Tschechoslowakei, Belgien, Holland, Schweiz, Polen und den Balkanländern, Frankfurt, Berlin, Wien 1978.

Eckert, G.: Die Konsolidierung der sozialdemokratischen Arbeiterbewegung zwischen Reichsgründung und Sozialistengesetz. In: H. Mommsen (Hrsg.): Sozialdemokratie zwischen Klassenbewegung und Volkspartei, Frankfurt 1974, S. 35–51.

Edinger, L. J.: Sozialdemokratie und Nationalsozialismus, Hannover und Frankfurt 1960.

Erler, G. H. J.: Das Recht der nationalen Minderheiten. In: Studien zum Auslanddeutschtum und zur Auslandkultur, hrsg. von G. Schreiber, Münster 1930.

Falęcki, T.: Niemieckie szkolnictwo mniejszościowe na Górnym Śląsku w latach 1922–1939, Kattowitz und Krakau 1970.

Falęcki, T.: Partie polityczne na Górnym Śląsku wobec wygaśnięcia konwencji genewskiej. In: A. Szefer (Hrsg.): Niemcy wobec konfliktu narodowościowego na Górnym Śląsku po I wojnie światowej . Materiały z sesji naukowej pt. „Górny Śląsk celem rewizjonizmu niemieckiego 1918–1919. W pięćdziesiątą rocznicę wygaśnięcia konwencji genewskiej", Posen 1989, S. 157–171.

Fiedor, K.: Niemieckie organizacje nacjonalistyczne wobec problematyki śląskiej okresu międzywojennego. In: A. Szefer (Hrsg.): Niemcy wobec konfliktu narodowościowego na Górnym Śląsku po I wojnie światowej . Materiały z sesji naukowej pt. „Górny Śląsk celem rewizjonizmu niemieckiego 1918–1919. W pięćdziesiątą rocznicę wygaśnięcia konwencji genewskiej", Posen 1989, S. 61–81.

Franz, J.: Die oberschlesische Wirtschaft und Deutschland. In: Süddeutsche Monatshefte, 1921.

Gentzen, F.-H.: Niemieckie ośrodki organizujące i popierające V kolumnę imperializmu niemieckiego w Europie. In: Irredenta niemiecka w Europie środkowej i południowowschodniej przed II wojną światową, hrsg. von H. Batowski, Kattowitz und Krakau 1971, S. 30–33.

Gittis, C.: Warschauer Steine. Eine Familiengeschichte. In: Die Zeit im Bild, 29/1979.

Głowacki, A.: Quellen zur Geschichte der deutschen Arbeiterbewegung in polnischen Staatsarchiven. In: Internationale Wissenschaftliche Korrespondenz zur Geschichte der deutschen Arbeiterbewegung, Beiheft 8, Berlin 1983.

Głowacki, B.: Polityka Polskiej Partii Socjalistycznej 1929–1935, Warschau 1979.

Glücksmann, S.: Ein Ausweg aus der Krise – Um das Schicksal einer Generation in der Verfallszeit des Kapitalismus, Bielitz 1934.

Glücksmann, S.: Materialien zum 2. Parteitage der Deutschen Sozialdemokratischen Partei Polens am 7. und 8. Dezember 1924 im Arbeiterheim in Bielitz, Bielitz o. J.

Glücksmann, S. Das Wohnungsproblem in Polen, Bielitz 1930.

Góra, W. und St. Okęcki: Za naszą i waszą wolność – Für unsere und eure Freiheit. Deutsche Antifaschisten im polnischen Widerstandskampf, Berlin 1975.

Grasmann, P.: Sozialdemokraten gegen Hitler 1933–1945, München und Wien 1976

Groh, D.: Die Sozialdemokratie im Verfassungssystem des 2. Reiches. In: H. Mommsen (Hrsg.): Sozialdemokratie zwischen Klassenbewegung und Volkspartei, Frankfurt 1974, S. 62–63.

Grünberg, K.: Nazi-Front Schlesien, Niemieckie organizacje polityczne w województwie śląskim w latach 1933–1939, Kattowitz 1963.

Gutachten des Instituts für Zeitgeschichte, München 1958.

Haupt, G.: „Führungspartei"? Die Ausstrahlung der deutschen Sozialdemokratie auf den Südosten Europas zur Zeit der Zweiten Internationale. In: H. Skrzypczak (Hrsg.): Beziehungsgeschichtliche Probleme der deutschen und der ost- sowie südosteuropäischen Arbeiterbewegung 1889–1920/21, IWK Sonderausgabe zu Bd. 1, 1979, S. 1–30.

Hauser, P.: Die deutsche Minderheit in Polen 1918–1939, Vortrag am 15. 09. 1993 in Den Haag am Institut Clingendael im Rahmen der Konferenz „Die Deutsche Minderheit in Polen".

Hauser, P.: Mniejszość niemiecka w Polsce w latach 1918–1939. In: W. Wrzesiński (Hrsg.): Polska – Polacy – Mniejszości narodowe, Breslau, Warschau, Krakau 1992, S. 31–52.

Hauser, P.: Mniejszość niemiecka w województwie pomorskim w latach 1920–1939, Breslau und Warschau 1981.

Haustein, U.: Sozialismus und nationale Frage in Polen. Die Entwicklung der sozialistischen Bewegung in Kongreßpolen von 1875 bis 1900 unter besonderer Berücksichtigung der Polnischen Sozialistischen Partei (PPS), Köln und Wien 1969.

Hawranek, F.: Deutsche und polnische Sozialdemokratie in Oberschlesien (1889–1921). In: H. Skrzypczak (Hrsg.): Beziehungsgeschichtliche Probleme der deutschen und der ost- sowie südosteuropäischen Arbeiterbewegung 1889–1920/21, IWK Sonderausgabe zu Bd. 1, 1979, S. 105–114.

Hawranek, F.: Działalność SPD na Górnym Śląsku w latach 1890–1933. In: Rozwój organizacyjny i ewolucja programowa Socjaldemokratycznej Partii Niemiec 1875–1975, hrsg. von A. Czubiński, Posen 1976, S. 169–190.

Hawranek, F.: Dzieje ruchu robotniczego na Górnym Śląsku, Oppeln 1982.

Heike, O.: Das Deutschtum in Polen 1918–1939, Bonn 1955.

Heike, O.: Die deutsche Arbeiterbewegung in Polen 1835–1945, Dortmund 1969.

Heike, O.: Die deutsche Minderheit in Polen bis 1939 – Ihr Leben und Wirken kulturell, gesellschaftlich, politisch, Leverkusen 1985.

Heike, O.: Die deutsche Arbeiterbewegung in Polen. In: W. Matull (Hrsg.): Ostdeutschlands Arbeiterbewegung – Abriß ihrer Geschichte, Leistung und Opfer, Würzburg 1973.

Heike, O.: Leben im deutsch-polnischen Spannungsfeld. Erinnerungen und Einsichten eines deutschen Journalisten aus Lodz, Essen 1989.

Hinrichs, E. (Hrsg.): Die deutsch-polnischen Beziehungen 1919–1932, Braunschweig 1985.

Höltje, C.: Die Weimarer Republik und das Ostlocarno/Problem 1919–1934, Würzburg 1958.

Holzer, J.: Polska Partia Socjalistyczna w latach 1917–1919, Warschau 1962.

Jaekel, M.: Die kultur- und volkspolitische Wirksamkeit der deutschen Presse in Ostoberschlesien von 1919–1932, Kattowitz 1933.

Jeismann, K.-E. (Hrsg.): Industrialisierung, sozialer Wandel und Arbeiterbewegung in Deutschland und Polen bis 1914, Braunschweig 1983.

Kalicka, F.: Problemy jednolitego frontu w międzynarodowym ruchu robotniczym (1933–1935), Warschau 1962.

Kałuża, A. und H. Rechowicz (Hrsg.): Wspomnienia komunistów śląskich, Kattowitz 1962.

Kancewicz, J.: Polska Partia Socjalistyczna w latach 1892–1896, Warschau 1984.

Kauder, V. (Hrsg.): Das Deutschtum in Polnisch-Schlesien, Plauen 1932.

Keitsch, F.: Das Schicksal der deutschen Volksgruppe in Ostoberschlesien in den Jahren 1922–1939, Dülmen 1982.

Kieszczyński, L.: Artur Kronig (Manuskript im Besitz der Verfasserin).

Kieszczyński, L.: Ludzie walki I, Lodz 1967.

Kieszczyński, L.: Ludzie walki II, Lodz 1973.

Kieszczyński, L.: Powszechny strajk włókniarzy Łodzi i okręgu w 1933 r., Warschau 1958.

Kieszczyński, L.: Ruch strajkowy we przemyśle włókienniczym okręgu łódzkiego 1929–1939, Lodz 1969.

Kopeć, E.: Dwudziestolecie międzywojenne. In: H. Rechowicz (Hrsg.): Bielsko-Biała. Zarys rozwoju miasta i powiatu, Kattowitz 1971.

Kopeć, E.: Glücksman Zygmunt (Zelig), In: Muzeum Historii Polskiego Ruchu Rewolucyjnego (Hrsg.): Słownik biograficzny działaczy polskiego ruchu robotniczego, Bd. 2, Warschau 1987.

Kopeć, E.: Południowo-zachodnie kresy Rzeczypospolitej 1918–1939. Społeczne warunki integracji, Kattowitz 1981.

Kopeć, E.: Włókniarze bielsko-bialskiego okręgu przemysłowego w okresie wielkiego kryzysu, Warschau und Krakau 1973.

Korthals, O.: Die deutsche Presse im polnischen Korridor. In: Landsmannschaft Westpreußen (Hrsg.): Westpreußen-Jahrbuch, Bd. 27, Münster 1977.

Korzec, P.: Der Block der nationalen Minderheiten im Parlamentarismus Polens des Jahres 1922. In: ZfO, 24/1975.

Korzec, P.: Der zweite Block der nationalen Minderheiten im Parlamentarismus Polens 1927–1928. In: ZfO, 26/1977.

Korzec, P.: Polen und der Minderheitenschutzvertrag (1919–1934). In: ZfO 22/1974.

Koszyk, K.: Deutsche Presse 1914–1945. Geschichte der deutschen Presse, Teil III, Berlin 1972.

Kotowski, W.: Die Abwanderung Hermann Rauschnings aus Polen (1926). In: Beiträge zur deutsch-polnischen Nachbarschaft. Festschrift für Richard Breyer zum 75. Geburtstag, hrsg. v. C. J. Kenez, H. Neubach u. J. Rogall, Berlin, Bonn 1992 (a), S. 124–130.

Kotowski, W.: Lojalizm czy irredenta? Mniejszość niemiecka wobec państwa polskiego w latach 1919–1939. In: W. Wrzesiński (Hrsg.): Polska – Polacy – Mniejszości narodowe, Breslau, Warschau, Krakau 1992, S. 53–63.

Kowalak, T.: Prasa niemiecka w Polsce 1918–1939, Warschau 1971.

Kowoll, J.: Die deutsche sozialistische Bewegung, ihre Aufgaben und Ziele. In: V. Kauder (Hrsg.) Das Deutschtum in Polnisch-Schlesien, Plauen 1932, S. 378–389.

Kowoll, J.: Die oberschlesische Frage und die Gewerkschaften. In: Süddeutsche Monatshefte, 1921.

Krekeler, N.: Revisionsanspruch und geheime Ostpolitik der Weimarer Republik. Die Subventionierung der deutschen Minderheit in Polen 1919–1933, Stuttgart 1973.

Krull, M.: Deutsche Presse in Polnisch-Schlesien. In: V. Kauder (Hrsg.): Das Deutschtum in Polnisch-Schlesien, Plauen 1932, S. 366–372.

Lesiuk, W.: Polski i niemiecki ruch socjalistyczny w rejencji opolskiej w latach 1918–1922/1923, Oppeln 1989.

Lesiuk, W.: Rady w rejencji opolskiej 1918–1919, Oppeln 1973.

Lexikon zur Geschichte der Parteien in Europa, hrsg. von F. Wende, Stuttgart 1981.

Lukaschek, H.: Oberschlesien ein soziales Problem. In: Süddeutsche Monatshefte, 1921.

Malec-Masnyk, B.: Plebiscyt na Górnym Śląsku (geneza i charakter), Oppeln 1989.

Markert, W. (Hrsg.): Osteuropa-Handbuch Polen, Köln und Graz 1959.

Matthias, E.: Sozialdemokratie und Nation – Ein Beitrag zur Ideengeschichte der sozialdemokratischen Emigration in der Prager Zeit des Parteivorstandes 1933–1938, Stuttgart 1952.

Matull, W. (Hrsg.): Ostdeutschlands Arbeiterbewegung – Abriß ihrer Geschichte, Leistung und Opfer, Würzburg 1973.

Meissner, L.: Niemieckie organizacje antyfaszystowskie w Polsce 1933–1939, Warschau 1973.

Melzer, E.: Relations between Poland and Germany and their impact on the jewish problem in Poland (1935–1938). In: Yad Vashem Studies XII, Jerusalem 1977, S. 193–229.

Mendelsohn, E.: Jewish leadership between the two world wars. In: Patterns of jewish leadership in Nazi Europe 1933–1945, hrsg. von Y. Gutman, Jerusalem 1979, S. 1–12.

Michaelsen, R.: Das deutsch-polnische Minderheitenproblem im internationalen Zusammenhang. In: E. Hinrichs. (Hrsg.): Die deutsch-polnischen Beziehungen 1919–1932, Braunschweig 1985.

Michowicz, W.: Problemy mniejszości narodowych. In: Polska odrodzona 1918–1939, Warschau 1982.

Mommsen, H.: Arbeiterbewegung und nationale Frage, Göttingen 1979.

Mommsen, H.: Die Sozialdemokratie in der Defensive: Der Immobilismus der SPD und der Aufstieg des Nationalsozialismus. In: H. Mommsen (Hrsg.): Sozialdemokratie zwischen Klassenbewegung und Volkspartei, Frankfurt 1974, S. 106–133.

Mommsen, H. (Hrsg.): Sozialdemokratie zwischen Klassenbewegung und Volkspartei, Frankfurt 1974.

Moreau, P.: Otto Straßer – Nationaler Sozialismus versus Nationalsozialismus. In: R. Smelser und R. Zitelmann (Hrsg.): Die Braune Elite. 22 biographische Skizzen, Darmstadt 1989.

Müller, K.-J. (Hrsg.): Der deutsche Widerstand 1933–1945, Paderborn 1990.

Nasarski, P. E.: Deutsche Jugendbewegung und Jugendarbeit in Polen 1919–1939, Würzburg 1957.

Nordblom, P.: Dr. Eduard Pant. Biographie eines katholischen Minderheitenpolitikers in der Woiwodschaft Schlesien (bis zum Jahr 1932). In: Oberschlesisches Jahrbuch, Bd. 3, Dülmen 1987, S. 112–146.

Paczkowski, A.: Prasa polska w latach 1918–1939, Warschau 1980.

Pant, E.: Deutsches katholisches Organisationswesen. In: V. Kauder (Hrsg.): Das Deutschtum in Polnisch-Schlesien, Plauen 1932, S. 337–351.

Parteivorstand der DSAP (Hrsg.): Unsere Aufgaben – Die Deutsche Sozialistische Arbeitspartei Polens, was sie ist und was sie fordert, Lodz 1935.

Peukert, D. J. K.: Der deutsche Arbeiterwiderstand 1933–1945. In: Der deutsche Widerstand 1933–1945, hrsg. von K.-J. Müller, Paderborn 1990, S. 157–181.

Polonsky, A.: Politics in independent Poland 1921–1939, Oxford 1972.

Potocki, St.: Zur Rolle der „Deutschen Stiftung" in der Polenpolitik des deutschen Imperialismus zwischen den beiden Weltkriegen. In: Der deutsche Imperialismus und Polen 1918 bis 1939. Referate und Diskussionsbeiträge eines Kolloquiums vom 13. und 14. Mai 1977 in Rostock, hrsg. von der Wilhelm-Pieck-Universität, Rostock 1978, S. 98–112.

Rauschning, H.: Die Entdeutschung Westpreußens und Posens, Berlin 1930.

Rauschning, H.: Gespräche mit Hitler, Wien, Zürich, New York 1940.

Rechowicz, H.: Bielsko-Biała, Zarys rozwoju miasta i powiatu, Kattowitz 1971(a).

Rechowicz, H.: Sejm Śląski 1922–1939, Kattowitz 1971(b).

Rechowicz, H.: Walka o antyfaszystowski front ludu śląskiego 1935–1937, Kattowitz 1958.

Rhode, G.: Kleine Geschichte Polens, Darmstadt 1965.

Riekhoff, H. von: German-Polish Relations 1918–1933, Baltimore 1971.

Rojahn, J.: Zu den Beziehungen zwischen SPD und PPS in den neunziger Jahren. In: H. Skrzypczak (Hrsg.): Beziehungsgeschichtliche Probleme der deutschen und der ost- sowie südosteuropäischen Arbeiterbewegung 1889–1920/21, IWK Sonderausgabe zu Bd. 1, 1979, S. 50–54.

Roos, H.: Geschichte der polnischen Nation 1916–1960. Von der Staatsgründung im ersten Weltkrieg bis zu Gegenwart, Stuttgart 1961.

Roos, H.: Polen zwischen den Weltkriegen. In: Osteuropa-Handbuch Polen, hrsg. von W. Markert, Köln und Graz 1959.

Rosen, H. Freiherr v.: Bilanz. Das deutsche Gut in Posen und Pommerellen, Hameln 1972.

Rozwój organizacyjny i ewolucja programowa Socjaldemokratycznej Partii Niemiec 1875–1975, hrsg. v. A. Czubiński, Posen 1976.

Ryszka, F.: Historia państwa i prawa Polski 1918–1939, Teil III, Warschau 1968.

Ryszka, F.: Państwo stanu wyjątkowego – Rzecz o systemie państwa i prawa Trzeciej Rzeszy, Breslau/Warschau/Krakau/Danzig 1974.

Rzepecki, T. u. W.: Sejm i Senat, Posen 1923.

Schieder, W.: Das Scheitern des bürgerlichen Radikalismus und die sozialistische Parteibildung in Deutschland. In: H. Mommsen (Hrsg.): Sozialdemokratie zwischen Klassenbewegung und Volkspartei, Frankfurt 1974, S. 17–34.

Schoenbaum, D.: Die braune Revolution. Eine Sozialgeschichte des Dritten Reiches, Köln 1968.

Schüddekopf, O.-E.: Linke Leute von rechts. Die nationalrevolutionären Minderheiten und der Kommunismus in der Weimarer Republik, Stuttgart 1960.

Schulz, G.: Deutschland und Polen vom Ersten zum Zweiten Weltkrieg. In: Geschichte in Wissenschaft und Unterricht, 33/1982, S. 154–172.

Schumann, W.: Oberschlesien 1918/19. Vom gemeinsamen Kampf deutscher und polnischer Arbeiter, Berlin 1961.

Sieradzka, D.: Johann Kowoll. Działacz niemieckiego ruchu robotniczego na Śląsku. In: Z pola walki, 4/1987.

Sieradzka, D.: Współpraca niemieckich socjalistów województwa śląskiego z SPD w latach trzydziestych. In: Przegląd Zachodni, 4/1988, S. 93–104.

Skrzypczak, H. (Hrsg.): Beziehungsgeschichtliche Probleme der deutschen und der ost- sowie südosteuropäischen Arbeiterbewegung 1889–1920/21, IWK Sonderausgabe zu Bd. 1, 1979.

Skrzypczak, H.: Gewerkschaften im Volkstumskampf. Ein Versuch einer deutsch-polnischen Flugblattaktion 1921. In: H. Skrzypczak (Hrsg.): Beziehungsgeschichtliche Probleme der deutschen und der ost- sowie südosteuropäischen Arbeiterbewegung 1889–1920/21, IWK Sonderausgabe zu Bd. 1, 1979, S. 120–129.

Śląski słownik biograficzny, Bd. III, hrsg. von J. Kantyka und Wł. Zieliński, Kattowitz 1981.

Słownik biograficzny działaczy polskiego ruchu robotniczego, hrsg. von Muzeum Historii Polskiego Ruchu Rewolucyjnego, Bd. 1, Warschau 1985.

Smelser, R. und R. Zitelmann (Hrsg.): Die Braune Elite. 22 biographische Skizzen, Darmstadt 1989.

Sroka, I.: Górny Śląsk i Zagłębie Dąbrowskie pod okupacyjnym zarządem wojskowym, Kattowitz 1975.

Sroka, I. u. A. Szefer: Rola R. E. Wiesnera w przyłączeniu Partii Młodoniemieckiej do NSDAP. In: Zaranie Śląskie, Kattowitz 1966, Bd. 4, S. 746–754.

Staniewicz, R.: Mniejszość niemiecka w województwie śląskim w latach 1922–1933, Kattowitz 1965.

Steinberg, H.-J.: Die deutsche Sozialdemokratie nach dem Fall des Sozialistengesetzes. Ideologie und Taktik der sozialistischen Massenpartei im Wilhelminischen Reich. In: H. Mommsen (Hrsg.): Sozialdemokratie zwischen Klassenbewegung und Volkspartei, Frankfurt 1974, S. 52–61.

Strobel, G. W.: Arbeiterschaft und Linksparteien in Polen 1928–1938. In: Jahrbücher für Geschichte Osteuropas, 10/1962, Nr. 1.

Strobel, G. W.: Die Auswirkungen der Revolution von 1905 in Deutschland. In: Industrialisierung, sozialer Wandel und Arbeiterbewegung in Deutschland und Polen bis 1914, hrsg. von K.-E. Jeismann (Georg-Eckert-Institut für internationale Schulbuchforschung), Braunschweig 1983, S. 145–169.

Strobel G. W.: Emil Zerbe. Absolvent der TH Darmstadt und Sejm-Abgeordneter. In: E. Grözinger u. A. Lawaty (Hrsg.): Suche die Meinung. Karl Dedecius. Dem Übersetzer und Mittler zum 65. Geburtstag, Wiesbaden 1986.

Strobel G. W.: Quellen zur Geschichte des Kommunismus in Polen 1878–1918, Köln 1968.

Styra, R.: Das polnische Parteiwesen und seine Presse, Posen 1936.

Swart, F.: Diesseits und jenseits der Grenze. Das deutsche Genossenschaftswesen im Posener Land und das deutsch-polnische Verhältnis bis zum Ende des zweiten Weltkrieges, Leer 1954.

Szczerbiński, H.: Niemieckie organizacje socjalistyczne w Drugiej Rzeczypospolitej, Warschau 1986.

Szefer, A.: Mniejszość niemiecka w Polsce i w Czechosłowacji w latach 1933–1938, Kattowitz und Krakau 1967.

Szefer, A.: Mniejszość niemiecka w Polsce w koncepcjach politycznych Trzeciej Rzeszy lat trzydziestych. In: W. Wrzesiński (Hrsg.): Polska – Polacy – Mniejszości narodowe, Breslau, Warschau, Krakau 1992, S. 65–75.

Szefer, A.: Niemcy wobec konfliktu narodowościowego na Górnym Śląsku po I wojnie światowej . Materiały z sesji naukowej pt. „Górny Śląsk celem rewizjonizmu niemieckiego 1918–1919. W pięćdziesiątą rocznicę wygaśnięcia konwencji genewskiej", Posen 1989.

Szefer, A.: Mniejszość niemiecka w Polsce w służbie V Kolumny hitlerowskiej. In: Irredenta niemiecka w Europie środkowej i południowowschodniej przed II wojną światową , hrsg. von H. Batowski, Kattowitz und Krakau 1971, S. 117–148.

Szefer, A.: Piąta Kolumna na Śląsku w przededniu wybuchu wojny i w pierwszych tygodniach okupacji. In: Śląsk i Zagłębie Dąbrowskie w walce z okupantem hitlerowskim 1939–1945. Materiały z sesji naukowej zorganizowanej w 30 rocznicę najazdu hitlerowskiego na Polskę. Kattowitz, 11.–12. September 1969, hrsg. von A. Szefer, Kattowitz 1970.

Szefer, A.: Secesja z Partii Młodoniemieckiej w 1937 r. In: Zaranie Śląskie, Kattowitz 1964 (a), Bd. 3.

Szefer, A.: Z działalności Niemieckiej Socjalistycznej Partii Robotniczej w województwie śląskim w latach 1933–1938. In: Zaranie Śląskie, Kattowitz 1964 (b), Bd. 4, S. 773–783.

Thimm, W.: Die Entwicklung der Parteien in Danzig und Pommerellen nach dem Ersten Weltkrieg. In: U. Arnold (Hrsg.): Politik im Zeichen von Parteien, Wirtschaft und Verwaltung im Preußenland der Jahre 1918–1939, Lüneburg 1986, S. 65–105.

Tomaszewski, J.: Rzeczpospolita wielu narodów, Warschau 1985.

Tomicki, J.: Lewica socjalistyczna w Polsce 1918–1939, Warschau 1982.

Tomicki, J.: Partie socjalistyczne mniejszości narodowych na progu lat trzydziestych. In: Dzieje Najnowsze 3/1980.

Tomicki, J.: Polska Partia Socjalistyczna 1892–1928, Warschau 1983.

Tych, F.: Die Beziehungen zwischen der deutschen und polnischen Arbeiterbewegung 1889–1920. In: H. Skrzypczak (Hrsg.): Beziehungsgeschichtliche Probleme der deutschen und der ost- sowie südosteuropäischen Arbeiterbewegung 1889–1920/21, IWK Sonderausgabe zu Bd. 1, 1979, S. 34–49.

Tymieniecka, A.: Polska Partia Socjalistyczna w latach 1924–1928, Warschau 1969.

Ulitz, O.: Oberschlesien. Aus seiner Geschichte, Bonn 1971.

Ulitz, O.: Von der Vergangenheit zur Gegenwart. In: V. Kauder (Hrsg.): Das Deutschtum in Polnisch-Schlesien, Plauen 1932, S. 253–282.

Unsere Leitsätze. Erläuterungen zu den weltanschaulichen und politischen Grundgedanken der Jungdeutschen Partei für Polen (17 Punkte), Bielitz 1933.

Viefhaus, E.: Die Minderheitenfrage und die Entstehung der Minderheitenschutzverträge auf der Pariser Friedenskonferenz 1919. Eine Studie zur Geschichte des Nationalitätenproblems im 19. und 20. Jahrhundert, Würzburg 1960.

Viefhaus, E.: Nationale Autonomie und parlamentarische Demokratie. In: W. Mommsen und K. Kluxen (Hrsg.): Politische Ideologien und nationalstaatliche Ordnung. Studien zur Geschichte des 19. und 20. Jahrhunderts. Festschrift für Theodor Schieder, München und Wien 1968, S. 377–392.

Vogel, R.: Deutsche Presse und Propaganda des Abstimmungskampfes in Oberschlesien, Beuthen 1931.

Wajda, K.: Die Arbeiterbewegung in Pommerellen in der Zeit der Zweiten Republik Polen (1920–1939). In: U. Arnold (Hrsg.): Politik im Zeichen von Parteien, Wirtschaft und Verwaltung im Preußenland der Jahre 1918–1939, Lüneburg 1986, S. 108–120.

Walczak, J.: Dzieje robotnicze Śląska i Zagłębia Dąbrowskiego, Kattowitz 1986.

Walczak, J.: PPS i DSAP na Górnym Śląsku i w Cieszyńskiem wobec konfliktu polsko-niemieckiego w latach 20-ych. In: Z pola walki 3/1979.

Walczak, J.: Polska i niemiecka socjaldemokracja na Górnym Śląsku i w Cieszyńskiem po przewrocie majowym 1926–1939, Kattowitz 1980.

Walczak, J.: Robotnicze drogi Śląska i Zagłębia Dąbrowskiego (do roku 1939), Kattowitz 1985.

Wapiński, R.: Ruch robotniczy na Pomorzu w latach 1920–1939, Danzig 1963.

Webersinn, G.: Otto Ulitz. Ein Leben für Oberschlesien, Eichstätt 1974.

Wehler, H.-U.: Sozialdemokratie und Nationalstaat. Die deutsche Sozialdemokratie und die Nationalitätenfragen in Deutschland 1840–1914, Göttingen 1962 (a).

Wehler, H.-U.: Sozialdemokratie und Nationalstaat. Die deutsche Sozialdemokratie und die Nationalitätenfragen in Deutschland von Karl Marx bis zum Ausbruch des Ersten Weltkrieges, Würzburg 1962 (b).

Wertheimer, F.: Von deutschen Parteien und Parteiführern im Ausland, Berlin 1927, erweiterte Ausgabe Berlin 1930.

Wielka Ilustrowana Encyklopedia Powszechna, Gutenberg-Verlag, o. O. und o. J.

Wiech, K.: Polska Partia Socjalistyczna 1918–1921, Warschau 1978.

Wiech, K.: PPS w pierwszych latach parlamentaryzmu 1921–1923, Warschau 1987.

Wojciechowski, M.: Die Arbeiterpresse in der Wojewodschaft Pommerellen 1920–1939. In: Arnold, U. (Hrsg.): Zwischen den Weltkriegen. Teil 2: Kultur im Preußenland der Jahre 1918 bis 1939, Lüneburg 1987.

Wojciechowski, M.: Stosunki polsko-niemieckie 1933–1938, Posen 1965.

Wrzesiński, W. (Hrsg.): Polska – Polacy – Mniejszości narodowe, Breslau, Warschau, Krakau 1992.

Wurbs, G.: Die deutsche Arbeiterbewegung in Bielitz und Biala, Stuttgart 1983.

Żarnowski, J.: Polska Partia Socjalistyczna. In: Życie polityczne w Polsce 1918–1939, Breslau, Warschau 1985, S. 63–86.

Zerbe, E.: Polen. In: Stricker F. (Hrsg.): Die politischen Parteien der Staaten des Erdballs, Münster 1924.

Zieliński, H.: Historia Polski 1914–1939, Breslau 1982.

Złotnicki, L. (Hrsg.): Parlament Rzeczpospolitej Polskiej 1919–1927, Warschau 1928.

Abkürzungsverzeichnis

AAN	Archiwum Akt Nowych (Archiv der Neuen Akten, Warschau)
ADGB	Allgemeiner Deutscher Gewerkschaftsbund
Amb. RP	Ambasada Rzeczypospolitej Polskiej (Botschaft der Republik Polen)
BArch	Bundesarchiv
BBWR	Bezpartyjny Blok Współpracy z Rządem (Parteiloser Block zur Zusammenarbeit mit der Regierung)
BDC	Berlin Document Center
BDP	Bürgerliche Deutsche Partei
BVZ	Bromberger Volkszeitung
CA KC PZPR	Centralne Archiwum Komitetu Centralnego Polskiej Zjednoczonej Partii Robotniczej (Zentralarchiv des Zentralkomitees der Polnischen Vereinigten Arbeiterpartei)
DAP	Deutsche Arbeitspartei Polens
DChVP	Deutsche Christliche Volkspartei
DiP	Der Deutsche in Polen
DJiP	Deutsche Jungenschaft in Polen
DKVP	Deutsche Katholische Volkspartei
DKuWB	Deutscher Kultur- und Wirtschaftsbund
DP	Deutsche Partei
DSAP	Deutsche Sozialistische Arbeitspartei Polens
DSDP/DSPP	Deutsche Sozialdemokratische Partei Polens
DV	Deutsche Vereinigung für Westpolen
DVB	Deutscher Volksbund für Polnisch-Schlesien
DVP	Deutsche Volkspartei
DVV	Deutscher Volksverband in Polen
Dyr. Pol. Kat.	Dyrekcja Policji w Katowicach (Polizeidirektion in Kattowitz)
FES	Friedrich-Ebert-Stiftung
IfA	Institut für Auslandsbeziehungen, Stuttgart
IWK	Internationale Wissenschaftliche Korrespondenz

JDP	Jungdeutsche Partei für Polen
Kčs	Koruna Ceskoslovenska [Krone]
KGRNS	Kampfgemeinschaft Revolutionäre National-Sozialisten
KPP	Komunistyczna Partia Polski (Kommunistische Partei Polens)
KVP	Katholische Volkspartei
LVZ	Lodzer Volkszeitung
MSW	Ministerstwo Spraw Wewnętrznych (Innenministerium)
MSZ	Ministerstwo Spraw Zagranicznych (Außenministerium)
NPR	Narodowa Partia Robotnicza (Nationale Arbeiter Partei)
NSDAP	Nationalsozialistische Deutsche Arbeiterpartei
NSPP	Niezależna Socjalistyczna Partia Pracy (Unabhängige Sozialistische Arbeits-Partei)
O/S	Oberschlesien
PA AA	Politisches Archiv des Auswärtigen Amts
PPR	Polska Partia Robotnicza (Polnische Arbeiter-Partei)
PPS	Polska Partia Socjalistyczna (Polnische Sozialistische Partei)
PSL	Polskie Stronnictwo Ludowe (Polnische Volkspartei)
PSL „Wyzwolenie"	Polnische Volkspartei „Befreiung"
PZPR	Polska Zjednoczona Partia Robotnicza (Polnische Vereinigte Arbeiter-Partei)
SAI	Sozialistische Arbeiter-Internationale
SAPMO	Stiftung Archiv der Parteien und Massenorganisationen der DDR im Bundesarchiv
SDKPiL	Socjaldemokracja Królewstwa Polskiego i Litwy (Sozialdemokratie des Königreiches Polen und Litauen)
SPD	Sozialdemokratische Partei Deutschlands
SS UWŚL	Sprawozdania Sytuacyjne Urzędu Wojewódzkiego Śląskiego (Lageberichte des Schlesischen Wojewodschaftsamtes)
THD	Technische Hochschule Darmstadt
USPD	Unabhängige Sozialdemokratische Partei Deutschlands
VOMI	Volksdeutsche Mittelstelle
VST	Bielitzer Volksstimme
VW	Kattowitzer Volkswille

WAP	Wojewódzkie Archiwum Państwowe (Staatliches Wojewodschaftsarchiv)
WRN	Wolność-Równość-Niepodleglość (Freiheit-Gleichheit-Unabhängigkeit)
ZAG	Zentralarbeitsgemeinschaft der politischen Parteien
ZfO	Zeitschrift für Ostforschung
ZOKZ	Związek Obrony Kresów Zachodnich (Westmarkenverein)

Personenregister

Danksagung

Viel Hintergrundwissen, Informationen, Materialien – und moralische Unterstützung – verdanke ich dem ehemaligen Bezirkssekretär der Lodzer DSAP, Herrn Reg. Dir. a. D. Otto Heike (†). Ich danke ebenso dem heute in Wien lebenden früheren Bielitzer DSAP-Vorstandsmitglied, Herrn Franz Fabisch, und dem letzten Sekretär der oberschlesischen Bewegung, Herrn Gerhard Pawellek. Für ihre sachkundige Hilfsbereitschaft danke ich Herrn Magister Theodor Bierschenk (†), Herrn Dr. Richard Breyer, Herrn Hugo Rasmus (Mitglieder der Historisch-Landeskundlichen Kommission für Posen und das Deutschtum in Polen), Herrn Prof. Dr. Paweł Korzec (Paris, früher Lodz, Mitglied der Historisch-Landeskundlichen Kommission), Herrn Dr. Jan Walczak, Herrn Prof. Dr. Andrzej Szefer (beide Schlesisches Institut in Kattowitz), Herrn Prof. Dr. Wiesław Lesiuk, Herrn Dozenten Dr. Janusz Sawczuk (beide Schlesisches Institut Oppeln), Herrn Prof. Dr. Feliks Tych (Archiv des ZK der PVAP, jetzt Direktor des Jüdischen Historischen Instituts in Warschau), Herrn Dr. Lucjan Kieszczyński (Wissenschaftliches Institut für Parteiengeschichte Warschau), Herrn Dr. Lucjan Meissner (Institut für Germanistik der Warschauer Universität). Für finanzielle Unterstützung danke ich dem Johann-Gottfried-Herder-Institut und der Technischen Hochschule Darmstadt, für Zuschüsse zu zahlreichen Archivreisen der Historisch-Landeskundlichen Kommission – besonders ihrem damaligen Vorsitzenden Herrn Prof. Dr. Gotthold Rhode (†). Für wertvolle Anregungen danke ich den Herren Dr. von Jena und Dr. Trumpp vom Bundesarchiv, für die vorletzte Korrektur Dr. Marianne Viefhaus von der Technischen Hochschule Darmstadt.

Ich danke Herrn Prof. Dr. Georg W. Strobel für die Idee und besonders den Herren Prof. Dr. Karl Otmar Freiherr von Aretin, Prof. Dr. Helmut Böhme und Prof. Dr. Erwin Oberländer für die Betreuung dieser Arbeit, die im Wintersemester 1991/1992 vom Fachbereich Gesellschafts- und Geschichtswissenschaften der Technischen Hochschule Darmstadt als Dissertation angenommen worden ist.

Mein besonderer Dank gilt dem Präsidenten des Bundesarchivs, Herrn Professor Dr. Friedrich P. Kahlenberg, für das Angebot, meine Arbeit in die Publikationsreihe „Schriften des Bundesarchivs" aufzunehmen.

Warschau, im November 1996 *Petra Blachetta-Madajczyk*